Ernst A. Swietly

GROSSE FINANZKRISEN

Ernst A. Swietly

Große Finanzkrisen
Ein Kompass aus der Wirtschaftsgeschichte

Wien 2009

Dieses Buch entstand mit Unterstützung durch:
Die Kulturabteilung der Stadt Wien, Wissenschafts- und Forschungsförderung

Bibliografische Information der Deutschen Bibliothek
 Die Deutsche Bibliothek verzeichnet diese Publikation in der
 Deutschen Nationalbibliografie; detaillierte bibliografische Daten
 sind im Internet über http://dnb.ddb.de abrufbar.

Edition Steinbauer
Alle Rechte vorbehalten
© **Edition Steinbauer GmbH**
Wien 2009

Lektorat: Claudia Strafner
Coverabbildung: Nach Marinus van Reymerswaele: „Geldwechsler",
 Kunsthistorisches Museum, Wien
Satz und Gestaltung: Stefan Aigner – www.loxias.cc
Druck: Druckerei Theiss GmbH

Printed in Austria

ISBN 978-3-902494-41-2

Inhaltsverzeichnis

1. **Zwölf kurze Fragen, zwölf knappe Antworten zur Finanzkrise**   7

2. **Krise und Finanzen**   **12**
    - Was sind Finanzen?   13
    - Konjunktur   15
    - Krise   24
    - Finanzkrisen   29
    - Mechanismen zur Stabilisierung   46

3. **Finanzkrisen gestern**   **63**
    - Tulipmania 1634–1637   66
    - Mississippi- und Südsee-Kompanie-Blase 1719–1720/1721   80
    - Die erste Rezession der Weltwirtschaft 1857–1867   95
    - Wiener und Berliner Börsenkrach 1873   99
    - Die zweite Weltwirtschaftskrise 1929–1933   109
    - Die erste Erdölkrise 1973–1975   120
    - Silberkrise 1974–1980   128
    - Neuer US-Börsencrash im Oktober 1987   140
    - US-Sparkassenkrise der Siebziger- und Achtzigerjahre   147
    - LTCM-Krise von 1998   150
    - Peso- oder „Tequila"-Krise 1994/1995   155
    - Die „Dotcom-Blase" 2000   159

4. **Finanzkrisen heute**   **164**

5. **Finanzkrisen morgen**   **221**

6. **Lernen aus Wirtschaftskrisen für bevorstehende Krisen**   **240**

Glossar   251
Literaturverzeichnis   254

1. Zwölf kurze Fragen, zwölf knappe Antworten zur Finanzkrise

Mehrfachkrise 2007/2009: Was ist passiert?

✺ **Wer ist schuld an der gegenwärtigen Immobilien-, Finanz-, Vertrauens- und Konjunkturkrise?**

In erster Linie die Politik des billigen Geldes der USA, die von Regierung und Notenbank jahrelang trotz Warnzeichen einer Krise durchgehalten wurde, um dem Land einen breiteren Wohlstand zu sichern.

In zweiter Linie Hunderttausende US-Bürger, die das billige Geld zum Kauf von Häusern verwendet haben, obwohl ihnen von vornherein klar sein musste, dass sie sich weder Zinsen noch Rückzahlungen für die von ihnen aufgenommenen Hypothekarkredite leisten können.

In dritter Linie die Hypothekenbanken, die diese ausgewiesenen Subprime-Kredite (= faulen Kredite) als hochriskante Finanzderivate gebündelt und an ihre Bankkollegen in aller Welt mit dem Versprechen verkauft haben, sie würden gut damit verdienen.

In vierter Linie die Finanzaufsichten und Ratingagenturen, die diese Spekulation mit intransparenten Finanzderivaten entweder nicht durchschaut oder absichtlich weggeschaut und so das prekäre System beflügelt haben.

In fünfter Linie die Risikomanagements der vielen Banken außerhalb der USA, die diese bodenlose Spekulation nicht durchschaut und in der Gier nach hohen Erträgen, damit hohen Vergütungen für ihr Top-Management bedenkenlos aufgekauft haben.

✺ **Ist die Krise 2007/2009 die schlimmste, die Menschen bisher erlebt haben?**

Jein.

Geht man von den weltumspannenden, markanten finanziellen Verlusten an Vermögen und von der breiten Talfahrt der Werte von Aktien, Anleihen, Immobilien, Währungen und Rohstoffen aus, ist es die schlimmste Krise, die Menschen bzw. deren Vermögen je erlebt haben.

Geht man von der wahrscheinlichen Länge der wirtschaftlichen Talfahrt und ihren politischen Folgewirkungen aus, dürfte die gegenwärtige Krise nicht die schlimmste aller bisherigen sein. Die Depression 1929/1933 z. B. dauerte länger, als die gegenwärtige anhalten dürfte, und endete in der Katastrophe des Zweiten Weltkriegs. Während sich damals die betroffenen Staaten politisch und wirtschaftlich eingeigelt haben, wirkten und wirken die Staaten bei der Lösung der gegenwärtigen Krise relativ gut zusammen, und es zeichnet sich vorderhand keine Weltkriegsgefahr ab, eher eine leichte Entspannung der weltpolitischen Lage.

Mehrfachkrise 2007/2009: Wie geht es weiter?

❧ **Sind die teuren Hilfs- und Rettungspakete der betroffenen Staaten einschließlich Verstaatlichung pleitegefährdeter Banken und Industrien imstande, die gegenwärtige Krise zu beenden und die Konjunktur wieder anzukurbeln?**

Höchstwahrscheinlich ja.

Obwohl die verschiedenen Staaten bei der Art und den Ausgaben für Hilfs- und Rettungsmaßnahmen einander konkurrenzieren, wer es besser macht, wer mehr dafür ausgibt und wer früher den Umschwung zuwege bringt, passen die unterschiedlichen Pakete durchaus zusammen und dürften die schlimmsten Auswirkungen der Krise verhindern. Ein fatales Problem ist allerdings, dass sich die meisten Staaten durch ihre aufwendigen Eingriffe in die Wirtschaft, durch Bank- und Firmenaufkäufe sowie teure Hilfspakete so stark verschulden, dass sie in den nächsten Jahren große Mühe haben werden, ihre rasch wachsenden Budgetlöcher zu finanzieren, ohne die Steuerschraube härter anzuziehen bzw. ohne wichtige Staatsaufgaben wie Ausbildung, soziale Absicherung oder Förderung von Innovationen zu vernachlässigen.

❧ **Wie gut und treffend sind die österreichischen Bankenrettungs- und Konjunktur-Pakete im internationalen Vergleich?**

Die Republik Österreich gibt für ihre Rettungs- und Konjunkturstützungsmaßnahmen gemessen an der Wertschöpfung (Bruttoinlandsprodukt) rund das Doppelte dessen aus, was die EU-Staaten im Durchschnitt dafür ausgeben.

❧ **Wer zahlt den Aufwand für die Krisenbewältigung?**

Jeder einzelne Bürger über höhere Steuern und Abgaben an den Staat, über höhere Gebühren für seine Bank und über einen drastischen Kaufkraftverlust seines Vermögens im Falle eines Anstiegs der Inflation.

❧ **Hat es Sinn, jetzt neue Steuern, etwa auf Vermögen oder Finanztransaktionen, einzuführen, damit die Budgets der Staaten nicht allzu stark ins Minus kommen?**

Jein.

Wenn der Zweck neuer Steuern und Abgaben nur der ist, Reichen, Fleißigen und Sparsamen Geld wegzunehmen, um es Armen, Faulen und Verschwenderischen zu übergeben, sind neue oder höhere Steuern ein Unsinn. Denn Umverteilung über den Staat schafft keinen zusätzlichen Wohlstand, macht weder Arme reich noch Faule fleißig noch Verschwender zu Sparefrohs, sondern beschäftigt bloß neue Behörden, Beamte, Kontrollore und Kontrollore der Kontrollore.

Wenn es der Zweck neuer Steuern und Abgaben ist, zusätzliches Geld für produktive und innovative Zwecke aufzubringen und die Realwirtschaft anzukurbeln, kann das den Wohlstand aller heben und sichern. Vorausgesetzt die neue Steuer verursacht unter dem Strich nicht mehr Schäden als Nutzen, z. B. die Abwanderung von Kapital, Forschern oder produktiven Arbeitsplätzen.

Das Ja oder Nein zur Frage hängt davon ab, für welchen Verwendungszweck und wie gerecht neue Steuern eingehoben werden. Erfahrungsgemäß haben neue Steuern und Abgaben ein langes Leben und bestehen selbst dann noch fort, wenn die ursprünglichen Verwendungszwecke längst erfüllt bzw. weggefallen sind. Daher ist hohe Vorsicht bei jeder neuen Steuer oder Abgabe angebracht.

Was ist die größere Gefahr in der Zukunft: Hyperinflation oder Deflation?

Eine Hyperinflation ist die größere und akutere Gefahr, obwohl vorübergehend manche Preissenkungen und damit leicht deflationäre Anzeichen zu erwarten sind. Der Gouverneur der Oesterreichischen Nationalbank, Univ.-Prof. Dr. Ewald Nowotny, spricht diesbezüglich von einer „Disinflation" anstelle von Deflation.

Die meisten Staaten finanzieren ihre Hilfs- und Rettungspakete mittels Anwerfens ihrer Gelddruckmaschinen. Das war auf kurze Sicht das naheliegendste und am schnellsten wirksame Mittel, die quälende Liquiditätsenge zu beenden. Doch kein Staat, der jetzt zusätzliches Geld in Umlauf bringt, hat konkret festgelegt, wann er wie viel dieses Überschusses wieder aus dem Markt herausnimmt, um dem Entstehen einer Hyperinflation vorzubeugen. Wie die jahrelange Billiggeldperiode der USA zeigt, ist es politisch schwer, ja geradezu unmöglich, Geld wieder rarer und damit teurer zu machen. Dazu kommt ein weiterer, politisch nützlicher Effekt: Jede stillschweigend geduldete Inflation verringert den Wert der Staatsschulden und entlastet überstrapazierte Staatsbudgets. Die USA z. B. bereiten diese Strategie bereits vor, indem sie seit Frühjahr 2006 nicht mehr den Geldumlauf in ihrem Land statistisch ausweisen. Sie sind damit bemüht, den Schleier des Vergessens über ihr massives Budget- und Handelsbilanzdefizit zu ziehen.

Ist damit bereits die nächste globale Wirtschaftskrise vorprogrammiert?

Leider ja.

Um uns aus der jetzigen Finanz- und Konjunkturkrise herauszuwursteln, machen wir genau das, was uns in diese Mehrfachkrise hineingeritten hat: nämlich viel billiges Geld in den Umlauf zu pumpen. Das muss längerfristig zu einer neuen Spekulationsblase führen, wenn einmal die ärgsten Krisenphänomene überwunden sein werden und die Überliquidität auf dem Geldmarkt neue Anlageziele suchen wird.

Die nächste Krise wird jedoch anders beginnen und ablaufen als die gegenwärtige. Denn auch die jüngste begann und verläuft anders als frühere Krisen. Die Wurzeln der nächsten Krise beginnen bereits jetzt zu sprießen. Je durchgreifender und gezielter die gegenwärtige Krise gelöst wird, desto länger wird es brauchen, bis die nächste startet.

Werden, wie derzeit vorgesehen, neue, strengere Vorschriften für Banken, schärfere Finanzmarktkontrollen, Verbote riskanter Anlagepraktiken eine neue Krise verhindern?

Jein.

Mit den bisher diskutierten Maßnahmen wird eher die Bürokratie aufgebläht, von grauen Theoretikern in einen lebendigen Markt eingegriffen und werden die Kosten für den Bürger, der alles zahlen muss, in die Höhe geschraubt. Weder zusätzliche Prüfer noch Regeln, noch Kontrollen werden Spekulanten, Betrüger und Fälscher abschrecken. Diese werden neue Gesetzeslücken und Strategien suchen, um ihre illegitimen Aktivitäten fortzusetzen.

Statt quantitativer Aufblähungen von Prüfern und Prüfaktivitäten wäre eine qualitative, intelligentere und gezielte Prüfung des Finanzmarktes an seinen schwächsten Stellen und eine Beseitigung von Steueroasen erforderlich, so dass es keine außerbilanziellen Bankgeschäfte mehr geben kann. Das hängt ausschließlich von der Bereitschaft aller, auch der USA, zur Gründung einer grenzüberschreitenden Finanzaufsicht ab, auch von der Qualität und Erfahrung des eingesetzten Prüfpersonals bzw. dessen Courage und nicht von zusätzlichen Regeln.

❧ Wird der Euro die Krise überleben?

Vermutlich und hoffentlich ja.

Der Euro als Gemeinschaftswährung Europas hat nicht nur Österreich, sondern auch andere kleinere EU-Länder davor bewahrt, im Zuge der Finanzkrise währungsmäßig und finanziell unter die Räder zu kommen. Wie die unbegründeten Attacken von US-Ratingagenturen und sogar des Internationalen Währungsfonds (IWF) auf die angeblich hoch überschuldeten Länder in Mittelost- und Südosteuropa beweisen, wird unablässig versucht, die Eurozone von außen her in sich zu spalten und ein EU-Land gegen das andere auszuspielen. Auf diese Weise soll der gegenüber dem US-Dollar sichtlich erstarkende Euro als zweite starke Reservewährung der Weltwirtschaft geschwächt werden. Die schwache Entschuldigung des IWF-Geschäftsführers Dominique Strauss-Kahn für die zum Schlechteren manipulierten CEE-Daten hat die herbe Schädigung der internationalen Kreditwürdigkeit Österreichs nur sehr allmählich korrigiert.

Erforderlich für das Überwinden der Krise wäre allerdings ein besserer wirtschaftlicher und finanzpolitischer Zusammenhalt der Euro-Länder und eine strenge Eignungsprüfung für alle Staaten, die neu in die Eurozone gelassen werden. Leider gibt es stetig politische Versuche, diese Kriterien zu lockern, statt sie rigoros zu befolgen. Eine unvorsichtige Vergrößerung der Eurozone zum höheren Ruhm von Politikern oder die Verweigerung von Finanz- und Wirtschaftshilfen an die schwachen Länder Europas könnte den Euro als Stabilitätshort gefährden.

❧ Sind die Gründe für Krisen immer dieselben oder gibt es verschiedene?

Die Gründe für Krisen sind seit Jahrhunderten dieselben:
- zu viel Geld im Umlauf,
- zu viel Gier in den Menschen und
- zu viele Gauner unter den Menschen.

Dagegen sind Ursachen, Anstöße, Verläufe, Dauer und Folgen von Krisen immer verschieden. Daher kann man Krisen vorbeugen, indem man genau beobachtet, ob die drei obigen Gründe gegeben sind, und daraus Schlüsse für das eigene Verhalten zieht.

Was ist aus Krisen zu lernen?

1. Dass sie unvermeidbar sind, so wie Ungleichheiten im Leben der Menschen und in der Wirtschaft nicht zu vermeiden sind, auch wenn noch so viele Gesetze und Schutzvorschriften erlassen, noch so viele Aufseher beschäftigt und noch so viele Verbote verhängt werden.

2. Dass jede Krise mit winzigen Anzeichen beginnt, die sich nach und nach mehren und erst bei einem unbedeutenden Anlass plötzlich und offiziell nicht angekündigt losbrechen. Wer den eigenen Spürsinn schärft, alle Anzeichen, die meist nicht von den Medien aufgezeigt werden, aufmerksam verfolgt und deren Wirkungsweise überlegt, wird sich auf kommende Krisen gut vorbereiten und deren Wirkungen abfedern können.

Konkrete Verhaltenstipps und Expertenratschläge für umsichtige Investoren, die sich vor Krisenfolgen schützen möchten, gibt es am Schluss dieses Buches.

2. Krise und Finanzen

Viele Menschen und Medien sprechen undifferenziert von „der Krise", als ob es sich um einen übel schmeckenden Eintopf handelte. Tatsächlich gibt es verschiedene Entwicklungsstufen und Ausprägungen von Krise, die man nicht in einen Topf werfen sollte, wenn man ihre gegenseitige Beeinflussung, ihre Mechanismen und die Ansätze für ihre Beherrschung verstehen möchte. Da dieses Buch letzteres Ziel verfolgt, wurde das folgende Kapitel in fünf Unterkapitel geteilt: Im ersten geht es um die Finanzen; im zweiten um die unterschiedlichen Phasen der Wirtschaftsdynamik, sprich um die Konjunktur und ihre Probleme; im dritten um die Krise als solche; im vierten um die modernen Formen von Finanzkrisen; im fünften schließlich um jene Mechanismen, die sich die Menschheit ausgedacht hat, um die Krisen zu stabilisieren, bevor sie allzu zerstörerisch den erreichten Wohlstand zermürben.

Nebeneinander von Armut und Reichtum

Alle Störungen des wirtschaftlichen Gleichgewichts gehen mit Versorgungsproblemen bei Geld, Krediten, Rohstoffen und Energien einher. Es kommt dadurch zu lähmenden Schocks an den Wertpapiermärkten und Börsen, zu Kreditklemmen, also zur Verknappung von Kreditgewährungen durch die Banken an ihre Kunden, es kommt zum Druck auf die Wechselkurse von Währungen wirtschaftlich lädierter Länder, zu Unterbrechungen der Warenströme, zum Stopp von Investitionen in Unternehmen und technologische Entwicklungen. Oft kommt es dann zu Streiks, Unruhen und politischen Umwälzungen bis hin zum Krieg.
Die Fortschritte der Weltwirtschaft, die uns mehr Wohlstand und bequemeres Leben bescheren, bewirken wie in allen sich entwickelnden dynamischen Systemen auch andere Strukturänderungen, erklärt Roy E. Allen in seinem Buch FINANCIAL CRISES AND RECESSIONS IN THE GLOBAL ECONOMY. Die enormen Fortschritte in der Informationstechnik, die Lockerung der staatlichen Regeln und das freizügigere Leben hätten zur schnellen Expansion und Globalisierung der Finanzmärkte geführt. „Wegen der zeitgleichen Revolution moderner Kommunikationstechniken haben sich die Finanzmärkte rasch ausgeweitet und haben sich eher globalisiert als der Welthandel und andere nicht-finanzielle Dienstleistungen. So war der Handelswert auf dem Londoner Eurodollar-Markt Mitte der Achtzigerjahre des 20. Jahrhunderts 25-fach so groß wie der Wert des Welthandels zur selben Zeit."
Daraus muss man folgern: Die Schuld an Wirtschaftskrisen tragen weder bestimmte Ideologien noch politische Strömungen, weder einzelne Wirtschaftszweige noch Personen, sondern einzig und allein das rastlose Vorwärtsstreben der Menschheit nach besserem, leichterem und erfüllterem Leben. Nur wer diese Neigung des Menschen abstellen könnte – eine völlig utopische Vorstellung –, würde auch das Auftreten von Wirtschaftskrisen verhindern können.

Was haben Krisen mit Religion zu tun?

Immer wieder zweifeln Menschen daran, dass es einen guten, wohlmeinenden und erbarmungsvollen Gott gibt. Denn wenn es einen gäbe, so lautet ihr Argument, wäre das viele große Leid, das tagtäglich auf der Erde herrscht, unerklärlich. Wie kann der Widerspruch, einerseits die Existenz eines gerechten Gottes, andererseits das Schlechte in der Welt, aufgelöst werden?

Die Frage der sogenannten Theodizee, die Rechtfertigung Gottes angesichts des vielen Bösen, kann auch bezüglich der Rechtfertigung von (Finanz-)Krisen in einer rationalen, von Wissenschaft und Sachverstand getriebenen Welt gestellt werden. Der Philosoph Gottfried Wilhelm Leibniz hat den Widerspruch aufgelöst, indem er argumentierte, erst durch das Übel entstehe gleichsam als Wiedergutmachung das Gute bzw. es gäbe kein Gutes, wenn es nicht auch Böses gebe. Nach derselben Logik kann man argumentieren: Erst durch Krisen entsteht als Reaktion auf die durch sie herbeigeführten Drangsale das Gute, nämlich eine Aktivierung des menschlichen Verstandes, aus der Not eine Tugend zu machen und aus Krisen zu lernen, wie man ihnen am besten vorbeugen kann.

Daraus ist zu folgern: Die Krisen kommen in die Welt, damit die Menschen aus ihnen lernen.

Was sind Finanzen?

Wenn die Rede von Finanzkrisen ist, so verdient der Begriff „Finanzen" eine nähere Erläuterung.

„Finanz" ist der allgemeine Begriff aus dem Lateinischen des Mittelalters und des Französischen für Vermögen, insbesondere für die Vermögenslage der öffentlichen Hände. „Finanzierung" bezeichnet die Geldbeschaffung für betriebliche Zwecke der Unternehmensgründung, Erweiterung, Rationalisierung oder Sanierung. Im 13. und 14. Jahrhundert verstand man unter „finatio" oder „financia" bzw. „financia pecuniaria" eine geschuldete Geldleistung. Es gibt auch die Ansicht, dass der Wortstamm von „Finanz" dem Germanischen entstammt, verwandt dem englischen „fine", das Geldbuße oder Privilegientaxe als frühere Haupteinnahmequellen öffentlicher Hände bedeutete.

Unter dem absolutistisch herrschenden französischen Sonnenkönig Ludwig XIV. (1638–1715) hat „finance" eindeutig die Bezeichnung für die Einnahmen des Staates, „les finances" für Staatsvermögen bzw. die Lage des Staatsvermögens angenommen. Später ist der Begriff allmählich auf den privatwirtschaftlichen Erwerb, die kommerzielle Verwaltung und Verwendung von Geldvermögen erweitert worden.

In der Gegenwart werden neben Bargeld oder Einlagen auf Bankkonten auch Wertanlagen wie Aktien, Immobilien, Investmentfonds, Lebens- und Pensionsversicherungen, Anleihen sowie davon abgeleitete (derivate) Produkte als Finanzprodukte bezeichnet.

Der gesamte Finanzsektor der Erde erweist sich zunehmend als vorauslaufender Indikator für wirtschaftliche Ungleichgewichte, als eine Art Problemvögelchen, das großen Krisen vorausfliegt und sie ankündigt. Leider ist das Gezwitscher dieses Vögelchens so zart, dass es im lauten Gepolter von Boomphasen oft überhört wird.

Der griechische Philosoph Aristoteles (384–322 v. Chr.) hat bereits vor 2.400 Jahren in der NIKOMACHISCHEN ETHIK die Theorie aufgestellt, dass Geld drei Dimensionen hat:

- Maßstab für den Tausch von Gütern und Leistungen,
- persönliches Finanzkapital und
- Erscheinungsform des Eigentums.

Aristoteles hat auch die Widersprüche zwischen diesen drei Dimensionen herausgearbeitet. Der Philosoph hat dem Zinsverbot gehuldigt, weil er zur Erkenntnis gekommen war, dass wenn Geld nur vom Gelde kommt, das Spiel ins Unendliche gehe. Daher kam er schon 350 Jahre vor Christi Geburt zum Schluss, dass es einen fundamentalen Unterschied zwischen Finanz- und Realmärkten gibt. Aristoteles' Warnung lautete in etwa: „Immer dann, wenn die Finanzmärkte die Realmärkte dominieren, kommt es zum Zusammenbruch." Genau das ist an der Wende vom zweiten ins dritte Jahrtausend unserer Zeitrechnung passiert.

Ohne Geld, so wissen wir heute, wäre die neuzeitliche wirtschaftliche Arbeitsteilung, die die Hauptquelle unseres Wohlstands ist, nicht möglich. Im Gegensatz zu den überlieferten Geldformen, etwa Vieh, Salz oder Arbeitswerkzeugen, ist Metallgeld lang haltbar und kulturübergreifend akzeptiert. „Geld" kommt von „gelten".

Aristoteles sagte weiters, Kapital sei die Leistungsgerechtigkeit und Geld als Eigentum sei die Bedürfnisgerechtigkeit. Beide, Bedürfnis und Leistung, stehen miteinander im Konflikt. Darüber stehe die Gesetzesgerechtigkeit als Ordnungskraft. Immer wenn nicht die Politik die Ökonomie dominiert, sondern umgekehrt die Ökonomie die Politik, komme es zum Zusammenbruch, denn dann dominiere die Leistungsgerechtigkeit über die Bedürfnisgerechtigkeit. Diesen Gedanken Aristoteles' hat später Karl Marx aufgenommen. Er sagte, am Kapitalismus sei nicht die freie Marktwirtschaft schlecht, sondern schlecht sei es, wenn Lobbys die Politik dominieren.

Der Einzug des virtuellen Geldes

Zur realen Geldschöpfung durch die Zentral- und Notenbanken kommt in der jüngeren Vergangenheit immer mehr sogenanntes virtuelles (nicht angreifbares) Geld durch Krediterteilung bzw. Hebelung von eigenen Geldanlagen durch Aufnahme von Fremdmitteln (Krediten). Dadurch schöpfen heutzutage auch Kommerz-, Hypothekenbanken und Emissionshäuser/Investmentbanken neues Geld und komplizieren damit das globale Finanzsystem. Durch die Erhöhung des Geldumlaufs über die wirtschaftliche Wachstumsrate hinaus steigen die Preise für Waren und Leistungen und entsteht Inflation. Dadurch wird die Kaufkraft des Geldes vermindert. Werden umgekehrt weniger Kredite neu vergeben als Zinsen gezahlt werden, schrumpft die Geldmenge und es entsteht Deflation.

Der ehemalige Fed-Chef Alan Greenspan hält das Schuldenmachen, zumindest durch den Staat, für eine Tugend und für einen Ausdruck des wirtschaftlichen Fortschritts. In seinem Buch THE AGE OF TURBULENCE verteidigt er mutig die enorme doppelte Schuldenlast, die die USA in ihrem Staatsbudget sowie in ihrer Handelsbilanz in den letzten Jahren auf sich genommen haben, mit den Worten: „In unserer modernen Marktwirtschaft geht wachsende Verschuldung Hand in Hand mit dem Fortschritt." Dabei übersieht er geflissentlich, dass die USA ihre Geldmengenvermehrung kaum mehr unter Kontrolle haben dürften – sonst würden sie nicht im Frühjahr 2006 die bis dahin routinemäßige offizielle Veröffentlichung ihrer Geldmengenentwicklung beendet haben –, und dass diese Entwicklung zu einer großräumigen Verschiebung der Finanzströme zwischen den Kontinenten geführt hat und weiter führt. Genau das gilt als eine der Hauptursachen der rasch hintereinander folgenden Finanzkrisen.

Konjunktur

Ein kurzer Blick in das Buch mit der weltweit höchsten Auflage, die Bibel: Das Alte Testament berichtet im 41. Kapitel des 1. Buches Moses (= „Genesis" oder die Erschaffung der Erde) von sieben fetten Jahren, die von sieben mageren Jahren abgelöst werden. Der weise Joseph deutete den Traum des Pharao: „Sieh, sieben Jahre kommen, da herrscht großer Überfluss im ganzen Land Ägypten. Nach ihnen kommen sieben Hungerjahre. Da weiß man nichts mehr von irgendwelchem Überfluss im Land Ägypten. Dann merkt man nichts mehr vom Überfluss im Land wegen der Hungersnot hernach, denn sie wird überschwer sein. Und dass der Traum des Pharao zweimal in verschiedener Form erschien, heißt: Die Sache ist fest bei Gott beschlossen und Gott setzt eilends sie ins Werk."
Das ständige Auf und Ab der Wirtschaft war demnach schon im grauen Altertum bekannt. Die Ursachen wurden damals allerdings der göttlichen Vorsehung zugeordnet. Wahrscheinlich waren die sieben fetten und sieben dürren Jahre die Folgen von einmal üppigen, das andere Mal spärlichen Nilüberschwemmungen. Diese waren ausschlaggebend für den Umfang der Getreideernte in Ägypten, das als „Kornkammer der Antike" fungiert hat. Im Altertum dachte man noch nicht an regelmäßige wirtschaftliche Zyklen.
„Zyklus" ist ein anderes Wort für die Begriffe Kreislauf, Reihe oder regelmäßige Wiederkehr zusammengehöriger Dinge. Je nach semantischem Zusammenhang kann man sich einen Zyklus als geschlossenen Kreis eines immer wiederkehrenden Ablaufs mehrerer Phasen oder als eine kurvenartig verlaufende Schwankung vorstellen. Zeichnerisch werden Zyklen als auf- und abgehende Wellenbewegung dargestellt.
Seit 150 Jahren gibt es unterschiedliche Theorien von Wissenschaftern, die das Auftreten von einander abwechselnden Boom- und Krisenphasen mit der stetigen Weiterentwicklung der Wirtschaft recht plausibel erklären. Inzwischen gibt es verschiedene solcher

Zyklen, lange, mittlere und kurze, die nebeneinander auftreten, einander gegenseitig aufschaukeln oder dämpfen. Wie das geschieht, wird im Folgenden beschrieben.

Als Erster hat der französische Forscher Clément Juglar 1860 erkannt, dass die freie Wirtschaft nie völlig gleichmäßig, sondern in ständigen Wellenbewegungen abläuft. Jedem Aufschwung folgt ein Abschwung, und die Umkehr von einem zum anderen führt häufig zu krisenhaften Zusammenbrüchen. Damit hat Juglar aufgezeigt, dass die meisten Krisen nicht auf einen unvermuteten Stoß von außen her zurückzuführen sind, sondern durch den inneren Rhythmus der Wirtschaft entstehen.

Krisen sind, so wissen wir dank Juglar, eine von mehreren ineinander übergehenden Phasen innerhalb eines gesamten Konjunkturzyklus. Es handelt sich demnach um endogene, innere Krisen des Systems Wirtschaft. Daneben gibt es exogene Krisen, die von außen her unvermutet die Wirtschaft treffen, wie Naturkatastrophen, Kriege oder große Terroranschläge.

Die Wellenlänge des Juglar-Zyklus wurde in Deutschland Mitte des 19. Jahrhunderts statistisch mit acht bis zehn Jahren nachgewiesen. Die Wirtschaftstheorie erkannte, dass es kein dauerndes Gleichgewicht, kein stationäres Verharren der Wirtschaft gibt, sondern nur ein ständiges Wechseln, ein Pendeln des Wirtschaftslaufs um ein ideales Gleichgewicht, das nie auf längere Zeit beibehalten werden kann.

Später wurde der Juglar-Zyklus verfeinert. Man unterscheidet heute bis zu sechs verschiedene Phasen einer Konjunktur: Erholung, Aufschwung, Hochkonjunktur, Abschwung, Krise und Depression. Gründe für Konjunkturzyklen sind Investitions-, Lager- oder Verbrauchszyklen in der Wirtschaft, die durch mangelnde Marktübersicht bei den Unternehmen zustande kommen. Die Marktteilnehmer passen sich nicht immer elastisch genug den Bewegungen des Marktes an und verzerren durch zu frühes oder zu spätes Agieren den glatten Ablauf der Wirtschaft.

„Konjunktur" (aus dem Lateinischen „coniungere = verbinden, verknüpfen") ist die Bezeichnung für die wirtschaftliche Lage und ihren jeweiligen Entwicklungstrend von Auf- und Abschwüngen in einem Land. Sie erscheint als zyklischer Prozess der Wirtschaftsentwicklung, als System regelmäßig wiederkehrender Veränderungen der wirtschaftlichen Dynamik, das durch Eingriffe von außen, zumeist des Staates, in seinem Ablauf beeinflusst werden kann, nach moderner Auffassung beeinflusst werden muss, um soziale, politische und gesellschaftliche Nachteile zu vermeiden und so die menschliche Existenz und allgemeine Wohlfahrt zu sichern. Die Volkswirtschaftslehre versteht unter Konjunktur, dass es bei den regelmäßigen Schwankungen von Nachfrage und Produktion zu Veränderungen des Auslastungsgrades der Erzeugungskapazitäten kommt und damit eine gewisse Regelmäßigkeit des Wirtschaftsablaufs einhergeht.

Indikatoren für Konjunktur oder Depression

Als Messlatte zur Feststellung, in welcher Konjunkturphase die Wirtschaft zu einem bestimmten Zeitpunkt angelangt ist, dient die Wachstumsrate des Bruttoinlandsprodukts im Zeitraum eines Viertel- oder ganzen Jahres. Von Rezession spricht man, wenn das Wachstum wenigstens zwei Vierteljahre hindurch negativ ausfällt (oft verharmlosend „Minuswachstum" genannt), also eine reale Verringerung der Wertschöpfung eintritt. Die Konjunkturerholung tritt ein, wenn das Wachstum wieder anzieht, also vom Negativen ins Positive umschwenkt, wenn die Wirtschaft die Talsohle durchschritten hat und wieder aufwärts tendiert. Einen Aufschwung gibt es, wenn das Potenzialwachstum erreicht wird; dieses liegt zwischen zwei und 2,5 Prozent. Hochkonjunktur herrscht, wenn das Potenzialwachstum über mehrere Monate hin deutlich übertroffen wird und wirtschaftliche Überhitzungserscheinungen wahrzunehmen sind. Abschwung tritt ein, wenn die Wachstumsraten dauerhaft sinken und das Potenzialwachstum unterschreiten.

Neben dem Wirtschaftswachstum – ausgedrückt in Prozentpunkten der Veränderung des Bruttoinlandsprodukts (BIP = Wertschöpfung) – werden auch der Verlauf der Inflation (= Preissteigerungsrate), der Arbeitslosenrate, des Leistungsbilanzsaldos eines Landes, gemessen am BIP, sowie des Budgetdefizits der öffentlichen Hände eines Landes als Konjunkturanzeiger (= Indikator) verwendet. Diese fünf Messgrößen gelten als „magisches Fünfeck" der Volkswirtschaft. Magisch deswegen, weil es selbst für Fachleute ein Kunststück ist, alle fünf Messgrößen auf ihrem jeweils idealen Stand zu halten.

Hinzu kommen als Konjunkturindikatoren meist auch die Einkommensentwicklung der Bevölkerung, die Zahl der Beschäftigten, die Erwartung der Einkäufer großer Unternehmen (der Einkaufsmanager-Index, EMI), die Entwicklung der Industrieproduktion oder der Preise von Eigenheimen, die Gewinnerwartungen großer Unternehmen oder die Einzelhandelsumsätze. Ein weiterer wichtiger vorlaufender Konjunkturindikator ist der in Deutschland errechnete Index für das Konsumentenvertrauen.

Deflation als Notfall-Szenario

Fachleute unterscheiden verschiedene Konjunkturformen, je nachdem wie ihr zeichnerisch dargestellter Verlauf aussieht:
- Eine *V-Konjunktur* zeigt einen steilen Abfall der Wirtschaftsdynamik und eine rasche Erholung mit ähnlich steilem Anstieg.
- Eine *U-Konjunktur* zeigt ein deutliches Nachlassen der Wirtschaftsdynamik, ein Verweilen in der Talsohle, dann wieder einen Anstieg auf ehemalige Höhen.
- Eine *L-Konjunktur* zeigt ebenfalls ein deutliches Nachlassen der Wirtschaftsdynamik, dann aber ein langes Verweilen in der Talsohle und erst viel später eine verzögerte Erholung, die nicht mehr die einstigen Höhen erreicht.
- Eine *W-Konjunktur* zeigt das Abgleiten in eine schwere Rezession mit anschließenden Auf- und Ab-Bewegungen, eine Art „stotternden Aufschwung" über einige Jahre.

Mit welcher dieser Konjunkturformen man es jeweils zu tun hat, ist immer erst mit mehreren Jahren Respektabstand zu beurteilen.

Die gegenwärtige Rezession werde sich in Form eines tiefen U-Tales zeigen und erst 2010 langsam weichen, behauptete Ökonomieprofessor Nouriel Roubini von der New Yorker Universität Anfang 2009. Ihm wurde von den Medien der Spitzname

„Dr. Doom" („Dr. Verhängnis" oder „Dr. Unheil", weil er schon 2006 die Krise 2007/2009 vorausgesagt hat) gegeben. Laut Roubini würden die Rohstoffpreise im Zuge der Krise um 15 bis 25 Prozent fallen. „Vor einem halben Jahr waren wir noch durch die wachsende Inflation beunruhigt, jetzt aber stehen wir vor dem Schreckensgespenst einer neuen Deflation." Das akute Notfall-Szenario einer Deflation bzw. Stagdeflation beschreibt er so: „Die Rezession in den hochentwickelten Ländern, fallende Rohstoffpreise und Kapitalflucht fordern dem dortigen Wirtschaftswachstum Tribut ab. Dies macht die Deflation und nicht die Inflation zur derzeit wichtigsten Sorge der Politik. Sie wird sich über ein seltsames Gebilde namens ‚Stagdeflation' sorgen müssen, das ist eine Verbindung von wirtschaftlicher Stagnation, Rezession und Deflation."

Der Begriff „Deflation" zählt zu den wirtschaftlichen Schreckgespenstern unserer Zeit. Vor allem, weil selbst Experten nicht sagen können, ob die Folge der Krise 2007/2009 eine Inflation mit der Tendenz zur Hyperinflation ist oder ob ihr eine Deflation mit deutlichem Preisverfall folgen wird. Notenbankgouverneur Univ.-Prof. Dr. Ewald Nowotny sagte für 2009 eine Zeitspanne vorübergehend fallender Preise voraus; er bezeichnete dieses Phänomen aber nicht als Deflation, sondern als „Disinflation", als „keine Inflation".

Laien kennen sich in dieser Vielfalt der Begriffe kaum mehr aus, daher eine Definition: „Deflation" ist Gegenteil von „Inflation". Sie entsteht, wenn die Nachfrage nach Gütern oder Dienstleistungen in einer Wirtschaft stark nachlässt, die Unternehmen daraufhin aber ihr Überangebot nicht zurückschrauben, sondern mit ständigen Preissenkungen reagieren, um so ihre Mitbewerber an die Wand zu drücken. Deflation kommt in der Realität zwar selten vor, ist jedoch im 19. Jahrhundert häufiger aufgetreten als die Inflation.

Den typischen wirtschaftlichen Kreislauf, der von den Höhen einer Konjunktur hinab in die tiefen Schluchten der Deflation führt, hat John Waggoner für die Zeitung USA TODAY Anfang Dezember 2008 nachgezeichnet. Denn viele fürchten wie Roubini, dass im Verlauf eines Konjunkturzyklus neben dem Abreißen des Wachstums ein dauerhafter Rückgang des allgemeinen Preisniveaus, eine Deflation, drohen könnte. Waggoner: „Wenn nämlich die Preise im Gefolge einer Konjunkturkrise fallen sollten, werden die Konsumenten nicht gleich kaufen, sondern weiter zuwarten in der Hoffnung, dass sie noch weiter sinken. Die Deflations-Spirale beginnt, wenn eine Blase, etwa bei Aktien oder Immobilien, platzt oder die Wirtschaft durch einen anderen Schock in eine tiefe Nachfragekrise fällt. Dann beginnen auch die Preise zu fallen. Die Konsumenten sind über den Rückgang der Wirtschaft besorgt und kaufen weniger ein. Die Unternehmen beginnen daraufhin, ihre Preise zu senken, um die Konsumenten wieder zum Einkaufen zu bewegen. Aber die Konsumenten kaufen noch weniger, weil sie weitere Preissenkungen erwarten. Die Unternehmen leiden zwar unter den nicht mehr kostendeckenden Preisen, aber sie werfen noch mehr Waren auf den Markt, was die Preise in den Keller treibt. Sie tun das so lange, bis nur noch die stärksten Firmen übrig bleiben, die dann billig die Überbleibsel ihrer einstigen Konkurrenten aufkaufen und den Markt dank ihrer neuen Machtstellung unter sich aufteilen, also oligopolisieren. Die Mitarbeiter der Unternehmen fürchten in dieser Phase um die Erhaltung ihrer Jobs und erklären sich deshalb mit Gehaltskürzungen einverstanden, was ihre Konsumkraft schwächt, aber die Deflationsspirale weiter beschleunigt. Damit beißt sich die Krisenschlange in den Schwanz. Das Ergebnis von Deflation sind niedrigere Konsumentenpreise, aber auch höhere Arbeitslosigkeit, ein Zusammenbruch des Konsums, sinkende Gewinne, Wachstumsraten und Einkommen."

Als probate Mittel im Kampf gegen die Deflation gelten massive Zinssenkungen durch die Notenbanken, also das Verbilligen von Krediten, um unternehmerische Investitionen wieder schmackhaft zu machen, sowie aufwendige Konjunkturankurbelungsprogramme der Regierungen durch Mehrausgaben aus ihren Budgets, um dadurch die Wirtschaft mit neuen Aufträgen wieder anzukurbeln. Je breiter dabei die Wirtschaft belebt wird, je mehr Branchen durch diese Impulse zusätzliche Aufträge erhalten, desto wirksamer sind die Impulse. Genau das haben die USA unter dem neuen Präsidenten Barack Obama, hat die EU und haben auch die einzelnen EU-Länder wie Deutschland und Österreich seit Ende des Krisenjahres 2008 getan.

Wenn diese Politik jedoch über allzu lange Zeit beibehalten wird, wenn die Ankurbelungsmaßnahmen nicht schon bei den ersten Anzeichen einer Wiederbelebung der Konjunktur zurückgenommen, die in die Wirtschaft gepumpten zusätzlichen Gelder nicht rasch wieder herausgenommen werden, und zwar genau dann, wenn der Wiederaufstieg beginnt, ist der Weg in eine neuerliche Konjunkturüberhitzung, in eine neue Blase, die irgendwann später platzen wird, vorgezeichnet. Dann setzt sich das menschenverursachte Auf und Ab der Konjunktur ungebrochen fort.

Ein bisher nie zustandegekommenes Rezept gegen diese Erbkrankheit der einander folgenden Krisen durch nicht rechtzeitig beendete Belebungsmaßnahmen der Wirtschaft ist: Schon beim Beschluss von Konjunkturstützungspaketen müssten verbindliche Kriterien für ihre rechtzeitige Rücknahme festgelegt werden, um zu verhindern, dass sie aus dem üblichen Gewohnheitsdenken heraus weiter fortgesetzt wirken und schließlich zur Ursache der nächsten Krise werden.

So etwas skizzierte Johann Wolfgang von Goethe im ersten Teil seines FAUST-Dramas: „Vernunft wird Unsinn, Wohltat Plage; weh Dir, dass Du ein Enkel bist!"

Die langen Konjunkturwellen

Juglars Theorie der zyklischen Konjunkturwellen blieb lange die einzige theoretische Erklärung der einander ständig ablösenden Boom- und Krisenphasen. Erst in den Zwanzigerjahren des 20. Jahrhunderts stellte der russische Wirtschaftswissenschafter Nikolai Dmitrijewitsch Kondratjew (1892–1938) seine Theorie der langen Wellen vor. Er hatte beobachtet, dass die Weltkonjunktur seit Beginn der Industrialisierung und Technisierung an der Wende vom 18. zum 19. Jahrhundert – zuerst in England, später in Kontinentaleuropa und in den USA – in langen zyklisch auftretenden Wellenbewegungen verläuft. Kondratjew war weiters aufgefallen, dass unter den 8- bis 10-jährigen

Juglar-Wellen noch eine längere Welle schwingt, die etwa 60 Jahre dauert. Ausgangspunkt dieser langen Wellen waren wirtschaftlich-technische Paradigmenwechsel in der Weltwirtschaft und die damit einhergehenden innovationsinduzierten Investitionen der Unternehmen.

Ein Aufschwung der Konjunktur, so war Kondratjew überzeugt, fällt stets mit der Entwicklung und dem praktischen Einsatz von grundlegend neuen, bahnbrechenden Techniken, sogenannten „Basisinnovationen" zusammen. Bei den Kondratjew-Zyklen geht es nicht nur um konjunkturelle Schwankungen der Wirtschaft, sondern um einen Reorganisationsprozess innerhalb der gesamten Gesellschaft. Der übliche wirtschaftliche Ablauf ist: In neue Techniken, die von mehreren Unternehmen als marktrelevant eingeschätzt wird, fließt viel Investitionskapital; so kommt ein neuer Wirtschaftsaufschwung zustande. Setzt sich diese Innovation in den Folgejahren auf den Märkten durch, springen andere Unternehmen auf diesen Trend auf und kurbeln ihrerseits die Produktion an; es sinken dank des härter werdenden Wettbewerbs die Preise des innovativen Produktes und damit die Gewinne der Unternehmen, die ihr Geld in es gesteckt hatten. So kommt es allmählich zum Abschwung, und vorausschauende, intelligente Unternehmen arbeiten dann bereits an neuen Entwicklungen, die später einen neuen Zyklus auslösen werden.

Auch der Nationalökonom Joseph Alois Schumpeter hat erkannt, dass sich die wirtschaftliche Entwicklung immer in Wellenbewegungen vollzieht. Den ersten Kondratjew-Zyklus hat Schumpeter für die Zeitspanne 1787 bis 1842 datiert; es sei der Zyklus der industriellen Revolution durch die Dampfmaschine und die Eisenindustrie gewesen. Jeder der sechs in ihm eingelagerten Juglar-Zyklen habe eine Phase der industriellen Revolution auf den verschiedensten Gebieten umfasst, angefangen mit dem Aufstieg der Baumwoll-Industrie. Der zweite Kondratjew-Zyklus von 1843 bis 1897 sei dem Aufschwung von Eisenbahn und Stahlindustrie zu verdanken. Der dritte Kondratjew-Zyklus beginnt laut Schumpeter 1898 und sei von Elektrizität, Elektrotechnik, der Chemie und dem Benzinmotor ausgelöst worden. Sollten die langen Wellen weiterlaufen, so Schumpeter, könnte der vierte Kondratjew-Zyklus jener der Atomenergie sein. Damit irrte er jedoch.

Nach moderner Auffassung hat die Erfindung der Dampfmaschine, des mechanischen Webstuhls, der Kohle- und Eisentechnologie um 1800 den ersten großen Konjunkturaufschwung nach Kondratjew ausgelöst. Ihm folgte um 1850 die Entwicklung von Eisenbahn, Telegrafie, Fotografie und Zement. Die dritte Kondratjew-Welle startete um 1900 mit der Entwicklung von Elektrotechnik, Großchemie und Autoproduktion. Der vierte Konjunkturaufschwung nach Kondratjew hat um 1950 mit der Petrochemie, der automobilen Revolution, der Verbreitung der Kunststoffe, des Fernsehens, der Kernkraft, der Elektronik und der Raumfahrt eingesetzt. Der fünfte Kondratjew-Aufschwung am Ende des 20. Jahrhunderts ist dem breiten Einsatz der elektronischen Datenverarbeitung, Informationstechnik, Telekommunikation, Mikroelektronik, Gentechnologie sowie der Verquickung der elektronischen Kommunikations- und Informationsmedien zu Multimedia zu verdanken.

Nach dem Platzen der Internet- oder Dotcom-Blase knapp nach der Jahrtausendwende ist die Informationstechnik jedoch aus einem Boom in eine globale Konsolidierung übergegangen. Wirtschaftswissenschafter stellen die Frage, ob damit der Höhepunkt der zyklischen Welle überschritten und die Weltwirtschaft wieder auf dem Weg ins Konjunkturtal hinab ist. Da das Informationszeiralter ums Jahr 1970 begonnen hat, wäre die fünfte Kondratjew-Welle derzeit in ihrem Abschwung und würde die Weltwirtschaftskrise 2007/2009 erklären.

Der nächste, sechste Kondratjew-Zyklus könnte durch Aufschwung der Biotechnologie, der regenerativen Energien bzw. Solar- und Biomassetechnologie, Kernfusion oder Nanotechnologie ausgelöst werden. Das ist Zukunftsmusik, aber die langen Wellen setzen sich fort.

Bekanntester Vertreter der Kondratjew-Theorie ist heute Leo A. Nefiodow (geb. 1939). Er ist gelernter Nachrichtentechniker, war Abteilungsleiter im GMD-Forschungszentrum Informationstechnik, Mitglied der Arbeitsgruppe „Our Future Economy" des Club of Rome und ist Wirtschaftstheoretiker. Er denkt über die Auslöser künftiger langer Wellen nach. Seiner Ansicht nach könnten die moderne Medizin und Gesundheitsindustrie Impulse für den sechsten Kondratjew-Zyklus geben.

Der österreichische Zukunftsforscher Matthias Horx vermutete Anfang 2009 jedoch, dass der sechste Kondratjew-Zyklus durch eine neue Qualität des globalen gegenseitigen Vertrauens eingeleitet werden könnte. Andere sehen in der Entwicklung von Quantencomputern, der Robotronik oder in einem bevorstehenden Boom von Elektro- oder Brennstoffzellen-Autos jene Innovationen, die den sechsten Kondratjew auslösen werden.

Kondratjew-Zyklus und Börsen

Was haben Konjunkturzyklen mit den Vorgängen in der Realwirtschaft zu tun? Sie entfalten ihre Wirkung an den Aktienmärkten, an den Börsen der Erde. Gibt es neue Basisinnovationen, so werden sie zum positiven, ankurbelnden Wirtschaftsfaktor, was den inneren Wert der am Innovationsgeschehen beteiligten Unternehmen steigert und das Auf und Ab des Preises für deren Aktien, also deren Kursverlauf beeinflusst.

Das passiert aber meist nicht im Augenblick der Innovation oder deren unmittelbarer Umsetzung in neue Produkte oder Leistungen, sondern erst nach längerer Wirkungszeit. Bisher wurde beobachtet, dass die Phantasie einer Aktie eines Unternehmens, das eine Basisinnovation wirtschaftlich umsetzt, meist erst im Abschwung des Zyklus einsetzt. Börsefachleute stellten fest, dass zwischen dem Beginn eines Abschwungs und dem Höhepunkt der Börseeuphorie drei bis 15 Jahre vergehen.

Manchmal sind Basisinnovationen Jahrzehnte zurückgelegen, ehe die Börsenkurse der einschlägigen Unternehmen stiegen. Erinnern wir uns nur, wie lange es von der technischen Erfindung bis zur effektiven Marktwirkung der Faxübertragung gedauert hat: von den Dreißiger- bis in die Sechzigerjahre des 20. Jahrhunderts!

Ein Beispiel für lange Innovationsketten ist die Nutzung der Elektrizität in Konsumprodukten. Sie vollzieht sich in vielen Wellen, wobei eine Neuerung die andere ablöst:

Die Glühbirne mit Wolframwendel wird derzeit von der Energiesparlampe auf Basis des Glühens ionisierter Edelgase abgelöst. Es wird noch einige Jahre dauern, bis die Energiesparlampe von der LED-Leuchte (Leuchtdioden) abgelöst werden wird.

Ein weiteres Beispiel ist die energieverschlingende, träge, wärmeproduzierende Vakuumröhre in Radio- und Fernsehempfängern. Sie wurde erst nach vielen Jahren von sparsameren und leistungsfähigeren Transistoren abgelöst; neuerdings werden Töne, Bilder und Daten durch Verknüpfung von Mikroelektronik und Molekularbiologie in intelligenten Chips gespeichert und miteinander verarbeitet. Das zeigt: Je mehr Innovationszyklen einander folgen, desto breiter und vielfältiger werden die wirtschaftlichen Effekte, die die Realwirtschaft daraus zieht.

Beispiele für diese Selbst-Beschleunigung der Wirtschaft durch Innovationen und deren entsprechendes Börsenecho sind:

- Eisenbahnausbau und einschlägige Spekulationen hatten ihren Aufschwung von 1844 an und dauerten bis etwa 1875, also 31 Jahre. Der Abschwung dauerte bis 1896, das sind 21 Jahre; Höhepunkt der Börseneuphorie aufgrund der Eisenbahntechnologie war 1873 gewesen.
- Der Aufschwung von Radio und Automobil begann um 1890 und dauerte bis 1920, das sind 30 Jahre; der Abschwung dauerte von 1914 bis etwa 1940, das sind 26 Jahre; Höhepunkt der Börseeuphorie für Radio- und Autotechnologie war 1929.
- Das Informationszeitalter hat seinen Aufschwung von 1980 bis 1996 gehabt, das waren 16 Jahre; der Abschwung ist noch im Gang; der Höhepunkt der Börseneuphorie aufgrund der Informationstechnologie war die Jahrtausendwende.

Daraus ist abzuleiten: Jede neue Basistechnologie steigert sich, bis es zu einem Börsekrach kommt, dann versandet sie und wird von anderen Innovationen abgelöst.

Wellen verstärken und bremsen einander

Es ist schon früh aufgefallen, dass bei manchen Konjunkturzyklen die Prosperitäts- und die Depressionsphase stärker ausgeprägt waren als bei anderen Konjunkturzyklen. Statistiker haben nach dem Zweiten Weltkrieg entdeckt, dass es unter bzw. neben den Juglar- und Kondratjew-Wellen noch sehr kurze Konjunkturzyklen gibt. Am meisten zitiert wird die von Joseph Kitchin 1923 herausgefundene 40-Monats-Welle oder der 4-Jahres-Zyklus; er folgt nach Ansicht von Fachleuten dem üblichen Lagerzyklus der Industrie.

Kitchin hatte die Auswirkungen staatlicher Aktivitäten auf die Börse untersucht. Er fand dabei heraus, dass es sich um kurzfristige Wirkungen und nicht um strukturelle Veränderungen handelte. Der Kitchin-Zyklus beruht darauf, dass die Industrie meist eine Zeit lang ihre Lager vergrößert und anschließend, um das dort gebundene Kapital zu verringern, ihre Lager wieder abbaut, so dass diese als flexibler Puffer zwischen Vorproduktion und Verarbeitung zum marktfähigen Endprodukt wirken.

Inzwischen wird der vierjährige Konjunkturzyklus nach Kitchin auch mit der Dauer der US-Präsidentschaft erklärt: Im letzten Jahr jeder Präsidentschaft in den weltwirtschaftlich dominierenden USA komme es oft zu staatlichen Anspornen für die Wirtschaft. Das wurde 2004 bestätigt, als US-Präsident George W. Bush durch Aufblähen des ohnehin schon hohen US-Staats- und -Handels-Defizits einen konjunkturellen Stimulus setzte. Doch 2008, das letzte Regierungsjahr Bushs und Jahr des Beginns einer ausgeprägten Mehrfachkrise, hat die obigen Überlegungen Lügen gestraft: Als Bush im Jänner 2009 seinen Präsidentensessel räumte, saßen die Amerikaner auf einem enormen Schuldenberg in ihrer Außenhandelsbilanz und im Staatsbudget, obwohl sie in den zwei Amtsperioden Bushs ihre Wirtschaftsleistung um mehr als ein Fünftel gesteigert hatten. In derselben Zeit hat der ehemals so harte US-Dollar aber 40 Prozent seines Werts verloren. Als Bush ins Weiße Haus eingezogen war, hatte die US-Arbeitslosenrate vier Prozent betragen, acht Jahre später 7,2 Prozent. Waren in der Ära von Bush-Vorgänger Bill Clinton 22 Millionen neue Arbeitsplätze geschaffen worden, waren es unter Bush nur noch 4,7 Millionen. Bush wird sich mit der Tatsache abfinden müssen, sein Land markant heruntergewirtschaftet zu haben.

Konjunkturzyklen steigern und dämpfen einander

Zurück zu den weltwirtschaftlichen Konjunkturzyklen: Der Nationalökonom Schumpeter hat über das Phänomen, dass einander zwei oder mehrere Wellen übersteigern oder dämpfen können, nachgedacht. Seine Erkenntnis: „Über die erste Zweiphasen-Konjunkturwelle mit Aufschwung aus der Gleichgewichtslage und dem Rücklauf in diese legt sich mit sehr unterschiedlicher Stärke eine zweite Welle spekulativer Übersteigerung. Zusätzliche Konsumentenausgaben führen zu Überkonsum, zu unproduktiven Anlagen und zu so starken Ungleichgewichten, dass eine bloße Rückkehr zum Gleichgewicht nicht genügt, dass vielmehr eine Bewegung unter die Gleichgewichtslage, eine Depression, die Bereinigung durchführen, die Wirtschaft in rückwärtiger Lage neu ordnen und den Aufschwung zu einem neuen noch ausgeprägteren Höhepunkt vorbereiten muss. So entsteht der Vier-Phasen-Zyklus Aufschwung, Abschwung, Depression und Erholung […] Die Krise ist um so wahrscheinlicher, die Depression umso schwerer, je stärker der Aufschwung durch die zweite Welle übersteigert war."

Das Auf und Ab der unterschiedlichen Zyklen wirkt im Gesamtablauf der Wirtschaft zusammen, die Wellen bauen einander fallweise auf bzw. bremsen einander ab. Der Weltwirtschaftsforscher Andreas Predöhl meint, die Juglar-Welle lagere auf dem Rücken der langen Kondratjew-Welle, so dass die lange die kürzere verstärkt oder abschwächt. Ähnlich werde die Kitchin-Welle von der Juglar-Welle verstärkt oder abgeschwächt. „Sehr eindrucksvoll ist der Nachweis, dass sich die Folgen der großen Innovationen für den Konsum in Juglar-Aufschwungphasen auf der absteigenden Kondratjew-Welle besonders bemerkbar machen."

M&A verjüngen die Wirtschaft

Neben den Konjunkturzyklen sind andere Welleneffekte wirtschaftlich bemerkenswert. Fachleute beobachten in den letzten Jahrzehnten zunehmend Hoch- und Tief-Phasen bei Übernahmewellen von Unternehmen, Verschmelzungen bzw. Konsolidierungen, sogenannte Mergers and Acquisitions (M&A). Diese führen zu markanten Verbesserungen von verkrusteten, überalterten, allzu kostspieligen und damit die Konjunktur bremsenden Wirtschaftsstrukturen. Je mehr M&A, desto dynamischer und erfolgreicher läuft die Wirtschaft.

Die FRANKFURTER ALLGEMEINE ZEITUNG hat 2008 „sechs Übernahmewellen" oder „111 Jahre M&A-Transaktionen auf dem amerikanischen Markt" aufgezeigt. Ihr zufolge hat die erste Übernahmewelle der US-Wirtschaftsgeschichte von 1897 bis 1904 stattgefunden: Die industrielle Revolution habe zu horizontaler Integration von Unternehmen derselben Branche und damit zur Monopolbildung geführt. Die zweite M&A-Welle hat 1916 bis 1929 stattgefunden: Neue Antitrust-Gesetze hätten zur vertikalen Integration und damit zur Vertiefung der unternehmerischen Wertschöpfungskette geführt. Die dritte M&A-Welle in den USA datiert die FAZ mit 1965 bis 1969: Aufgrund der damals herrschenden Diversifikationstheorie – der Ansicht, dass ein erfolgreiches Unternehmen so breit wie irgend möglich aufgestellt sein müsse –, haben große Konzerne kleinere Unternehmen zugekauft, um sich ein breiteres Produkt- oder Dienstleistungsportfolio zuzulegen. Die vierte M&A-Welle setzt die FAZ für 1984 bis 1989 an, initiiert durch die Rückbesinnung der großen Konzerne auf ihre Kernkompetenzen, was zum reihenweisen Abstoßen von unternehmerischen Randaktivitäten geführt hat. Die 5. M&A-Welle hat 1993 bis 2000 stattgefunden; sie wurde durch die Effekte der Globalisierung, des Hochhaltens des Shareholder Values (eine Management- und Investmentstrategie, die dem Interesse der Aktienbesitzer an Wachstum und Gewinn klare Priorität einräumt), des Einsatzes der Aktie als Kaufwährung für Unternehmen sowie den Aufstieg der New Economy (Nutzung des World Wide Web) ausgelöst. Die sechste M&A-Welle hat, so die FAZ, 2002 begonnen und ist vermutlich mit dem Höhepunkt der Weltwirtschaftskrise 2007/2009 zu Ende gegangen; sie wird auf den Boom von Hedge-Fonds, Private Equity (unternehmerischen Beteiligungen) durch institutionelle Investoren (Banken, Versicherungen, Emissionshäuser), auf die Nutzung niedriger Zinsspannen und auf die Milliardeninvestitionen Chinas und Indiens in den westlichen Industriestaaten zurückgeführt.

Krise

Das Wort „Krise" kommt vom griechischen „krisis" (= Urteil, Entscheidung) und bedeutet im Deutschen einen Höhepunkt, eine Entscheidungssituation bzw. Wende entweder zum Guten oder zum Schlechten in einer angespannten („kritischen") Entwicklungslage. Erst in übertragener Bedeutung versteht man im deutschen Sprachraum darunter einen Trend hin zum Negativen, zu Schwierigkeiten, einer bevorstehenden Klemme oder einer Zeitspanne von Notlagen und Verfallserscheinungen.

Auch im englischen Sprachraum gelten für „crisis" in etwa dieselben Wortbedeutungen bezüglich eines Wendepunkts in der Entwicklung einer Affäre oder einer Reihe von Ereignissen mit dem Beigeschmack eines negativen Trends.

Mediziner jedoch halten eine Krise ihrer Patienten für das Zeichen einer bevorstehenden vollen Genesung, für die Beseitigung einer akuten Gefahr, also für ein grundsätzlich positives Zeichen.

Ökonomen bezeichnen eine solche Situation als Krise, in der das wirtschaftliche Gleichgewicht von Bedarf und Erzeugung, von Güterangebot und -nachfrage, von Geldbereitstellung und Geldbedarf gestört ist, ein materielles oder finanzielles Ungleichgewicht herrscht, das zu Mangel- bzw. Überflusserscheinungen auf dem Markt führt.

Die in London beheimatete Man Investments, ein weltweit führender Anbieter von alternativen Finanzanlagen mit einem verwalteten Anlagevolumen von rund 61 Milliarden US-Dollar, erklärt, jede Krise sei ein wichtiger Wendepunkt, und definiert „Krise" als „Zustand der Instabilität oder der Gefahr z. B. für die soziale, ökonomische, politische oder geopolitische Lage, der einen grundlegenden Wandel auslöst."

Die Chinesen stehen, im Gegensatz zu den westlichen Kulturen, dem Begriff „Krise" innerlich neutral gegenüber: Für die Menschen im Reich der Mitte bedeutet „Krise" und das entsprechende Schriftzeichen ihrer Sprache dafür sowohl Chance als auch Risiko, damit zugleich Hoffnung und Gefahr.

Das zeigen auch die entsprechenden chinesischen Schriftzeichen in vereinfachtem Chinesisch der Volksrepublik China, ein Ergebnis der Schriftreform in den Sechzigerjahren des 20. Jahrhunderts für Kontinentalchina; in Taiwan und Hongkong gilt hingegen noch immer die alte Schriftform.

ji = Angelpunkt, kritischer Punkt 机
weiji = Krise 危机 (wei = Gefahr 危)
jihui = Chance 机会 (hui = zusammentreffen 会)

Der Begriff „ji" (= dschi, stimmlos gesprochen) bedeutet auf Deutsch „Angelpunkt" oder „springender Punkt", an dem sich etwas ändert. Stellt man vor „ji" das Zeichen „wei", bedeutet dies „Krise" oder „Gefahr". Das Zeichen „wei" bedeutet „steil", „gefährlich". Stellt man hinter „ji" das Zeichen „hui", bedeutet das „Chance" oder „positives Zusammentreffen". So ergibt sich die zweischneidige Bedeutung des chinesischen Begriffs „Krise".

Als signifikante Auslegung des bivalenten Zustands bzw. die philosophische Haltung der Chinesen der Krise gegenüber gilt die alte Weisheitslehre: „Wenn der Sturm tobt, kann man entweder Mauern bauen, um sich vor ihm in Schutz zu bringen, oder Segel setzen, um sich von ihm antreiben zu lassen." Krise ist für Chinesen stets die innere Aufforderung, aus Schwierigkeiten und Problemen zu lernen und daraus etwas Positives zu machen, statt darunter zu leiden.

Was ist „Krise" wirklich? Diese Frage beantwortete der italienische Schriftsteller, Politiker und marxistische Philosoph Antonio Gramsci (1891–1937) mit warnendem Unterton: „Eine echte Krise besteht darin, dass das Alte stirbt und das Neue nicht geboren werden kann."

Das ist die strikte Aufforderung, Krisen aktiv zu überwinden, indem man dem Neuen eine Chance gibt, alte Fehler zu überwinden. Lediglich die Folgen einer Krise zu bekämpfen, ohne das Neue zuzulassen, das wäre die eigentliche Krise.

Krise als Selbstprofilierung?

„Von Krise zu sprechen, ist immer chic", argumentiert der tschechische Dichter und derzeitiges Staatsoberhaupt der Tschechischen Republik Václav Klaus im Essay Liberalismus: Krise oder Hoffnung? Dort erklärt er: „Denn das verschafft jenen, die sich dieser Terminologie bedienen, den Ruf, dass sie die Welt klarer sehen als der Rest der Menschen, dass sie die Vision einer besseren Welt haben und dass sie wissen, wie man sie verwirklicht. Es stellt sich allerdings die Frage, wo das Gefühl oder die Gewissheit einer Krise beginnt: in einer tiefschürfenden Analyse des Status quo oder in einer apriorischen, elitistischen und moralischen Anmaßung? Handelt es sich hier um eine neue Mode im Denken, um den Versuch, auf dem außerordentlich kompetitiven Markt der Ideen eine Nische zu schaffen, oder ist es ein echter Durchbruch zu einer neuen Erkenntnis?"

Eine Selbstprofilierung sind vermutlich auch diverse Verschwörungstheorien, die in Krisenzeiten wie Pilze aus dem Boden schießen und davon ausgehen, dass – je nach Standort und Weltanschauung des Beobachters – entweder das Weltjudentum, die Freimaurer, die angeblich göttlich erleuchteten Illuminati oder eine mafiose Bande dunkler Ehrenmänner aus Italien, Spanien oder den USA die globalen Finanz- und Wirtschaftskrisen von langer Hand vorbereiten, um so ihre politischen Eigeninteressen umzusetzen.

Bisher ist es allerdings nie gelungen, den Wahrheitsbeweis dafür anzutreten oder zumindest konkrete Indizien für derartige Szenarien beizubringen.

Krise als Zukunftshoffnung

„Wir werden nicht nur heute, sondern auch morgen und in weiterer Zukunft ständig Krisenpotentiale haben, aber das ist nicht nur eine Bedrohung, sondern auch eine Chance", sagt der deutsch-amerikanische Börsenexperte und Anlagestratege Heiko Thieme. „Um den österreichischen Nationalökonomen Schumpeter mit seiner Chaostheorie zu zitieren: ‚Aus jedem Chaos, aus jeder Krise entstehen neue Chancen.' Das vertrete ich voll und ganz. Jedes Bewältigen einer Krise bringt nämlich eine Ernüchterung, und jede Ernüchterung bringt mehr neue Chancen als Risiken."

Joseph Alois Schumpeter (1883–1950), der Sohn eines mährischen Tuchhändlers, hat seine Lehre bis zur Aussage einer „Notwendigkeit der kreativen Zerstörung" getrieben, um auf diese Weise neuen Wirtschaftskräften zum Durchbruch zu verhelfen. Seine „Theorie der wirtschaftlichen Entwicklung" würdigt die Rolle des dynamischen Unternehmers, der mit Hilfe von Kapital Innovationen durchsetzt und damit den Konjunkturaufschwung herbeiführt. Schumpeter im Originalton: „Es gibt kein dynamisches Gleichgewicht. Entwicklung ist in ihrem innersten Wesen eine Störung des bestehenden statischen Gleichgewichts ohne jede Tendenz, diesem oder überhaupt irgendeinem anderen Gleichheitszustand zuzustreben. Entwicklung und Gleichgewicht sind Gegensätze, die einander ausschließen." Für ihn ist die Innovation die entscheidende Leistung des Unternehmers, dem er im Prozess der wirtschaftlichen Entwicklung die Rolle des Pioniers, des Demiurgen, zumisst.

Was lösen Innovationen nach Schumpeter alles aus?
Sie bewirken
- größere betriebliche Veränderungen durch Um- und Neubauten,
- die Geburt oder den Tod von Unternehmen,
- den Aufstieg von Unternehmen.

Wie kommt es zu Innovationen?
- Durch bessere Ausbildung der Menschen, die damit höhere Qualifikationen und bessere Einblicke in die Wirtschaftsabläufe erhalten,
- durch mehr Geld für Forschung und Entwicklung, das die Dynamik aller Erneuerungen ankurbelt.

Die Aussagen Schumpeters zur kreativen Kraft von Krisen und des Untergangs von Unternehmen erleben zurzeit eine weltweite Renaissance. Dem gegenüber stehen billionenteure Rettungspakete, die den Untergang zahlungsunfähig gewordener Unternehmen verhindern sollen, also der Vorstellung Schumpeters widersprechen.

Dessen Chaostheorie kommt in der Praxis nur dann zur Wirkung, wenn jede Krise von den Wirtschaftssubjekten, besonders der Politik und den Unternehmen, dazu strategisch genutzt wird, die erkannten Schwächen und Fehler gezielt auszumerzen und nicht einfach nur Geld ins System zu pumpen, um es wieder in denselben Gang wie vorher zu versetzen.

Schumpeter hat wie kein anderer Wissenschafter vor ihm das Konzept der evolutionären Ökonomik vertreten. Die wirtschaftliche Entwicklung bezeichnete er primär als Prozess, der vom System selbst hervorgerufen wird. Schumpeter interessierten deshalb vor allem solche Wirtschaftssubjekte, die aktiv handeln und dadurch ständig ihre eigene Wirtschaftslage und die ihrer Umgebung verändern. Eine besondere Rolle spielt dabei kreatives und innovatives Handeln. Ein solches bilde die wichtigste Grundlage für einen evolutionären Prozess, dessen Kräfte im System einer freien Volkswirtschaft inhärent verankert sind.

Über die positiven Wirkungen der Krise hat auch der österreichische Philosoph, Psychologe und Psychotherapeut Paul Watzlawick (geb. 1921) nachgedacht. In WIE WIRKLICH IST DIE WIRKLICHKEIT? äußerte er seine Gedanken zum Phänomen Krise: „[…] so schafft die Krise die Voraussetzung für den nächsten Aufschwung."

Das ist das Gute am Schlechten, würde Watzlawick wohl sagen: Dieses motiviert uns, alle unsere Kräfte aufzuwenden, die Krise zu überwinden, aus ihr zu lernen und es künftig besser zu machen, so dass es möglichst zu keiner weiteren Krise kommt.

Schlussfolgerung: Die Menschheit braucht Krisen, um Fortschritt zu machen. Sollte es einmal wirklich keine Krisen mehr geben, verfielen die Menschen in sterile Selbstzufriedenheit, was der Anfang ihres Endes wäre.

Der Leiter des Österreichischen Instituts für Wirtschaftsforschung, Prof. Dr. Karl Aiginger, setzt Schumpeters Gedankengang für die Gegenwart fort: „Die Welt muss nach einer Krise anders aussehen als vor der Krise." Der Industrielle Dr. Hannes Androsch, ehemals Finanzminister und Vizekanzler der Republik Österreich, warnt davor, durch unüberlegte Subventionierung von nicht zukunftsträchtigen Einrichtungen oder Firmen unnötiges Altes vor dem Zugrundegehen zu schützen und damit Neues, das Zukunft hat, zu verhindern. „Das zerstörerische Bewahren von längst Überlebtem ist tödlich. Die Wirtschaft muss auf Sicht Geld verdienen und nicht verlieren, so wie der Bauer mehr ernten als säen muss, damit er überlebt. Was immer sich nach der jüngsten Krise geändert haben wird, drei Dinge müssen dabei sein: mehr Qualifikation durch bessere Ausbildung, mehr Innovationen durch die Wirtschaft und mehr Leistung durch die Menschen."

Wege aus der Krise

Um den Weg aus der Krise zu finden, sind also nicht nur stimulierende finanzielle oder regulative Impulse von außen nötig, sondern auch konkrete strukturelle Verbesserungen nach innen hin sowohl der Unternehmen als auch ihrer Mitarbeiter. Mit Geld und schönen Worten allein ist es dabei nicht getan, man muss auch Intelligenz, Willen und Phantasie investieren. Eine wirtschaftliche Folge jeder Krise müssen z. B. Produktivitätssteigerungen in den Betrieben sein, so dass unproduktive Unternehmen ausscheiden; müssen Innovationen sein, die weniger fortschrittliche Unternehmen dazu zwingen auszuscheiden; müssen neue Strategien sein, die am gewohnten Alten klebende Unternehmen zum Ausscheiden veranlassen, müssen höhere Qualifizierungen dynamischer Arbeitskräfte sein, die nach der Krise mit besserer Employability (persönlicher Eignung für angebotene Arbeitsplätze) auftrumpfen können.

Wenn allerdings, wie in der Krise 2007/2009, staatliche Sanierungspakete angeblich „systemrelevante" Banken oder Industrieunternehmen auffangen und damit verhindern, dass schwache, schlecht geführte, innovationsarme Firmen zugrunde gehen, dass diese durchgefüttert werden – wie das mit Billionenaufwand in der der US-Subprimekrise folgenden Finanz- und Konjunkturkrise bei konkursgefährdeten Finanzinstituten (Stichworte Hypo Real Estate in Deutschland, Kommunalkredit in Österreich) und Autofabriken (Stichwort General Motors oder Chrysler in den USA) der Fall war –, werden die Hoffnungen Schumpeters, Aigingers oder Watzlawicks konterkariert und die Strukturschwächen der Krise „zubetoniert". Androsch: „Um das zu erreichen, müssen die Verantwortungsträger auch die Entscheidungsträger sein!"

Aiginger kritisierte bereits Ende 2008 die teuren Krisenpakete der Republik Österreich mit den Worten: „Ich fürchte, da wird viel zu viel Feuerwehr gespielt und viel zu wenig strategisch überlegt." Konjunkturkrisen wie jene von 2007/2009 müssten, so der Chef des Wirtschaftsforschungsinstituts, auch dazu genutzt werden, die hohe Verschuldung zu verringern und die Eigenfinanzierung von Unternehmen zu stärken, die Energieeffizienz zu heben, die thermische Sanierung des Gebäudebestandes zu beschleunigen, die Forschungsförderung anzukurbeln und die Facharbeiter-Qualifikation durch Ausbildungsinitiativen voranzutreiben. „Es wäre ein Fehler, in der jetzigen Krise keinen Anlauf zur besseren Qualifizierung ungelernter Arbeitskräften zu starten!"

In dieselbe Kerbe schlägt der Generalsekretär der Vereinigung Österreichischer Industrieller, Mag. Markus Beyrer: „In jeder Krise werden die wirtschaftlichen Karten neu gemischt. Dann ist die Bereitschaft der Unternehmen gefragt, ihre Produktion auf neue Gebiete zu erweitern, neue Märkte zu erobern und alle Strategien auf ihre Durchschlagskraft zu prüfen, damit sie nach der Krise besser aufgestellt sind als davor. Die Unternehmen müssen die Krise daher intelligent nutzen und sich die Frage stellen, welche Rolle sie *nach* der Krise spielen wollen. In Krisenzeiten muss auch der Staat nachdenken, wie er seine Kriseninterventionsfähigkeit schnell wiederherstellen kann; dazu zählt in Österreich z. B. die Umsetzung der lang diskutierten Verwaltungsreform oder die Verringerung der impliziten Staatsschulden – das sind jene, die noch nicht explizit ausgewiesen sind, sondern erst künftig aufgrund von Verpflichtungen, die der Staat eingegangen ist, zu erwarten sind."

Voraussetzung dafür, dass das eintritt, was Schumpeter, Aiginger, Beyrer und andere Wirtschaftstheoretiker als positiven Effekt einer Krise erhoffen, ist: Schon während der Krise sind vom Staat, von den Unternehmen, von den Banken und von den wirtschaftspolitischen Beratern gezielt die Come-back-Chancen für die Zeit nach der Krise zu analysieren und noch während der Krise als neue Ziele anzupeilen. Für Unternehmen heißt das, bereit, offen und couragiert zu sein, noch während des Abschwungs antizyklisch in zukunftshöffige Technologien, Märkte, Produktionen, Mitarbeiter, Vertriebssysteme zu investieren, um sich neu aufzustellen, sich für neue Gegebenheiten, Regeln und Herausforderungen im Aufschwung fit zu machen und so die Vorteile der Krise nutzen zu können.

Wer erst nach Überwindung der Krise an Neues denkt, wird zu spät kommen, weil ihm die Flinken, die schon während der Krise für die Zeit danach vorausgedacht haben, davonsprinten werden.

Finanzkrisen

Finanzkrisen sind größere Verwerfungen im Finanzsystem, verbunden mit einem markanten Rückgang von Vermögenswerten und Zahlungsproblemen für Unternehmen der Finanz- und anderer Branchen, die die Wirtschaft in einem oder mehreren Ländern beeinträchtigen. Unterschieden wird zwischen Bankenkrisen, Krisen des Finanzsystems, Konjunkturkrisen, in welchen die Dynamik der Realwirtschaft nachlässt, und Währungskrisen, in deren Verlauf ein Land oder mehrere ihre Auslandsschulden nicht mehr bedienen, also die vereinbarten Termine für Zins- und Tilgungszahlungen nicht einhalten können. Meist treten diese Krisen nicht allein für sich, sondern in einer Kombination auf, indem die eine Krise die andere nach sich zieht.

Finanzkrisen sind seit dem 19. Jahrhundert überliefert. Sie dauern im Durchschnitt zwei bis drei Jahre und verursachen volkswirtschaftliche Kosten in Höhe von fünf bis mehr als zehn Prozent des jeweiligen Landes-BIP. Im 20. Jahrhundert waren die größten Finanzkrisen die US-Sparkassenkrise in den Achtzigerjahren, die Lateinamerikakrise in den Siebziger- und Achtzigerjahren, die Bankenkrise in Japan in den Neunzigerjahren, die Asienkrise 1997 und 1998 sowie die Russlandkrise von 1998 und 1999. Als schwere, aber regional begrenzte Finanzkrise wird die „Peso- oder Tequila-Krise" in Mexiko 1994 und 1995 betrachtet.

Im 21. Jahrhundert gilt die US-Subprimekrise von 2007 mit ihren negativen Auswirkungen auf Europa und Asien als erste globale Finanzkrise des neuen Jahrtausends.

„Die schlimmste aller Krisen ist die Finanzkrise", schreibt der österreichische Wirtschaftsjournalist und Börsefachmann Dr. Johann Schmit in seinem Buch DIE GESCHICHTE DER WIENER BÖRSE. Bei Analyse und Vergleich aller Krisen, die in den letzten 400 Jahren aufgetreten sind, stellt Schmit bei jeder von ihnen vier unterschiedliche Etappen bzw. Entwicklungsphasen fest.

Obwohl Schmits Buch 2003 veröffentlicht worden ist, treffen seine Schilderungen ohne Abstrich auch auf die bisher letzte Finanzkrise 2007/2009 zu:

- „Irgendein Ereignis (z. B. ein Krieg, das Kriegsende, Missernten, der Bau eines Kanals, ein Attentat, eine neue Kommunikationstechnologie usw.) löst eine kollektive Änderung der Erwartungshaltung hinsichtlich der wirtschaftlichen Entwicklung aus. Manifestieren kann sich diese geänderte Erwartungshaltung in allem, was ge- und verkauft werden kann, Tulpenzwiebeln, Südseeaktien, Goldminenanteile, Immobilien, Briefmarken, aber vor allem Aktien, Anleihen, Optionen und Futures, sowie alle anderen strukturierten Produkte wie Zertifikate usw. Im Mittelpunkt der Erwartungen steht weniger der Ertrag (z. B. die Dividende bei Aktien), sondern vielmehr die Wertsteigerung.
- Blind läuft die Herde der vermeintlichen Wachstumsmaschine nach. Vom Erzherzog bis zum ‚Budelhupfer' (Ladenschwengel), von der Sternkreuzordensdame bis zur Praterkellnerin beteiligen sich alle am Geld-Ringelspiel. In der Erwartung von Traumgewinnen werden die Spekulationsobjekte auf Kredit gekauft, in der Meinung, diesen Kredit nach Realisierung der Gewinne spielend zurückzahlen zu können. Tief vertrauend auf die Hebelwirkung von Supergewinnen bei geringem eigenem Kapitaleinsatz gesellt sich zur Tollkühnheit Schwindel und Betrug.
- Die ersten Skeptiker steigen aus und ‚nehmen Gewinne mit'.
- Die Käufer von Wertpapieren auf Kredit geraten unter Druck. Um Zinsen und Tilgungen bedienen zu können, müssen sie verkaufen. Eine panische Verkaufswelle ist die Folge. Banken, die von den Zahlungsausfällen im Kreditgeschäft betroffen sind, müssen aushaftende Kredite kündigen. Damit erreicht die Finanzkrise die Welt der Produktion. Sie breitet sich sektoral, regional und oft auch international aus."

Dieser Darstellung Schmits ist im Lichte der Finanzkrise 2007/2009 allerdings hinzuzufügen: Zur Herde der „blind der Wachstumsmaschine Nachlaufenden" zählten und zählen neben ertragsgierigen Einzelpersonen auch große, namhafte, weltweit tätige Geldinstitute wie die Deutsche Bank, Bank of Scotland oder Bank of America, weiters ehemals hoch angesehene Ratingagenturen wie Standard & Poor's, Fitch und Moody's oder Mega-Versicherungskonzerne wie die US-amerikanische AIG. Sie alle waren in

den rund 30 Jahren vor Ausbruch der Mehrfachkrise 2007/2009 – dank der neuen, gegenüber früher extremen Möglichkeiten, sich zu verschulden – am globalen Geld-Ringelspiel aktiv beteiligt und wurden dafür mit Milliardenverlusten abgestraft, weil das künstlich aufgeblasene Finanzsystem in sich zusammengebrochen ist.
Jetzt geht es darum, die unheilvolle Finanzwelt zu heilen.

Krise ist nicht gleich Krise

Für den österreichischen Konjunkturforscher Dr. Christian Helmenstein, Wirtschaftsexperte der Österreichischen Industriellenvereinigung, ist Krise nicht gleich Krise. Für ihn gibt es zwei deutlich unterscheidbare Erscheinungsarten von Krisen, je nachdem, aus welchen Ursachen sie entstehen und welche Folgen sie zeitigen. Demnach gibt es
- angebotsinduzierte Krisen und
- nachfrageinduzierte Krisen.

Helmenstein erklärt den Unterschied: „Eine angebotsinduzierte Krise ist eine, bei welcher ein wesentlicher Produktionsfaktor entweder nicht mehr verfügbar ist oder dessen Verfügbarkeit nur mit sehr hohen Preisaufschlägen gewährleistet werden kann. Wir haben das 1973/1974 und 1981/1982 im Bereich des Rohöls im Rahmen der beiden Ölpreisschocks gehabt. In der Zeit 2007/2009 haben wir es mit der Krise eines anderen Produktionsfaktors zu tun, das ist das Kapital bzw. Kredit. Aus der Erfahrung wissen wir, dass angebotsinduzierte Krisen länger dauern und mit höheren Wachstumsverlusten gegenüber dem fiktiven, dem theoretisch möglichen Potentialwachstum einhergehen. Sie dauern materiell deswegen länger, weil sie typischerweise tiefergreifende Strukturanpassungen in den betroffenen Volkswirtschaften erfordern; diese Anpassungen brauchen sowohl Zeit als auch Investitionsmittel, und gerade die eingeschränkte Verfügbarkeit von Krediten führte 2007/2009 dazu, dass die Krise noch ausgedehnt wird, weil Strukturanpassungen zwingend Investitionen verlangen."
Angebotsinduzierte Krisen sind demnach markant härter und folgenschwerer als nachfrageinduzierte Krisen, weil sie tiefer gehen, länger dauern und schwieriger zu überwinden sind. Wirtschaftliche und politische Aufräumarbeiten nach einer angebotsinduzierten Krise können unter Umständen so lange dauern, dass bereits der nächste Abschwung eintritt, bis sie abgeschlossen sind.
Die leichter zu überwindenden nachfrageinduzierten Krisen beschreibt Helmenstein so: „Die prominentesten nachfrageinduzierten Krisen der vergangenen 20 Jahre waren einerseits der deutsche Wiedervereinigungsboom nach 1989 und sein späteres Zusammenbrechen im Jahr 1992, das war ein klassisches Strohfeuer von keynesianischem Typus. Zunächst war es zu massiven Einkommenstransfers von West- nach Ostdeutschland gekommen; und als die Kaufkraft nicht mehr weiter steigerbar war und erste Aufholtendenzen in bestimmten Marktsegmenten Sättigungsmerkmale aufzuweisen begannen, ist dieser Nachfrageboom in der zweiten Jahreshälfte 1992 schlagartig zusammengebrochen mit entsprechend negativen Auswirkungen auf ganz Europa. Die zweite nachfrageinduzierte Krise war der Millenniumsboom um 1999/2000. Das Jahr 2000 mit dem berühmt-berüchtigten

Y2K-Problem hat einerseits zu einer Überinvestition im Bereich Informations- und Kommunikationstechnologie geführt, andererseits waren offensichtlich überzogene Ertragserwartungen an das Internet gestellt worden. Beides führte im Gefolge der Millenniumswende dazu, dass über mehrere Jahre hinweg eine ausgeprägte Zurückhaltung im Bereich der Ausrüstungsinvestitionen in Informations- und Kommunikationstechnologie zu beobachten war; das hatte negative Wirkungen auf das Wirtschaftswachstum. Deswegen sind auch die USA 2001 so stark von dieser Krise getroffen worden."

Die US-Ökonomen Carmen M. Reinhart von der Universität Maryland und Kenneth S. Rogoff von der Harvard Universität zählen in einer Studie vom April 2008 fünf verschiedene Arten von Krisen auf:

- externe Überschuldung bzw.
- interne Verschuldung von Staaten (durch überbordende Budgetschulden bzw. explodierende Zahlungsbilanzdefizite, wie das seit Jahren in den USA der Fall ist),
- Bankkrisen (durch massive Wertberichtigungen in der Folge von umfangreichen Kreditausfällen, die zum Verlust des Eigenkapitals führen),
- Währungskrisen (Attacken fremder Staaten oder einflussreicher Spekulanten auf eine schwächelnde Währung) und
- Hyperinflationen (kaum mehr beherrschbarer Anstieg des Preisniveaus durch einen Überschuss im Geldumlauf).

In allen Fällen kommt es zu einem starken Verzehr bestehender Vermögen bzw. zum Wegfall bisheriger Ertragschancen.

Weltwirtschaftskrisen

Krisen der Wirtschaft, des Geldumlaufs, der Finanzierung und der Beschäftigung sind nichts Neues. Die Menschheit wird seit jeher in gewissen Zeitabständen mit längeren oder kürzeren Störungen des wirtschaftlichen und finanziellen Gleichgewichts konfrontiert.

Wirtschaftliche Krisen können einzelne Betriebe oder Branchen erfassen, sich auf begrenzte Regionen, ganze Länder oder Ländergruppen erstrecken oder sich auf mehrere Weltteile ausbreiten und die führenden Wirtschaftsmächte in ihren Bann schlagen. Letzteres ist erst seit dem 19. Jahrhundert der Fall und wird als Weltwirtschaftskrise bezeichnet.

Weltwirtschaftskrisen mit transkontinentalen Folgen hat es bisher nur dreimal gegeben:
- die Börsenkrise von 1873,
- die „große Depression" nach dem Ersten Weltkrieg in der Zeitspanne 1929 bis 1933, die sogenannte „Weltwirtschaftskrise" und
- von 2007 bis 2009 die von den USA ausgehende globale Finanz- und Konjunkturkrise.

„Die freie Wirtschaft neigt zu Krisen; manche sind mild, manche sind tiefer", meint Prof. Dr. Hans Seidel, österreichischer Wirtschaftsforscher in Pension, ehemals Staatssekretär im Bundeskanzleramt unter Dr. Bruno Kreisky. Seidl resümierte gegenüber dem Autor: „Seit Mitte der Achtzigerjahre des 20. Jahrhunderts sind die Konjunkturschwankungen in den USA und in Europa milder ausgefallen als früher, das Auf und Ab des Wirtschaftswachstums ist flacher geworden. Ich schreibe das der modernen Notenbankpolitik, der Zielsetzung von niedrigen Inflationsraten und den vorausblickenden Maßnahmen zur Milderung von Produktionsschwankungen zu. Wir beherrschen die Systeme heute besser als früher. Das hat zu einer Welle des Optimismus in der Wirtschaft geführt." Seidel räumt ein, dass es ganz offensichtlich psychologische Wellen gibt, die die Wirtschaft beeinflussen, dass oft aus kleinen Ursachen heraus der Optimismus in kurzer Zeit in Pessimismus umschlägt und die Menschen wie eine aufgescheuchte Tierherde unversehens von der einen Seite auf die andere wechseln, was kein Forscher vorhersehen könne. „Es ist wie im Sprichwort: Wenn es dem Esel zu gut ist, geht er aufs Eis tanzen. Die Folge ist: Das Scheitern der ökonomischen Vision der Zuversicht ist der Entstehungsgrund für Krisen."

Die ersten noch heute erinnerlichen Finanz- oder Wirtschaftskrisen wurden im 16., 17. und 18. Jahrhundert wahrgenommen; z. B. die sogenannte „Renaissancekrise", der Absturz des europäischen Hochfinanzgeschlechts der Medici im Zusammenwirken mit den Holländern und dem englischen Königshaus; die holländische Blumenzwiebelkrise „Tulipmania" in den Dreißigerjahren des 17. Jahrhunderts; die britische „Südsee-Blase" von 1720, die auch den berühmten Physiker Isaac Newton um sein Vermögen gebracht hat; die französische Leibrentenkrise im 18. Jahrhundert oder die Papiergeld-Krise aufgrund des Law'schen Finanzsystems im Frankreich des 18. Jahrhunderts. Seinerzeit traten Wirtschafts- oder Finanzkrisen nur alle 60 bis 70 Jahre und in eng begrenzten Weltregionen auf.

Im 19. und 20. Jahrhundert hat sich der Takt von Wirtschafts- und Finanzkrisen beschleunigt; auch ihre Reichweite und Schadensumme nahm zu, ihre Dauer aber nahm ab. Es scheint, als löse in der Gegenwart die Krise am einen Ende der Welt die vorherige Krise am anderen Ende der Welt ab.

Das bedeutet jedoch nicht, dass die Zeiten insgesamt schlechter geworden sind. Denn je intensiver die Märkte der Erde miteinander handeln, je rascher Vermögenswerte von einem Ende der Erde zum anderen transferiert werden können und dadurch die verschiedenen Weltregionen materiell immer stärker aufeinander angewiesen sind, von einander wirtschaftlich abhängiger geworden sind, je engmaschiger die elektronischen Kommunikationsnetze gezogen werden, je stärker die politischen, sozialen und wirtschaftlichen Unterschiede der einzelnen Weltregionen auseinanderklaffen, desto intensiver wirkt sich der Ausgleich zwischen den Differenzen aus. Das führt zu drastisch wachsenden materiellen Verlusten im Zuge der Krisenbereinigung.

Der Internationale Währungsfonds (IWF) z. B. hat berechnet, dass die Finanzkrise von 2007/2009 einen summierten Schaden von weltweit rund 1.700 Milliarden US-Dollar angerichtet hat; das wäre etwa das Sechzigfache der österreichischen Wertschöpfung in einem einzigen Jahr, wobei bisher erst die Hälfte dieser Summe konkret geortet werden konnte. Die andere Hälfte könnte, so Finanzmarktexperten, noch irgendwo in den Büchern der einen oder anderen Bank, Versicherung oder eines Emissionshauses schlummern und zu einem nicht vorhersehbaren Anlass plötzlich öffentlich bekannt werden.

Allerdings hat sich der IWF bei seinen Berechnungen über das Osteuropa-Risiko der Banken zuletzt grob geirrt, was die Risikoeinschätzung Österreichs spürbar verschlechtert und seine Finanzierung verteuert hat. Berechnungen des Schadens, der unserem Land derart entstanden ist, liegen nicht vor.

Wie kommt es zu Weltwirtschaftskrisen?

Andreas Predöhl schreibt in seinem Buch Das Ende der Weltwirtschaftskrise, das vor knapp einem halben Jahrhundert erschienen ist, über die Voraussetzungen eines zyklischen Konjunkturablaufs: „Es muss erstens den allgemeinen Marktzusammenhang geben, den wir als Weltwirtschaft bezeichnen [...] Diese Weltwirtschaft gibt es erst seit der industriellen Revolution, und diese hat sich in England ein halbes Jahrhundert früher als in Deutschland vollzogen [...] Die zweite Voraussetzung einer allgemeinen zyklischen Bewegung ist mehr oder minder freier Wettbewerb [...] Nur bei freien Märkten und beweglichen Preisen kann die Depression die Ordnungsaufgabe erfüllen, die ihr im Konjunkturzyklus zufällt. Nur wenn Preise, Zinsen und Löhne sinken, kann sich die Umkehr aus der Tiefe der Depression modellgerecht vollziehen, wie umgekehrt der zyklische Aufschwung von freien Märkten und beweglichen Preisen abhängig ist."

Predöhl bringt Beispiele für das zeitliche Zusammenfallen einer kurzfristigen (exogenen) Depression mit einer langfristigen nach Kondratjew. Dreimal in den vergangenen 150 Jahren habe es diese Konjunktion gegeben:
- 1825 in der schweren Krise nach dem Aufschwung im Anschluss an die Napoleonischen Kriege;
- 1873 in der schweren Krise nach dem Aufschwung im Anschluss an den Deutsch-Französischen Krieg in Deutschland, wo der Aufschwung durch die französische Kriegsentschädigung übersteigert war, als ‚Gründerkrise' bekannt;
- 1929 in der großen Weltwirtschaftskrise.

An diese drei Krisen haben sich jeweils die tiefsten und längsten Rückschläge angeschlossen: 1825 bis 1830, 1873 bis 1878 und 1929 bis 1933.

Predöhl resümiert: „Die Weltwirtschaftskrise ist keine normale, sondern eine verfälschte zyklische Krise, und sie ist nicht nur eine einfache, sondern eine doppelt zyklische Krise."

Es werde auch weiterhin konjunkturelle Wellen geben, sagt der österreichische Wirtschaftsforscher Dr. Markus Marterbauer: „Offensichtlich ist es so, dass wir zur Zeit in einer Welt der Finanzmarktwirtschaft oder des Finanzkapitalismus leben, wo die Rezessionen primär von Verwerfungen auf den Finanzmärkten ausgelöst werden. Wir erleben das recht oft: Die Wechselkursspekulationen von 1992/1993 haben in eine Rezession geführt. 2007/2009 führte die Finanzkrise in eine realwirtschaftliche Rezession. Konjunktur gibt es immer, sie ist einer Marktwirtschaft inhärent. Offensichtlich ist es das Phänomen der letzten Jahrzehnte, dass die Dynamik der Konjunktur sehr stark aus den Finanzmärkten kommt, und wir erleben das zurzeit besonders drastisch."

Die Frage drängt sich auf: Könnte die Erde gegenwärtig einen neuen Kondratjew-Zyklus erleben, der durch die stetigen Innovationen auf den Finanzmärkten ausgelöst worden ist?

Marterbauer: „Ja. Aber ein Kondratjew-Zyklus wäre mir da etwas zu lang. Der russische Forscher hatte ja die Vorstellung, sein Zyklus dauere 50 bis 60 Jahre. Den gibt es wahrscheinlich auch. Aber die kürzeren Wellen, die etwa alle zehn Jahre zu einer Rezession führen, kommen offensichtlich sehr stark aus dem Finanzbereich."

Welche Voraussetzungen sind zu erfüllen, um das Aufschaukeln von Konjunkturzyklen durch Zusammenfall von Hochs und Tiefs abzustellen? Weiß man das, könnte man daran arbeiten, die Zyklen zu verstetigen, ihr ständiges Auf und Ab zu glätten und zu einer sanfteren Wellenbewegung ohne störende Booms und Rezessionen gelangen.

Mehrfachkrise als Betriebsunfall

Im Lauf des Jahres 2007 hat auf den Finanzmärkten der Erde eine plötzliche Schubumkehr eingesetzt. Der ehemalige Turbo vorwärts hat sich unversehens umgekehrt und zieht die Wirtschaft kräftig nach hinten. Wie man weiß, endet eine nicht vorausgeplante Schubumkehr in der Fliegerei mit einem letalen Crash.

Dem vorangegangenen mehrjährigen Aufstieg der Weltwirtschaft und der Wertgewinne an den Kapitalmärkten folgte seit Frühjahr 2007 ein mehrjähriger Absturz in mehreren Etappen. Die Vermögenswerte verfielen weltweit in eine manisch-depressive Stimmung. Ob es aufgrund der umfangreichen und aufwendigen globalen Rettungsmaßnahmen, die die Krise entschärfen sollen, zu einem Abfangen des jähen Absturzes kommen wird oder ob sich ein regelrechter wirtschaftlicher Totalabsturz mit weitgehender Vernichtung aller Vermögen und unternehmerischen Strukturen ereignen wird, ist bislang unklar. In jedem Fall stehen die von der Weltgemeinschaft weiträumig anerkannten Grundsätze der liberalen Marktwirtschaft, der persönlichen Entscheidungsfreiheit und des kontrollierten Kapitalismus zur Disposition.

Die gesamte Welt ist mit sehr wenigen Ausnahmen abgelegener Gebiete seit Mitte 2007 mit einer wirtschaftlichen Rückentwicklung konfrontiert, die an Schadenumfang, Komplexität, Tiefe und Breite der Wirkung das Maximum alles bisher Dagewesenen übertrifft.

Wie drastisch der Einbruch auf die Vermögenslage der Menschen wirkt, zeigt der World Wealth Report 2008. Das ist eine seit 13 Jahren durchgeführte internationale Untersuchung der Reichen und Superreichen der Erde. Erstmals ist die Zahl der Milliardäre der Erde um rund ein Viertel, also sehr markant, gesunken. Die Zahl der Millionäre ist „nur" um 15 zurückgegangen. Das summierte Vermögen der Reichen und Superreichen ist 2008 um ein Fünftel geschrumpft. Die Krise hat aber nicht nur die gut Betuchten getroffen, die die Abnahme ihres Reichtums gewiss leichter wegstecken als Durchschnittsbürger. Auch diese sind wegen der Krise mit ihren bescheideneren Vermögen auf den Stand des Jahres 2005 zurückgefallen. Außerdem sind alle von grassierender Unsicherheit bezüglich ihrer Jobs sowie einer Häufung der Zahlungsunfähigkeit Tausender großer und kleiner Firmen bedroht. Für Milliardäre ist die Krise ein schwerer Schicksalsschlag, für Nicht-Milliardäre eine Existenzfrage.

Die abrupte Wende zur „Great Crisis" wurde und wird auch deswegen als dramatisch empfunden, weil in den 20 Jahren davor weltweit ein relativ günstiges wirtschaftliches Umfeld geherrscht hat, das Fachleute als „Great Moderation" (große Beruhigung) bezeichnen.

Die im Lauf des Jahres 2007 mit mehreren negativen Schüben einsetzende Finanzkrise sowie der in Folge deutliche Abschwung der realen Weltwirtschaft wirft die Frage auf: Ist der als plötzlicher Bruch im Konjunkturverlauf empfundene Absturz einer vorausgegangenen längeren Phase glücklicher Zufälle zuzuschreiben oder war er vielleicht das Resultat einer günstig verlaufenen Blase, also das Gegenteil einer Krise? Charakteristisch für dieses historische Krisenereignis ist, dass

- es kaum einen Menschen in der zivilisierten Welt in seinen Lebensumständen unversehrt lässt;
- es das Ausmaß des verursachten finanziellen Schadens alles bisher Bekannte und Überlieferte in den Schatten stellt;
- die Krise mit einer regional auf die USA begrenzten Krise des kreditfinanzierten Immobilienbereichs begonnen hat und sich aufgrund der engen finanziellen Verflechtung des weltweiten Finanzsystems sowie dank neuer, weitgehend unerprobter Finanzinstrumente rasch auf alle Teile der Erde ausgebreitet hat;
- eine unerwartet gute grenzüberschreitende Zusammenarbeit von Politik und Finanzindustrie rasch umfangreiche Gegenstrategien ins Werk gesetzt hat.

„Jeder hat unterschätzt, wie hoch die gegenseitige Abhängigkeit heute ist und wie tief das Misstrauen wurde, als man sah, dass auch andere faule Kredite und unkalkulierbare Risiken versteckt hatten", gab der Leiter des Österreichischen Instituts für Wirtschaftsforschung (WiFo), Prof. Dr. Karl Aiginger, Ende 2008 offen zu. Dazu kommt, dass diese Finanzkrise nach mehreren Jahren guten Wirtschaftswachstums eine seit langem befürchtete Konjunkturkrise losgetreten hat und seit Mitte 2008 beide Krisen gemeinsam eine Talfahrt der Weltwirtschaft ausgelöst haben. Viele Fachleute meinen, es handle sich um die größte und verlustreichste Mehrfachkrise, die die Erde je gesehen habe.

Manche sprechen angesichts deren globaler negativer Wirkungen von einer „dritten Weltwirtschaftskrise", die der zweiten Weltwirtschaftskrise 1929/1933 unheimlich nahe komme. Das ist richtig und falsch zugleich.

Vom weltweiten Verlustausmaß her betrachtet, toppt die gegenwärtige Krise alles, was an wirtschaftlichen Schäden je bekannt geworden ist. Doch auch das Instrumentarium, das gegen die derzeitige Krise aufgefahren wird, und der finanzielle Aufwand, der zur Rettung getrieben wurde und wird, sucht in Umfang und Wert seinesgleichen. Noch nie haben die Staaten der Erde so einmütig und so gezielt eine erkannte Krise bekämpft. Ob das allerdings reicht, die Krise zügig zu überwinden und danach einen ähnlichen globalen Betriebsunfall des Finanzsystems auszuschließen, ist die Frage.

Es geht jedoch nicht nur darum, was in Zukunft unsere Sparbücher, Wertpapierdepots oder Immobilienportefeuilles wert sein und wie wir zu ihrer Erhaltung und Mehrung beitragen werden. Es geht auch um die weltpolitischen Folgen der wirtschaftlichen Krise, um unsere persönliche Sicherheit, unser Leben und den Weltfrieden. Denn die vorletzte Weltwirtschaftskrise Anfang der Dreißigerjahre des 20. Jahrhunderts hat direkt zum Zweiten Weltkrieg mit Millionen an menschlichen Opfern und zur Zerstörung von hohen kulturellen und finanziellen Werten geführt.

Zum Trost sagt der österreichische Wirtschaftsforscher Univ.-Doz. Dr. Felix Butschek: „So dramatisch wird es diesmal nicht!" Aber auch er muss zugeben: „Die Roaring Twenties, der Wirtschaftsaufschwung der späteren Zwanzigerjahre, fanden ihr Ende in der Weltwirtschaftskrise und später in einem Weltkrieg, welche die ökonomische Entwicklung der Industriestaaten in einmaliger Weise prägten. Zwar hatten auch frühere Jahrzehnte stets ein zyklisches Schwanken der wirtschaftlichen Aktivität gekannt, aber niemals war es zu einem Rückschlag dieser Intensität gekommen […] so dass die sozialen Folgen der Krise politische Umbrüche zumindest begünstigten."

Neue Modebegriffe für die Krise

Das kann auch in der gegenwärtigen Krise die unabweisbare Folge sein, oder auch nicht.

Der in Mode gekommene Begriff „Kernschmelze der Weltwirtschaft" zeigt selbst technisch oder wirtschaftlich Uneingeweihten, dass es sich um den bisher größten anzunehmenden Unfall (GAU) der Ökonomie handelt.

Der ebenso in Mode gekommene Ausspruch „Im Wendekreis der Weltwirtschaft" macht klar, dass die bisherigen Systeme des weltweiten Geld- und Finanzwesens, der Wert-Bewahrung und -Transaktion ausgedient haben und durch neue ersetzt werden müssen. Aber welche könnten das sein?

Nicht zuletzt macht der Begriff „Vertrauenskrise" Furore. Zuerst wurde er nur auf die auf den Nullpunkt gesunkene interne Beziehung zwischen den Banken der Erde angewendet. Später aber stellte sich heraus, dass mehrere peinliche Finanzskandale auch das Vertrauen zwischen den Banken und ihren Kunden verspielt haben.

Ökonomen, Banker und Vermögensberater haben im letzten Vierteljahrhundert vielfach glaubhaft versichert, der freie Markt, die kapitalistische Wirtschaft seien unfehlbar; der Staat dürfe diesen probaten Marktmechanismus nicht mit politischen Interventionen stören. Eine Welle der Deregulation, des sogenannten Neoliberalismus, war die Folge.

WiFo-Chef Prof. Dr. Karl Aiginger diagnostiziert: „Man ist mit dem Vertrauen in die unregulierte Marktwirtschaft sicher zu weit gegangen, nicht mit der Deregulierung, sondern mit der Nichtregulierung."

Nachdem die Menschen seit Mitte 2007 erleben müssen, dass der freie Markt schwere Fehler zugelassen, diesen sogar durch Wegschauen und Untätigsein der staatlichen Kontrollore Vorschub geleistet hat, wird der Ruf nach Re-Regulierung laut: Der Staat solle eingreifen, um zu retten, was noch zu retten ist. Aber haben der Staat und seine politischen Funktionäre je bewiesen, dass sie verlässlichere und vertrauenerweckendere Verwalter von Vermögen und Unternehmen sind als Private?

Wirtschaftsforscher Butschek meint zum Problem staatlicher Eingriffe in die Wirtschaft: „Freilich wäre es verfehlt, der Legende vom unfehlbaren Markt eine solche der unfehlbaren Nachfragesteuerung über das staatliche Budget gegenüberzustellen. Denn die locker gemachten Haushaltsmittel müssen sich in Konsumausgaben oder Investitionen niederschlagen und dürfen nicht gespart werden." Butschek weiß als ausgewiesener Wirtschaftshistoriker genau, dass der Staat und seine Exponenten in der Vergangenheit nie begnadete Wirtschaftsführer gewesen sind.

Allerdings: Die Regierenden der Erde versuchen, mit milliardenschweren Rettungs- und Hilfspaketen auf Kosten der Steuerzahler und mit Teil-Verstaatlichungen der angeschlagenen Unternehmen das Vertrauen wiederherzustellen.

Die Presse schrieb am 18. Dezember 2008, gleich nach der radikalen Senkung der Leitzinsen durch die US-Notenbank auf so gut wie null: „Die Fed hat ihr Pulver verschossen. Auf den Aktienmärkten ist die Wirkung der Nullzinsen binnen Stunden verpufft. [...] Selbst die Aussicht, dass Banken jetzt Gratisgeld von der Notenbank bekommen, hat die Finanzmärkte nicht stabilisiert. Nach einem kurzen Freudensprung [...] waren die Börsenkurse am nächsten Tag weltweit schon wieder auf Talfahrt [...] Die besonders radikale Zinssenkung wurde vom Markt kontraproduktiv aufgefasst. Als Signal nämlich, dass es der US-Wirtschaft wirklich besonders schlecht geht."

Vertrauen kann man offensichtlich nicht über Nacht und nicht mit noch so viel Geld oder Beschwichtigungen bilden, sondern nur durch jahrelanges ehrliches Bemühen, durch Aufarbeitung von sichtbar gewordenen Unzukömmlichkeiten, durch breite Überzeugungsfähigkeit und durch Etablierung klarer, nachvollziehbarer Strukturen.

Eine Zwischenbilanz über die Verluste in Folge der Finanzkrise 2007/2009 von Mitte 2009 sprechen von insgesamt rund vier Billionen US-Dollar an Abschreibungen im globalen Finanzsektor. Das ist etwa das Elffache (!) der österreichischen Wertschöpfung (BIP) in einem Jahr. Alle Österreicher müssten demnach elf Jahre lang wie bisher arbeiten, um den bisherigen Schaden der jüngsten Weltwirtschaftskrise gutzumachen.

Auf die Banken der Erde entfallen von dieser gigantischen Summe 2,7 Billionen oder zwei Drittel, auf Versicherungen und Pensionsfonds 1,3 Billionen oder ein Drittel. Auf die USA entfallen 66 Prozent des Schadens, auf Europa rund 33 Prozent. Fachleute sind der Ansicht, dass eine endgültige Berechnung der Krisenverluste erst in fünf bis sechs Jahren möglich sein und gewiss deutlich höhere Verluste als die oben zitierten ausweisen wird.

Die Krise kommt uns allen demnach ganz schön teuer zu stehen.

Währungskrisen, ein unbeherrschbares Phänomen?

Häufiger als Kredit- und Konjunkturkrisen treten Währungskrisen auf. So nennt man volkswirtschaftliche Krisen, die durch eine plötzliche starke Abwertung einer Währung oder durch das ungewollte Aufgeben eines festen Wechselkurses zu einer oder mehreren anderen Währungen bzw. zum Gold ausgelöst werden. Meist münden Währungskrisen in eine Finanz- oder Wirtschaftskrise. Beispiele dafür sind die US-Dollar-Krise 1971, die europäische (EWS) Währungskrise 1992, die Peso- oder „Tequila-Krise" in Mexiko 1994, die Asienkrise 1997, die Russlandkrise 1998 oder die Brasilienkrise 1999.
Währungskrisen werden meist durch die Überschuldung von Staaten ausgelöst; diese schädigt die Bonität dieses Staates für auswärtige Kreditgeber. Währungskrisen sind das Ergebnis einer schlechten Bewertung (Ratings) durch den globalen Kapitalmarkt aufgrund von wirtschaftspolitischen Fehlentwicklungen eines Landes. Anleger erwarten aufgrund des verschlechterten Ratings überschuldeter Staaten eine Korrektur des Austauschverhältnisses (Parität) der Währung dieses Staates: Weil sie dessen Währung meiden, weil sie eine Abwertung erwarten, und eher in sicherere Währungen investieren, demnach mit ihrem Kapital aus der unsicheren Währung in eine sicherere flüchten, bringen sie die Krise zum Ausbruch.
„Währungskrisen sind deswegen so gefährlich, weil der Wissensstand über ihre Ursachen und Effekte bis heute bescheiden ist", gab der Wirtschaftsforscher Franz R. Hahn im Herbst 1998 offen zu: „Obgleich es an theoretischen Erklärungsversuchen für Währungskrisen nicht mangelt, bieten diese zumeist nur geringe Orientierungshilfen für die Wirtschaftspolitik. Die globale Liberalisierung der Finanz- und Kapitalmärkte hat die Krisenanfälligkeit, insbesondere der Emerging Market Economies, erhöht. Deliberalisierung der Finanzmärkte bzw. Wiedereinführung von Kapitalverkehrsbeschränkungen sind jedoch falsche wirtschaftspolitische Antworten auf diese Herausforderung [...] Man gewinnt zunehmend den Eindruck, dass sich moderne Finanz- und Währungskrisen einer theoretischen und empirischen Durchdringung mangels ausreichender Gemeinsamkeiten grundsätzlich verschließen. Trotzdem gab und gibt es immer wieder Versuche einer kanonischen Erklärung von internationalen Finanzkrisen und wirtschaftspolitische Entwürfe zu deren Verhinderung."
Fachexperten können selbst heute keine hinreichende Erklärung geben, warum und wo genau Währungskrisen entstehen und wie sie verhindert werden könnten. Darum ist das Bemühen zur Vereinigung einer Vielzahl von Währungen einzelner kleiner Länder zu einer starken Gemeinschaftswährung, Stichwort Euro, verständlich. So können Krisen durch das Gegeneinander-Ausspielen einzelner Währungen eher abgewehrt werden.
Doch die 1999 geschaffene europäische Einheitswährung samt der strengen Maastricht-Kriterien zur Budgetkonsolidierung in den einzelnen Mitgliedstaaten als Bedingungen für die Teilnahme am Euroraum sowie der von allen beschworene Stabilitäts- und Wachstumspakt für die Länder der Eurozone haben uns nicht vor den negativen Folgen der Wirtschaftskrise 2007/2009 bewahrt. Der Euro hat ihre Folge-

wirkungen allerdings abgepuffert. Als Konsequenz dieser Erfahrung forderte das Europäische Parlament anlässlich des 10-Jahres-Jubiläums des Euro die Festsetzung eines direkten Inflationsziels durch die Europäische Zentralbank mit streng überwachten engen Schwankungsbreiten für die einzelnen Mitgliedsländer der Eurozone.

Die Schuldenkrisen der Entwicklungsländer zu Beginn der Achtzigerjahre und die davor aufgetretenen Währungskrisen der Siebzigerjahre des 20. Jahrhunderts hat der Wirtschaftsforscher Hahn 1998 mit der Unvereinbarkeit einer expansiven Fiskal- und Geldpolitik einerseits und fixer Wechselkurse andererseits erklärt. Er sagte: „Die Monetisierung des Budgetdefizits durch die Notenbank (sprich frisch gedrucktes Geld zur Deckung der staatlichen Mehrausgaben) hat ein Zahlungsbilanzdefizit und damit einen entsprechenden Abfluss von Währungsreserven zur Folge. Dies gefährdet die Aufrechterhaltung fixer Wechselkurse und erhöht die Wahrscheinlichkeit von Abwertungen bzw. die Einführung von Kapitalverkehrsbeschränkungen." Hahn bezeichnet dies als das „First-generation-Krisenmodell", eine simple Art einer Währungskrise.

Leider erklärt dieses Modell nicht die späteren Währungskrisen von 1994, die Mexiko- oder Tequila-Krise, oder die Asienkrise von 1997. Hahn: „Die überraschende Erkenntnis im Zusammenhang mit ‚self-fulfilling crises' ist, dass sie unter den konstitutiven Unvollkommenheiten der Finanz- und Kapitalmärkte das Ergebnis rationalen Handelns sein können. Damit sind auf deregulierten, globalen Finanzmärkten ‚self-fulfilling crises' grundsätzlich nicht vermeidbar und nur sehr schwer prognostizierbar. Strukturschwächen eines Landes können sich deshalb oft als notwendige, jedoch nicht unbedingt hinreichende Krisenbedingung erweisen. Eine dieser notwendigen Bedingungen ist das Zusammentreffen von Allokationsschwächen der Finanzmärkte mit der Verstärkung ausländischer Kapitalimporte in Form von kurzfristigen Fremdwährungstiteln. Überschreiten kurzfristige Kapitalimporte in Fremdwährung eine kritische Relation zu den Devisenreserven des Schuldnerlandes, so kann dies, muss jedoch nicht einen ‚self-fulfilling currency run' auslösen."

Derartige Kapitalimporte sind etwa in den USA aus der immer wohlhabender werdenden, weil zunehmend erfolgreich wirtschaftenden und exportierenden VR China auch heute noch an der Tagesordnung. Das Risiko des Auftretens derartiger Währungskrisen ist demnach alles andere als beseitigt, sondern steigt weiter an.

Ewig kriselt es im Währungsgebälk

Daher ist der US-Ökonom Murray Rothbard (1926–1995), Schüler des österreichischen Ökonomen Ludwig von Mises, schon vor vielen Jahren zur Überzeugung gekommen: „Die Welt befindet sich in einer permanenten Währungskrise; aber immer wenn es zu einem bedrohlichen Aufflackern derselben kommt, wird unter lautem Getöse ein fehlerhaftes Währungssystem durch ein anderes ersetzt, dem dieselben Mängel inhärent sind."

Rothbard hielt Währungssysteme, die auf ungedecktem Papiergeld aufbauen, für gebrechliche Konstrukte; trotzdem scheint sich die ganze Welt mit diesem Konzept, aber auch mit den ständigen Währungskrisen abgefunden zu haben.

Rothbard sagte, die (Geld-)Märkte würden sich ständig verändern. Jedem von einer Regierung verordneten (Währungs-)Kurs sei es daher vorherbestimmt, zu hoch oder zu niedrig zu sein. Beides verursache Probleme. „Die Geschichte des Versuchs, international gültige fixe Wechselkurse durchzusetzen, ist eine einzige Geschichte des Scheiterns. Aber sie illustriert auch, dass es die Macht keiner Regierung dieser Welt vermag, sich gegen die unparteiischen und unbarmherzigen Gesetze des Marktes durchzusetzen."

Der Zeit seines Lebens links orientierte US-Ökonom Rothbard deklarierte sich als enragierter Anhänger der heute so gut wie beseitigten Golddeckung von Währungen. „Was die Staaten nicht wissen wollen, ist, dass die einzige erfolgreiche Ära fixer Wechselkurse in jener des Goldstandards stattfand. Dies geschah keinesfalls zufällig." Der Grund dafür sei einfach zu verstehen meinte Rothbard: „Der Goldstandard funktionierte, weil einzelne Währungseinheiten, wie etwa der US-Dollar, sich über eine gewisse Menge physischen Goldes definiert hat. Gold muss gefördert und auf dem Markt verarbeitet werden, man kann es nicht einfach aus dem Nichts heraus schaffen."

Damit kritisiert Rothbard die üblich gewordene Form der Geldvermehrung durch virtuelle Liquidität, die im Verein mit bedenklicher Spekulation im Finanzsektor zur Finanzkrise 2007/2009 geführt hat.

Rothbard verrät auch, warum sich die Staaten inzwischen vom Goldstandard verabschiedet haben: „Die Regierungen lehnen Gold ab, da es ihnen die Hände bindet. Sie müssten ihre exzessiven Ausgaben zurückschrauben, da diese nur durch die Lösung des Goldstandards möglich gemacht worden sind. Gold schützt vor einer Inflationierung der Währung!"

Die Krise 2007/2009 hat jedenfalls den Ruf vieler Fachleute nach einer Rückkehr zum Goldstandard wieder laut werden lassen. Sie meinen, die Golddeckung für Währungen könnte künftige Krisen verhindern.

Goldstandard als Währungsdeckung

Rothbards Annahme, es werde keine Renaissance von Gold als Währungshüter geben, wird durch die wechselvolle Geschichte der großen Währungsabkommen und der Rolle des Goldes als Wertsicherung untermauert.

Die Engländer haben schon 1717 die erste Goldparität (Austauschbarkeit) ihres Pfund Sterling festgelegt. Sie beherrschten ein riesiges Kolonialreich und vom 18. Jahrhundert an den Welthandel bis weit ins 20. Jahrhundert. England war aber mehrere Jahrzehnte hindurch zwischen einer Gold- und einer parallel laufenden Silberparität seiner Währung hin- und hergerissen. Offiziell galt der Goldstandard des Pfund-Sterling erst von 1821 an. Pfund-Noten waren in physischem Gold einlösbar, und Silber wurde nur noch für kleinere Scheidemünzen verwendet.

1875 sicherte das Deutsche Reich den Goldstandard seiner Währung; 1872 und 1876 gingen die skandinavischen Staaten zum Goldstandard über; 1886 führte Russland den Goldrubel ein; in Österreich-Ungarn galt die Goldwährung seit 1892, in Indien seit 1893 und in Japan seit 1897.

Gold fungierte danach beinahe weltweit als Hort der Sicherheit für die nationalen Währungen. Diese Phase hielt in Europa bis zum Ersten Weltkrieg. Kriegs- und nachkriegsbedingt stellten die europäischen Staaten die Goldeinlösung ihrer Banknoten ein. „Gold gab ich für Eisen" war ein deutscher Slogan im Ersten Weltkrieg. Später übernahmen die USA von England den ersten Rang unter den Wirtschaftsmächten der Erde und unterwarfen ihre Währung dem Goldstandard.

Die rüde US-Goldbeschlagnahme

In Währungs- und Finanzkrisen gilt Gold für die Menschen als Rettungsanker für Vermögen und als Zahlungsmittel, wenn kein anderes mehr akzeptiert wird. Daher hat physisches Gold einen wichtigen Platz innerhalb des Vermögensbestandes so gut wie aller Menschen. Das kann aber auch ins Gegenteil umschlagen: durch staatliche Enteignung.

Unter dem Druck der Weltwirtschaftskrise 1929/1933 verfügte der damalige Präsident der USA, Franklin D. Roosevelt, am 5. April 1933 mit seiner „Executive Order 6102", dass alle privaten Goldvorräte unter hoher Strafandrohung an den Staat abgeliefert werden mussten. Die Strafe war 10 000 US-Dollar oder/und zehn Jahre Gefängnis. Hohe Strafen drohten auch Mitwissern. Der US-Staat zahlte gegen die Ablieferung von privatem Gold 20,67 Dollar pro Unze; ein lächerlich niedriger Preis, der einer Enteignung nahe kam. Danach erhöhte der US-Staat den Ankaufspreis auf 35 Dollar.

Im angeblich freiesten und demokratischsten Land der Erde wurde den eigenen Bürgern das privat gehortete Gold weggenommen und mit einem Pappenstiel entlohnt. Diese Unfairness wurde mit einem Anlassgesetz mit dem unverbindlichen Titel „Act to provide relief in the existing national emergency in banking" (Gesetz zur Unterstützung im derzeitigen nationalen Bankennotstand) begründet. Kein Wunder, dass private Goldkäufer in der gegenwärtigen Krise hohen Wert auf die Anonymität des Erwerbs des gelben Edelmetalls legen und nur Münzen bzw. kleinere Barren kaufen, wofür keine Legitimation erforderlich ist.

In Österreich ist der unbeschränkte private Handel und der Besitz von Gold erst seit November 1991 gestattet. Grundlage ist die Kundmachung DL 2/91 der Oesterreichischen Nationalbank, die aufgrund des Devisengesetzes vom 25. Juli 1946 zur Freigabe von Handel und Besitz ermächtigt ist. Es liegt daher allein bei der Oesterreichischen Nationalbank, die Ermächtigung zum unbeschränkten privaten Handel und Besitz von Gold ohne Angabe von Gründen jederzeit zurückzunehmen. Daher neigen viele privaten Käufer dazu, physisches Gold nur in so kleinen Mengen zu kaufen, dass sie sich nicht ausweisen müssen.

Es ist doch ein mächtig Ding, das Gold

Das Bretton-Woods-Abkommen hatte 1944 das Verhältnis des US-Dollars zum physischen Gold festgesetzt – 1 US-Dollar war aufgrund dieses Abkommens so viel wert wie das Fünfunddreißigstel einer Feinunze Gold – und den USA die Pflicht auferlegt, auf Verlangen ausländischer Regierungen jederzeit einen derartigen Tausch durchzuführen; damit war erstmals ein international gültiges fixes Währungssystem als Handelsbasis geschaffen.

Dieses Abkommen scheiterte 1971. Grund für seine Ablöse war die Tatsache, dass die US-Regierung ihre Währung während mehrerer Jahre inflationiert hatte, indem sie je nach Bedarf neue Dollarnoten druckte, dabei aber vergaß, das den Papiernoten entsprechende Gold nachzuschaffen. Als ausländische Regierungen begannen, die USA in die Pflicht zu nehmen, und US-Dollar in Gold tauschen wollten, mussten die USA eine dramatische Verringerung ihrer Goldbestände befürchten und kündigten das Bretton-Woods-Abkommen. An seine Stelle trat das „Smithsonian Agreement", das eine achtprozentige Dollar-Abwertung vorsah. Doch auch dieses musste sich dem Druck der freien Marktkräfte beugen und endete im März 1973. Seither ist der US-Dollar eine völlig ungedeckte Währung und hat jede Wertverbindung zum Gold verloren.

Der frühere „Goldstandard" als Währungssicherheit ist seither in Ungnade gefallen und hat bisher keinen nachhaltigen Nachfolger erhalten. Das könnte sich jedoch angesichts der Finanzkrise 2007/2009 wieder ändern.

„Gold ist eine Währung, die man nicht so beliebig vermehren kann wie die Notenbanken zur Zeit neue Noten drucken", betont Dr. Marc Faber, ebenfalls von Medien „Dr. Doom" genannt, und sagt voraus: „Gold wird bald wieder die Funktion eines Ankers für ein neues Weltwährungssystem erhalten. Denn es würde die Banknotenpressen der Notenbanken in Zaum halten. Für bemerkenswert halte ich, dass sich der Wert von Goldminen zwischen November 2008 und Frühjahr 2009 verdoppelt hat, während so gut wie alle anderen Anlagen, Aktien, Währungen und andere Rohstoffe gefallen sind. Damit findet bereits jetzt eine Renaissance von Gold statt. 2001 hat eine Unze 255 US-Dollar gekostet, Anfang 2009 weit über 900."

Auf die Frage des Autors, ob nach den Erfahrungen der jüngsten Krise Gold künftig wieder seine einstige Bedeutung zurückerobern werde, sagt Faber: „Der private Sektor hat sich schon für eine größere Rolle von Gold entschieden, indem die Anleger Gold akkumulieren. Der einzelne Anleger ist nicht so dumm wie die Regierungen. Er hat erfahren, dass Papiergeld keine zuverlässige Werterhaltungsform ist. Daher kauft er Gold zu und hat dadurch den Bestand von Gold in seinem Vermögen erhöht. Die dummen Zentralbanken, allen voran die Schweizer Nationalbank, haben ihr Gold zum Teil bei 300 US-Dollar pro Unze verkauft, und ich nehme an, dass sie eines Tages Gold wieder akkumulieren werden, vielleicht bei 10 000 US-Dollar für die Unze. Da sehe ich eine gewisse Gefahr am Horizont. Wenn Gold sehr stark steigt, werden die USA das machen, was sie 1933 gemacht haben, nämlich Gold zu enteignen. Sie werden zu den Europäern gehen und ihnen raten, ebenfalls Gold zu enteignen. Und viele werden sich dem beugen und den Forderungen der Amerikaner nachgeben. Die Schweizer Nationalbank wird sehr froh darüber sein, das Gold zu enteignen, es den privaten Eigentümern wegzunehmen und es ihrem eigenen Bestand zuzuschlagen."

Faber verweist auf die Tatsache, dass der asiatische Kontinent so gut wie keine Goldreserven besitzt, aber immens hohe Währungsreserven hält. Das sei eine der Ursachen für die jüngste Finanzkrise. Das ist für Fachleute ein Grund, dem derzeit mühsam aufrechterhaltenen fixen Austauschverhältnis zwischen dem chinesischen Yuan (Renminbi) und dem US-Dollar ein baldiges Desaster und der Welt eine neue Währungskrise vorauszusagen. Denn es sei auf Dauer unmöglich, ungeachtet wirtschaftlicher Grundsätze und stetiger Marktveränderungen bei derart großen Ungleichheiten ein fixes Wechselkursverhältnis aufrechtzuerhalten.

Währungsgold ist in handelsübliche Barren – genormte Metallmengen mit 12,5 Kilogramm mit dem „Melter- und Assayer-Zeichen", das von der London Bullion Market Association vergeben wird – gegossenes und gehortetes Gold mit einem Feingehalt von 995/1000.

Die gesamten von den Notenbanken der Erde gehaltenen Goldbestände liegen bei 28.926 Tonnen. Davon gehören den europäischen Notenbanken rund 11.359 Tonnen. Die größte nationale Menge an Währungsgold hält die US-Notenbank mit 8134 Tonnen, gefolgt von Deutschland mit 3413 Tonnen. Die Oesterreichische Nationalbank besitzt 280 Tonnen Gold.

Christopher Mayer warnte im Februar 2007 vor den Folgen der sich seit vielen Jahren aufbauenden Währungsblase zwischen den Mega-Wirtschaftsmächten USA und VR China. Auf GOLDSEITEN.DE schrieb er: „Es sollte klar sein, dass hier ein vorprogrammiertes Desaster vorliegt, wenn fixe Wechselkurse durch die Regierung ungeachtet ökonomischer Grundsätze beibehalten werden. Seit zehn Jahren halten die Chinesen an einem fixen Wechselkurs von ungefähr 8,28 Yuan zum US-Dollar fest. Die USA zählen zu den größten Importeuren chinesischer Waren […] Derartige Trends können auf Dauer nicht aufrechterhalten werden. An einem gewissen Punkt werden die Chinesen aufhören müssen, weitere US-Dollar zu erwerben. Wie es scheint, ist der Yuan gegenüber dem US-Dollar unterbewertet, und die chinesische Ausweitung der Geldmenge floriert. Die Chinesen tauschen ihre US-Dollar eifrig gegen Yuan ein oder stapeln sie in ihren Safes […] Das Yuan-US-Dollar-Fiasko ist schlichtweg ein weiteres Kapitel des aussichtslosen Versuchs der Menschheit, Papiergeld in den Griff zu bekommen. In den Idealvorstellungen der Zentralbanker und der Regierungen soll das System des fiat money in der Lage sein, Unmengen von Geldscheinen nahezu ohne Kosten zu drucken, ohne dass die einzelne Geldeinheit dabei an Wert verliert."

Eine Ursache der jüngsten Finanzkrise sehen Fachleute in der enormen Vermehrung von getürktem Geld, von „fiat Money" oder „Fiatgeld". Das sind Bezeichnungen für Geld, das nicht oder nur zum Teil durch reale Vermögenswerte bzw. Gold gedeckt ist; es wird auch „stoffwertloses Geld" genannt. Es ist „Geld aus dem Nichts" und wird durch Geldschöpfung, etwa von Zentralbanken, bei Bedarf ohne Sachwertdeckung geschaffen.

Das ist möglich, solange private Haushalte, Banken und Unternehmen dem so geschaffenen Geld einen Wert beimessen. Warengeld und Umlaufgeld haben dagegen einen Eigenwert. Fiatgeld ist keine neue Erfindung. Die erste Fiat-Währung hat die chinesische Yuan-Dynastie im 13. Jahrhundert geschaffen, als sie die Golddeckung des aus der Song-Zeit übernommenen Papiergeldes beseitigte.

Steiniger Weg zur europäischen Gemeinschaftswährung

Europa ist es mit seinen vielen Währungen bisher kaum besser gegangen als den USA mit ihrer gemeinsamen. Unser Kontinent scheiterte lange am Versuch, ein stabiles Währungssystem auf Grundlage von ungedecktem Papiergeld zu etablieren. Die Europäische Gemeinschaft hat im April 1972 ein System mit fixen Wechselkursen eingeführt. Für die EG-Mitgliedsländer galten fixe Bandbreiten, innerhalb derer die Währungen gegeneinander ausgetauscht werden konnten. Aber auch diese „Währungsschlange" wurde von den Gesetzen des freien Marktes niedergerungen. 1979 startete das Europäische Währungssystem mit einer gemeinsamen Verrechnungswährung, der European Currency Unit (ECU). Ihr Wert gründete sich auf einen Durchschnittswert der Wechselkurse zwischen den nationalen Währungen der Mitgliedstaaten; in einem gemeinsamen „Korb" wurden die einzelnen Währungen unterschiedlich gewichtet. Auch dieses System geriet bald in Schwierigkeiten, und nachdem einige europäische Zentralbanken durch Intervention auf ausländischen Devisenmärkten vergeblich versucht hatten, den ECU am Leben zu erhalten, ist auch dieses Konzept zusammengebrochen.
Seit 1999 gilt die europäische Gemeinschaftswährung Euro, die sich seit 2001 auch physisch in den Geldbörsen der Menschen in den am Eurosystem teilnehmenden EU-Ländern befindet. Die Finanzkrise 2007/2009 hat der Euro glücklich überstanden und sich darin sogar bewährt. Er fungiert nach zehn Jahren Praxis nach dem US-Dollar als weltweit zweitwichtigste Reservewährung. Dennoch sagen manche Fachleute auch dem Euro als ungedeckter Papierwährung eine beschränkte Lebenszeit voraus.
Neue Währungskrisen sind demnach, trotz aller moderner Finanzmethoden und kostspieliger Rettungsversuche, weiterhin wahrscheinlich.
Der ehemalige Gouverneur der Oesterreichischen Nationalbank, Dr. Klaus Liebscher, hält im Gespräch mit dem Autor weder eine Renaissance des Goldstandards noch einen Untergang des Euro für wahrscheinlich. Auf die Frage, „Sehen Sie aufgrund der Weltwirtschaftskrise 2007/2009 ein Erfordernis, zum Goldstandard zurückzukehren?", antwortete Liebscher: „Das ist so etwas Ähnliches wie z. B. die chinesische Forderung, die Sonderziehungsrechte des Internationalen Währungsfonds als eine Art Weltwährung einzuführen. Ich bin kein Anhänger davon. Ich glaube, dass wir mit dem System, das wir heute haben, nämlich zwei, drei oder vier große internationale Währungen, auch in den nächsten Jahrzehnten agieren werden. Für mich ist klar, dass der Euro und der US-Dollar die beiden großen Weltwährungen sind, dazu als dritte vielleicht noch der chinesische Renminbi. Ich meine, dass diese Währungskonstellation für die Zukunft realistischer ist als eine künstliche Währung zu schaffen, wie es ja auch die Sonderziehungsrechte sind, oder gar den Goldstandard wieder einzuführen. Wir alle wissen, warum er 1970 nicht mehr funktioniert hat. Das zu wiederholen, halte ich für nicht klug."
Wird der Euro die gegenwärtige Krise überleben? Liebscher zweifelt nicht: „Darüber denke ich gar nicht nach. Es ist eher umgekehrt: Der Euro hat in dieser schweren Si-

tuation gezeigt, wie wichtig eine gemeinsame Währung für 16 Länder innerhalb der EU, keine Spekulationen innerhalb des gemeinsamen Marktes zu haben, ist. Stellen Sie sich einmal vor, wir wären in der Vor-Euro-Zeit. Was hätte es da zusätzlich zu den sonstigen Erschwernissen an dramatischen Wechselkursänderungen gegeben! Für mich ist der Euro der beste Schutz bezüglich des Bewältigens und Überstehens der jetzigen realwirtschaftlichen Krise. Der Wille, diese Währung und das Eurogebiet aufrechtzuerhalten, ist politisch abgesichert, obwohl es auch durch die ökonomische Vernunft abgesichert ist."

Mechanismen zur Stabilisierung

Die bisherige Erfahrung zeigt: (Finanz-)Krisen sind ein unabwendbares Schicksal, das vom menschlichen Urinteresse nach Befriedigung der eigenen Triebe, zur Sicherung des Überlebens, aber auch, stark überstrapaziert, zur Habgier und Spekulation als Formen der übertriebenen Daseinsvorsorge hervorgerufen wird.

Die Wissenschaft beschäftigt sich schon lange mit dem Phänomen der Wirtschaftskrise, ohne bisher eine allseits befriedigende Erklärung gefunden zu haben.

„Man meint unter ‚Krise' Störungen des normalen Ablaufs der Wirtschaft, die durch äußere Einwirkungen auf die Wirtschaft entstehen, wie sie von jeher durch natürliche und soziale Katastrophen [...] hervorgerufen werden", ist im Buch DAS ENDE DER WELTWIRTSCHAFTSKRISE von Andreas Predöhl zu lesen. „Man geht dabei von der Vorstellung einer Normallage aus, die wir als Gleichgewicht bezeichnen. Das ist eine Lage, in der alles Angebot zu einem bestimmten Preis Absatz findet und alle Nachfrage, die zu diesem Preis auftritt, befriedigt wird. Man versteht unter Störungen Einflüsse, die die Wirtschaft aus diesem Gleichgewicht bringen."

Der ehemalige US-Notenbankchef Alan Greenspan scheint im Rahmen seiner Praxis das Leben mit wirtschaftlichen Ungleichgewichten schätzen gelernt zu haben. In THE AGE OF TURBULENCE bekennt er: „Die Ungleichgewichte von Handel und Finanzen innerhalb der Grenzen der USA wachsen schon seit geraumer Zeit. Sie spiegeln eine wachsende Spezialisierung der Wirtschaft wider, die mindestens bis zu den Anfängen der industriellen Revolution zurückreicht."

Greenspan hält das mitleidlose Verteilen solcher Ungleichgewichte über die eigenen Grenzen hinweg auf andere Weltregionen offenbar für eine besondere Fertigkeit moderner Wirtschaftspolitik: „Dass es einen solchen Trend tatsächlich gibt, legt der Anstieg nicht konsolidierter Schulden der großen Industrienationen nahe, der das Wachstum des Bruttoinlandsproduktes durchschnittlich um 1,6 Prozentpunkte pro Jahr übertroffen hat."

Wenn der einst oberste Währungshüter dieser Erde das staatliche Schulden-Machen und das Auf-andere-Abschieben dieser Schulden so explizit zur Tugend erklärt, darf es nicht Wunder nehmen, dass sich biedere Privatmenschen nicht mehr scheuen, dieses Vorbild nachzumachen und ihr Vermögen auf Borg zu multiplizieren.

Um diese störenden, existenzbedrohenden und daher das Überleben gefährdenden Entwicklungen zu mildern bzw. dafür zu sorgen, dass sie nicht wieder auftreten können, versuchen Politik, Wirtschaftskapitäne, Interessenverbände und Wissenschaft durch Gegensteuern das Gleichgewicht wiederherzustellen. Dabei wird erfahrungsgemäß das Pendel, das im Verlauf der Krise zu heftig nach einer Seite ausgeschlagen hat, mit starker politischer Anstrengung in die Gegenrichtung gedrängt, um die Krise schnell und radikal zu beenden.

Dieses Übertreiben der Krisenfeuerwehr hat in aller Regel zur Folge, dass zwar die Normalität rasch wiederhergestellt wird, jedoch mit dem Effekt, dass das Pendel in die Gegenrichtung ausschlägt und damit die nächste Krise losgetreten wird. Krise ist demnach eine Schicksalskette von Störungen, die einander wechselweise bedingen. Selbst die ausgetüfteltsten Gegenstrategien moderner Wirtschaftsstatistik, Geld- und Zinspolitik sowie umfangreicher Regulierungsbemühungen von oben herab haben es bisher nicht zuwege gebracht, diesen circulus vitiosus zu beenden.

Das gilt auch für jene Maßnahmen, die gegen die derzeitige „größte Wirtschaftskrise, die die Menschheit je erlebt hat", ergriffen werden. Die Saat der nächsten Krise wird bereits jetzt gelegt, indem sie ein Paket von Maßnahmen ergreift, um der seit Mitte 2007 grassierenden Mehrfachkrise Herr zu werden, ohne jedoch festzulegen, wann diese Maßnahmen wieder zurückgeführt werden müssen, um keine Konjunkturüberhitzung zu provozieren.

Univ.-Prof. DDr. Franz Josef Radermacher, Mitglied des Club of Rome, spricht diesbezüglich von der Notwendigkeit einer Intensivstation für Krisen, um ihre krankmachenden Effekte ein für alle Mal aus der Welt zu schaffen. Er verweist auf das Paradoxon der jüngsten Weltwirtschaftskrise 2007/2009: „Die dickste Krise hat genau jene Nation der Erde hervorgerufen, die am wenigsten spart und am meisten konsumiert, und sie borgt sich das Geld, das sie dazu braucht, von einer der ärmsten und jüngsten Industrienationen der Erde, die die höchsten Sparraten hat."

Verfehlte Rettungspakete

„Der höchste Grad an Dummheit wird bekanntlich erreicht, wenn jemand denselben Fehler ein zweites Mal macht", meint der wirtschaftspolitische Kommentator Matthäus Kattinger in einem Beitrag über „das Füllhorn an staatlichen Hilfs- und Rettungsaktionen, das neben den aus eigener Schuld marod gewordenen Banken auch den aufgrund des drohenden Konjunkturdebakels krisengeschüttelten Industrien (z. B. der Autoindustrie) zugute kommen soll". Kattinger schrieb in der RAIFFEISEN ZEITUNG vom 27. November 2008 weiter: „Auf alle Fälle sollten wir aus der Vergangenheit lernen – vor allem dann, wenn diese so gutes Anschauungsmaterial bereithält wie jenes des Jahres 2001, als die Welt letztmals vor den Resten einer zerplatzten Blase stand [...] Um die Rezession zu bekämpfen, öffneten die Notenbanken die Geldschleusen [...] Die Zinsen wurden 2001 noch stärker zurückgenommen, als es heute der Fall ist. So reduzierten die USA den Leitzinssatz von sechs Prozent auf 1,25 Prozent, in Europa [...] erreichten sie mit zwei Prozent erst im Jahr 2003 ihren Boden [...] Mittlerweile ist es unbestritten, dass mit der überzogenen Krisenbewältigung des Jahres 2001 die Voraussetzungen für die heutige Krise geschaffen wurden [...] Denn trotz dieser gewaltigen Überschwemmung vor allem der amerikanischen Wirtschaft mit billigem Geld hätte dies nicht die jetzt so massiv spürbaren Langzeitfolgen haben müssen, wenn die für die Krisenbewältigung gedachten Maßnahmen mit dem Anspringen der Konjunktur wieder zurückgenommen worden wären. Das jedoch ist das Hauptproblem mit der staatlichen Einflussnahme in der Wirtschaft: Es werden zwar in der Krise, gut gemeint, Schulden gemacht, um die Nachfrage anzukurbeln; doch es wird, wenn es wieder besser läuft, nicht gegengesteuert, das heißt, es wird im sich abzeichnenden Aufschwung versäumt, die Zinsen stärker anzuheben und die Geldzufuhr zurückzunehmen."

(Finanz-)Krisen sind demnach keine Naturkatastrophe oder ein höheres Schicksal, sondern ein menschengemachtes Phänomen, das sich aus sich selbst heraus fortsetzt und einer Virusinfektion ähnelt: Sobald einer in einem eng besetzten Raum erkrankt, werden nach und nach alle Anwesenden hintereinander angesteckt, und während der erste bereits gesundet, beginnt bei den letzten die Krankheit erst zu wirken. Ein typisches Phänomen von Finanz- und Wirtschaftskrisen ist tatsächlich, dass sie wie Viren einer Infektionskrankheit lang vor ihrem Entdecktwerden übertragen werden, vorerst nur latent vorhanden sind und den Betroffenen schwächen, bis sie von einem Augenblick zum anderen für alle sichtbar auftreten, so dass man sie erst dann zu bekämpfen beginnt.

Finanzkrisen gleichen so den großen Epidemien wie Pest oder Cholera: Wenn sie sichtbar ausbrechen, sind sie nur noch schwer einzudämmen, weil viele bereits unrettbar angesteckt sind und als Bazillenausscheider auch ihre Umgebung anstecken.

Die letzte Finanzkrise, die in den USA bereits Mitte 2007 mit mehreren Anzeichen begonnen, im Dezember 2007 zu ersten rezessiven Wirtschaftsergebnissen geführt und allmählich in eine Krise der Realwirtschaft mit vehementer Abschwächung der Weltkonjunktur umgeschlagen hat, wurde laut Tageszeitung USA TODAY erst am 28. November 2008 von einem US-Statistikkomitee – eineinhalb Jahre nach dem Beginn der jüngsten Finanzkrise im Gefolge des Platzens der US-Subprimekrise! – als manifeste Krise determiniert. Kommentatoren meinen, diese stark verzögerte Krisenbotschaft sei nicht das Ergebnis von Unsicherheiten oder laxer Arbeit der US-Statistiker gewesen, sondern schlicht dem heißen US-Präsidentschaftswahlkampf 2008 zuzuschreiben, während dessen man keine wirtschaftlichen Hiobsbotschaften lancieren wollte, um keinem der beiden Kandidaten – Barack Obama und John McCaine – die Wahlchancen zu schmälern.

Woher kommen die Ungleichgewichte?

Die Ursache aller Finanz- und Konjunkturkrisen sind Ungleichgewichte zwischen einzelnen Ländern oder, je globaler die Wirtschaft zusammenwächst, zwischen den Kontinenten.

„Auch bei starken Störungen hat die Wirtschaft die Tendenz, zur Gleichgewichtslage zurückzukehren, aber nur nach einem mehr oder minder langen Intervall, das mit Preisverfall, Zusammenbrüchen von Unternehmungen und Arbeitslosigkeit angefüllt ist", erklärt Predöhl.

Seine Aussage wird durch die wirtschaftliche Praxis in die Realität umgesetzt. Es ist seit jeher die Funktion bzw. Herausforderung der Kaufleute, das Auftreten von Ungleichgewichten – Überfülle neben Mangel, Reichtum neben Armut, Über- gegen Unterkapitalisierung – zum eigenen Vorteil zu nutzen, indem sie Initiativen setzen, um das Gleichgewicht wiederherzustellen.

Die BERLINER MORGENPOST zeigte bereits am 25. September 2005, zwei Jahre vor Ausbruch der jüngsten Krise, ein aktuelles Beispiel für mangelnde Balance im weltweiten Finanzsystem auf. Sie bezog sich dabei auf den seit Jahren beobachteten Aufbau großer Währungsreserven durch einige große asiatische Länder, der Finanzminister und Notenbanker in Washington sehr nervös gemacht habe: „Das liegt nicht nur am hohen Ölpreis, sondern vor allem an den globalen wirtschaftlichen Ungleichgewichten. Seit Jahren importieren die Vereinigten Staaten weit mehr, als sie exportieren. Damit geht einher, dass die Amerikaner viel zu wenig sparen, was die US-Wirtschaft anfällig macht. Diese Differenzen können auf Dauer nicht bestehen. Es muss zu weiteren Zinserhöhungen in den USA kommen und der US-Dollar wird mittelfristig an Wert verlieren müssen. Viele Volkswirte hoffen, dass sich diese Anpassung über einen längeren Zeitraum hinstrecken wird und kontrolliert abläuft. Die Sorge besteht jedoch, dass das nicht gelingt […] Damit lassen die nationalen Regierungen zu, dass sich das weltweite Krisenpotential immer weiter verschärft."

Diese Voraussage ist mit der Mehrfachkrise 2007/2009 so eingetreten wie sie vorher beschrieben wurde. Nicht nur das: Während US-Präsident George W. Bush anlässlich der Olympischen Spiele im Sommer 2008 die VR China besuchte, haben ihm seine chinesischen Gastgeber heftig ins Gewissen geredet, die konkursgefährdeten amerikanischen Banken vor der Pleite zu retten, indem der US-Staat die Verbindlichkeiten der gefährdeten Banken übernimmt, oder, so drohten die Pekinger Potentaten, China werde seine Milliardeninvestments aus den USA zurückziehen.

China profitiert und wird eine kapitalistische Diktatur

Die VR China erlebt seit Jahren ein gegenüber allen anderen Nationen enormes Wirtschaftswachstum und erlöst aus seinen florierenden Exporten, auch in die USA, gigantische Zahlungsbilanzüberschüsse. Die gar nicht mehr so armen Chinesen generieren auf diese Weise enorme Überschüsse, weil sie mehr Geld auf die hohe Kante legen als sie investieren. Die Überschüsse werden in aller Welt veranlagt, und das nach kapitalistischem Vorbild zunehmend riskant, um den Profit zu maximieren. Dieses Handeln trägt den Keim künftiger Finanzkrisen in sich.

„China nutzt die Krise, um sich billig in westliche Firmen einzukaufen", schrieben Kerstin Kohlenberg und Wolfgang Uchatius in der deutschen ZEIT Ende November 2008. Dort ist zu lesen: „Einer der größten Gewinner könnte ein hagerer Mann mit randloser Brille sein, der leise spricht und zwischen den Sätzen oft ein kurzes Lächeln einschiebt. Der Mann heißt Gao Xiqing. Im Auftrag seines Arbeitgebers, der Volksrepublik China, soll er in den nächsten Monaten 80 Milliarden US-Dollar in ausländische Unternehmen investieren. Gao Xiqing ist Chef der neu gegründeten China Investment Corporation (CIC), einem der größten Staatsfonds der Welt." Dieser habe 1989, als er mit Tausenden Chinesen auf dem riesengroßen Platz des Himmlischen Friedens in Peking vor dem alten Kaiserpalast, der Verbotenen Stadt, gegen das kommunistische Diktaturregime demonstrierte habe, enttäuscht aufgegeben, weil er dahinter gekommen sei, es gebe einen besseren Weg, die Demokratie in China zu stärken: nämlich seine Wirtschaft aufzubauen. 200 Milliarden US-Dollar aus ihrem hohen Zahlungsbilanzüberschuss hat die chinesische Regierung inzwischen in die CIC gesteckt, und Gao Xiqing mehrt damit den Reichtum seines Heimatlandes. So trägt er, wie er annimmt, nicht nur zur Demokratisierung der Volksrepublik China bei, sondern auch zum Ausgleich der globalen Finanz-Ungleichgewichte.

Die Ungleichgewichte werden auf der Erde tendenziell nicht nur nicht ausgeglichen, sondern sie nehmen sogar weiter zu. WiFo-Chef Prof. Dr. Karl Aiginger tröstet: „Irrationale Schwankungen gibt es auch in der Politik und Ökonomie, nicht nur auf den Finanzmärkten!"

Streit um die Spekulationssteuer Tobins

Wirtschaftslehrer vertreten die Ansicht, dass die Ursachen für das Auftreten wirtschaftlicher Ungleichgewichte ausgeschaltet oder zumindest gemildert werden müssen, wenn man das Ausbrechen von Wirtschaftskrisen verhindern möchte. Was sind diese Ursachen?

- Einerseits der alles durchdringende globale Zusammenschluss der Weltwirtschaft, die Ablösung nationaler Volkswirtschaften durch das immer engere Zusammenwirken aller Volkswirtschaften der Erde.
- Andererseits die rasche Verlagerungsmöglichkeit von immens großen Finanzströmen von einem Ende der Erde zum anderen.
- Drittens die selbst den Fachleuten unheimlich gewordene Undurchschaubarkeit moderner Finanzinstrumente und Handelssysteme.
- Viertens die zunehmenden irrationalen Beweggründe moderner Menschen, sich das eine Mal in hohe Risiken zu stürzen, um erhoffte Gewinne zu scheffeln, ein anderes Mal in der Panik, alles zu verlieren, Vermögenswerte sogar mit Verlusten abzustoßen.

Da der menschliche Geist offenbar langsamer voranschreitet als die Perfektionierung der Finanzsysteme und ihrer Werkzeuge sowie deren globaler Einsatz, meinen manche Experten, man müsse dafür sorgen, dass letztere im Tempo gebremst werden, um ihnen geistig ebenbürtig zu werden.

Das ist Hintergrund der Idee von James Tobin, der 1978 die Einhebung einer Spekulationssteuer zur Eindämmung der immer heftiger ausschlagenden Wechselkursvolatilitäten vorgeschlagen hat. Er war zur Ansicht gekommen, dass nach dem Übergang zu flexiblen Wechselkursen 1973 vor allem die Spekulation für kurzfristige Wechselkursschwankungen verantwortlich ist, wodurch die Marktsignale für den internationalen Handel und längerfristige Investitionen verfälscht werden, da die Wechselkursrelationen nicht mehr die fundamentalen Faktoren widerspiegeln.

Tobin schlug daher eine international einzuhebende gleichmäßige Steuer von einem halben Prozent für alle Währungstransaktionen vor. Die Tobin-Steuer sollte auf allen Kassadevisen-, Termindevisen- und Devisenoptionsmärkten eingehoben werden. So könnte man kurzfristige Vermögenstransaktionen einschränken, ohne den internationalen Handel und längerfristige Kapitalbewegungen negativ zu beeinflussen. Tobin meinte, eine gut dosierte Spekulationssteuer könnte auch für Transaktionen an den Finanzmärkten eingeführt werden, die international mit immer demselben Prozentsatz erhoben werden müssten. Auch (außerbörsliche) Over-the-Counter-Geschäfte (OTC) könnten einer solchen Spekulationssteuer unterworfen werden.

Die „Tobinsteuer" führt seit Jahrzehnten zu heftigen Kontroversen.

Anhänger der Tobinsteuer sehen in ihr ein probates Mittel, die „zerstörerischen Wirkungen des Weltfinanzsystems besser kontrollieren zu können". Damit ist gemeint, dass die Steuer spekulative Finanztransaktionen und damit das Entstehen von wirtschaftlichen Ungleichgewichten begrenzen und so riskanten Krisenszenarien vorbeugen könne.

Der österreichische Wirtschaftsforscher Dr. Stephan Schulmeister zählt zu den Anhängern der Tobinsteuer und argumentiert: „In den letzten 20 Jahren wuchs die Diskrepanz zwischen Finanztransaktionen und realwirtschaftlichen Aktivitäten; gleichzeitig nahm die Instabilität von Wechselkursen, Rohstoffpreisen und Aktienkursen zu. 2007 war das Volumen der Finanztransaktionen 73,5-mal so hoch wie das nominelle Welt-Bruttoprodukt, seit 1990 expandiert es fast fünfmal so rasch wie die Weltwirtschaft. Motor dieser Expansion sind die Derivatmärkte, insbesondere der Börsehandel mit Futures und Optionen. Wechselkurse, Rohstoffpreise und Aktienkurse entwickeln sich in einer Abfolge mittelfristiger Trends (,bulls and bears'). Diese ergeben sich aus einer Akkumulation kurzfristiger Kursschübe, welche in eine Richtung länger dauern als in die Gegenrichtung. Diese Entwicklungen deuten in ihrer Gesamtheit darauf hin, dass spekulatives Trading zur Volatilität von Wechselkursen, Rohstoffpreisen und Aktienkursen wesentlich beiträgt und damit auch zu den längerfristigen Abweichungen dieser Preise von ihren fundamentalen Gleichgewichtswerten […] Eine generelle Finanztransaktionssteuer würde spezifisch die kurzfristig-spekulativen Transaktionen mit Finanzderivaten verteuern und so einen Beitrag zur Stabilisierung von Wechselkursen, Rohstoffpreisen und Aktienkursen leisten."

Die Anhänger der Tobinsteuer haben bereits vielfältige Verwendungsmöglichkeiten für die Erlöse aus dieser Steuer gefunden: z. B. Finanzierung des Budgets der Europäischen Gemeinschaft, Finanzierung der globalen Entwicklungshilfe, Ausbalancierung der finanziellen Ungleichgewichte zwischen Industrie- und Entwicklungsländern, Aufrechterhaltung der bäuerlichen Strukturen und damit Schutz der Umwelt vor Ausbeutung durch Monokulturen; oder speziell in Österreich ein Erlösplus für das staatliche Budget zu schaffen, das mit hohem Aufwand die Folgen der Finanzkrise abgepuffert hat.

Gegner der Tobinsteuer verweisen auf die Unmöglichkeit, diese Abgabe weltweit ohne eine einzige Ausnahme, also auch in Off-shore-Finanzplätzen, einzuführen. Gelänge das nicht, wäre sie zwecklos, weil dann im Interesse der Steuervermeidung jegliche Finanztransaktion über jene Standorte abgewickelt würde, die keine Tobinsteuer einheben. Ein weiteres Argument der Gegner der Tobinsteuer ist: Es sei angesichts der elektronischen Kommunikationsmittel unmöglich, den Ursprungs- und Zielort von Geldtransaktionen exakt festzustellen, so dass Mehrfach- bzw. Nichtzählungen nicht ausgeschlossen werden können.

Der Ex-Gouverneur der Oesterreichischen Nationalbank, Dr. Klaus Liebscher, mahnt zur Zurückhaltung bei der Tobinsteuer: Sie würde dem Finanzplatz Europa schaden. Die internationalen Investoren würden aus Europa abwandern, die Einführung der Tobinsteuer wäre ein Experiment mit nicht quantifizierbaren Risiken.

Schillernde Rolle von Hedge-Fonds in Finanzkrisen

In einer globalen Wirtschaft wie der gegenwärtigen besorgen die Aufgabe des Ausgleichs störender Ungleichgewichte oft die als „Heuschrecken" (so der deutsche SPD-Politiker Franz Müntefering) verschrieenen Hedge-Fonds. Deren Manager nutzen wirtschaftliche Ungleichgewichte durch manchmal riskante Spekulationen mit fachlichen Bezeichnungen wie „Event Driven", „Global Makro", „Managed Futures" oder „Distressed Strategies". Sie führen durch Aufkäufe von Werten und deren Verpackung in Fonds den Ausgleich in der Wirtschaft herbei, durchaus zum eigenen materiellen Vorteil, manchmal, wie das Jahr 2008 mit seinen extrem hohen Verlusten auch für Hedge-Fonds bewies, zum eigenen materiellen Nachteil.

Hedge-Fonds spielen im modernen Finanzsystem eine zunehmend wichtige Rolle: Im Herbst 2008 hat es nach Angaben von FINANCIAL TIMES weltweit rund 7.300 Hedge-Fonds und etwa 2.500 Dach-Hedge-Fonds (= Fonds von Hedge-Fonds) gegeben. Der durchschnittliche Verlust der Hedge-Fonds hat 2008 nach Abzug der Gebühren 18,3 Prozent betragen, jener von Dach-Hedge-Fonds 20 Prozent.

„Hedge-Fonds sind eher die Opfer als die Verursacher von Bankenpleiten", schrieb James Mackintosh Mitte Jänner in der FINANCIAL TIMES. Dennoch sei ihre künftige Regulierung weltweit eine ausgemachte Sache. Das Frage laute nicht, *ob* Hedge-Fonds schärfer reguliert werden, sondern *wie* man das anstellen solle. Folgende Möglichkeiten stehen zur Wahl: 1. indirekte Regulierung durch ihre Banken, die Prime Broker, die Kredite zur Verfügung stellen und Short-Selling praktizieren, um von fallenden Preisen zu profitieren. 2. Regulierung der Hedge-Fonds-Manager, die zu rund drei Vierteln in London, New York oder Greenwich im US-Bundesland Connecticut sitzen; dies würde auch jene Hedge-Fonds erfassen, die in Off-shore-Destinationen und Steueroasen daheim sind und bisher keiner Kontrolle unterworfen sind. 3. direkte Regulierung nach Vorbild von Investmentfonds. Möglichkeit 3 wird in Europa favorisiert, Möglichkeit 1 in den USA; die Engländer haben sich für Variante 2 erwärmt.

Angesichts derartiger Kontroversen könnte die Hedge-Fonds-Regulierung noch lange auf sich warten lassen.

„Ich möchte erwähnen, dass Eingriffe in Unternehmen durch Hedge-Fonds auch segensreich und existenzsichernd sein können, vor allem wenn es sich um suboptimal gemanagte Unternehmen handelt", sagte Mag. Franz Hartlieb, Geschäftsführer der Hasenbichler Asset Management GmbH, Mitte 2007, zu Beginn der jüngsten Weltwirtschaftskrise. „Heute weiß man besser als im Krisenjahr 1998, welche Risiken in Hedge-Fonds enthalten sind." Im selben Sommer 2007 gab der Chef von Goldman Sachs Deutschland allerdings zu: „Wir wissen heute nicht, wer über welche Kapitalmarktinstrumente welche Risiken in seinen Büchern hat […] Wenn ein Großer der Finanzbranche kippen sollte, kann das die Märkte in einer weltweiten Kettenreaktion in arge Turbulenzen stürzen […] Es genügt ja schon, wenn einzelne Fondsmanager unseriös handeln und zur Aufbesserung ihres Eigenkapitals waghalsige Operationen mit Kreditderivaten (= sogenanntem virtuellem, nicht realem Geld) vornehmen." Seine Warnung wurde wenige Monate später traurige Realität. Offenbar hatte nur eine Handvoll Finanzfachleute seine Ausführungen in voller Tragweite verstanden.

„Wer sind die Leute, die auf den internationalen Märkten die auftretenden Risiken nehmen?", fragte Mag. Martin Greil, Generalsekretär der Vereinigung alternativer Investments in Österreich, im Herbst 2008. Er gab sich selbst die Antwort: „Das sind nicht die ebenso krisengeschüttelten Banken oder andere prekäre Investoren! Nein! Das sind mehrheitlich Hedge-Fonds, die die Gegenseite des Marktes darstellen, kaufen und so mithelfen, dass der Markt nicht weiter bzw. noch schneller fällt. Hedge-Fonds kaufen prekäre Wertpapiere auf und stabilisieren dadurch den Finanzmarkt ebenso wie das die Notenbanken tun."

Wie entfalten Hedge-Fonds ihre angeblich segensreiche Wirkung im Finanzmarkt?

Ein kurzer Ausflug in deren Wirkungsweise, Risiken und Lösungsansätze: Eine der fünf wichtigsten Hedge-Fonds-Strategien, die gerade in wirtschaftlich kritischen Zeiten bevorzugt zum Einsatz kommt, heißt „Distressed Strategies": Das ist eine Anlagestrategie, die sich verstärkende Notlagen von Unternehmen, Verteuerungen und Klemmen von Krediten zu ihrem Vorteil nutzt. Ihr Mittel ist der Erwerb notleidend gewordener Obligationen, die unter dem Investmentgrade (BBB) geraten sind und deren Verkauf nach einer Wartezeit von zwei bis drei Jahren, innerhalb derer das notleidende Wertpapier bzw. Unternehmen restrukturiert worden ist. So sind Erträge zu lukrieren, die deutlich über der Rendite von Staatsanleihen liegen. Die Risiken von „Distressed Strategies" sind, dass man 1. den optimalen Einstiegszeitpunkt schwer festmachen kann, 2. nicht jede scheinbar günstige Kaufgelegenheit eine erfolgreiche Restrukturierung garantiert, 3. das Investment viele Monate lang gebunden ist, 4. setzen Distressed Strategies voraus, dass sich die Wirtschaft innerhalb von zwei bis drei Jahren von der Rezession erholt und die Kreditkrise überwindet.

Hedge-Fonds können aber auch spektakulär scheitern: Ein eklatantes Beispiel dafür ist der US-amerikanische Hedge-Fonds „Long Term Capital Management" (LTCM).

Das war ein sogenannter Wachstumsfonds, von zwei prominenten, höchst risikoerfahrenen Nobelpreisträgern gemanagt, der im Herbst 1998 mit Bomben und Granaten sowie einer immensen Schadensumme zugrunde gegangen ist. Der LTCM-Kollaps hat die weltweite Forderung nach Regulierung der nach wie vor unregulierten Hedge-Fonds-Branche intensiviert (s. Seite 150ff.).
Demgegenüber argumentiert der ehemalige Chef der US-Notenbank, Alan Greenspan, ein begeisterter Anhänger der freien Marktwirtschaft: „Der Markt selbst reguliert heute die Hedge-Fonds durch etwas, das Überwachung auf Gegenseitigkeit genannt wird. Mit anderen Worten: Die Beschränkungen, die Hedge-Fonds auferlegt werden, stammen von ihren einkommensstarken Investoren sowie den Banken und anderen Geldgebern. Zum Schutz der eigenen Aktionäre besitzen diese Darlehensgeber Instrumente, um die Investitionsstrategien der Hedge-Fonds detailliert beobachten zu können. Aufgrund meiner Tätigkeit als Verwaltungsratmitglied bei J. P. Morgan und meiner 18 Jahre als oberster US-Bankenaufseher weiß ich sehr genau, dass Banken sehr viel besser in der Lage sind, andere Banken und Hedge-Fonds zu kontrollieren als staatliche Regulierungsbehörden mit ihren lehrbuchmäßigen Vorschriften. So gut manche Prüfer auch sein mögen, ihre Chancen auf einen Treffer stehen ungefähr genauso gut wie die eines Hinterhof-Baseballspielers in einer Begegnung mit einem Profiwerfer, es sei denn, ein Informant stößt sie auf einen Betrug oder eine Unterschlagung."

Das Know-how Alan Greenspans in Ehren, doch die Finanzmarktkrise 2007/2009 hat vielfach bewiesen, dass selbst prominente Banken in Sachen Hedge-Fonds wie Blinde mit einem weißen Stock unterwegs waren, ebenso wie staatliche Regulierungsbeamte.

Darum ist die Initiative von EU-Binnenmarktkommissar Charly McGreevy vom Frühjahr 2009 bemerkenswert, Hedge-Fonds und ihre Manager künftig einer Registrierungspflicht zu unterziehen. Für jeden Hedge-Fonds ist die Hinterlegung einer Gebühr von 125.000 Euro geplant. Nicht vorgesehen ist die Festlegung einer Verschuldensobergrenze oder einer Kontrolle der Strategie des jeweiligen Fonds. Transparenz nach außen, Bekanntgabe der Fonds-Performance erst im Nachhinein lautet die EU-Auflage für europäische Hedge-Fonds.

Wirtschaftliche Stabilität à la Völkerbund

Die erste große internationale Organisation, die sich der Erhaltung des Weltfriedens widmete, war der auf der Pariser Friedenskonferenz 1919 gegründete Völkerbund, der im Zuge des Zweiten Weltkriegs funktionsunfähig und damit bedeutungslos wurde. Er hat 1945 in seiner Analyse ECONOMIC STABILITY IN THE PAST-WAR-WORLD verschiedene Arten der Entstehung von Depressionen vorgestellt sowie einen Plan entworfen, wie internationale wirtschaftliche Stabilität erreicht und eine krisenfreie Zukunft gesichert werden kann.

Die Studie ist bis heute erhalten, aber nie wurde die Probe aufs Exempel gemacht.
In der Völkerbund-Studie von 1945 steht: „Wir können lokale oder regionale Depressionen nicht ignorieren; unser Hauptproblem sind solche Fluktuationen in den ge-

schäftlichen Aktivitäten, welche sich von Land zu Land ausbreiten und die ganze Erde in Mitleidenschaft ziehen. Wir müssen nicht nur die Wirtschaftspolitik, die in den großen entwickelten Ländern betrieben wird, wo in der Regel Depressionen entstehen, in Betracht ziehen, sondern auch die Wirtschaftspolitik in den unterentwickelten Ländern und vor allem jene konzertierten internationalen wirtschaftspolitischen Aktivitäten und Instrumente betrachten, die die globale Ausbreitung von Depressionen analysieren und verhindern […] Denn zyklische Fluktuationen in den geschäftlichen Aktivitäten in einer wirtschaftlich integrierten Welt sind kein nationales, sondern ein internationales Phänomen und bedürfen eines internationalen Handelns."

Die Formen von wirtschaftlichen Depressionen sind laut Völkerbund
- weitgehende Arbeitslosigkeit und Nicht-Verfügbarkeit von materiellen Möglichkeiten der Erzeugung;
- die Folge sind heftige Rückschläge der Wertschöpfung und des Lebensstandards unter jenes Niveau, das bei voller Nutzung der vorhandenen Technologien und Ressourcen möglich wäre;
- in landwirtschaftlich dominierten Ländern verfallen die Preise und brechen die Exporte ein.

Weiters unterschied der Völkerbund zwischen zyklischen, chronischen und strukturellen Depressionen und allgemeinen und teilweisen Depressionen.

Zyklische Depressionen seien eine Phase im Wirtschaftskreislauf, hängen oft vom Kreditsystem, der Dauerhaftigkeit von Kapitalgütern und der Instabilität von Investitionen ab. Chronische Depressionen kämen üblicherweise durch übergroße Spartätigkeit zustande. Strukturelle Depressionen werden durch instabile Wirtschafts- und Umweltbedingungen, durch Produktionstechnologien, Bevölkerungswachstum, Verbrauchergeschmäcker, durch interne und äußere politische Bewegungen bis hin zu Kriegen ausgelöst.

Der Völkerbund war davon überzeugt, dass es immer dann zu den ärgsten Wirtschaftskrisen kommt, wenn strukturelle Depressionen mit politischen Schwächen und einem zyklischen Konjunkturabschwung zusammenfallen: „Das war z. B. bei der Weltwirtschaftskrise 1929/1933 der Fall, als der zyklische Abschwung durch eine Störung in der Welt-Agrarwirtschaft, den Zerfall des internationalen Währungssystems, eine Schwäche des Bankensystems in den wichtigsten Importländern und den Zusammenbruch der Hauptexportindustrien in verschiedenen Teilen der Erde aufgeschaukelt worden ist."

Der Völkerbund zog daraus den Schluss, dass Finanz- und Wirtschaftskrisen internationale Phänomene sind, die nicht durch isolierte Bemühungen einzelner Länder überwunden werden können. „Solange nicht internationale Abkommen nach gemeinsamer Beratung und Abstimmung der Maßnahmen zustande kommen, besteht die Gefahr, dass nationale Krisenmaßnahmen einander gegenseitig stören und viele Staaten versuchen werden, ihre Krise zu exportieren, um sie daheim zu beenden, so dass die Erde in eine Vielzahl von autarkiegetriebene, einander bekämpfende nationale Einheiten zerfällt."

Der Völkerbund hat erkannt, dass konjunkturelle Zyklen das Ergebnis wirtschaftlicher Aktivitäten sind, denn die Weltwirtschaft befinde sich dauernd im Übergang. Es werde daher nie passieren, dass auf der Erde ein absolutes Gleichgewicht, ein Ende aller Übergangsperioden herrscht. Weder Kriege noch Krisen noch Kontrollen würden das Problem von wirtschaftlichen Instabilitäten beseitigen.

Der Völkerbund ist schon 1945 dafür eingetreten, eine liberalere und dynamischere Wirtschafts- und Handelspolitik einzuführen, einen internationalen Währungsmechanismus zu installieren, weltweit agierende Institutionen zu gründen, welche den internationalen Austausch von Kapital unterstützen und damit die Produktivität von Investitionen ankurbeln, was antizyklisch wirken würde, eine internationale Agentur für die Schaffung von Pufferlagern zu gründen und eine internationale Koordinierung der nationalen Bemühungen zur Aufrechterhaltung einer hohen und stabilen Beschäftigung herbeizuführen.

Alle Wünsche des Völkerbundes sind inzwischen realisiert. Dennoch konnten Wirtschaftskrisen nicht verhindert werden; sie treten nun öfter, aber in kürzeren Intervallen auf als früher.

Finanzstabilität in den Kinderschuhen

Nicht nur für Laien, auch für moderne Konjunkturforscher ist der verwirrende „Wellensalat" der einander beflügelnden oder verschluckenden Zyklen schwer nachvollziehbar. Es müsste eine großartige Herausforderung für Nationalökonomen sein, alle bekannten bzw. vermuteten Wellenbewegungen in der Wirtschaft übereinander zu legen und auf lange Zeit vorauszuberechnen, so wie das auch Astronomen tun, die aufgrund der verschieden wirkenden Kräfte im Weltraum auf Tausende Jahre vorausbestimmen können, wann sich ein Komet der Erde nähert oder wann und wo ein außer Kontrolle gekommener künstlicher Satellit auf die Erde zurückfallen wird. Mit Hilfe solcher Zukunftsberechnungen könnten rechtzeitig wirtschaftspolitische Maßnahmen gestartet werden, um abrupten Konjunkturabbrüchen oder Konjunkturüberhitzungen mit Freigabe zusätzlicher Liquidität, Förderung von Innovationen bzw. Geldmengenreduktion durch die Notenbanken vorzubauen und eine heilsame Vergleichmäßigung des Wirtschaftsverlaufs herbeizuführen.

Das ist leider (noch) nicht der Fall.

Das „Forum für Finanzstabilität" (FSF), das in der Schweizer Stadt Basel unter dem Dach der „Bank für Internationalen Zahlungsverkehr" (BIZ) angesiedelt ist und Wirtschaftsprognosen mit dem Ziel erstellt, die Stabilität des weltweiten Finanzsystems aufrechtzuerhalten, arbeitet bei seiner Analyse der Schwächen und Verletzlichkeiten des Weltfinanzsystems ohne feste Methodologie bzw. ohne eine alles überspannende Theorie. „Wir stützen uns lediglich auf die Analysen unserer Mitglieder, deren jedes vielerlei verschiedene Analyseansätze verwendet", bedauerte Ben Cohen vom FSF-Sekretariat in Basel dem Autor gegenüber.

Man darf sich nicht wundern, dass trotz eines riesigen Arsenals von Instrumenten, aufwendiger Regularien und vieler Kompetenzzentren zur Aufrechterhaltung der Stabilität des weltweiten Finanzmarktes auch künftig katastrophale Krisen scheinbar aus dem Nichts auftauchen und auf eine weitgehend unkoordinierte, uneinige und unvorbereitete Weltwirtschaft losgehen: So werden Billionenwerte in wenigen Wochen vernichtet – eine Bankrotterklärung der Finanz- und Wirtschaftswissenschaft, die ein umfangreiches theoretisches Werk aufgebaut hat, ohne es konsequent zur Krisenbewältigung heranzuziehen.

Staatswirtschaft und Dirigismus gegen die Marktwirtschaft

Statt engagiert an zeitgemäßen Strategien und Instrumenten zu arbeiten, die eine Stabilisierung der globalen Finanzmärkte herbeiführen können, flammt in der Folge der Mehrfachkrise 2007/2009 die alte politische Kontroverse Marktwirtschaft gegen Staatswirtschaft, freie Entfaltung der Kräfte von Angebot und Nachfrage gegen wirtschaftlichen Dirigismus von oben her, Privatisierung gegen Verstaatlichung, neu auf. Eine endgültige Antwort hat man bisher nicht gefunden. Aber neue Argumente pro und kontra sowie einschlägige Zitate machen die Runde.

Eines davon lautet: „Die Staatswirtschaft enteignet private Unternehmen und macht sie dann kaputt, während die Marktwirtschaft die Unternehmen kaputt macht und dann verstaatlicht."

Der Herausgeber der Wochenzeitung DIE ZEIT, Dr. Josef Joffe, Professor an der Hoover Institution für Politikwissenschaft, sagt: „So mies die Märkte bisweilen auch arbeiten, funktionieren sie immer noch besser als Regierungen. Kapitalismus funktioniert manchmal auch ohne Demokratie, wie einst in Chile und heute in China, aber welche Demokratie hat je ohne Kapitalismus überlebt, den zuverlässigen Wachstumsmotor? Kapitalismus lernt aus Krisen, Gosplan-Sozialismus hat das nie getan."

Joffe hielt es in seinem „Neujahrsgruß 2009" für das Beratungsunternehmen Roland Berger Strategy Consultants für gewiss, dass im Gefolge der letzten Krise die Staatswirtschaft Oberwasser erhält: „Das Zeitalter des Monetarismus und der Deregulierung, das 1979 mit Margaret Thatchers Regierungsantritt begann, ist fürs erste vorbei. Wie lange? Wenn die Rezession kurz und flach ist, werden Re-Regulierung und Deficit Spending in zwei Jahren nicht mehr verführerisch aussehen. Wird die Rezession aber lang und tief, dann kann es ein Vierteljahrhundert dauern, bis mikroökonomische Reformen makroökonomische Interventionen beiseite schieben."

Joffe schildert die weltweiten Bemühungen, durch das Hineinpumpen von Liquidität in den Markt die Kreditzinsen zu senken, die Finanzierung der Unternehmen anzukurbeln, das Vertrauen in und zwischen den Banken wieder zu festigen und die Existenz notleidender Unternehmen zu sichern. Er anerkennt, dass der Staat nicht nur als „Verleiher in der Not", sondern auch als rettender Käufer fauler Kredite und Betriebe auftritt. „Von Tokio bis Berlin haben die Regierungen in Windeseile Ausgabenprogramme zusammengeschustert, die von zwei- bis zu dreistelligen Milliarden-Beträgen reichen. ‚Nie wieder 1929' lautet die stumme Devise. Und das hat zumindest seit der großen Depression gut geklappt. Seit dem Zweiten Weltkrieg ist noch keine Rezession in eine Depression umgekippt. Das unterstreicht den kritischen Vorteil des demokratischen Kapitalismus gegenüber dem Sozialismus. Der Kapitalismus lernt aus seinen

Krisen; der Sozialismus türmt seine Krisen auf und bricht dann unter deren Last zusammen, so wie die Sowjetunion 1991!"

Aktive Konjunkturbeeinflussung und Krisenvermeidung

Der englische Nationalökonom John Maynard Keynes ist seit mehr als 60 Jahren tot. Aber immer dann, wenn es ernste Konjunktur- oder Finanzkrisen gibt, werden seine Lehren wieder aus der Lade geholt. Schon in der US-Krise 1972 hat Präsident Richard Nixon gesagt: „Jetzt sind wir alle Keynesianer."

Keynes (1883–1946), geboren in Karl Marx' Todesjahr, ist einer der einflussreichsten Ökonomen des 20. Jahrhunderts. Er hat sich erstmals mit Maßnahmen beschäftigt, die eine gezielte Ankurbelung der Wirtschaft in Zeiten des Konjunkturabschwungs durch Belebung der Nachfrage mittels niedrig verzinster Kredite und zusätzlicher staatlicher Großaufträge beabsichtigen.

Keynes' „General Theory" feiert in der Mehrfachkrise 2007/2009 ein unerwartetes Comeback. Ihre Ziele sind Vollbeschäftigung, stetiges Wirtschaftswachstum und die Vermeidung von Wirtschaftskrisen. Keynes verglich die Bereitstellung billiger Kredite für die Wirtschaft mit Wasser, das durstigen Pferden angeboten wird; die Pferde sind in seiner Metapher die Unternehmen: „Man kann die Pferde nur an die Tränke führen, saufen müssen sie selber."

Keynes hat seine „Allgemeine Theorie der Beschäftigung, des Zinses und des Geldes" 1936 vorgestellt. Er forderte den Staat auf, in den Wirtschaftsablauf einzugreifen und durch das Zulassen von Budgetdefiziten (der einschlägige Fachbegriff „Deficit Spending" ist später von Keynes' Schüler Abba P. Lerner geprägt worden) die der Wirtschaft fehlende private Nachfrage von sich aus zu ergänzen.

Vor dem Zweiten Weltkrieg konnte sich Keynes Idee nicht mehr durchsetzen, danach aber sehr wohl, doch von Land zu Land in unterschiedlichem Ausmaß.

Unter Bundeskanzler Dr. Bruno Kreisky (Amtszeit 1970–1983) wurden die Theorien Keynes' in Österreich, wenn auch etwas abgeändert, praktisch als „Austro-Keynesianismus" umgesetzt. So wird seit den späten Siebzigerjahren des 20. Jahrhunderts ein typisch österreichischer Instrumentenmix bezeichnet. Er war die pragmatische Antwort der damaligen Wirtschaftspolitik auf den Wachstumseinbruch des Jahres 1975 nach dem ersten Erdölpreisschock. Sein Ziel war ein massives fiskalpolitisches Gegensteuern in der Rezession bei gleichzeitigem Bremsen der Inflation durch deutlich zurückgenommene Lohnerhöhungen. Die erste Formulierung dieser Konzeption stammt von Prof. Dr. Hans Seidel, einstigem Leiter des Österreichischen Instituts für Wirtschaftsforschung, späterem Berater von Bundeskanzler Dr. Bruno Kreisky und Finanzminister Dr. Hannes Androsch, schließlich Staatssekretär im Finanzministerium 1981 bis 1983.

Der Austro-Keynesianismus war demnach eine wirtschaftspolitische Strategie gezielter Mehrausgaben des Staates mit der Folge einer deutlich erhöhten Staatsverschuldung, die zum Ausgleich konjunktureller Schwächen und Aufrechterhaltung der Vollbeschäftigung führten.

Das hat einerseits zu guter Beschäftigung geführt – während die Arbeitslosigkeit im übrigen Europa angesichts des ersten Ölpreisschocks 1975 zunahm –, aber auch zu Milliardendefiziten der verstaatlichten Industrie Österreichs und bis in die Gegenwart zu einer hohen Staatsverschuldung, die enorme Kosten und damit zusätzliche Abflüsse aus dem österreichischen Staatsbudget verursacht und den Spielraum des Finanzministers beengt. Die Budgetdefizite in der Ära Kreisky waren nämlich durch Anleihen der Republik Österreich finanziert, die mit zehn bis elf Prozent verzinst werden mussten.

Bundeskanzler Kreisky soll schlaflose Nächte gehabt haben, als er Mitte der Siebzigerjahre, am Ende einer längeren Periode hohen Wachstums in den Industriestaaten der Erde, beobachten musste, dass sich ein wirtschaftspolitischer Paradigmenwechsel durchzusetzen begann: Der Vorrang, der vorher der Beschäftigungspolitik gegolten hatte, wurde nun der Bekämpfung der Inflation gegeben.

Was hat diesen Paradigmenwechsel ausgelöst? Es ging um aktive Konjunkturbeeinflussung und Krisenvermeidung. Beppo Mauhart, Intimus des damaligen Finanzministers und Vizekanzlers Dr. Hannes Androsch, zitiert im Buch Ein Stück des Weges gemeinsam eine Studie des österreichischen Wirtschaftspublizisten Horst Knapp: „War man 1974/75 noch bereit gewesen, die deflatorische Lücke als Folge des Kaufkraftabflusses mit keynesianischem Deficit Spending zu schließen, so hatte sich 1980/81 fast überall die neoklassisch-monetarische Stabilitätspräferenz durchgesetzt, und der Inflationsbekämpfung wurde der Vorrang vor der Ankurbelung des Wirtschaftswachstums und der Eindämmung der steigenden Arbeitslosigkeit eingeräumt. […] In Österreich wird dieser Paradigmenwechsel in der Wirtschaftspolitik nicht vollzogen. Zumindest in der Periode Kreisky/Androsch nicht und nicht als Antwort auf den weltweiten Wachstumsknick, dem sich Österreich natürlich nicht entziehen kann. Das unbeirrte Festhalten an der Beschäftigungspolitik begründet den ‚österreichischen Weg'. Für die sozialistische Bundesregierung ist eine Politik der Vollbeschäftigung nicht nur eine ökonomische Zielsetzung, sondern ein vorrangiges Anliegen. Eine der am häufigsten zitierten Formulierungen Bruno Kreiskys bringt die ideologische Position auf den Punkt: ‚Ein paar Milliarden Schulden mehr bereiten mir weniger schlaflose Nächte als ein paar hunderttausend Arbeitslose'".

Kontroversen ums Deficit Spending

Zugleich arbeitet Mauhart die Ursachen der sich abzeichnenden politischen Differenzen zwischen Kreisky und seinem Stellvertreter Androsch heraus. Letzterer habe die Ansicht vertreten, „in der Verfolgung dieses Zieles sind durchaus Differenzierungen auszumachen. So versucht Hannes Androsch immer wieder deutlich zu machen, dass die Erhaltung von Arbeitsplätzen nicht gleichzusetzen ist mit der Sicherung eines bestimmten Arbeitsplatzes. Aber beide, Kreisky wie Androsch, sind sich dahingehend einig, dass Arbeitslosigkeit zu den größten Ungerechtigkeiten gehört, die zu beseitigen oder gar nicht entstehen zu lassen zu den vordringlichsten Herausforderungen der Politik gehört."

Heute wird die in den Siebzigerjahren gepriesene Strategie des Deficit Spending als kontraproduktiv kritisiert, weil sie ohne dauerhafte positive Wirkung geblieben sei. Die hohen Rückzahlungen für Staatsschulden aus der Vergangenheit beschneiden die finanziellen Möglichkeiten der Gegenwart, in wirtschaftlichen Schwächeperioden die nachlassende Nachfrage durch zusätzliche staatliche Aufträge zu beleben und so die Konjunktur anzukurbeln.

Univ.-Prof. Dr. Reinhard Neck von der Alpe-Adria-Universität Klagenfurt erklärte im Frühjahr 2007 im Finanzministerium in Wien: „Unsere Untersuchungen zeigen klar, dass Länder mit hohen Staatsschulden gemessen an ihrem BIP ein geringeres Wirtschaftswachstum haben als Länder mit niedrigen Staatsschulden. Letztere haben durchwegs ein höheres Wachstum als erstere. Mehr auszugeben als einzunehmen ist demnach wirtschaftlich schädlich."

Wirtschaftsforscher Dr. Markus Marterbauer kontert: „Deficit Spending im traditionell keynesianischen Sinn wird jetzt und in nächster Zukunft hoffentlich der große Unterschied zu der wirtschaftlichen Depression in den Dreißigerjahren des 20. Jahrhunderts sein. Damals hat man gesagt, man lässt die Banken in Konkurs gehen und die Politik tut nichts dagegen. Herausgekommen ist dabei eine Arbeitslosenquote von 30 Prozent. In der Krise 2007/2009 aber ist die Wirtschaftspolitik aktiv: Sie lässt die Budgetdefizite stark steigen, der Staat macht große Investitionsprogramme, er versucht, die Konsumnachfrage zu steuern. Es ist jetzt wirklich notwendig, die Nachfragekrise durch staatliches Handeln abzumildern."

WiFo-Chef Prof. Dr. Karl Aiginger steuert einen Kompromiss im Expertenstreit an. Im STANDARD von Anfang Jänner 2009 erklärte er: „Ich würde nicht alle verdammen, die beim Keynesianismus vorsichtig sind. Für die Feinjustierung ist er sehr schwer einzusetzen; das sieht man bei den traditionellen Konjunkturmaßnahmen mit Investitionen in den Straßenbau oder die Bahn; die Implementierung dauert ein Jahr, und in der Hochkonjunktur spart niemand."

Keynes ist trotz aller fachlichen Kontroversen die historische Idee einer aktiven Konjunkturpolitik zu verdanken. Der Streit der Experten entzündet sich an der Frage, was konkret zur Vermeidung von Wirtschaftskrisen getan werden sollte. Ist es legitim, durch aktives wirtschaftspolitisches Handeln der öffentlichen Hände und deren Eingriffe in den Wirtschaftsablauf zu versuchen, den Konjunkturzyklus zu beeinflussen und Krisen so rasch und schadenarm wie möglich durchzustehen?

Der ehemalige Leiter des Österreichischen Instituts für Wirtschaftsforschung und Rektor der Donau-Universität Krems, Prof. Dr. Helmut Kramer, antwortete Ende 2008 in der PRESSE auf die Frage „Ist Keynes wirklich verstaubt?" überraschend kritisch: „Tatsächlich haben sich auf Keynes berufende Rezepturen (Deficit Spending) oft gänzlich versagt oder gar bleibenden Schaden angerichtet. Zudem stießen Ökonomen darauf, dass konsequente Konsolidierung des Staatshaushalts, also Sparen auch bei Konjunkturschwäche, überraschende nichtkeynesianische Effekte, nämlich Optimismus und Belebung, bringen können. Seit Reagan und Thatcher setzte sich […] fest, dass keynesianisch orientierte Budgetpolitik im Konjunkturabschwung keine Belebung, dagegen im fol-

genden Aufschwung unnötige Überhitzung, überflüssigen Staatsaufwand und Schulden brächten [...] Nicht jede Situation einer Volkswirtschaft verspricht Erfolg antizyklischer Staatseingriffe [...] Mit an Sicherheit grenzender Wahrscheinlichkeit ist anzunehmen, dass derzeit eine solche Situation vorliegt, in des es fatal wäre, wenn sich die Staaten nicht zu expansiven Maßnahmen entschlössen [...] Die expansive Wirkung braucht jedoch Zeit; soll sie nicht zu spät kommen und einen Teil des konjunkturellen Absturzes abfangen, dann ist es gut, wenn sie im Gang ist, bevor die Rezession voll einsetzt."
Hier liegt der Hund begraben. Höchstrangige Ökonomen zögern mitzuteilen, ob es eine Rezession gibt und wann sie voll einsetzt. Abgesehen davon ist die Definition, was Rezession ist, weiterhin schwammig. Die Politik aber zögert, wie zahlreiche Beispiele zeigen, bereits konzipierte expansive Maßnahmen konkret umzusetzen.
Leider gibt es noch keine ökonomische Vorsorge gegen wirtschaftliche Rezessionen so wie es bereits Vorsorgeinjektionen gegen Gelbfieber, Grippe, Masern oder Keuchhusten gibt, die dann wirken, wann immer diese Infektionen im menschlichen Leben ausbrechen sollten.
Wirtschaftsprofessor Kramer bekennt, dass aktive Krisenbekämpfung eine riskante Gratwanderung ist: „Antizyklische Fiskalpolitik ist hochkomplex. Sie einzusetzen erfordert mehr als die Berufung auf Trivialisierungen von Keynes. Ob das, was Keynes der Politik geraten hatte, zu positiven oder negativen Ergebnissen führt, hängt in der konkreten Situation von vielerlei Umständen ab: ob ein Staat allein oder die ganze Welt betroffen ist, ob er Mitglied einer Wirtschaftsunion ist oder außerhalb, ob er schon hoch verschuldet ist oder sich noch etwas leisten kann, ob die Bevölkerung zum Sparen neigt, ob der Staat Steuern senkt, ob er zudem Ausgaben steigert, ob er in Bahnhöfe oder in Forschung und Schulen investiert, ob er gleich klotzt oder zögerlich kleckert, ob die Regierung stark genug ist, im Aufschwung die Maßnahmen zurückzunehmen, in welcher Weise Budget und Geldpolitik bzw. Finanzmärkte zusammenwirken, ob das Bankensystem in seinen Grundfesten erschüttert ist usw., nicht zuletzt davon, welche Stimmungen und Erwartungen die Bevölkerung hegt."

Lücken im Krisengedächtnis

„Die staatlich gelenkte Konjunktur setzt sich an die Stelle des zyklischen Automatismus", freute sich Predöhl anfangs der Sechzigerjahre des 20. Jahrhunderts. „Bei der aktiven Konjunkturpolitik handelt es sich nicht mehr um [...] willkürliche Eingriffe und Korrekturen, um Förderung oder Hemmung der zyklischen Bewegung, also um Interventionismus im Sinne des Eingriffs in einen Automatismus, sondern um einen neuen Faktor im konjunkturellen Kräftespiel: Die Wellenbewegung schwingt nicht mehr unter den Eingriffen weiter, als ob die Konjunkturpolitik als Lückenbüßer in die Wellentäler des Zyklus eintreten könne, sondern sie wird durch die konjunkturpolitischen Maßnahmen systematisch verändert [...] es gibt keine zyklischen Depressionen mehr."
Die späteren mehrfachen Hochs und Tiefs der Weltwirtschaft zeigen, dass Predöhl irrte. Wie die Finanz- und Wirtschaftskrise 2007/2009 neuerlich zeigte, kann weder

die genaue Beobachtung vorauseilender Konjunkturindikatoren noch der Einsatz umfangreicher Arsenale an modernen Instrumenten zur Steuerung der Wirtschaftsabläufe den Eintritt globaler Konjunkturabschwünge und Finanzkrisen verhindern, sondern bestenfalls mildern.
Aber auch das mit ungewissem Ergebnis.
Die Wirtschaftskrise der Gegenwart und in ihrer Folge das heftige Auf und Ab der Austauschkurse zwischen den Weltwährungen erinnern an einen Merksatz John Maynard Keynes', des Vaters der modernen Konjunkturpolitik: „Lenin hatte sicherlich Recht. Es gibt kein raffinierteres und sichereres Mittel, die herrschende Gesellschaftsbasis umzustürzen, als die Währung zu vergiften. Dieser Prozess führt zu einer Freisetzung aller verborgenen destruktiven Kräfte im Wirtschaftsgefüge und zwar so, dass es nicht ein einziger Mann unter einer ganzen Million merkt."
Friedrich von Schiller vertrat die idealistische Ansicht, die Menschheit könne, ja müsse aus den Erfahrungen der Geschichte lernen und dadurch künftiges Fehlverhalten vermeiden. Es zeigt sich jedoch an allen historisch belegten Finanz- und Konjunkturkrisen, dass das kollektive Krisengedächtnis auf der Erde erschreckend kurz und überaus lückenhaft ist. Betrügerische Pyramidenspiele mit hohen Einsätzen, kreditfinanzierte Spekulationsblasen, unbezähmbare Gier nach Erträgen, die höher sind als für andere, brutale Kapitalisten ohne Gewissen und Verantwortung gibt es seit Hunderten von Jahren. Der Mensch hat in der Zwischenzeit nur seine Werkzeuge und Methoden verbessert, nicht aber sein Gewissen. Jede neue Krise gibt Anlass, Erinnerungen an längst vergangene oder kürzlich bewältigte Krisen aus dem Gedächtnis hervorzukramen und sie miteinander zu vergleichen. Die Lehren, die daraus gezogen werden, sind offenbar flüchtig und werden leicht vergessen, sobald es wirtschaftlich wieder aufwärts geht.
Die Kardinalfrage, die die Mehrfachkrise 2007/2009 neuerlich aufwirft und die bisher nie befriedigend beantwortet worden ist, lautet: Ist es möglich, eine gerechte Welt zu schaffen, ohne sich selbst in Schuld zu verstricken und am Widerstand des Bestehenden zu scheitern?
Diese politische Grundfrage formulierte ein thematisch Außenstehender, der philosophierende Klaviervirtuose und oberfränkische Musikkommentator Stefan Mickisch, bezüglich der zwielichtigen Rolle des römischen Tribunen Cola Rienzi in der Wagner-Oper RIENZI. Idealistisch gesinnte Politiker und selbsternannte Weltverbesserer sind zu allen Zeiten bei derartigen Gratwanderungen an sich selbst bzw. am politischen Widerstand gescheitert. Das zeigen sämtliche bisherigen Finanz- und Wirtschaftskrisen der Geschichte.
Wird es uns ebenso ergehen?

3. Finanzkrisen gestern
Ein Streifzug durch die wichtigsten historisch belegten Krisen der Vergangenheit

In diesem Kapitel werden die nach Ansicht des Autors entscheidendsten, historisch exakt nachverfolgbaren Krisen der Vergangenheit geschildert. Ihre schließlich geglückte Überwindung gibt Hoffnung, dass die gegenwärtige Krise und auch künftige Krisen beherrscht werden können, wenn der ernste Wille dazu besteht. Zuversicht und Trost spendet die Erkenntnis: „Es findet sich immer eine Brücke zum Erfolg."

Wie die Menschen verlernten, die Krise zu lieben

Wenn Politiker und Journalisten heute so tun, als wären Wirtschafts- und Finanzkrisen etwas Außergewöhnliches, als wären sie ein böser Schicksalsschlag, der für unsere verschrobene Zeit oder für unser fragwürdiges Gesellschaftssystem typisch sei, als wären sie eine höhere Vergeltung für allzu materielle Sehnsüchte, so täuschen sie sich grob.
Warum?
Weil es auf der Erde schon seit rund 800 Jahren Finanzkrisen gibt. Zumindest gibt es aus dieser Zeit die ersten konkret belegten Krisenberichte. Wahrscheinlich hat es schon früher Perioden gegeben, in welchen das tägliche Leben schwerer gewesen ist als sonst und das Einkommen und Vermögen der Menschen gefährdet gewesen sind. Das steht allerdings nicht in den Geschichtsbüchern, weil es in den alten Zeiten so alltäglich gewesen ist, dass sich niemand die Mühe nahm, es extra aufzuschreiben.
Früher haben Krisen zum Alltagsleben gehört. Heute werden sie als eine unangenehme Unterbrechung des Wohllebens empfunden. Die Menschen haben verlernt, mit der Krise zu leben, obwohl sie uns Tag für Tag begleitet, ohne dass wir sie wahrnehmen.
Die beiden Finanzwirtschafter Carmen M. Reinhart und Kenneth S. Rogoff haben dazu 2008 eine Studie gemacht. In dieser haben sie festgestellt, „dass massenhaft auftretende Zahlungsprobleme ein universelles Phänomen sind, weil sich Staaten bemühen, sich von Entwicklungsmärkten zu fortgeschrittenen Wirtschaften zu verwandeln. Größere Finanzkrisen sind immer durch mehrere Jahre oder sogar Jahrzehnte voneinander getrennt und wecken damit bei Politikern und Investoren die Illusion, dass sie jedes Mal eine andere Form haben. Ein Beispiel dafür ist, dass jede Krise den Eindruck erweckt, dass sie eine typische Ausprägung der modernen Finanzumwelt ist."
Was ist aus dieser Analyse zu schließen?
Die Geschichte unserer Welt wiederholt sich immer und immer wieder. Doch niemals auf derselben Ebene wie zuvor, sondern sie geht wie eine Wendeltreppe Drehung um Drehung aufwärts: Jedes Mal laufen die Ereignisse auf der nächst höheren Entwick-

lungsebene ab und scheinen bei oberflächlicher Betrachtung von den früher aufgetretenen verschieden zu sein. Das ist aber eine Täuschung.

Das trifft auch auf wirtschaftlich-finanzielle Krisen zu. Sie wiederholen sich. Was sich ändert, sind die Zeitabstände zwischen den Krisen und die geografische Breite ihrer Wirkung: Die Abstände von einer Krise zur nächsten werden immer kürzer, ihre Wirkung erfasst immer breitere Regionen auf unserem Globus, weil diese immer stärker voneinander abhängig werden, aber die Ursachen und Folgen der Krisen ähneln einander im Ablauf der Geschichte sehr auffällig.

Die Beweise für diese Behauptung sind auf den folgenden Seiten zu finden. Dort werden die Ursachen und Anlässe der großen Wirtschaftskrisen beschrieben, ihre Ausbreitung und Abläufe sowie die Maßnahmen, mit welchen sie bereinigt worden sind. Ein Krisenkrimi, der live quer durch die Jahrhunderte bis heute abgelaufen ist.

Zum Trost sei festgehalten: Die Fertigkeit der Menschen zur Krisenbewältigung nimmt offenkundig zu. Weniger tröstlich ist, dass die Fertigkeit der Menschen, Krisen für alle Zukunft auszuschließen, nur wenig zunimmt.

Daraus muss man schließen:

Die Menschen lernen aus durchgemachten Krisen leider nicht allzu viel. Sie werden immer wieder von denselben Leidenschaften und Irrtümern überrascht, obwohl die Krisen der Vergangenheit viel Lehrmaterial bereithalten. Das zeigt dieses Kapitel auf.

Die US-Wissenschafter Reinhart und Rogoff haben auch herausgefunden, dass es, wenn man die 200 Jahre zwischen 1800 und 2000 betrachtet, fünf ausgeprägte überregionale Finanzkrisen gegeben hat:

- die erste während der Napoleonischen Kriege im Gefolge der politischen Wirren der Zeit;
- die zweite zwischen den Zwanziger- und Vierzigerjahren des 19. Jahrhunderts, als fast die Hälfte aller Staaten der Erde einschließlich Südamerika in Zahlungsnöten war;
- die dritte Krisenzeit begann in den frühen Siebzigerjahren des 19. Jahrhunderts und dauerte 20 Jahre lang;
- die vierte begann mit der „großen Depression" der frühen Dreißigerjahre des 20. Jahrhunderts und dauerte bis in die frühen Fünfzigerjahre;
- die fünfte ist die Schuldenkrise der Entwicklungsländer zwischen den Achtziger- und Neunzigerjahren des vergangenen Jahrhunderts.

Relativ neu aber ist die Erkenntnis, dass die durchschnittliche Dauer der Krisen nach dem Zweiten Weltkrieg mit etwa drei Jahren nur halb so lang ist wie in der Zeit zwischen 1800 und 1945, wo sie durchschnittlich rund sechs Jahre dauerten.

„Ein internationaler Krisenherd ist eine Feuerstelle, bei der die einen Brennstoff liefern, die anderen für Zugluft sorgen", ätzte der österreichische Schriftsteller Carlo Franchi (Franz Karl Franchy, 1896–1972), der zwei handfeste Finanzkrisen, die im Folgenden beschrieben werden, hautnah miterlebt hat. US-Wirtschaftswissenschafter Walt Whitman Rostow gibt den bisher unerfüllten Rat: „Krisen meistert man am besten, indem man ihnen zuvorkommt."

Hier eine Aufstellung der größten grenzüberschreitenden wirtschaftlichen Krisenereignisse der Welt, die die Menschen am meisten beschäftigt haben:

Ereignis (Ursprung)	Zeitspanne	Anstieg	Dauer	Rückschlag	Dauer
Tulpenspekulation (Holland)	1634–1637	+5900 %	36 Monate	–93 %	10 Monate
Mississippi-Komp. (Frankreich)	1719–1721	+6200 %	13 Monate	–99 %	13 Monate
Südsee-Komp. (Großbritannien)	1719–1720	+1000 %	18 Monate	–84 %	6 Monate
1. Weltwirtschaftskrise (USA)	1857–1867	–50–80 %			
Gründerkrise (Europa)	1873–1875				72 Monate
2. Weltwirtschaftskrise (USA)	1921–1934	+497 %	95 Monate	–87 %	33 Monate
Erdölkrise (OPEC-Länder)	1973–1975				16 Monate
Silberspekulation (USA)	1974–1984	+710 %	120 Monate	–88 %	24 Monate
Computergesteuerte Börsenkrise (USA)	1987				
Peso-Krise (Mexiko)	1994–1995				
Technologiekrise (USA)	1999–2000	+733 %	6 Monate	–78 %	32 Monate
3. Weltwirtschaftskrise (USA)	seit 2007			?	?

Regionale und branchenspezifische Krisen

Neben diesen großen grenzüberschreitenden Finanzkrisen hat es sehr viele auf einzelne Regionen, Länder oder auf einen einzelnen Wirtschaftssektor beschränkt gebliebene kleinere Krisen gegeben.

Die erste dokumentierte reine Bankenkrise der Erde hat vor etwa 670 Jahren mitten in Europa stattgefunden. Sie hatte rein politische Ursachen: Zu den reichsten und im 14. Jahrhundert bedeutendsten Bankiersfamilien unseres Kontinents zählten die Bardi, die Peruzzi und die Acciaiuoli aus Florenz. Die Bankhäuser dieser reichen Familien haben in fast allen damals wichtigen europäischen Städten Filialen unterhalten. Sie besaßen zudem das Monopol der päpstlichen Finanzen, ein damals sehr einträgliches Geschäft. Als sich jedoch der englische König Eduard III. – der 1340 auch den Titel eines Königs von Frankreich annahm und in seinem Wappen die französischen Lilien mit dem englischen Leoparden vereinte – entgegen allen Vereinbarungen weigerte, den italienischen Bankiers seine durch den Hundertjährigen Krieg angehäuften riesigen Schulden zurückzuzahlen, gerieten alle drei Bankhäuser in enorme Liquiditätsschwierigkeiten und verloren rasch an Einfluss; alle drei gingen um 1345 pleite, nur weil ein Herrscher sein Wort gebrochen hatte.

Inzwischen haben sich weltweit Hunderte verschiedene Bankkrisen ereignet, die zumeist auf ein Land oder eine Region beschränkt geblieben sind. Der Internationale Währungsfonds (IWF) in Washington hat in den letzten 60 Jahren nicht weniger als 120 Bankkrisen aufgelistet; das sind im Durchschnitt zwei Bankkrisen in jedem Jahr.

Konzentriert man sich auf die großen, systemischen Finanzkrisen der Erde – das sind solche, die über eine einzelne Branche und über die Grenzen eines einzigen Landes hinausgegangen sind, die eine Kreditausfallrate von zumindest 20 Prozent, einen

20-prozentigen Ausfall der Staatseinnahmen oder einen Wachstumsverlust der Wirtschaft von zehn Prozent verursacht haben –, kommt man vom Jahr 1970 an bis heute auf nicht weniger als 85. Daraus ist zu schließen:

Mit dem Wachstum unserer Wirtschaft, mit der Globalisierung von Kommunikation und Finanztransfers dank elektronischer Medien sowie mit der wachsenden Freiheit der Kapitalmärkte der Erde geht eine zunehmende Anfälligkeit für Turbulenzen und wirtschaftliche Krisen einher. Diese treten in der Form von Bankkrisen, Börsekrisen, Zahlungskrisen, Rohstoffkrisen, Energiekrisen oder Währungskrisen auf.

Je enger die rasch wachsende Menschheit auf der Erdoberfläche zusammenrücken muss, je globaler die Wirtschaft organisiert ist, umso öfter kommt es zu wirtschaftlichen Ungleichheiten, umso kürzer werden die Intervalle zwischen den Krisenereignissen, die sie auslösen, und umso weltumspannender werden ihre Wirkungen.

Jede einzelne der großen Finanzkrisen, die in der Folge nach ihren geschichtlichen Rahmenumständen, grundlegenden Ursachen, zufälligen Anlässen, wirtschaftlichen und geografischen Abläufen sowie den Methoden ihrer Bewältigung geschildert werden, ist ein Lehrfall. An jeder erkennt man: Die Menschheit ist an ihren Krisen gewachsen, hat aus jeder von ihnen Schlüsse gezogen und sie schließlich überwunden. Das aber nicht endgültig, sondern nur vorübergehend. Immer neue Krisen haben den menschlichen Verstand geschärft, aber wir sind noch weit von einer perfekten Vermeidungsstrategie entfernt.

Tulipmania 1634–1637
Spekulationsblase um ein asiatisches Zwiebelgewächs

Katastrophe im goldenen Jahrhundert der jungen Republik Niederlande

Wie können friedliche Blumen, zarte und harmlose Geschöpfe der Natur, ein ganzes Volk auf die schiefe Bahn führen?

Ausgerechnet im sogenannten „goldenen Jahrhundert" hat sich die erste historisch konkret dokumentierte Finanzkrise der Erde abgespielt. Paradoxerweise war es die üppigste und erfolgreichste Periode, die die damals jungen Niederlande in ihrer Geschichte erlebt haben.

Warum gilt das 17. Jahrhundert für dieses Land noch heute als das goldene?

Weil der damals frisch entstandene Zwergstaat „Republik der Vereinigten Niederlande" – an der nordwestlichen Ecke des europäischen Festlands an Atlantik und Nordsee gelegen –, nach seiner Befreiung aus der drakonischen Hand der spanischen Habsburger durch Prinz Maurits von Oranien rasch zu einem damals hypermodern anmutenden, reichen, kunstsinnigen und freidenkenden Staatswesen aufgestiegen war. Wissenschaft und Kultur, Seefahrt und Handel erlebten in den Niederlanden eine nie dagewesene Blüte, während das übrige Europa bis 1750 mit einer schweren wirtschaftlichen Stagnation, ja Rezession zu kämpfen hatte.

Dank der in den Niederlanden herrschenden Religionsfreiheit kamen damals viele Menschen, die anderswo in Europa wegen ihres Glaubens hart verfolgt wurden, in die niederländische Republik, weil sie dort nicht unter Gesinnungszwang standen, sondern frei forschen, reden und publizieren durften.

Amsterdam stieg damals zur wichtigen Hafenstadt auf, die es heute noch ist, und wurde – dank der Professionalität der Amsterdamer Wechselbank, die die Grundlage für den heutigen bargeldlosen Zahlungsverkehr schuf –, zum gesuchten Finanzplatz sowie zum kulturellen Treffpunkt für Schriftsteller, Dichter und Gelehrte. Die heute weltbekannten Maler Rembrandt van Rijn, Jan Vermeer van Delft, Frans Hals, Jacob van Ruysdael und andere hervorragende Künstler siedelten sich in Amsterdam an und schufen ihre berühmten Werke. Auch der Vater des Philosophen Baruch de Spinoza floh wegen seiner jüdischen Herkunft von Portugal nach Amsterdam. Das hohe wissenschaftliche Niveau der Akademie von Leiden zog Studierende aus ganz Europa an.

Was Friedrich Schiller später im Drama Don Carlos dem idealistisch denkenden Roderich Marquis von Posa in den Mund legen wird – „Geben Sie Gedankenfreiheit Sire!" –, das war in der jungen Republik Niederlande schon früher verwirklicht worden. Die Macht des Staates in den Vereinigten Niederlanden lag damals in den Händen einer bürgerlichen Elite von Kaufleuten und nicht, wie im übrigen Europa, in der Hand von Adel und Geistlichkeit. Ziel der niederländischen Politik war nicht Macht und Landgewinn, wie im restlichen Europa, sondern die Sicherung und Förderung des freien Handels.

Um 1670 haben die Niederlande über eine Flotte von rund 15.000 Schiffen verfügt. Das waren fünfmal so viele wie sie damals England, die spätere See- und Kolonialmacht, besessen hat. Die niederländischen Kaufleute trieben Handel mit allen Kontinenten und befuhren die Route um das Kap der Guten Hoffnung, wobei sie in Kapstadt eine Wasser- und Proviantstation für ihre Schiffe samt Garten für frisches Obst und Gemüse unterhielten. So gelangten sie bis Indien, legten aber dabei die Basis für die spätere Ansiedlung niederländischer Bauern (Buren) in Südafrika.

Was hat das mit der späteren gigantischen Tulpenspekulation zu tun, die trotz verheerender wirtschaftlicher Folgen die Niederlande bis heute zum internationalen Tulpenland Nummer eins gemacht hat?

In der Türkei hat es begonnen

Die Niederländer waren im 16. Jahrhundert weltweit sowohl als tüchtige Kaufleute als auch als umsichtige Forscher und kluge Diplomaten geschätzt. Das spricht für ihren Charakter und ihre Tugenden in einer Welt, die vielfach von geistigen Vorurteilen, politischem Machtstreben und konfessioneller Enge gekennzeichnet war.

Der habsburgische Kaiser Maximilian II. (1527–1576), eine ausnahmsweise positive Erscheinung auf dem deutschen Thron, hatte mehrere Niederländer in seinem Dienst, obwohl sich deren freiheitsliebendes Vaterland stets gegen die strengen spanischen Habsburger aufgelehnt hat. Der Kaiser aber hatte keine Vorurteile, sondern schätzte hohe menschliche Begabung ohne Ansehen des religiösen Bekenntnisses.

Maximilian II. war demnach eine in der langen Reihe der Habsburgerkaiser auffällige Herrschergestalt. „Bis heute ist man sich nicht über die konfessionelle Stellung dieses Mitgliedes eines streng katholischen Erzhauses im Klaren", schreibt Hans Bankl in seinem Buch DIE KRANKEN HABSBURGER, BEFUNDE UND BEFINDLICHKEITEN EINER HERRSCHERDYNASTIE. Über den toleranten Maximilian II. berichtet er weiter: „Er hat sich zwar nie formell aus der alten Kirche gelöst, war aber dem Protestantismus sehr verbunden und verweigerte auf dem Totenbett die Sterbesakramente." Bankl erinnert daran, dass kein ausgewiesener Protestant im 16. Jahrhundert die römische Kaiserkrone hätte tragen können, so dass sich Maximilian II. in einer verzwickten Lage befunden haben muss: „Während er die katholischen Fürsten beruhigte, weckte er bei den Protestanten Hoffnungen auf Gedankenfreiheit. Es gelang ihm, nach beiden Seiten hin freundlich zu wirken; er betrieb eine Art Kompromisskatholizismus. Er suchte durch Geist und Schlauheit zu ersetzen, was ihm an Durchschlagskraft fehlte. ‚Lieber täuschen als getäuscht zu werden', war seine Maxime."
Auch der begabte niederländische Botaniker Carolus Clusius arbeitete im Hofstaat dieses hervorragenden römisch-deutschen Kaisers. Der bürgerliche Name des Wissenschafters war Karel von der Sluis, ein Protestant, der für die Gärten des Kaisers in Wien – heute Botanischer Garten des Universitätsinstituts für Botanik unmittelbar neben dem Schloss Belvedere – verantwortlich war. Clusius erhielt 1573 vom kaiserlichen Gesandten in Istanbul, dem rührigen und hoch gebildeten Südniederländer Angerius Busbequius (Buschbeck), einige Tulpenzwiebeln, und legte mit ihnen eine gärtnerische Kultur an.
Mike Dash vermutet in seinem Buch TULPENWAHN: DIE VERRÜCKTESTE SPEKULATION DER GESCHICHTE, dass Ogier Ghislain de Busbecq (Buschbeck) der erste Westeuropäer gewesen ist, der die Schönheit der Tulpe zu schätzen gewusst hat. „Dem ehelichen Spross eines flämischen Adeligen, der jahrelang eine einflussreiche Stellung am Hof der Habsburger innehatte, wird übereinstimmend das Verdienst zugesprochen, die Tulpe im Westen des Kontinents heimisch gemacht zu haben. Im November 1554 ging Busbecq als kaiserlicher Gesandter nach Istanbul und blieb fast acht Jahre lang, von gelegentlichen Heimreisen unterbrochen, im Osmanenreich [...] Busbecq reiste auf dem Landweg von Wien nach Istanbul, und gleich nachdem er die thrakische Stadt Adrianopel hinter sich gelassen hatte, stieß er auf die wildwachsende Tulpe. ‚Wir brachen zur letzten Etappe unserer Reise nach Konstantinopel auf, das jetzt schon greifbar nahe war', schrieb der Gesandte in einem Brief. ‚Als wir durch dieses Gebiet kamen, begegneten wir überall Unmengen von Blumen, Narzissen, Hyazinthen und Tulipams, wie die Türken sie nennen.' Als erwiesen gilt, dass Busbecq wertvolle Zwiebeln und Samen von Istanbul nach Europa geschickt hat."
Dem Diplomaten Buschbeck wird eine wichtige Rolle bei der Namensgebung zugebilligt. Er soll die neu entdeckte Blume als „Tulipan" beschrieben haben, weil ihre Blütenblätter an einen gewickelten türkischen Turban erinnert haben sollen.
Dieser kaiserliche Gesandte verschickte von Istanbul aus regelmäßig Pakete mit Zwiebeln und Samen verschiedenster Pflanzen, darunter auch Tulpen, an Carolus Clusius.

Beide Männer kooperierten in Sachen Botanik über Jahre hinweg sehr eng. Als Busbecq 1573 nach Frankreich ging, schenkte er seinem Wiener Partner zum Abschied noch ein Päckchen mit Samen. Dieser legte sie in seinem neuen Botanischen Garten in Wien an, der im Auftrag des Kaisers alles bisher Dagewesene in den Schatten stellen sollte.

Tulpen waren damals in Mittel- und Westeuropa unbekannt. Sie hatten mit diversen Völkerwanderungen allmählich den Weg über Tausende Kilometer von den Ebenen am Fuße des Himalaja über Persien in den Westen Europas gefunden. Sie wuchsen in den Gärten der damaligen Hauptstadt Isfahan und sollen sich bis in die Gärten der Vornehmen in Bagdad ausgebreitet haben, wo sie als Symbol für weibliche Schönheit galten.

Der persische Lyriker Hafis hat den Glanz der Blütenblätter der Tulpe mit dem Schimmer auf der Wange seiner Geliebten verglichen. Den Persern galt die Tulpe als Sinnbild der Ewigkeit, und viele Mythen und Legenden ranken sich um sie. Gegen Ende des 11. Jahrhunderts soll die Tulpe von den Seldschuken weiter westwärts gebracht worden sein. Als diese im Kampf gegen die Byzantiner Anatolien eroberten, tauchte dort, in der heutigen Osttürkei, die Tulpe auf. Von den dort ansässig gewesenen Osmanen wurde sie in wenigen Exemplaren bis in die spätere Hauptstadt Istanbul gebracht, wo sie besonderen Gefallen bei den späteren osmanischen Herrschern fanden. „Mehr als 1200 verschiedene Tulpenarten wurden in den Gärten des Topkapi Sarayi gezählt, deren Züchtung man streng kontrollierte und das Wissen hierüber bei Todesstrafe nicht preisgegeben werden durfte", liest man im Buch Türkei, Land auf der Suche nach der Gegenwart von Tayfun Belgin. Dort findet man auch eine tulpenbezügliche Geschichte vom Großwesir Nevsehirli Damat Pascha. Sie ähnelt den berühmten Märchen über den Kalifen Harun al Raschid, hat sich aber nicht in den dunklen Gassen Bagdads, sondern am Tage in und um Istanbul zugetragen.

Der Großwesir soll 1718 seinen Sultan Ahmet III. in seine neue Residenz Sadabad Köskü eingeladen haben. „Beim Einweihungsfest begegnete der Herrscher des Osmanenreichs einem Heer von Blumen, vor allem Tulpen, deren Anmut ihn besonders entzückte. Fortan widmete er sich neben seinen Staatsgeschäften der Beschäftigung mit der Magie der Tulpe, einer Pflanze, die die Osmanen aus Zentralasien aus den Steppen der Mongolei her kannten und die jetzt durch besondere Züchtungen veredelt wurde […] Alljährlich im April feierte nun Ahmet III. ein Tulpenfest. Die Haremsdamen bereiteten ihm große Freude, indem sie bei seinem Fest einen Wohltätigkeitsbasar veranstalteten und die schönsten Frauen als Blumenverkäuferinnen auftraten. Ihr einziger Kunde war Ahmet, der Sultan, fernab von der übrigen Welt, im Harem."

Typisch türkisch bekamen die schönsten Tulpenarten schwärmerische, geradezu ausschweifende Namen wie „du unvergleichliche Perle", „Mehrerin der Freuden", „Erweckerin der Leidenschaft", „Neid des Diamanten" oder „Rose der Dämmerung".

In Wien soll die Tulpe erstmals um 1572 aufgetaucht sein, um 1593 in Frankfurt, 1598 im Süden von Frankreich. 1582 sind die ersten Tulpenzwiebeln angeblich in England angekommen.

Europa ging nun daran, selbst Tulpen zu züchten, und schon Ende des 16. Jahrhunderts soll es hier bereits viele farbenfrohe Hybriden gegeben haben.

Der lange Weg zur Tulpenhysterie

Trotz drakonischer Strafen für Verräter des türkischen Tulpengeheimnisses schlug sich dieses schnell quer durch Europa über Wien bis in die Niederlande durch.
Nach dem plötzlichen Tod des toleranten Kaisers Maximilian II. im Jahr 1576 wurde dem Protestanten Clusius im erzkatholischen Wien der Boden unter den Füßen zu heiß. Denn der neue Kaiser, Rudolf II., war wie viele Habsburger auf dem Thron ein erzkatholischer Eiferer und kein schöngeistiger Blumenliebhaber. Rudolf II. huldigte wieder konsequent der „Pietas Austriaca", der traditionellen Frömmigkeit des Hauses Habsburg. Als Clusius eine Stelle an der medizinischen Fakultät der Universität im niederländischen Leiden – gegründet 1575 als einzige der Vereinigten Niederlande – angeboten wurde, griff er sofort zu, folgte der Berufung und legte in Leiden den später berühmten Hortus Botanicus an. Clusius setzte die aus Wien mitgenommenen Tulpenzwiebeln in Leiden ein, versuchte erfolgreich, sie dem kühleren Klima der Niederlande anzupassen, vermehrte die Zwiebeln und begann systematisch, durch chemische Zugaben und „Verunreinigungen" verschiedenfarbige Abarten zu ziehen.
Clusius erkannte die vielfältigen botanischen Eigenschaften der Tulpe und nutzte sie geschickt aus: Die Blüten wachsen aus knollenartigen Zwiebeln hervor und können sich sowohl durch Samen als auch durch Auswüchse oder Ableger fortpflanzen. Tulpensamen brauchen zwischen sieben und zwölf Jahre, um eine aufblühende Zwiebel zu bilden. Blüht ein Ableger auf, vergeht die Knolle, bildet aber an ihrer Stelle eine geklonte neue Zwiebel im Boden; ebenso geschieht es mit Tulpenkeimen. Die jährliche Zuwachsrate durch Ableger hat im 17. Jahrhundert zwischen 100 und 150 Prozent betragen. Die Spekulation konnte aus natürlichen Ursachen daher nur nach und nach zuschlagen.
Neben gewöhnlichen, einfarbigen Tulpen entstanden vielfarbige und gemusterte Tulpen, die durch Viren verursacht wurden, die man auf die Samen – natürlich oder künstlich – übertrug. Bis auf diese Weise verschieden blühende Tulpenvarietäten entstanden, vergingen allerdings viele Jahre, ja Jahrzehnte.
Tulpen blühen im April und Mai etwa eine Woche lang. Nach Abblühen und Einziehen der Pflanzenreste werden die Tulpenzwiebeln zwischen Juni und September aus dem Boden genommen und trocken gelagert. Nur in dieser Zeit können Tulpenzwiebeln physisch gehandelt oder getauscht werden. Das war den kaufmännisch engagierten Niederländern viel zu kurz, um damit einträgliche Geschäfte zu machen. Den Amsterdamer Bankern kam da eine Idee, um dieses Problem zu lösen …

Futures, die erste Finanzmarkt-Innovation

Sie entwickelten die sogenannten Futures und strecken mit ihnen die Handelsfähigkeit von Tulpenzwiebeln über das ganze Jahr aus. So entstand in den Niederlanden ein ganz besonderer Markt mit spezifischen finanziellen Anforderungen.

Bis 1634 war der Handel mit Tulpenzwiebeln auf die Züchter beschränkt gewesen und fand als Kassamarkt (Spot-Markt) statt. Dort waren hohe Einsätze von Bargeld nötig, denn es wurden physische, angreifbare Tulpenzwiebeln gegen Cash getauscht. Später breitete sich der Tulpenhandel dank innovativer Finanzierungssysteme, wie Terminkontrakten, auf weitere Kreise und das gesamte Jahr aus.
So gaben im 17. Jahrhundert die biologischen Eigenheiten der Tulpe den Anstoß zur Entwicklung innovativer Finanzmarktinstrumente.
Die daraus folgenden wirtschaftlichen Vorgänge veranlassten niederländische Banker, gemeinsam mit Tulpenzüchtern und Tulpenliebhabern ein allen Interessenten entsprechendes System zu entwickeln, das noch heute in vielen modernen Spielarten existiert: Futures-Kontrakte.
Die praktische Folge dieser finanztechnischen Neuentwicklung war: Das ganze Jahr über pflegten nun Händler vor einem niederländischen Notar Verträge über den Kauf und Verkauf von Tulpenzwiebeln am Ende der Saison, also im Frühherbst, abzuschließen. Auf diese Weise entwickelten die Niederländer ein Finanzinstrument, das heute zu den gebräuchlichsten Finanzierungstechniken zählt. Sie schufen damit einen jederzeit liquiden, gut funktionierenden Tulpenzwiebelmarkt, der nicht mehr von den Zwängen der Biologie abhängig war. Allerdings war das sogenannte Short-Selling, das Anbieten und Handeln von Produkten, die man gar nicht besitzt – sogenannte Leerverkäufe –, streng verboten. Short-Seller wurden damals in den Niederlanden zwar nicht gerichtlich verfolgt, einschlägige Verträge wurden jedoch als undurchführbar und damit als nichtig angesehen.
Der Bann des Short-Sellings ist demnach knapp 400 Jahre alt und keineswegs eine Erfindung der modernen Finanzmarktaufsicht im Gefolge der ersten schweren Finanzkrise des 21. Jahrhunderts.
Das Short-Selling von Wertpapieren wurde im Zuge der Finanzkrise 2007/2009 als eklatanter Missbrauch und eine angebliche Ursache der jüngsten Finanzkrise in vielen Ländern verboten. So auch aufgrund eines einschlägigen Beschlusses im österreichischen Nationalrat von Ende September 2008, der von der Finanzmarktaufsicht (FMA) vorübergehend und kurzfristig für Netto-Short-Positionen umgesetzt worden ist und dank Verlängerung noch immer gilt.
„Unter Netto-Short-Positionen verstehen wir gegenläufige bzw. aufsummierte Positionen in einem Finanzinstrument", erklärt die FMA ihre Maßnahme. Dagegen warnt Oliver Prock, Vorstandsvorsitzender der Vereinigung Alternativer Investments (VAI) in Österreich: „Langfristige Leerverkäufe von Aktien zu verbieten ist in etwa dasselbe wie alle Autofahrer zu bestrafen, weil ein Autofahrer dauernd zu schnell fährt."

Tulpenbegeisterung bei Krethi und Plethi

Derartige Kontroversen unter Finanzmarktfachleuten waren in der jungen Republik der Niederlande noch unbekannt. Um die Wende vom 16. ins 17. Jahrhundert begann die Tulpe dort populär zu werden. Sie stieg schnell zur hoch geschätzten Modeblume der Reichen auf und wurde zu einem Statussymbol der sozialen Oberschicht. Allmählich verbreitete sich die Liebe zu Tulpen und ihren Zwiebeln auch auf den Mittelstand und hinunter bis zu den Ärmsten der Gesellschaft. So wurde die Tulpe, nach Tausenden Kilometern und hunderten Jahren Reise aus der heutigen Mongolei in den Niederlanden heimisch und ist es bis heute geblieben.

Ein allegorisches Gemälde des niederländischen Künstlers Hendrik Gerritsz Pot aus dem Jahr 1640 mit der Bezeichnung „Floras Narrenwagen" dokumentiert die damalige Tulpenbegeisterung: Das Bild zeigt Flora, die Göttin aller Blumen, auf einem Wagen, der von windgeblähten Segeln angetrieben wird. Rund um die Göttin sitzen Säufer, Geldwechsler und eine Frau mit zwei Gesichtern. Hinter dem Wagen laufen verzweifelte Weber aus Haarlem her, die sich wegen ihres beruflichen Niederganges ins Meer stürzen wollen – ein Hinweis des Malers auf den leidigen Umstand, dass viele niederländische Handwerker durch die Tulpenspekulation um ihre Existenz gebracht wurden oder sich selbst an dieser Blase beteiligten und ihre Berufe vernachlässigten.

Auch der prominente niederländische Maler Jan Breugel II. schuf 1640 ein Gemälde mit dem Namen „Allegorie der Tulpomanie", das die damalige Liebe zur Tulpe dokumentiert.

Die niederländischen Tulpen wurden bald in verschiedenfarbig blühende Gruppen eingeteilt: Einfarbige in rot, gelb oder weiß hießen „Couleren"; vielfarbige – rote oder rosa auf weißem Grund – wurden „Rosen" genannt; purpurne oder lila auf weißen Grund „Violetten". Die populärste Art waren die „Bizarden", rote, braune oder purpurne Tulpenblüten auf gelbem Grund. Die Tulpenzüchter gaben ihren Schöpfungen oft exaltierte Namen wie „Admiral" (die Bewunderte) und fügten ihm ihren eigenen Namen bei. So entstanden Tulpen mit der Bezeichnung „Admiral von der Eijck"; das war die berühmteste von rund 50 Arten, die zur Familie „Admiral" zählten.

Die „Admiral von der Eijck" soll am 5. Februar 1637, exakt am absoluten Höhepunkt der Tulpenspekulation, um 1.045 holländische Silbergulden verkauft worden sein. Sie ist im gut erhaltenen Tulpenkatalog von P. Cos abgebildet. Viele andere alte Kataloge zeigen die Pracht und Fülle der niederländischen Tulpenzüchtung zur Mitte des 17. Jahrhunderts.

Eine andere Tulpenart bekam den Namen „Generael" (General) und brachte es auf dreißig wunderschöne Abarten. Später gab es Tulpeninnovationen, die auf so exklusive Namen wie „Alexander der Große", „Scipio" oder Superlative wie „Admiral der Admiräle" bzw. „General der Generäle" getauft wurden. Viele Varietäten sind inzwischen in Vergessenheit geraten oder ausgestorben, aber es gibt auch heute noch spektakulär blühende Tulpen im Angebot aller Blumenhändler. Der Wunschtraum der niederländischen Züchter, eine absolut schwarz blühende Tulpe hervorzubringen, hat sich jedoch bis heute nicht erfüllt.

Europäische Tulpenkarriere

Die Initiatoren dieser Entwicklung waren, ungewollt, die beiden Niederländer Clusius und Busbequius. Sie haben in Diensten der Habsburger die Tulpe von Konstantinopel über Wien in ihre Heimat gebracht, mit ihren Züchtungen und einschlägigen Fachpublikationen stark zu ihrer Popularisierung in ganz Europa beigetragen und unbewusst den Grundstein für die spätere unglaubliche Tulpenhysterie in ihrem Heimatland gelegt.

Von den Niederlanden aus hat sich die Tulpe weiter nach Frankreich ausgebreitet. Der Boden der nordfranzösischen Provinz Picardie am Sommefluss erwies sich für ihre Züchtung besonders geeignet. Um 1610 wurde auch Paris vom Tulpenfieber erfasst. Es eroberte unter König Ludwig XIII. den französischen Hof. Es gab auch ein kurzes Spekulationsfieber in Nordfrankreich, das aber keine Preisexzesse nach Muster der Niederlande erreichte.

Dort nahm die Liebe zu Tulpen im Laufe des 17. Jahrhunderts kuriose Formen an. Eine besondere Zuneigung entwickelte sich für Züchtungen, die große kelch- oder becherförmige Blüten hatten. Der Preis für solche Neuzüchtungen stieg rasch, denn jeder wollte der Erste sein, der sie in seinem Garten zeigen und so seinen Nachbar übertrumpfen konnte.

Die eigentlichen Gründe für die übertriebene Tulpenliebe der Niederländer erblickt Dash im Umstand, dass die wohlhabenden Bürger dort kaum andere Symbole hatten, sich vom ordinären Volk zu unterscheiden. In Tulpenwahn schreibt er: „Selbst auf dem Höhepunkt des goldenen Zeitalters der Niederlande fiel es schwer, die wohlhabendsten Vertreter der Regenten und Kaufleute von ihren gewöhnlichen Mitbürgern zu unterscheiden. Selbst die Reichen kleideten sich in strenge und schmucklose Gewänder, trugen die landesüblichen großen breitkrempigen Hüte, eng anliegende Hosen und schwere Jacken. Darunter trug man zumeist ein schwarzes Wams mit ausladenden weißen Spitzenrüschen um Hals und Handgelenke sowie Kniestrümpfe und schwarze Schuhe [...] Doch trotz aller Bescheidenheit und rigider Strenge konnte nicht jeder der Versuchung, seinen Wohlstand zu zeigen, widerstehen. Die Schätze, die mit den Gezeiten an Land kamen und in die Truhen und Säckel der Händler und ihrer Geldgeber flossen, mussten irgendein Ventil finden [...] Ohne Frage heizten die Profite aus dem Ostindienhandel den Konsum von Luxusgütern aller Art an – ob in Form großer Häuser, von Gemälden oder Tulpen – und ermöglichten die unglaubliche Vielfalt und Fülle des goldenen Zeitalters, dessen sich die Republik der Vereinigten Niederlande zwischen 1600 und 1670 erfreute."

Höhepunkt der Tulpenspekulation

Zwischen 1630 und 1640 brach in den Niederlanden eine regelrechte „Tulpomanie" aus, nicht zuletzt, weil sich 1634 auch die Franzosen auf dem dortigen Tulpenmarkt engagierten. Die niederländischen Hochburgen der Spekulation waren Haarlem und Amsterdam. Auch Utrecht und Groningen wurden bald vom Tulpenfieber angesteckt, das sich bis nach Westfriesland ausbreitete.

Nicht nur Reiche und Superreiche, nein das gesamte Volk der Niederlande, selbst der gesellschaftliche Abschaum, mischte im Tulpenhandel mit. 1635 wurde ein Handel mit 40 Tulpenzwiebeln gegen 100.000 niederländische Gulden (1 Gulden entspricht umgerechnet etwa 10,3 Euro) bekannt. Die Kaufsumme entsprach dem Gegenwert von 1.000 Fässern mit Butter oder von 415 fetten Mastschweinen.

1636 wurden Tulpen in allen größeren Städten der Niederlande gehandelt; so hatten alle Volksschichten einfachen Zugang zu diesem Geschäft und nutzten diesen weidlich.

Mit den total überzogenen Tulpenpreisen konnten oft auch angesehene niederländische Bürger nicht mithalten. Carolus Clusius, der die Tulpe einst aus dem habsburgischen Wien mitgebracht und weitergezüchtet hatte, verdiente als Botanikprofessor an der Universität Leiden müde 750 Gulden im Jahr. Und der heute weltberühmte Maler Rembrandt van Rijn bekam für sein Meisterwerk „die Nachtwache" – dem heute im Amsterdamer Rijksmuseum ein eigener Ausstellungsraum gewidmet ist –, bescheidene 1.600 Gulden. Solche „Hungerlöhne" wurden von den damaligen Tulpenpreisen bei weitem in den Schatten gestellt.

Ein Zeitzeuge dieser Entwicklung ist Monsieur de Blainville, der 1743 seinen Londoner Freunden in der Schrift TRAVELS THROUGH HOLLAND verwundert die neue Mode der niederländischen Kaufleute schilderte: „Sie waren so besessen von ihrer Gier, ja von einem wahrhaften Gelüst nach ihren Blumen, dass sie oft dreitausend Kronen für eine Tulpe ausgaben, die ihren Vorstellungen entsprach; eine Krankheit, die viele reiche Familien in den Ruin trieb."

So stiegen die Preise für Züchtungen seltener Pracht allmählich ins Unermessliche. Eine edle Tulpenzwiebel kam schließlich fast auf den Gegenwert eines Amsterdamer Innenstadthauses. Andere Quellen berichten, dass eine einzige Zwiebel der Tulpe mit Namen „Viceroy" (Vizekönig) auf dem Höhepunkt der „Tulipmania" im Februar 1637 je nach Größe zwischen 3.000 und 4.200 Florins (Silberguldenstücke) kostete. Das war ungefähr das Zwanzig- bis Dreißigfache des Jahreseinkommens eines tüchtigen Handwerkers.

Seit damals wird der Ausdruck „Tulipmania" metaphorisch auch für die Bezeichnung anderer großer spekulativer Wirtschaftskrisen verwendet.

Gerhard Aschinger berichtet in BÖRSENKRACH UND SPEKULATION über die Preisentwicklung bei niederländischen Tulpen: „Im Jahre 1636 waren im Tulpenmarkt zum Teil außergewöhnliche Preisanstiege zu verzeichnen. Diese erfassten zunächst nur (die seltenen) nicht-fungiblen Tulpenzwiebeln mit besonderen Eigenschaften. Die Preise (gewöhnlicher) fungibler Tulpenzwiebeln veränderten sich bis Ende 1636 nur wenig; erst im Januar und Februar 1637 wurden auch die gewöhnlichen Tulpenzwiebeln von erratischen Preisentwicklungen erfasst." Aschinger kommentiert zwei Kurs-Charts vom Tulpen-Terminmarkt, einen für „Gouda"-Zwiebeln, einen für „Switser"-Zwiebeln: „In Abbildung 1 erkennt man, dass die Preise der nicht-fungiblen ‚Gouda' in der letzten Augustwoche 1636 stark zu steigen begannen. Am 25. November ereignete sich ein erster Preiseinbruch. Anschließend waren die Preise bis in die erste Februarwoche 1637 von hoher Volatilität gekennzeichnet. Wie man in Abbildung 2 sieht, begann der starke Preisanstieg der fungiblen ‚Switser'-Zwiebeln erst in der letzten Januarwoche 1637, worauf am 5. Februar 1637 ein Preissturz von etwa 45 Prozent erfolgte. Die letzte verfügbare Notierung der meisten Tulpenzwiebeln bezieht sich auf den 5. Februar 1637. Zu diesem Zeitpunkt war die Spekulation auf ihrem Höhepunkt angelangt. Die Preise fluktuierten innerhalb weniger Stunden mit starken Ausschlägen. Die Preise für Tulpenzwiebeln brachen nach der ersten Februarwoche 1637 vollständig zusammen." Bemerkenswert war, dass die Preise für ordinäre (fungible) Tulpenzwiebeln selbst am Höhepunkt der Spekulation nur bei einem Hundertstel der Preise für außergewöhnliche (nicht-fungible) gelegen waren.

Aschinger kommentiert das Platzen der Tulpenblase: „Es ist zu vermuten, dass einige Spekulanten ihre Gewinne realisieren wollten und dadurch die panikartige Verkaufswelle auslösten. Das Entstehen der irrationalen Blase auf dem Tulpenmarkt kann auf den zunehmenden Anteil von Mitläuferspekulanten zurückgeführt werden […] Die Risikobereitschaft scheint sich infolge der Pestplage in Holland von 1635 bis 1637 verstärkt zu haben, bei welcher 1636 ein Siebtel der Bevölkerung Amsterdams starb. Der Höhepunkt der Pest fiel mit demjenigen der Spekulation zusammen, was zur fatalistischen Einstellung der Spekulanten beigetragen haben mag."

Der Climax der niederländischen Tulpenspekulation war bemerkenswert kurz: Er dauerte von Dezember 1636 bis Jänner 1637. Viele setzten ihren gesamten Besitz ein, um ihn in Tulpenzwiebeln zu investieren. Der Nachfrageboom ließ die Preise steil ansteigen, eine kurze Spanne Zeit hindurch machten manche viel Geld, und immer neue Floristen beschäftigten sich mit der Züchtung. Niemand dachte an ein Ende der unnatürlichen Hausse. Dann platzte die Blase unversehens.

Kein Mitleid mit Spekulationsopfern

„Eines Tages im Frühjahr 1637 bezahlte ein niederländischer Kaufmann namens Francois Koster die horrende Summe von 6.650 Gulden für ein paar Dutzend Tulpenzwiebeln – ein bemerkenswerter Kauf in einer Zeit, als eine ganze Familie ein Jahr lang von 300 Gulden leben konnte. Noch überraschender war jedoch, dass Koster gar nicht beabsichtigte, die Tulpen anzupflanzen. Er hatte sie nur erworben, um sie weiterzuverkaufen, und er rechnete fest damit, dass dieser Handel Profit für ihn abwarf." Das berichtet Dash über die wenigen Stunden des Aufstiegs und Falls der holländischen Tulpenspekulation. „Aber Koster hatte sich grob getäuscht. Am Tag, als er seine kostbare Ware losschlagen wollte, war der Gipfelpunkt des Tulpenwahnsinns überschritten. Kosters ausgefallener Kauf fand auf dem Höhepunkt einer der verrücktesten und denkwürdigsten Episoden der Geschichte statt, dem großen Tulpenfieber von 1633 bis 1637, und erwies sich als einer der letzten Ausbrüche des noch um sich greifenden Wahns."

Wie man anderswo im damaligen Europa die Tulpenspekulation sah, schildert Dash ebenfalls: „Von jenseits der Grenzen der Republik der Vereinigten Niederlande verfolgte man mit größter Fassungslosigkeit, wie ein Volk, das in ganz Europa als mürrisch, moralistisch und vor allem in Geldangelegenheiten als überaus sparsam verschrien war, sich in einer unerklärlichen Leidenschaft für Tulpen offenbar völlig vergessen konnte."

Vorerst blieb die große Tulpenspekulation des 17. Jahrhunderts mangels moderner Kommunikationsmedien eine regionale Angelegenheit bzw. ein internes wirtschaftliches Problem der Niederlande. Erst 1841, zwei Jahrhunderte nach ihrem Höhepunkt, wurde sie international bekannt.

Der schottische Dichter, Journalist und Songwriter Charles Mackay berichtete 1841 in seinem Buch EXTRAORDINARY POPULAR DELUSIONS AND THE MADNESS OF CROWDS, zu Deutsch „Außergewöhnliche populäre Illusionen und die Wahnsinnsspekulationen großer Menschenmassen" sowohl über „Tulipmania" als auch über andere Wirtschaftskrisen, die dem irrationalen Verhalten und Handeln der Menschen zu verdanken seien, wie z. B. die Südsee-Blase (siehe Seite 90ff.) oder das Mississippi-Kompanie-System (siehe Seite 81ff.) um das Jahr 1720. Mackay zählte zu den menschlichen Torheiten, neben Spekulationsblasen, auch die Alchemie, Hexenjagden, Kreuzzüge und Duelle.

Während heute wohl kein zeitgemäß gebildeter Mensch mehr Anhänger von Alchemie, Hexenjagden, Kreuzzügen oder Duellen sein dürfte, zählt das Mitmachen bei spekulativen Geldanlagen auch in unserer rationalen Epoche zu den weit verbreiteten Schwächen, die sich durch noch so viele schmerzliche Hasard-Erfahrungen nicht ausmerzen lassen.

Der Tulpenspekulation widmete Mackay lediglich acht von insgesamt 725 Seiten seines Buchs. Dennoch bewirkten sie für alle späteren Zeiten, dass die niederländische Tulpomanie weltweit als die erste große Sucht der Menschheit, als böser Vorbote bedrohlicher Finanz- und Wirtschaftskrisen und als Warnung vor gottlosem Gewinnstreben gilt.

Von Mackay erfährt man auch, dass auf dem Höhepunkt der Spekulation für eine Zwiebel der „Semper Augustus" (immerwährender Kaiser) der Gegenwert von fünf Hektar Ackerland geboten worden war. Mackay behauptet, dass durch diese Spekulation viele Investoren ruiniert wurden, als die Tulpenpreise plötzlich nachgaben, was für die niederländische Wirtschaft einen ernsten Schock bedeutete. „Viele wurden in kurzer Zeit reich. Ein goldener Köder hing verführerisch vor der Nase der Menschen, und einer nach dem anderen wurde vom Tulpenmarkt angezogen wie Fliegen von einem Honigtopf. Jeder stellte sich vor, dass die Leidenschaft für Tulpen ewig währen würde, der Reichtum der Erde in die Niederlande strömen und für Tulpenzwiebel jeder noch so hohe Preis geboten werden würde. Die Reichen Europas würden sich an den Ufern der Zuidersee versammeln und die Armut aus den Niederlanden verscheuchen. Fürsten, Bürger, Bauern, Mechaniker, Seeleute, Diener, Serviererinnen, sogar Rauchfangkehrer und Lumpensammler würden durch den Tulpenhandel wohlhabend werden." Mackay berichtet auch von einem Matrosen, der einem Händler eine Tulpenzwiebel stahl, um seinen Hunger zu stillen. „Er wurde gefasst, als er die Zwiebel, die so viel wert war wie die Jahresheuer einer ganzen Schiffsbesatzung, zum Frühstück verzehrte, und er wurde deswegen zu einer langen Gefängnisstrafe verurteilt."

Fakt oder journalistische Übertreibung?

Mackays Krisenbuch erschien in den letzten Jahren in mehreren Neuauflagen, obwohl seine Glaubwürdigkeit umstritten ist. Manche behaupten, dass der Autor die Tulpenspekulation maßlos übertrieben und aus einer Mücke einen Elefanten gemacht habe, nur um Eindruck zu schinden und die Auflage seines Buches emporzuschrauben. Dasselbe tun allerdings auch die Journalisten unserer Zeit, die die Finanz- und Konjunkturkrise von 2007/2009 ebenfalls mit großer Massenwirkung als weltwirtschaftliche Megakatastrophe hinstellen und unreflektiert vom „Verbrennen von Milliardensummen" schreiben.

Die Medien haben es immer schon verstanden, aus der Not anderer Kapital zu schlagen und unangenehme Ereignisse maßlos zu übertreiben, ohne ihren Lesern mitzuteilen, wie sie sich in Krisen verhalten sollten, um von ihnen möglichst verschont zu bleiben. Kann es Aufgabe von Medien sein, nur journalistisches Öl ins Feuer zu gießen und damit die Krise zu verschärfen, statt alles zu tun, um sie in Zaum zu halten? Allerdings sind Medien immer Produkt ihrer Zeit und Spiegelbild des Wesens ihrer Leser.

Was im ersten Drittel des „goldenen" 17. Jahrhunderts in den Niederlanden passierte, ist nur durch wenige Originalquellen dokumentiert; z. B. dem genannten Gemälde Pots oder einem niederländischen Flugblatt mit dem bezeichnenden Titel Tooneel van Flora, vestoonende grondelijcke Redens-ondersoekinge van den Handel der Floristen, Amsterdam, 1637.

Möglich ist, dass in die wenigen Originalberichte über Tulipmania manche Vorurteile, wirtschaftskritische Kommentare und märchenhafte Übertreibungen eingeflossen sind, um der freien Marktwirtschaft eins auszuwischen und drohend den Moralfinger zu erheben. Jedenfalls wird die niederländische Tulipmania des 17. Jahrhunderts auch von modernen Autoren in wirtschaftlichen Krisenzeiten bemüht, vor übertriebenen Spekulationsmanövern zu warnen und gleichzeitig die freie Marktwirtschaft ins schlechte Licht zu rücken.

Mackay hat diese Tendenz vorgegeben: Er verstand seine Berichte als energische Warnungen vor wirtschaftlich abträglichen Finanzmanövern durch blutige Laien. Es ging ihm nicht so sehr um das Bedauern der armen Opfer der Spekulation, sondern um das religiös motivierte Verdammen der unmoralischen, pervertierten Gewinnsucht, die Warnung vor „Konzentration auf irdische statt auf himmlische Freuden".

Andererseits, wenn auch weniger berüchtigt und dokumentiert, ist es bei anderen in Europa modisch gewordenen exotischen Gartenpflanzen auch zu spekulativen Blasen gekommen: Als etwa die Hyazinthe als neue Gartenzierde auf den Markt kam, hat es ebenfalls eine spekulative Preishausse gegeben, die später auch in sich zusammengefallen ist.

Wirtschaftsexperten streiten noch heute über die Ursachen und die wirtschaftlichen Folgen der Tulipmania. Manche behaupten, sie sei weder so spektakulär gewesen, wie es die zeitgenössischen Berichte darstellen, noch sei die Zahl der Geschädigten so hoch gewesen, wie angenommen wurde.

Wirtschaftsprofessor Earl A. Thompson bezweifelte 2007, dass der Preissturz bei Tulpenzwiebeln nach dem Platzen der Blase 1637 tatsächlich so drastisch gewesen sein konnte, wie die Quellen mitteilen. Er äußert eine alternative Theorie für Tulipmania: Das niederländische Parlament habe auf Wunsch der Tulpeninvestoren eine neue Verordnung beschlossen, die viel Geld im Gefolge der Wirren im Dreißigjährigen Krieg verloren hatten. Thompson meint, „am 24. Februar 1637 hat die selbstverwaltende Genossenschaft niederländischer Blumenzüchter angekündigt, was später vom Parlament ratifiziert worden ist, dass alle Futures-Kontrakte, die nach dem 30. November 1636 und vor der Eröffnung der Cash-Märkte im folgenden Frühling geschlossen worden sind, als optionale Kontrakte gelten. Damit befreiten sie die Futures-Käufer von der Verpflichtung, künftig Tulpenzwiebel zu kaufen, und bewirkten damit, dass sie lediglich die Verkäufer mit einem niedrigen fixen Prozentsatz des Kontraktpreises abfinden mussten. Vor dieser Entscheidung mussten die Besitzer der Futures-Kontrakte die Tulpenzwiebeln tatsächlich physisch kaufen."

Alternative Darstellungen der Tulpenzwiebelblase

Einige Wirtschaftsfachleute machen ganz andere Faktoren für das Entstehen der Tulpenblase und vieler anderer wirtschaftlicher Krisen verantwortlich: z. B. die Lockerung der Geldpolitik, also ein Übermaß von flüssigem Geld innerhalb einer Volkswirtschaft. Das sei auch im 17. Jahrhundert während der Tulipmania bei der Bank von Amsterdam der Fall gewesen.

Typisch für jede Finanz- und Wirtschaftskrise ist, dass Geschädigte die Schuld am Desaster nicht bei sich selbst oder ihresgleichen suchen, sondern abenteuerliche Verschwörungstheorien konstruieren, um sich von jeder Schuld oder Mitwisserschaft reinzuwaschen und diese einem indifferenten Sündenbock zuzuschieben.

So auch nach der Tulpenkrise in den Niederlanden. Dash berichtet in seinem TULPENWAHN: „Viele sahen sich als gefoppte Leidtragende eines großen Schwindels, glaubten, von ihren Floristenkollegen betrogen worden zu sein, oder hingen der Überzeugung an, dass der Tulpenhandel als solcher eine einzige Verschwörung war. Ein anonymer Autor stellte die Behauptung auf, der Markt sei von einer verborgen operierenden Kamarilla der zwanzig reichsten Züchter und Händler geschaffen und kontrolliert worden, welche die Preise zu ihrem Vorteil absichtlich manipuliert hatten. Wie eine solche Gruppe ihre Aktivitäten in den Dutzenden von der Manie erfassten Städten hätte koordinieren können, wurde nicht erklärt."

Als Drahtzieher der Tulpenkrise wurden in den Niederlanden des 17. Jahrhunderts auch Bankrotteure, Juden oder Mennoniten – eine pazifistische Wiedertäufersekte – verdächtigt. Ein Beweis dafür fehlt bis heute.

Eine strenge Prüfung der Vorgänge rund um die Tulpenspekulation von Seiten der holländischen Gerichte endete nach drei Monaten ohne greifbares Ergebnis. Nolens volens einigte man sich in den am meisten betroffenen niederländischen Städten, alle noch nicht ausgeführten Tulpenhandelsverträge mit Zustimmung aller Involvierten zu annullieren.

Wie die weitere Geschichte zeigt, sind Wurzeln, Beginn, Verbreitung, Verlauf von Wirtschaftskrisen und nach ihrem Platzen die Ursachensuche so gut wie bei allen Finanz- und Wirtschaftskrisen ähnlich. Die Tulpenspekulation war keine Ausnahme dieser Regel.

Was immer im 17. Jahrhundert die Ursachen der Tulpomanie gewesen sein mögen, Tatsache ist: Der niederländische Markt und sein normales Preisgefüge wurden durch die Tulpenzwiebelspekulation im Laufe des 17. Jahrhunderts völlig durcheinander gewirbelt, weil sich eine überaus vergängliche Ware, die Tulpenzwiebel, anschickte, über den Wert einer Immobilie oder eines guten Stückes Land hinauszuwachsen. Der Gesetzgeber musste schließlich einschreiten, weil trotz Ungültigkeit von Leerverkäufen der sogenannte „Windhandel" ohne physische Übergabe von Tulpenzwiebeln blühte, und setzte der maßlosen Spekulation ein jähes Ende.

Hatten sich die Tulpenpreise im November und Dezember 1636 noch wie rasend erhöht, verflachte sich der Preisanstieg bis zum 3. Februar 1637 und stürzte dann bis Anfang Mai ebenso jäh auf das Niveau von Anfang November ab. Vom Februar 1637 an blieben die Käufer, die bereit waren, für Tulpenzwiebel astronomische Preise zu bezahlen, nach und nach aus. Als sich das herumsprach, begann die Nachfrage zu sinken und die Tulpenpreise purzelten. Viele aber hatten noch gültige Futures-Verträge mit Ausübungspreisen, die das Zehnfache der aktuellen Marktnotierung betrugen; andere saßen auf Tulpenzwiebeln, die nur noch einen Bruchteil von dem wert waren, zu dem sie gekauft worden waren. Die enttäuschten Kaufleute wandten sich um Hilfe an die Regierung der Niederlande. Diese beschloss eine Verfügung, dass alle Futures-Verträge auf Tulpenzwiebel für eine Gebühr von zehn Prozent vom Vertragswert für ungültig erklärt werden konnten. Das brachte die Tulpenspekulation umgehend zum völligen Erliegen.

Das kann man heute dank der Anti-Spekulations-Flugschriften der damaligen Autoren Gaergoedt und Warmondt folgern. Der Wirtschaftsbeobachter Peter Garber hat daraus Angaben über die Verkäufe von 161 Tulpenzwiebeln mit 39 Blütenvarietäten in den Jahren 1633 bis 1637 gesammelt. Festgestellt hat er 98 Verkäufe vom 5. Februar 1637 zu abenteuerlich unterschiedlichen Preisen und aufgrund differenter Marktmechanismen: gehandelte Futures in organisierten Märkten, Spotverkäufe durch Züchter sowie Verkäufe direkt am Feld.

Trotz der bombastisch aufgebauten und verlustreich geplatzten Spekulationsblase blieb die Tulpe bis heute eine begehrte, wenn auch nur noch mäßig teure Pflanze. Holland gilt noch heute, ganz zu Unrecht, als Urheimat der Tulpe. Sie ist nationales Symbol der Niederlande und ein wichtiger Exportartikel, berichtet Helene de Muij-Fleurke im Buch Von der Personalunion zur Europäischen Union.

Die Tulpe ist auch in der Türkei zu einem hoch geschätzten Symbol geworden. Belgin berichtet in seinem Türkeibuch: „Ein besonderes Kapitel osmanischer Kultur wurde eine zwölf Jahre währende Epoche zwischen dem Frieden von Passarowitz 1718 und dem Janitscharenaufstand 1730, ‚Lale Devri', die Tulpenzeit. So bezeichnet man eine friedliche Periode des osmanischen Reiches, die unter das Sultanat Ahmets III. fällt. Die Tulpenzeit ist deshalb mit dem Namen der Blume verbunden, da an ausgewählten Stellen der Hauptstadt Istanbul besondere Tulpenzüchtungen präsentiert wurden. Zudem wurde die Tulpe in der bildenden Kunst gern zu dekorativen Zwecken verwendet, auf Handschriften, Textilien sowie auf Keramikfliesen."

Wo und wann in der Folge spekulative Blasen auf der Erde geplatzt sind, immer wurde die niederländische Tulipmania als Referenz und abschreckendes Beispiel für das übertriebene Gewinnstreben von unmoralischen und perversen Zockern bemüht.

Das gilt ein rundes Jahrhundert später auch für die Affären rund um die Mississippi- und die Südsee-Kompanie, die fast zeitgleich spektakulär krachen gingen. Es handelte sich um politisch ausgelöste Finanzkrisen mit anschließender Spekulationswelle, die gemeinsam als erste internationale Wirtschaftskrise gelten. Erstmals wurde die Spekulation durch die verbesserte Funktion der erwachenden Finanzmärkte erleichtert; denn sowohl die Mississippi- als auch die Südsee-Kompanie zogen ausländische Investoren in ihren Bann. Es kam zu ersten Wechselkursschwankungen, als Kapital aus den Niederlanden und England nach Frankreich strömte und später zurück von Frankreich nach England.

Das war der Beginn der heute so viel kritisierten Globalisierung.

Mississippi- und Südsee-Kompanie-Blase 1719–1720/1721 Geplatzte exotische Träume

Zwei Krisen, eine Ursache, viele Geprellte

Die Geschichte zeigt paradoxe Parallelitäten auf: In den ersten zwei Jahrzehnten des 18. Jahrhunderts haben sich auf beiden Seiten des Ärmelkanals, in Frankreich und in England, fast zeitgleich gigantische Spekulationsblasen aufgebaut, die kurz nacheinander platzten. Beide hatten so gut wie dieselben Wurzeln und Verläufe, verfolgten ähnliche Ziele und beruhten auf einander ähnlichen politischen Entwicklungen.

„Vertrauen ist das Gefühl, einem Menschen sogar dann glauben zu können, wenn man weiß, dass man selbst an seiner Stelle lügen würde", sagte der amerikanische Kritiker Henry Louis Mencken im 20. Jahrhundert.

Dieses Vertrauen hatte auch der englische Physiker, Mathematiker, Astronom und Theologe Isaac Newton 300 Jahre früher. Der exzellente Wissenschafter hat viel und scharfsinnig über Naturgesetze und philosophische Fragen nachgedacht. Er wurde jedoch wegen des allzu großen Vertrauens in seine Zeitgenossen bedauernswertes Opfer einer gigantischen Spekulationsblase. Dahinter steckte nichts weiter als sein blindes Vertrauen ins Geflunker von windigen Bankern und Politikern. Der superkluge Newton ist ihnen auf den Leim gegangen so wie Tausende seiner Zeitgenossen auch.

1720 hatte der zum Sir geadelte Gelehrte bei der sogenannten Südsee-Kompanie-Blase 20.000 Pfund verloren – für damalige Verhältnisse ein beachtliches Vermögen. Daraus kann man schließen: Vertrauen hat nichts mit Wissen, Tugend oder Intelligenz zu tun, sondern ist ein nicht messbares menschliches Gefühl, das lange braucht, bis es sich etabliert, aber durch eine winzige Unachtsamkeit innerhalb von Sekunden verlorengehen kann.

Trotz seines Spekulationsverlustes blieb der gelehrte, zerstreute, bescheidene, aber gegenüber Andersdenkenden oft nahe der Beleidigung scharfzüngige Newton bis zu seinem Tod 1727 ein wohlhabender und hoch geachteter Mann. Sein pompöses Grab in der Londoner Westminster Abbey fällt wegen seiner auffälligen Gestaltung allen Besuchern sofort auf.

Man kann ruhigen Gewissens behaupten: Wäre Newton ein Franzose und kein Engländer gewesen, wäre er höchstwahrscheinlich Opfer der Mississippi-Blase geworden. *Die Südsee-Kompanie- und die Mississippi-Kompanie-Blase zählen zu den frühen negativen wirtschaftlichen Ereignissen, die sich am Beginn der sich globalisierenden Welt ereignet haben. Beide folgten der holländischen Tulpenzwiebelblase und stehen am Anfang der sich in den europäischen Industrieländern herausbildenden Börsenkultur. Beide wurden von der Faszination eines neuen Geschäftsfeldes angetrieben, das die Phantasie von Spekulanten gehörig anfeuerte, die aber weit genug von jenen Handelsplätzen entfernt lagen, wo ihre Anteile verhökert wurden, so dass sich die Investoren mit eigenen Augen, Ohren und Händen nicht von der Werthaltigkeit der erworbenen Beteiligungen überzeugen konnten. Es war eine ideale Spielwiese für jene, die auf Kosten ihrer Mitbürger das schnelle Geld machen wollten.*

Französische Staatsschuldenkatastrophe als Auslöser

Hohe Schulden standen am Beginn und am Ende dieser Finanzkrise. Dazwischen regierte ungehemmte Spekulation auf Kosten anderer und zum eigenen Vorteil.

1715, nach dem Tod des hochbarocken, absolutistisch herrschenden „Sonnenkönigs" Ludwigs XIV. – Stichwort „L'Etat c'est moi" („Der Staat bin ich") –, war die wirtschaftliche Situation Frankreichs katastrophal; ein drastischer Unterschied zur Lage des Staates, als Ludwig XIV., der am längsten herrschende Monarch der europäischen Geschichte, die Alleinherrschaft übernommen hatte. Das war 1643 gewesen, nur sechs Jahre nach dem Platzen der niederländischen Tulpenspekulation.

Zu diesem Zeitpunkt war Frankreich der meistbevölkerte, reichste und mächtigste Staat Europas. Die verschwenderische Hofhaltung in Versailles sowie unzählige, nicht immer glückliche Expansionskriege belasteten den französischen Staatshaushalt in der Folge enorm. Unter dem Sonnenkönig hat Frankreich total abgewirtschaftet. Die Staatsschulden betrugen 1715 rund 2,8 Milliarden Livres (= französische Rechnungsmünze, die bis zum Ende des 18. Jahrhunderts galt). Das war gut das 20-fache der jährlichen Staatseinnahmen. Diese waren bereits deutlich niedriger als die jährlichen Zinsen, die für die hohe Staatsschuld anfielen. Es war nicht mehr möglich, diese durch Ankurbelung der Wirtschaft zu verringern. Die ohnehin schon hohen Steuern – Einziehung des „dixième", des Zehent, des zehnten Teils jeglichen Einkommens – konnten nicht weiter erhöht werden und ein dichtes Netz von diversen Steuerprivilegien und -befreiungen für Günstlinge lähmten die Entwicklung der französischen Wirtschaft. Im Vierteljahrhundert zwischen 1690 und 1715 war die französische Währung 40-mal (!) abgewertet worden. Wer immer konnte, verlagerte sein Vermögen von Frankreich ins Ausland. Diese massive Kapitalflucht behinderte jede wirtschaftliche

Erholung des Landes; breite Volksschichten verelendeten, so dass es zu mehrfachen Hungerrevolten kam. „Ganz Frankreich ist ein Armenhaus", schrieb damals der Erzbischof, Schriftsteller und Wohltäter Francois de Salignac de La Mothe-Fénelon (1651–1715).
Der Nachfolger Ludwigs XIV., der französische König Ludwig XV. (1710–1774) – er war Urenkel des Sonnenkönigs –, kam 1715 noch unmündig auf den Thron, da sein Großvater und sein Vater bereits verstorben waren. Er wurde durch einen Regenten, Herzog Philippe von Orléans, einem Neffen des verstorbenen Königs, vertreten. Beide erwiesen sich während ihrer Herrschaft als alles anderes als Finanzgenies.
Ludwig XV. war – im Gegensatz zu seinem Urgroßvater – an den Staatsgeschäften desinteressiert; er war schüchtern und strebte vom glanzvollen Gepränge des Hofes weg in die Einsamkeit von Landhäusern und Lustschlössern, wo er sich später der Jagd und ausschweifenden Liebesaffären hingab, während seine Minister und Mätressen Politik nach eigenem Gutdünken machten.
Das führte Frankreich kulturell vom verspielten Barock ins laszive Rokoko, finanziell in den totalen Staatsbankrott; politisch bereitete sich aufgrund der wachsenden sozialen und wirtschaftlichen Spannungen der Ausbruch der Französischen Revolution vor. Revolutionäre Ideen waren dringend gefragt. Das „Ancien Régime" war am Ende.

Die faulen „Bankzettel" John Laws

In dieser misslichen Atmosphäre entfaltete sich die Bilderbuch-Karriere des Schotten John Law (1671–1729), der als fünftes Kind des Innungsmeisters der Goldschmiede von Edinburgh und Geldverleihers William Law geboren worden war. Er hatte den Hang zum spekulativen Bankier geerbt. Mit 17 Jahren ging er nach London und betätigte sich dort als professioneller Spieler. Seine besondere Begabung des brillanten Kopfrechnens, mit dessen Hilfe alle Gewinnchancen blitzschnell zu erkennen, zu kalkulieren und sie konsequent umzusetzen, trainierte er durch die Lektüre von Werken des Religionsphilosophen Antoine Arnauld oder des Mathematikers Jakob Bernoulli bis zur Perfektion.
Nach einem tödlich verlaufenen Duell floh John Law aufs europäische Festland und studierte das Finanzsystem der Bank von Amsterdam, wobei er den britischen Thronprätendenten James III. kennenlernte. In Amsterdam lernte er die dort ventilierte und um 1609 auch praktizierte Idee kennen, statt Edelmetallmünzen Bankzettel auszugeben. Grundlage dieser Idee war allerdings, dass die Zettel voll durch Münzgeld gedeckt sein mussten. 1661 hatte es bereits in Stockholm einen kurzen Versuch gegeben, Bankzettel auszugeben; mangels öffentlichen Vertrauens wurde dieser Probelauf jedoch bald beendet.
Doch in John Laws Gehirn nistete sich die Idee des Umstiegs von Münzgeld auf Papiergeld ein. Nach Abstechern nach Paris und Venedig kehrte Law nach Schottland zurück und versuchte vergeblich, das damals noch unabhängige Land vor der drohenden Finanzkatastrophe zu retten. Aber auch dort wurden seine Reformvorschläge abgelehnt, und Law kehrte enttäuscht aufs Festland zurück. So blieb seiner engeren Heimat das Experiment der Ausgabe von Bankzetteln statt Münzen erspart.

Die Idee zur Wirtschaftsankurbelung durch ausreichende Versorgung der Wirtschaft mit (Papier-)Geld veröffentlichte Law 1705 unter dem komplizierten Titel MONEY AND TRADE CONSIDERED, WITH A PROPOSAL FOR SUPPLYING THE NATION WITH MONEY. Später versuchte Law, seine Idee auch in Wien und Turin in die Praxis umzusetzen, aber auch dort wurde sie abgelehnt.

Nach Paris zurückgekehrt, wandte er sich mangels anderer Einkommensmöglichkeiten wieder dem Glücksspiel zu und dem, was man heute als Networking – Aufbau persönlicher Beziehungen zu nützlichen Persönlichkeiten – bezeichnet. Beides mit Erfolg. Er erwarb im Spiel ein ansehnliches Vermögen und trug von nun an den Titel „von Lauriston". Er befreundete sich 1707 mit Philipp von Orléans, damals noch nicht Regent für den späteren französischen König Ludwig XV. Dennoch war diese Beziehung für Laws weitere Pläne besonders hilfreich. Von 1716 an begann er mit Unterstützung des nunmehrigen Regenten im nach wie vor hoch überschuldeten Frankreich seine geldpolitischen Ideen praktisch umzusetzen. Er erhielt anfangs die Erlaubnis zur Errichtung einer Privatbank, die ihn in kurzer Zeit schwer reich machte. Der Regent Philipp von Orléans machte Law zum Oberintendanten der französischen Finanzen, und Laws Banque Générale wurde bald zur Staatsbank Banque Royale umgewandelt. Das war *die* Chance Laws zur Umsetzung seiner alten Idee Papier- statt Münzgeld.

1718 gab die Banque Royale Wertpapiere in Form einfacher Zettel aus. Von ihnen behauptete Law, diese könnten genauso gut wie Münzgeld für Zahlungszwecke benutzt werden. Seiner Theorie entsprechend waren die Bankzettel durch Grund und Boden gedeckt, womit der immobile Wert aller Liegenschaften beweglich gemacht und in Umlauf gebracht werden konnte. Law sicherte öffentlich zu, dass der Umtausch seiner Banknoten in Münzgeld jederzeit möglich sei, und behauptete, dass das Papiergeld wertbeständiger als Silber sei, „denn die Ländereien bringen herfür, aber das Silber ist ja schon hervorgebracht; die Ländereien können keine ihrer Nutzungen verlieren, aber das Silbergeld sein Gepräge".

Anders die monetäre Praxis. Law widmete sich dienstfertig der Befriedigung des gigantischen Finanzbedürfnisses des französischen Staates und räumte diesem ein, aufgrund seines eigenen Kredits Papiergeld ohne Grund- und Bodendeckung auszugeben. 1718 wurden Laws Bankzettel Staatspapiergeld. Dank dessen begannen Handel und Gewerbe in Frankreich wieder aufzublühen. Aber der Zinsfuss sank, und wegen des weiterhin lockeren Lebens bei Hof brachte die Einführung des Papiergelds keine durchgreifende Erleichterung für die nach wie vor leidenden Staatsfinanzen.

Der französische Regent, Philipp von Orléans, von Laws Idee voll überzeugt, aber ohne jede Ahnung über finanzielle Zusammenhänge, scheint weit mehr Papiergeld drucken haben lassen, als Law je gewusst hat. Es sollen bis zu 3,7 Milliarden Livres gewesen sein, errechneten später Experten, die den Ursachen der Mississippi-Kompanie-Krise nachgingen. Der Regent ließ die französische Notenpresse also viel länger laufen, als von Law vorgesehen worden war.

Seit damals gibt es den noch heute gebräuchlichen Ausdruck einer „dauernd in Betrieb stehenden Notenpresse". Daraus ist die Lehre zu ziehen, dass ebenso rasch, wie Geld künstlich ohne Deckung vermehrt wird, in einer Volkswirtschaft die Preise steigen, oft sogar noch schneller als die Notenpresse Nachschub liefern kann. In der modernen Finanzwirtschaft brauchen heute keine zusätzlichen Banknoten mehr gedruckt zu werden, um die Geldmenge zu vermehren, es genügt dazu die Verbriefung von zusätzlichen Krediten.

Fachleute wissen aus Erfahrung: Das allgemeine Preisniveau orientiert sich an der Formel Geldumlauf, geteilt durch die am Markt verfügbaren Waren und Leistungen, ergibt den durchschnittlichen Preis einer angebotenen Einheit. Steigt mit dem Geldumlauf nicht auch die Zahl der verfügbaren Waren und Leistungen, steigen die Preise, und die Inflation ist kaum mehr beherrschbar.

Das gilt auch heute noch, wo es neben gemünztem und gedrucktem Geld künstlich geschaffenes Geld in Form von virtuellem Geld aus kreditfinanzierten Wertpapier-Emissionen gibt.

Das Geschäftsmodell John Laws

Der heftiger als amtlich bekanntgegeben forcierte Geldumlauf in Frankreich störte Law bei seinen Aktivitäten nicht im Mindesten. Er hatte schon 1717, gegen den Widerstand des obersten Gerichtshofes Frankreichs, die Mehrheit an der Compagnie de la Louisiana ou d'Occident, kurz Mississippi-Kompanie, erworben. Das war eine Handelsgesellschaft auf Aktienbasis, die schon 1684 für die Kolonisierung der französischen Territorien in Amerika, des heutigen Kanada und der Länder an den Ufern des Mississippi-Flusses, privilegiert worden war. 1718 schiffte sich Pierre Le Moyne d'Iberville mit Zielrichtung Mississippi-Fluss ein. Dort angekommen, erbaute er ein Fort und schuf eine Kolonie. 1718 gründete er die Mississippi-Kompanie in Louisiana die Stadt New Orleans. Bei der Übernahme der kontrollierenden Mehrheit nannte John Law die Gesellschaft auf Compagnie d'Occident um. Gleichzeitig räumte ihm die französische Regierung ein Monopol für den gesamten Handel mit „Westindien und Nordamerika" auf 25 Jahre ein. Damit war das Geschäftsmodell der Mississippi-Kompanie festgelegt.

Um die Gesellschaft zu finanzieren, wurden ihre Aktien zur öffentlichen Zeichnung aufgelegt. Jeder Franzose, egal welchen Standes, erhielt das Recht, so viele Aktien zu erwerben wie er wollte. 1718 erhielt die Compagnie d'Occident das Tabakmonopol und fusionierte im selben Jahr mit der Compagnie du Sénégal, die den Handel mit Afrika betrieb. Ein Jahr später übernahm die Gesellschaft die Compagnie des Indes Orientales, die Compagnie de Chine und andere französische Außenhandelsfirmen und wurde in Compagnie Perpètuelle des Indes umbenannt. 1720 schluckte sie auch die Banque Royale. Law hatte damit einen nur für ihn durchschaubaren Mischkonzern an der Hand, dessen Anteile er gewinnträchtig verhökerte.

Wie man an diesem Fall erkennt, ist es seit Jahrhunderten gang und gäbe: Aus einer Vielzahl von Einzelgesellschaften werden komplexe und intransparente Konzerne zusammengestoppelt, deren Wertschöpfungsquellen im Dunkel liegen, aber durch großartig klingende Bezeichnungen und prominente Managernamen für Laien, manchmal sogar für Experten, als attraktive Ertragsquellen herausgeputzt werden. Auch in der Krise

2007/2009 wurden solche Fälle des Anlegerbetrugs durch angeblich unfehlbare Gewinnmaschinen bekannt.

Laws gezieltes Networking zur Beschleunigung seiner Karriere setzte sich fort. Ende 1719 ist er zum katholischen Glauben konvertiert und wurde umgehend zum Generalkontrolleur der französischen Staatsfinanzen ernannt. Damit war er Direktor der Banque Royale, Beherrscher des französischen Geldwesens und Chef der Mississippi-Kompanie, der rund ein Drittel der Fläche Nordamerikas gehörte. Um seine gesellschaftliche Position zu stärken und von seinen schrägen finanziellen Machenschaften abzulenken, spendete Law Unsummen für karitative Zwecke, was die edle Liselotte von der Pfalz und der berühmte Dichter Daniel Defoe übereinstimmend berichtet haben.

Law galt in der feinen französischen Gesellschaft als faszinierende Persönlichkeit, intelligent, charmant, mit tadellosen Manieren und attraktivem Äußeren. Tatsächlich war er ein eiskalt kalkulierender, schnell entschiedener Draufgänger und Angeber, der log wie gedruckt, wenn es seinen Zielen nutzte. So übertrieb er die Schätze, die seine Kompanie in Nordamerika vorfand, maßlos, um deren Aktien besser losschlagen zu können.

Geschmeidiger Geldumlauf fördert die Konjunktur

Das Finanzsystem von John Law war von zwei wirtschaftspolitischen Zielen geleitet: Er wollte die Verschuldung des Staates Frankreich abbauen und die monetären Probleme der französischen Volkswirtschaft lösen.

Seine Grundaussage war – und das gilt auch heute –, dass die ausreichende Ausstattung einer Volkswirtschaft mit Geld, die jederzeitige Bereitstellung von Liquidität, zu einer Senkung der Zinsen führt. Das kurbelt die Investitionen zur Nutzung brachliegender, nicht genutzter Ressourcen an, so dass als Ergebnis die Beschäftigung und damit das Volkseinkommen steigt.

Daher versuchte Law mit allen Mitteln, die Geldmenge in Frankreich zu erhöhen und so die wirtschaftliche Entwicklung zu fördern.

Als gewiegter Spieler und Hasardeur setzte Law immer alles auf eine Karte. Wie seine Bank war auch die Mississippi-Kompanie am Beginn unterkapitalisiert, da ihr Grundkapital aus abgewerteten Staatsanleihen stammte. Nachdem sich Law für seine Kompanie weitere gewinnträchtige Privilegien und Monopole hatte sichern können – er erwarb z. B. das Handelsmonopol von Frankreich mit Indien, China und der Südsee –, änderte sich deren Kapitalisierung. Ihre Aktien wurden nicht zuletzt dank einer zeitweisen künstlichen Angebotsverengung – heute würde man diese Strategie Verknappungsmarketing nennen – heftig nachgefragt. Noch ein zweiter Effekt kam Law zu Hilfe. Seine gesellschaftliche Vorrangstellung und engen Beziehungen zum französischen Königshaus führten bei den Anlegern zur irrigen Annahme, dass die Aktien der Kompanie nicht riskant seien.

Mit solchen Tricks wird noch heute erfolgreich gearbeitet. Zum Marketinginventar unseriöser Vermittler von Anlageinstrumenten zählt der Hinweis, dass das Interesse an den angebotenen Investitionsmöglichkeiten so enorm sei, dass sie bereits so gut wie ausverkauft seien und nur der Angesprochene eine allerletzte Chance habe, noch schnell zuzuschlagen. Auch wenn prominente Politiker, Künstler oder Gesellschaftslöwen in die Führungsetagen von Emissionsgesellschaften geholt werden, ist das ein probates Mittel vorzutäuschen, dass ihre Geschäfte seriös und verlässlich sind.

Das riesig gewordene Unternehmenskonglomerat Laws änderte seinen Namen in Compagnie des Indes. Sie weitete ihren Tätigkeitsbereich durch Kauf des Rechts zur Prägung von Münzen, Erwerb des Rechts, alle indirekten Steuern Frankreichs zu einem fixen jährlichen Pauschalbetrag einzutreiben, sowie Kauf des Rechts zur Eintreibung aller direkten Steuern Frankreichs gezielt aus. Diese Privatisierung des französischen Fiskalsystems sollte, laut Law, den Handel fördern und den Steuereinzug ökonomischer machen.

Schließlich kam Law noch auf die Idee, den Großteil der noch in Umlauf befindlichen staatlichen Schuldscheine gegen Aktien der Compagnie des Indes eins zu eins umzutauschen. Da der Marktwert der Schuldscheine unter ihrem Nennwert lag, rissen sich deren Eigentümer um diesen Umtausch.

Mehrere Kapitalerhöhungen der Compagnie des Indes inflationierten nach und nach den Wert des französischen Papiergeldes. Dasselbe geschah auch durch die Banque Royale, die immer mehr Bankzettel und Anleihen ausgab, damit neue Aktien der Kompanie gekauft werden konnten. Noch 1719 erwarb diese die Rechte an der königlichen Münze.

Dieser finanzpolitische Mehrfachtrick Laws bewirkte eine noch nie erlebte Aktienhausse, die eine immense Spekulation auf Immobilien und daneben einen Konsumrausch auslöste. Endlich konnten die Menschen wieder „leben wie Gott in Frankreich". Die Staatsbank gab Geld aus, Handwerk und Gewerbe blühten auf, Menschen aus aller Welt kamen nach Frankreich, und von dort aus ergoss sich ein Strom von Auswanderern in die französischen Kolonien in Nordamerika, um die dort versprochenen Ländereien und Bodenschätze in Besitz zu nehmen. Das erhoffte Wirtschaftswunder schien zum Greifen nah.

Das Land, wo Milch und Honig fließen sollten

In den französischen Besitztümern am Unterlauf des Mississippi bzw. im heutigen US-Bundesstaat Louisiana haben sich damals lediglich rund 500 Franzosen aufgehalten, daneben allerdings sehr viel mehr bodenständige Indianer. Den meisten auf Hausse spekulierenden Anlegern in Aktien der Mississippi-Kompanie blieb dieser Umstand verborgen. Sie wussten auch nicht, dass die lautstark angepriesenen Goldvorkommen bloß der blühenden Phantasie der Kompanie entsprangen.

Zwischen Oktober und November 1719 kam es in Frankreich zu einer unglaublichen Euphorie des Anlegerpublikums, die die Marktkapitalisierung der Compagnie des Indes verdoppelte. Anfang 1720 erreichte Law den Zenit seiner Macht. Im Mai dieses Jahres berichtete er, es „wurden 500 ganz große, atlantiktaugliche Schiffe neu gebaut oder gekauft", daneben Serien von kleineren Brigantinen und Fregatten, um den

Strom von Kolonisten nach Louisiana zu lotsen, wo es angeblich Metalle, Seide und Spezereien aller Art für jeden gab, der hinlangen wollte; als die größte Attraktion von Kanada wurden glänzende Biberfelle herausgestellt.

Daheim in Frankreich stiegen die Aktien der Compagnie im Preis weiter. Durch Kapitalgewinne und kleine Aktienstückelungen angelockt, weitete sich der Kreis der Interessenten massiv aus. In wenigen Jahren legten die Aktien vom ursprünglichen Ausgabekurs von 500 auf bis zu 15.000 Livres pro Stück zu. Innerhalb weniger Monate wurden in Frankreich auch nichtadelige Spekulanten zu Millionären – dieser Ausdruck kam um 1720 auf. Im der Folge drohte die überkommene Gesellschaftsordnung zu kippen. Zeitgenössischen Quellen schildern, dass damals im Park von Vendôme und Hotel des Soissons sogar 160 Kioske aufgestellt worden waren, um die Nachfrage nach Aktien der Kompanie zu befriedigen. Wachen mussten dafür sorgen, dass nicht auch in der Nacht Aktien gehandelt wurden. Das ging nicht lange gut.

Allmählich sprach sich herum, dass die französischen Kolonien in Louisiana nicht das hoch gelobte Eldorado waren, für das man sie ausgegeben hatte, so dass die Hoffnung auf hohe Renditen zusammenbrach. Und beim Rückfluss der Banknoten kam es unerwartet zur Ernüchterung aus dem Konjunkturrausch: Einige Aktionäre wollten ihre Aktien zu Geld machen, um die Kursgewinne zu realisieren, denn es kursierten Gerüchte, dass die von Law in Aussicht gestellte Dividende von 40 Prozent des Aktiennennwerts nicht aufgebracht werden könnte. Auch die Banque Royale konnte ihre Bankzettel nicht einlösen, aber auch nicht den gewaltig gewordenen Papiergeldumlauf weiter aufrechterhalten. Im Mai 1720 hat sich der nominelle Wert der Bankzettel der Banque Royale auf 2,7 Milliarden Livres summiert, während der Wert der von der Bank gehaltenen Silbermünzen nur etwa bei der Hälfte davon lag. Der Regent Philipp von Orléans, der mit im bösen Spiel war, gab Law größere Vollmachten, ernannte ihn zum Generalkontrolleur der Finanzen, um das willkürlich aufgeblähte System zu retten. Vergeblich.

Law schritt schließlich zu unpopulären Zwangsmaßnahmen: Der Wert von Gold und Silber wurde plötzlich ganz nach den Bedürfnissen der Banque Royale verändert. Das Volk musste seine Edelmetallbestände abliefern, der Besitz von Kleinodien wurde mit Strafen belegt, die Herstellung von Tafelsilber untersagt und sogar der Bargeldbesitz von mehr als 500 Livres verboten. Die Begründung für diese unpopulären Maßnahmen lautete: „Trotz der von Seiner Majestät gehabten Fürsorge, einen leichteren Geldumlauf herzustellen, gehen Übelwollende darauf aus, das Vertrauen zu untergraben. Wir halten es deshalb zugunsten des Handels und Geldumlaufs für nötig, über diejenigen Strafen zu verhängen, die das Bargeld aufspeichern." Aber dieses Divide et Impera, die vom Regenten angeordnete Unterscheidung zwischen „gutwilligen Aktionären", den Daueranlegern, und „bösen Aktionären", den Tradern, half nicht mehr, die Inflation abzuwenden. Regent Philipp von Orléans und sein Zentralbankchef Law hatten sich in ihren Überlegungen gewaltig geirrt.

Es waren demnach nicht böse Übelwollende, sondern es waren die Eigengesetzlichkeiten des Geldwesens, die die ungezügelte Banknotenausgabe ohne geeignete Deckung mit einer heftigen Entwertung bestraften. Diese Eigengesetzlichkeiten waren in der ersten Hälfte des 18. Jahrhunderts allerdings noch nicht ausreichend bekannt. Selbst heute sind sie nur wenigen Eingeweihten in ihrer vollen Tragweite bewusst, was man deutlich am Entstehen der jüngsten Weltwirtschaftskrise ablesen kann.

Gute Ideen schlecht umgesetzt

Die Krise begann wie in Zeitlupe. Im November 1719 endete die Hausse der Aktien der Compagnie. Aber die Blase begann erst im Februar 1720 zu platzen. Der Wert der Aktien sank ebenso rasch wie das Vertrauen in die Bankzettel. Dazu kam, dass die Überbewertung der Kompanie-Aktien zeitlich mit der Südsee-Kompanie-Blase in England zusammenfiel. Die Folge davon war: Das enttäuschte Spekulationskapital strömte von Paris weg nach London, wo seiner die nächste Enttäuschung wartete. Im September 1721 lag der Aktienpreis der Mississippi-Kompanie wieder beim ehemaligen Ausgabekurs von 500 Livres.

Schließlich wurde vom französischen Finanzminister d'Argenson, einem politischen Gegner Laws, die einzig zielführende Maßnahme zur Sanierung der Lage ergriffen. Er setzte den Wert der Bankzettel auf die Hälfte herab. Law wollte auch den Aktienkurs der Kompanie von 9000 auf 5000 Livres herabsetzen. Das wäre zwar richtig gewesen, aber es war höchst unpopulär. Das französische Volk schäumte vor Zorn. Aufruhr brach aus, Paniken machten die Runde und die Anordnung musste zurückgenommen werden. Law erlitt einen Nervenzusammenbruch, seine Kinder wurden aufs Land gebracht, nur seine Geliebte, Katherine Seigneur, geborene Knowles, blieb bei ihm.

Am 29. Mai 1720 wurde Law spontan abgesetzt und musste um sein Leben fürchten. Er flüchtete mit seiner Geliebten im Dezember 1720 über Brüssel nach Venedig, wo Law 1729 starb.

Noch 1720 wurden in Frankreich die Bankzettel abgeschafft und die Rückkehr zum altgewohnten Münzstandard angeordnet.

Als das komplizierte Finanzgeflecht, das Law aufgebaut hatte, nach mehreren Jahren aufgelöst und bewertet wurde, stellte sich heraus, dass er die Finanzen der französischen Krone keineswegs ruiniert hatte. Denn der Schuldenstand Frankreichs war gegenüber 1716 so gut wie unverändert; allerdings war ein Gutteil des französischen Adels und Bürgertums wegen verfehlter Spekulationen verarmt. Die grundsätzlich guten Ideen Laws waren schlecht und zum Nachteil des Volkes umgesetzt worden.

Das Ende der Kompanie kam nicht unmittelbar. Sie wurde 1722 reorganisiert, 1723 erhielt sie von König Ludwig XV. neue Privilegien, etwa das Salz-, Tabak- und Kaffee-Monopol, sowie das Recht, nationale Lotterien zu betreiben. Sie nahm neues Aktienkapital auf. Zwischen 1726 und 1746 blühte sie dank ihres Überseehandels und ihrer Geschäfte in Frankreich neu auf. Sie verlor später ihre Handelsrechte in Amerika, dafür aber blühten ihre Geschäfte mit dem Orient auf. Erst der Siebenjährige Krieg 1756–1763 brachte der Kompanie ernste Schäden. Von 1770 an verlor sie allmählich alle ihre Rechte, der französische König kaufte ihre Aktien auf und sie wurde 1790 liquidiert.

Hätte John Laws ausgeklügeltes Finanzsystem überleben können? Fachleute meinen heute ja, es hätte überleben und Nutzen bringen können, hätte seine Kompanie seriös Investoren geworben, diese wahrheitsgemäß informiert und profitabel gewirtschaftet.
Der Schock über das unheilvolle, wertlos gewordene französische Papiergeld jedoch war so groß, dass es europaweit fast 200 Jahre lang geächtet und politisch tabu war. In seinem Mitte 1831 vollendeten Drama FAUST II hat Johann Wolfgang von Goethe 113 Jahre nach Laws Experiment mit ungedecktem Papiergeld dieses als Teufelswerk angeprangert: Im ersten Akt der Tragödie zweiter Teil rät Mephistopheles dem Kaiser, seinen ausgepowerten Staatshaushalt durch Papiergeld aufzufetten. In der Szene im Lustgarten lässt Goethe Mephisto zum Kaiser sagen: „Ein solch Papier, an Gold und Perlen Statt, ist so bequem, man weiß doch, was man hat; man braucht nicht erst zu markten, noch zu tauschen, kann sich nach Lust in Lieb und Wein berauschen. Will man Metall, ein Wechsler ist bereit, und fehlt es da, so gräbt man eine Zeit. Pokal und Kette wird verauktioniert und das Papier, sogleich amortisiert, beschämt den Zweifler, der uns frech verhöhnt. Man will nichts anders, ist daran gewöhnt. So bleibt von nun an allen Kaiserlanden an Kleinod, Gold, Papier genug vorhanden."
Erst 1923 wagte es die damals völlig verarmte deutsche Weimarer Republik wieder, Banknoten herauszugeben, die sogenannte Rentenmark, wertmäßig besichert durch die Erträge der deutschen Landwirtschaft.
Das Gesamtergebnis der Aktivitäten John Laws als Bankier, Staatsbankchef, Propagator des Papiergeldes und Top-Manager der Mississippi-Kompanie war eine deftige geldpolitische Katastrophe. Er war ein Spieler und Spekulant, aber weder ein Narr noch Gaukler. Er kämpfte im Grunde für gute soziale und wirtschaftliche Ziele, aber er und seine Förderer waren sich der mittel- und langfristigen Tragweite ihrer Taten nicht bewusst. Seine fiskalische Idee war es gewesen, Edelmetalle und Grundvermögen sowie dessen Ertragsaussichten zur Deckung des Banknotenumlaufs heranzuziehen. Das Papiergeld sollte eine Deflation verhindern und die Wirtschaft mit ausreichender Liquidität versorgen.
Die Bedeutung dieses Konzepts des beginnenden 18. Jahrhunderts wurde erst im Laufe des 20. Jahrhunderts erkannt und umgesetzt. Der Ökonom Joseph Schumpeter reihte Law in seiner Dogmengeschichte unter die ersten Geldtheoretiker aller Zeiten ein. Hingegen schreibt John Bowle in seiner GESCHICHTE EUROPAS, „abgesehen von ein paar auf Kredit gebauten Straßen und Kanälen besteht Laws ganzer Nachlass in der Stadt New Orleans". Was Law als Fehler anzulasten ist, war die nachhaltige Täuschung breiter Investorenkreise. Er manipulierte brutal die Informationen an seine Anleger und täuschte sie über die Gewinnaussichten seiner Kompanie, was ihm angesichts der Leichtgläubigkeit und des Optimismus der damaligen Zeit leicht gelang.
Auch jetzt am Beginn des 21. Jahrhunderts ist zu beobachten: Menschen, die viel Geld, aber wenig Ahnung von den Möglichkeiten zur Erhaltung ihres Vermögens haben, fallen glitzernden, aber oft getürkten Versprechungen von Anlagebetrügern hinein. Sie nehmen unglaubliche Risiken in Kauf, nur um schnell reich zu werden und ihre Freunde, Kollegen und Nachbarn bei der Geldvermehrung zu übertreffen. Wenn sie später mit der harten

Wirklichkeit konfrontiert werden, bauen sie ein gewaltiges Misstrauenspotential gegen sämtliche, auch ehrliche und seriöse Finanzdienstleister auf. Es dauert sehr lange, bis dieses wieder abgebaut ist.

Problemzwilling Südsee-Kompanie

Wir sind im London zu Beginn des 18. Jahrhunderts: In der englischen Metropole etabliert sich eben eine florierende Börse. 1697 war dort der erste private Kurszettel erschienen, 1714 der erste amtliche, und seit 1700 gibt es die erste Nachrichtenagentur, die regelmäßige Börsenews aus aller Welt verbreitete. Zwölf Jahre zuvor, 1688, hatte es an der Londoner Börse erst drei notierte Aktiengesellschaften gegeben, 1694 waren es bereits 53 gewesen, und nach größeren Industriegründungswellen in England waren schließlich 200 Gesellschaften an der Londoner Börse notiert. Eine der wichtigsten am Beginn des 18. Jahrhunderts war die South Sea Company.

Sie war 1711 von John Blunt, George Caswell, Mitinhaber der Bankiersfirma Sword Blade Company, Lord Treasurer Robert Harley sowie einem anonymen Baptisten als Handelsgesellschaft gegründet worden. Auch die britische Regierung hielt einen Anteil an ihr. Diese verlieh dem Unternehmen das Monopol der britischen Krone für den Handel mit dem Halbkontinent Südamerika einschließlich Mittelamerika und allen bis dahin noch nicht entdeckten Gebieten. Unter „Handel" war vor allem die Gefangennahme schwarzer Sklaven in Westafrika und deren Verkauf in Amerika gemeint.

Ursprünge, Verlauf und Ende der englischen Südsee-Kompanie sind jenen der französischen Mississippi-Kompanie täuschend ähnlich wie ein Zwilling dem anderen. Eine auffällige historische Parallele. Es lohnt sich, deren Hintergründe aufzudecken, um nützliche Hinweise auf das Entstehen von Spekulationsblasen zu erhalten.

Der eigentliche Zweck der South Sea Company war weniger wirtschaftlich-kaufmännischer, sondern eher militärisch-politischer Natur: Die Engländer spekulierten damals auf ein schnelles und für sie günstiges Ende des Spanischen Erbfolgekrieges. Würden sie siegen, würde auch das einträgliche spanische Privileg des Sklavenhandels – Asiento de negros (Recht auf den Handel mit 4.800 Sklaven pro Jahr) – beseitigt werden. Die Engländer, die seit der zweiten Hälfte des 16. Jahrhunderts Sklavenhandel trieben und die spanischen Kolonien in Südamerika belieferten, hätten dann freie Bahn gehabt. Doch das dauerte seine Zeit.

1713 wurde nach Ende des Spanischen Erbfolgekrieges der Friede von Utrecht geschlossen; aber die spanischen Vorrechte wurden zur Enttäuschung Englands darin nur beschränkt, nicht beseitigt.

Daher konnte die erste Handelsreise der South Sea Company erst 1717 starten und sie endete enttäuschend, weil wenig lukrativ. Der erhoffte Einstieg in den ertragreichen Handel mit Gold und Silber aus Peru und Mexiko misslang, weil sich die spanischen Häfen in Südamerika den britischen Schiffen nicht öffneten. Das aber blieb den Engländern weitgehend verborgen. Der Kurs der Aktien der South Sea Company zeigte in den ersten Jahren nach dem Listing nur wenig Bewegung.

Daher wurde die Strategie geändert: Die South Sea Company betätigte sich – nach dem französischen Vorbild von John Laws Banque Générale – als Sanierer der wegen ewiger Kriege ebenfalls notleidend gewordenen britischen Staatsfinanzen. Die Kompanie übernahm die Schulden der Bank of England in Höhe von neun Millionen Pfund und hoffte auf Zinsenerlöse in Höhe von sechs Prozent, das waren 576.534 Pfund jährlich. Im Gegenzug erhielt sie von der britischen Regierung das Recht, zusätzliche Aktien auszugeben, also ihr Kapital zu erhöhen. Die Regierung hoffte darauf, dass die Zinsenzahlungen an die South Sea Company durch die Zollerlöse aus dem Südseehandel hereingespielt werden würden. Doch der englische Staat machte unbeschwert weitere Schulden. Auch diese übernahm die Kompanie und brachte zu deren Finanzierung neue Aktien auf den Markt. Außerdem übergab die englische Krone der Kompanie vier Schiffe, damit sie ihre Privilegien nutzen konnte.

Die wirtschaftlichen Überlegungen dahinter waren: Der englische Staat profitierte von niedrigeren Zinsen für die Bedienung seiner Schulden; die Aktionäre der Südsee-Kompanie hofften auf laufende Gewinne; mit der Staatsbeteiligung setzte man auf einen wirtschaftlichen Aufschwung des jungen Großunternehmens. Diese Win-Win-Win-Situation stellte sich jedoch nie ein.

Am 22. Jänner 1720 unterbreitete die South Sea Company dem englischen Parlament einen Plan zur Übernahme der gesamten Staatsschuld. Den Gläubigern des Staates – es waren 63 Prozent private Anleger, 30 Prozent private Unternehmen und zu sieben Prozent die Bank von England – wurden im Tausch gegen ihre Staatstitel Aktien der Kompanie angeboten.

Damit hat England exakt das französische Modell von John Law nachgeahmt. Im Gegensatz zu dessen Compagnie des Indes hat die Südsee-Kompanie jedoch nie die Privilegien der Münzprägung oder der Steuereintreibung erhalten und sie hat auch keine anderen Firmen geschluckt.

Am 21. März 1720 wurde der die Gesamt-Übernahme der englischen Staatsschuld begründende „refunding act" verabschiedet. Ein gutes Monat später startete die Zeichnung neuer Aktien der South Sea Company. Überliefert ist, dass im Vorfeld der Parlamentsabstimmung viele Abgeordnete von der Company gekauft worden waren, damit sie *für* die Annahme des Gesetzes stimmen; für diese Bestechung sollen 1,3 Millionen Pfund aufgewendet worden sein. Die meisten Parlamentarier verwendeten das Geld zum Kauf von Südsee-Kompanie-Aktien. Eine Hand wusch die andere, auch im angeblich überkorrekten England.

Anfang April 1720 bestätigte König Georg I. – vormals Kurfürst von Hannover und ein politisch eher schwacher Monarch – die Entscheidung des Parlaments bezüglich South Sea Company und Übernahme der Schulden. Diese waren inzwischen weiter auf 32 Millionen Pfund angewachsen. Zwar protestierte Lord North & Grey im Oberhaus des englischen Parlaments wild gegen die Entscheidung der Krone über das Südseegesetz, die South Sea Bill, weil er fürchtete, dass „das Land durch den Handel mit imaginären Reichtümern ruiniert würde". Auch der damals noch einfache Abgeordnete zum englischen Parlament, der spätere Premierminister Sir Robert Walpole, war gegen das Geschäft mit der Südsee-Kompanie, weil er – zu Recht, wie sich bald zeigte – ein Ausufern der Spekulation befürchtete. Doch vergebens: Die Würfel waren bereits gefallen. Die South Sea Company übernahm alle Staatsschulden, wogegen sie das Recht erhielt, ihr Kapital jederzeit unbegrenzt und zu jedem Kurs zu erhöhen. Das Verhängnis nahm seinen Lauf.

Sechs Monate zwischen Rallye und Absturz
Noch während der erbitterten Parlamentsdebatte stieg der Kurs der Aktien der Südsee-Kompanie von 120 auf 200 Pfund pro Stück. Das Direktorium der Gesellschaft, an seiner Spitze Vorsitzender Sir John Blunt, lockte die Anleger mit wilden Gerüchten über einen angeblich unmittelbar bevorstehenden Freihandel mit allen spanischen Kolonien – ein bloßer Marketinggag. Am 12. April emittierte die Kompanie eine Million Aktien zum Ausgabekurs von 300 Pfund pro Aktie zum Nennwert von 100 Pfund. Um das Spekulationsfieber zusätzlich anzuheizen, stellte die South Sea Company wenig später eine „Mittsommerdividende" auch für Neueinsteiger von zehn Prozent in Aussicht. Das, obwohl sie bislang keinen müden Penny verdient hatte.
Wenig später wurden weitere 1,5 Millionen Aktien emittiert, diesmal schon um 400 Pfund pro Stück. Im Mai 1720 kletterte der Kurs auf 550 Pfund, im Juli 1720 weiter auf 950 Pfund und hielt sich dann mehrere Wochen auf diesem Niveau.
Zwar stießen König George I., die Herzogin von Marlborough und einige ausländische Investoren ihre Aktien ab, aber der überwiegenden Mehrzahl der Aktionäre war noch nicht klar geworden, dass die Kompanie keine echten Dividenden auszahlen konnte, sondern nur das für neue Aktien erlöste Geld den alten Aktionären zuweisen konnte. Demnach hatte das betrügerische Pyramidensystem von Bernard L. Madoff, das Ende 2007 aufflog, vor gut 280 Jahren einen ebenbürtigen Vorläufer. Denn bis 1720 hatte die Südsee-Kompanie noch keinen Sklaven gehandelt oder andere gewinnbringende Abschlüsse unter Dach und Fach gebracht.
London stand damals über beide Ohren im Südseefieber. Von den vornehmen Lords sprang das Spekulationsfieber auf deren Dienstboten über. Die fernen Paradiese jenseits des Atlantik versprachen allen Gesellschaftsschichten unermesslichen Reichtum. Londoner Schneider maßen ihren Kunden modisch gewordene Südseekleider an, und Pferdegespanne fuhren im phantasievollen Südseelook durch die Straßen der Hauptstadt.
Wie unrealistisch die Erwartungen in die Südsee-Kompanie damals waren, erkennt man aus einem Kommentar von Gerhard Aschinger im Buch BÖRSENKRACH UND SPEKULATION. Er meint: „Berücksichtigt man den unsicheren Wert von Forderungen der Kompanie gegenüber den Aktionären, welche von den Baremissionen herrührten, war die Aktie um das Fünffache überbewertet." Weiters heißt es: „Die Verdoppelung des Aktienwertes innert weniger Tage Ende Mai 1720 kann nur durch eine vom Fundamentalwert losgelöste Erwartungshaltung der Anleger erklärt werden. Das Direktorium der South Sea Company brachte Falschmeldungen und Gerüchte in Umlauf, wodurch die Beschaffung objektiver Informationen für Anleger wesentlich erschwert

wurde. Trotz Fehlinformation entstand unter den Aktionären kein Misstrauen. Viele Anleger handelten irrational und überprüften die Versprechungen der Kompanie nicht."

Das Beispiel der South Sea Company ermutigte andere Geschäftsleute und Glücksritter, weitere spekulative Ideen umzusetzen, um Geld zu scheffeln. Auch Isaac Newton kaufte Südseeaktien und verlor damit 20.000 Pfund. Firmengründer ließen sich vom grassierenden Spekulationsfieber anstecken, gründeten aus dem Stand heraus neue Unternehmen und warfen deren Aktien auf den Markt. Die Geschäftsfelder neu gegründeter AGs waren z. B. so windige Ideen wie Lohnausfallversicherungen für Matrosen, der Import von Walnussbäumen, die Kohleversorgung Londons aus dem Meer, der Handel mit Haaren bis hin zu Technologien zur Quecksilberverarbeitung oder die Fertigung eines Perpetuum mobile. Es wird berichtet, dass damals auch eine „Gesellschaft zur Durchführung eines überaus nützlichen Unternehmens, das noch niemand kennt" innerhalb von sechs Stunden eintausend seiner Aktien unters Volk brachte. Später nannte man solche auf flüchtigen Geschäftsideen gegründete Gesellschaften „bubble companies", weil ihr Ziel nie auf eine reale unternehmerische Tätigkeit gerichtet war, sondern nur darin bestand, ihren Initiatoren Geld einzubringen.

Die South Sea Company allerdings sah in den wie Schwammerln bei Sommerregen aus dem Boden schießenden bubble companies störende Konkurrenten, die ihr das Anlegergeld abwarben, und bemühte sich, neuerlich mittels Bestechung von Parlamentsabgeordneten, um politische Abhilfe. Im Juni 1720 beschloss das englische Parlament folgsam, dass alle Aktiengesellschaften eine königliche Erlaubnis haben müssten, was das öffentliche Vertrauen in sie zusätzlich hob. Börsennotierten Gesellschaften wurde jedoch gleichzeitig verboten, sich außerhalb des erklärten Geschäftsfeldes zu betätigen. Damit sollte der besondere Stand von Aktien gehoben werden, da der Politik offenbar dämmerte, dass nur ein kleiner Teil der Aktien durch angreifbare Werte gedeckt war.

Es war eben dieser „bubble act", der die Spekulationsblase wenig später zum Platzen brachte, der also das Gegenteil seines ursprünglichen Ziels erreichte. Die South Sea Company hatte bis dahin zwar noch kein Pfund im Südseehandel verdient, doch sie ging mit Hilfe des neuen Gesetzes gegen ihre Konkurrenten an der Börse vor. Zwei von ihnen wurden tatsächlich zur Einstellung ihrer Aktivitäten verurteilt. Der Kurs der Südsee-Aktien stieg weiter auf 890 Pfund pro Stück.

Am 24. Juni 1720 schließlich war der Höchstkurs von 1050 Pfund erreicht. Zu diesem Zeitpunkt betrug die Marktkapitalisierung – das ist die Zahl aller ihrer Aktien multipliziert mit dem aktuellen Börsenkurs – der South Sea Company etwa das Doppelte des gesamten englischen Grundvermögens. Von da an ging's bergab.

Dramatisches Ende und hoffnungsvoller Neubeginn

Der bubble act war das, was man einen Schuss in den Ofen nennt. Aufgrund seiner Bestimmungen waren mehrere bubble companies bestraft worden, worauf deren Aktien im Kurs fielen. Da die meisten Aktien beliehen und nicht mit bestehendem Kapital angeschafft worden waren, mussten zahlreiche Anleger ihre Papiere verkaufen, um ihre Schulden zurückzahlen zu können. Damit entstand eine plötzliche Liquiditätskrise, die die Aktienpreise drückte und den Anfang vom Ende der Spekulation brachte. Auch die South Sea Company litt unter der selbst verursachten Talfahrt der Kurse.

Zudem nahte der erste Dividenden-Zahltermin, der 1. August 1720! Die ersten misstrauisch gewordenen Anleger machten schon knapp vorher Kassa und warfen, wie auch einige Direktoren der Company und einige Vertraute von König George I., ihre Aktien auf den Markt.

Es stellte sich heraus: Die Mittel für die Dividendenauszahlung fehlten tatsächlich, so dass der Kurs der Südsee-Aktien nach dem 18. August 1720 auf 200 Pfund abstürzte. Im September desselben Jahres betrug die Börsekapitalisierung der Kompanie nur noch 164 Millionen Pfund. Verglichen mit dem damaligen Vermögenswert des Unternehmens war das eine Überbewertung von rund 60 Millionen Pfund. Im Dezember 1720 war der Kurs der South-Sea-Aktien wieder beim Stand des Jahresbeginns von 128 Pfund angelangt. Das entspricht einem Kursverlust von fast 88 Prozent in vier Monaten.

Dem Platzen der Blase folgte in England eine allgemeine Rezession. Die Wirtschaft stockte. Viele Investoren, darunter viele Adelige, hatten Zehntausende Pfund ihres Vermögens verloren; sie schränkten ihre Ausgaben radikal ein, so dass Handel und Produktion zurückgingen. Leitende Mitarbeiter der South Sea Company wurden von der Regierung, die vorher die Spekulation geduldet, ja im eigenen Interesse gefördert hatte, für die Katastrophe verantwortlich gemacht, juristisch verfolgt und eingesperrt. Andere flüchteten ins Ausland oder begingen Selbstmord.

Der geprellte Sir Isaac Newton nahm die Sache intellektuell: „Ich kann zwar die Bewegung der Himmelskörper messen, nicht aber die menschliche Dummheit", soll sein selbstkritischer Kommentar gewesen sein.

Die South Sea Company wurde nicht aufgelöst, sondern restrukturiert, um das öffentliche Vertrauen zurückzugewinnen. Sie handelte noch 25 Jahre weiter, bis sie in der Reformepoche der Fünfzigerjahre des 19. Jahrhunderts aufgelöst wurde. Die Kosten der Restrukturierung trugen die East India Company und die Bank von England. Die Besitztümer der Direktoren der South Sea Company wurden konfisziert und verkauft und mit dem Erlös die Verluste der getäuschten Anleger gemildert.

Die Südsee-Blase hat das Image des englischen Königs und der bis dahin führenden Whig-Partei schwer und nachhaltig beschädigt.

Sir Robert Walpole, ein Landadeliger, war mittlerweile zum britischen Schatzkanzler aufgestiegen. Er war ein erbitterter Widersacher des Südseegesetzes und energischer Warner vor der Spekulationsblase gewesen. Er hatte trotz seiner Überzeugung erfolgreich mit South-Sea-Aktien spekuliert, diese aber nahe dem Höchstkurs verkauft. Er wirkte als Administrator bei der Lösung der Südsee-Spekulationskrise an führender Stelle mit und begründete so seine spätere große politische Macht in Großbritannien. Walpole wurde einer der größten englischen Minister, der viel arbeitete und wenig redete. Sein Grundprinzip lautete: „Man soll schlafende Hunde nicht wecken", ein anderes seiner Prinzipien war: „Alle Menschen haben ihren Preis". Walpole hielt sich so 20 Jahre an der Macht, obwohl er seinem Land nie einen Plan oder ein politisches Programm vorgelegt hatte.

In ihrem weiteren Wirken zog die Südsee-Kompanie den Sklavenhandel ganz groß auf. Fünf Jahre nach dem Platzen der Südsee-Blase registrierte sie dank dieses Monopols das wirtschaftlich erfolgreichste Jahr ihrer Existenz.

Zahlreichen historischen Quellen ist zu entnehmen, dass die Kompanie in einem runden Vierteljahrhundert rund 34.000 Schwarze in Westafrika gekauft und davon rund 30.000 in 96 Schiffstransporten quer über den Atlantik nach Amerika gebracht hat. Dass diese Sklaventransporte „nur" elf Prozent Verlust durch Tod der Sklaven während der Überfahrt zur Folge hatten, wird der „effizienten und professionellen Organisation" der South Sea Company zugeschrieben.

Erst am Beginn des 19. Jahrhunderts wurde die Sklaverei im gesamten britischen Empire abgeschafft und der Sklavenhandel als internationales Verbrechen gebrandmarkt.

Dagegen gilt die grobe Täuschung gutgläubiger Investoren, die mangels ausreichender Information die Ersparnisse eines langen arbeitsreichen Lebens oft in gut getürkte „Erfolgsmodelle" veranlagen, bis heute als Kavaliersdelikt, das nicht oder nur halbherzig geahndet wird. Das obwohl nicht nur blutige Kapitalmarktlaien, sondern, wie die jüngste Finanzkrise 2007/2009 beweist, auch geschulte und professionell arbeitende Banker auf die Tricks von Anlagebetrügern hineinfallen.

Die erste Rezession der Weltwirtschaft 1857–1867
Krise als gefährlicher Import

Grundlose Weltwirtschaftskrise?

„Die größte Zeit, die Österreich je gehabt hat, war die Epoche zwischen dem Wiener Kongress 1814/1815 und dem Jahr 1866. Nicht nur, weil es damals als die führende Großmacht im größten äußeren Glanz dastand, sondern auch durch den Reichtum und Wert seiner Ideen." Das schrieb der Prälat und spätere christlich-soziale Bundeskanzler Österreichs in der Zwischenkriegszeit, Ignaz Seipel, in seinem Werk NATION UND STAAT aus dem Jahr 1916.

Wieso ist mitten in dieser angeblich so glanzvollen Epoche die erste weltweite wirtschaftliche Krise der Geschichte ausgebrochen?

Sie hatte in New York am 13. Oktober 1857 begonnen und breitete sich von dort aus rasch über England bis nach Kontinentaleuropa und Wien, in die Metropole des damaligen Habsburgerreichs, aus. Es war die erste transkontinentale Krise, die alle damals an der noch gut überschaubaren Weltwirtschaft partizipierenden Länder erfasst hat. Eine Krise wie aus dem Hut gezaubert. Was steckte hinter diesem Einbruch?

Noch heute verstehen Wirtschaftswissenschafter trotz intensiver Forschungen nicht ganz, wieso es zu dieser ersten Weltwirtschaftskrise gekommen ist. Die häufigste Erklärung ist: Sie war die Folge der ersten Blüte der Großindustrie, ausgelöst durch technologische Neuerungen wie Schienenverkehr, Einsatz der Dampfkraft und Stahlerzeugung. Sie unterstützte das Entstehen von Massenproduktionen, die Nutzbarmachung von umfangreichen Kapitalmengen zur Finanzierung neuer Produktionen und einen unerschütterlichen Glauben an den allgemeinen Fortschritt, ohne jedoch die tiefgreifenden gesellschaftlichen Umwälzungen wahrzunehmen. Es war die Zeit des Aufstiegs von Bürgern und Akademikern zu neuer politischer, wirtschaftlicher und gesellschaftlicher Bedeutung bei gleichzeitigem Abgleiten des Adels und seines Einflusses, die Zeit des Entstehens eines städtischen Proletariats aus Zehntausenden zugewanderten Industriearbeitern, die sich nur allmählich ihrer wachsenden Macht bewusst wurden.

Eine andere Erklärung für den Ausbruch der ersten echten Weltwirtschaftskrise ist: In der Zeit des Vormärz war das Geld des Adels und des Großbürgertums in die Landwirtschaft, in die Vergrößerung des Grundbesitzes und der vornehmen Anwesen geflossen. Zu Beginn der zweiten Hälfte des 19. Jahrhunderts drehten sich die Geldströme unversehens um und flossen nicht mehr in Latifundien, sondern über die jungen Börsen in die gewerbliche Produktionswirtschaft, die einen plötzlichen Drive erhielt. Der Aufschwung dauerte bis 1856.

Doch die neue Verteilung der Vermögen zu Lasten von Immobilien, zugunsten der Bereitstellung von Risikokapital für Unternehmen, brach unversehens herein. Dabei kam es zu gravierenden Umstellungsproblemen, die sich unerwartet in einer Krise entluden. Widersprüchliche Themen der zweiten Hälfte des 19. Jahrhunderts waren, so der Engländer John Bowle in seiner GESCHICHTE EUROPAS, eine kulturelle und wirtschaftliche Hochblüte bei gleichzeitiger politischer Zerrissenheit, brutalem Frühkapitalismus und zerstörerischem Nationalismus. „Kombiniert man den schwindenden Einfluss der alten Ideen des christlichen Abendlandes, die im Römischen Reich verwurzelt und im Mittelalter noch wesentlich waren, mit der völlig sachfremden Übertragung der Darwinschen Lehre vom Überleben der Stärksten auf die Rivalität der Nationalstaaten, so wird die Verdüsterung der politischen Zukunft Europas und der damaligen Welt verständlich."

Eine vorerst unverdächtige Kombination von Reichtum, Macht, wissenschaftlichen und kulturellen Hochleistungen mit politischer Zerrissenheit hat den Nährboden für handfeste Ungleichgewichte geliefert, die bald nach der Jahrhunderthälfte die Krise der damaligen Industriestaaten auslösten, ohne dass jemand darauf finanziell vorbereitet war, geschweige denn Know-how zur Lösung besessen hätte. Die USA waren, wie bei neuzeitlichen Krisen üblich, die Auslöser; Europa war, wie ebenfalls üblich geworden, das überraschte Opfer.

Blitzschlag aus heiterem Himmel

Wirtschaftlich betrachtet war 1857 über weite Strecken ein durchaus positives Jahr: China öffnete sich nach langem Widerstand endlich dem europäischen Handel; in

England emanzipierten sich die Juden, und die Briten stiegen in der Folge zum führenden Handelsvolk auf. In Nürnberg trat eine Kommission zur Beratung eines gesamtdeutschen Handelsgesetzbuches zusammen. Doch an der New Yorker Warenbörse führte eine noch nie dagewesene Überproduktion von Weizen zu einem gigantischen Preissturz und zu einem wirtschaftlichen Rückschlag, der sich über den Atlantik ostwärts ausbreitete. In Hamburg, der europäischen Handelsmetropole und dem führenden Überseehafen, konnten die großen Handelsfirmen nur noch durch eine 10-Millionen-Anleihe Österreichs vor dem Konkurs bewahrt werden. Der österreichische Börseexperte und Buchautor Dr. Johann Schmit berichtet in seiner GESCHICHTE DER WIENER BÖRSE: „In dem von Preußen und Sachsen dominierten Deutschen Zollverein von 18 vereinten Staaten ist vor allem die Textilindustrie und deren Transport schwer betroffen. Der Zusammenbruch der New Yorker Stadtbanken führte zu einem Kurssturz amerikanischer Eisenbahn- und Grundstückstitel."

Was war geschehen?

In den USA regierte der 15. Präsident, James Buchanan, ein erfahrener Staatsmann, Vorgänger des berühmten Politikers Abraham Lincoln. Das Land war von Kontroversen über die Befreiung der Sklaven hin und her gerissen. Wirtschaft und Finanzwesen waren vorerst zweitrangig. Am 13. Oktober 1857 stürmten am Ende einer jahrelangen Hausse Geschäftsleute und Sparer die New Yorker Banken. Am Ende dieses Tages waren 18 Banken zahlungsunfähig, am nächsten Tag folgten die übrigen Banken New Yorks; nur eine der 33 Stadtbanken überlebte den Run der Menschen auf Barauszahlung ihrer Ersparnisse.

Die Nachricht kam schnell nach Großbritannien, das damals Hauptgläubiger der USA gewesen ist, und in London brach sogleich eine handfeste Bankenpanik aus.

„In Frankreich führte im selben Jahr die Sucht der Aristokratie, der kapitalistischen Bourgeoise und auch von Teilen des Mittelstandes nach dem schnellen und einfachen Geld zu einem Gründungs- und Spekulationsfieber, das mit Kursstürzen über Nacht von 50 bis 80 Prozent endete", schreibt Schmit: „Die Krise als Folge übermäßiger Kreditgewährung und realitätsferner Kurserwartungen bei Aktien und besonders in den Vereinigten Staaten in Papiergeld wirkte sich in Österreich und Russland nicht so stark aus. Eine Ursache dafür dürfte der damals noch geringere Industrialisierungsgrad der beiden Länder gewesen sein."

Trotzdem gingen in Wien mehrere namhafte Banken zu Grunde oder erlitten schwere Einbußen. So brachen das angesehene private Bankhaus Arnstein und Eskeles sowie das Eskomptegeschäft des Großhändlers Josef L. Boskowitz zusammen, und die Credit-Anstalt – die von Finanzminister Karl von Bruck zu Stützungskäufen gezwungen worden war – erlitt arge Rückschläge im Wertpapierhandel. Die Nationalbank half mit einem 5-Millionen-Gulden-Kredit aus. „Das ausländische Kapital, insbesondere das am Ausbau der Westbahn engagierte, war zu Notverkäufen gezwungen, um über liquide Mittel in der Heimat zu verfügen", erzählt Schmit. Finanzminister von Bruck berichtete später, dass sich die Wiener Börse im Vergleich zu anderen Weltbörsen besser gehalten habe; dies dank der Intervention der Credit-Anstalt, aber auch dank der professionellen Kurspflege der Wertpapierbank und auch dank der damaligen geografischen Randlage der Wiener Börse.

Die Finanzkrise war zwar bald überwunden, aber die österreichische Wirtschaft machte in der Folge eine längere ungünstige Entwicklungsphase durch. Sie wurde erst 1867 durch den Boom des Manchester-Liberalismus und die Gründerzeit abgelöst.

In den folgenden Jahren bis 1873 erhöhte sich die Zahl der an der Wiener Börse notierten Aktienbanken auf mehr als das Fünfzehnfache, von ursprünglich acht auf sage und schreibe 124. Das eingezahlte Aktienkapital österreichischer Banken, Eisenbahnen und Industrieunternehmen war Ende 1866 bei 744,6 Millionen Gulden gelegen, sieben Jahre später hatte es sich um das Zweieinhalbfache auf 1.982 Millionen Gulden vergrößert.

Zwischen 1867 und 1873 ist das österreichisch-ungarische Eisenbahnnetz sehr zügig um 9.472 Kilometer gewachsen. Dieses Tempo ließ später deutlich nach. 1880 wurden nur noch 75 Kilometer an neuen Eisenbahnstrecken in Betrieb genommen.

Wiederum baute sich eine neue spekulative Blase auf.

1871 und 1872 feierten Industrieproduktion, Handel und vor allem die Spekulation noch nie da gewesene Triumphe. Doch Sensible fühlten erste Zeichen eines sich nähernden Sturmtiefs. Der rapide Ausbau der Eisenbahnen, wichtige Grundlage der Hausse, zeigte bereits Schwächen; viele Strecken brachten nicht die erwarteten Erlöse, und es wurde immer schwerer, frisches Geld für neue Unternehmen aufzutreiben. Doch Banken, Bauunternehmen und Industriebetriebe schossen weiter wie Pilze nach dem Gewitterregen aus dem Boden.

Die erste Krise des Frühkapitalismus war überwunden. Die Welt steuerte unverdrossen der zweiten entgegen.

Verbraucherpreise, Löhne, Grundstücke und Zinsen stiegen bedrohlich, doch die Massen schimpften und spekulierten weiter. Die Catchworte, die die Stimmung aufheizten, hießen „Milliardenwanderung" von Reparationszahlungen Frankreichs an Deutschland, die nach Österreich weiterströmten, sowie „Weltausstellung". Das alte Wiener Börsengebäude, von Heinrich Ferstel an der Ecke Herrengasse/Strauchgasse erbaut, war aufgrund der raschen Zunahme von Aktiengesellschaften und eines lebhaften Aktienhandels längst zu klein geworden und wurde durch ein Provisorium auf dem Schottenring ersetzt.

In einem wirtschaftspolitischen Gutachten, das Credit-Anstalt-Direktor Hornbostel im Frühjahr 1870 für die Ungarische Enquete-Kommission verfasst hat, heißt es beinahe prophetisch: „Der volkswirtschaftliche Fortschritt unterliegt eben denselben Phasen, wie sie auf politischem und sozialem Gebiet erscheinen. Nicht langsam und stetig, im geregelten Geleise, sondern stoßweise, in abwechselnd bis zur Überstürzung sich steigerndem Vorwärtsdrängen und darauf folgendem Rückschlag, entwickelt sich das Völkerleben. Darum kann ähnlichen Krisen nicht vorgebeugt werden, aber es können ihre Wirkungen gemildert, ihre Dauer verkürzt werden."

Trotzdem war die Credit-Anstalt auf den heraufdämmernden Krach kaum vorbereitet; im Gegenteil: Sie gab sogar einen der wesentlichsten Anstöße für seinen Ausbruch.

Wiener und Berliner Börsenkrach 1873
Glücklich ist, wer vergisst ...

Wirtschaftliche Operettenlaunen

DIE FLEDERMAUS, ein weltbekanntes Stück des Wiener-Walzer-Komponisten Johann Strauß, uraufgeführt im April 1874 im Theater an der Wien, Krönung der goldenen Operettenära und auch heutzutage noch Stammprogramm vieler Silvestervorstellungen von Opern- und Operettentheatern in der westlichen Hemisphäre, enthält im zweiten Akt das schwungvolle Trinkduett „Glücklich ist, wer vergisst, was doch nicht zu ändern ist".

Strauß hat mit diesem Ohrwurm dem Wiener Börsekrach vom 9. Mai 1873 ein musikalisches Denkmal gesetzt. Das, obwohl das Jahr 1873 ganz andere Höhepunkte zu bieten hatte: die Wiener Weltausstellung, die am 1. Mai im Wiener Prater festlich und unter allerhöchster Anwesenheit von Kaiser Franz Joseph I. eröffnet worden ist, der im Dezember desselben Jahres sein 25-jähriges Regierungsjubiläum feierte.

25 Kanonenschüsse donnerten nach den feierlichen Eröffnungsworten des Kaisers zur Weltausstellung über Wien hinweg. Bürger und Unternehmen waren begeistert, denn sie hofften auf anbrechende goldene Zeiten und Überwindung der zuletzt bemerkbar gewordenen Unsicherheiten an der Börse. Glanzpunkt der Weltausstellung war der gigantische Rundbau der von den Baumeistern Eduard van der Nüll und Wilhelm Freiherr von Engerth errichteten Rotunde, die später Brennpunkt aller österreichisch-ungarischen Wirtschaftsausstellungen in der Habsburgermetropole werden sollte.

Von der Wiener Weltausstellung erhoffte sich Österreich enorme Kapitalzuflüsse aus dem Ausland und damit einen neuen wirtschaftlichen Aufschwung. Es sollte anders kommen.

Die NEUE FREIE PRESSE schrieb am 1. Mai 1873, dem Eröffnungstag der Weltausstellung: „Zeit und Ort sind günstig, mögen auch über Schwindel und Korruption eifernde Polterer, welche der Korruption und dem Schwindel selbst die Mittel zur Unabhängigkeit ihres brutalen Urteils verdanken, dem Unternehmen der Wiener Weltausstellung Unheil weissagen." Sie behielt Recht.

Die Ära der wirtschaftlichen Prosperität der Monarchie war vorerst beendet. Das zeigt ein Rückblick auf die Jahre vorher.

Liberalismus pur

Nach dem für Österreich verloren gegangenen Krieg von 1866 um die deutsche Vorherrschaft sowie nach dem Ausgleich mit Ungarn, der die dualistische Monarchie mit zwei gleichberechtigten Reichsteilen Österreich und Ungarn brachte, aber nicht die anderen nationalistischen Bewegungen innerhalb des Habsburgerreiches befriedigte, hatte eine wirtschaftliche Prosperität begonnen. Sie war auf eine zu weit getriebene

Liberalisierung der wirtschaftlichen Regeln zurückzuführen: 1868 war das Wucherpatent aufgehoben worden, was die früheren Zinsbeschränkungen beendete. Nun konnten Investoren ihr Vermögen nicht nur zinsgünstig anlegen, sondern ihre Aktien mit bis zu 70 Prozent ihres Kurswertes belehnen oder auf Zeit ganz an Geldgeber übertragen. Das nannte man damals „Report".
Es war die Geburtsstunde des heutigen „Hebelns", des sogenannten Leveragings, des Anlagekapitals durch Aufnahme von Krediten mit dem Ziel, das eigene Vermögen damit rascher zu vermehren. Die Kehrseite des Hebelns ist allerdings, das eingesetzte Eigenkapital ganz zu verlieren. Anfang 1872 haben die sogenannten Reportzinsen rund 25 Prozent betragen, auf dem Höhepunkt der Aktienhausse sogar 50 bis 60 Prozent pro Jahr.
Zu dieser phantasievollen Geldschöpfung durch Belehnung kam eine sehr freizügige Konzessionspolitik, die die Gründung von Aktiengesellschaften förderte und so die schnelle Industrialisierung des Landes bewirkte.
Gleichzeitig wurde der Unseriosität des Börsegeschehens Vorschub geleistet. Viele Börseräte entfalteten inkompatible Tätigkeiten in einer Vielzahl unterschiedlicher Aktiengesellschaften; viele Börsegeschäfte wurden ohne schriftliche Vereinbarung abgewickelt. Personen, die im normalen Geschäftsleben kaum Kredit bekommen hätten, gingen nun Verpflichtungen in Höhe von Hunderttausenden Gulden ein. Die Gerichte waren bei der Verfolgung von Börsedelikten so gut wie ohnmächtig, denn es gab kaum Börseregeln, und wenn, wurden sie einfach nicht eingehalten.
Das war der höchst unsichere Boden, auf dem sich ein Heer von selbsternannten Geschäftsleuten, aber auch von fleißigen Beamten, Handwerkern, Geistlichen, Militärs bis hin zu Pensionisten und Dienstmädchen, die nichts von Wirtschaft verstanden, bewegte.
Die Krise schlug rasch und unvermutet zu: Noch am 2. Mai 1873 hatte das Bankhaus für Fondsspekulationen an der Wiener Börse, J. B. Placht, Werderthorgasse 7, eilig umfangreiche Werbeschriften per Bahnexpresspost verschickt. An der Börse gab es zu diesem Zeitpunkt allerdings schon einige spektakuläre Kursstürze. Diese Warnleuchten wurden jedoch von vielen sträflich ignoriert: „Anglo"-Aktien waren gefallen, auch die der Vereinsbank, der Gaudenzdorfer-Vereinigten-Industrien, der Bergbahn AG und der Lemberg-Czernowitz-Jassy-Bahn.
Typische Zitate aus einem Placht-Werbebrief, die potentielle Aktionäre verlocken sollten, mit ihrem letzten Geld zu spekulieren, waren u. a.: „Ohne Risiko! … höchste Fruktifizierung von Bargeld. Wer jemals sein Glück an der Börse versucht, ob im Großen oder im Kleinen … Spielerkonsortium, Zusammenfassung vieler Tausender kleiner Sparer und Aktienzeichner … täglich für eine Million Gulden Verwendung … Seit April ausbezahlt: 1,347.773 Gulden 62 Kreuzer Gewinne … glückliche Menschen … garantiertes Erträgnis von 20 Perzent."

Ein Wiener Bürgermeister erinnert sich

Eine Woche später brach die bereits angeknackste Finanzwelt tatsächlich auf breiter Front und damit endgültig zusammen. Das traf Aktionäre sowie alte und junge, hoffnungsfrohe und von Beginn an wackelige Unternehmen auf dem falschen Fuß. Die erste Ausprägung der kapitalistischen Großindustrie stand auf dem Spiel und kassierte einen starken Dämpfer.

Der damalige Wiener Bürgermeister Dr. Cajetan Freiherr von Felder (1814–1894) schrieb in seinen Erinnerungen: „Am 9. Mai 1873 kam der von allen, die über gesunde Sinne verfügten, längst geahnte Börsensturz. Schon Jahre zuvor hatten geniale Finanzgauner, darunter Männer von Vermögen, Ansehen und Stellung, die große Masse von Dummköpfen und den gesunden Menschenverstand verhöhnt, gar nicht existierende Werte auf dem Papier fingiert, um damit Kartenhäuser zu bauen, die der erste Luftzug umwerfen musste. Und dieser Windstoß kam, nachdem seine Vorboten bereits einige Tage zuvor die Luft bewegt hatten, durch große Verkaufsaufträge aus dem Auslande, infolge welcher an der Börse die leitende Kreditaktie in einer Stunde um 25 Gulden fiel. Alle anderen Papiere folgten nach und sanken bis zur vollständigen Wertlosigkeit. Dieses schmachvolle Treiben hatte mich stets mit dem tiefsten Abscheu erfüllt, und ich war geradezu empört über die Indolenz der Regierung, die, ihre Hände im Schoß, ruhig zusah, ja durch Erteilung von Konzessionen und durch die passive Intervention ihrer Kommissionäre den offenen Betrug und den grenzenlosen Schwindel zu autorisieren schien. Sie ließ Banken, die gar nicht existierten, weder einen Schreibtisch noch einen Sessel zur Verfügung hatten, mit zwei Gedankenstrichen in den Rubriken ‚Geld' und ‚Ware' auf dem Kurszettel paradieren und 50- und mehrprozentige Dividenden versprechen."

Es hatte damals eine Art Dominoeffekt gegeben: 1873 hatte sich die Österreichische Credit-Anstalt aufgrund schlimmer politischer News aus Frankreich veranlasst gesehen, alle Börsedepots zu kündigen und ihre Kontokorrentkredite einzuschränken. Der Bank war die Entwicklung an der Wiener und der Pariser Börse schon lange ein Dorn im Auge gewesen. Zwischen 5. und 8. Mai 1873 ist es in Österreich zu nicht weniger als 150 Konkursen gekommen. Auch das bisher als sehr solide geltende Wiener Kommissionshaus Petschek musste Konkurs anmelden, ebenso das Bankhaus Placht, das knapp vorher in der NEUEN FREIEN PRESSE noch intensiv mit seitenlangen Inseraten neue Aktienspekulanten geworben hatte. Als Bankchef Placht verhaftet wurde, hatte er Schulden in Höhe von 2,76 Millionen Gulden, welchen nur 9000 Gulden an Aktiva gegenüberstanden. Das war das Signal zum allgemeinen Zusammenbruch.

Am 9. Mai, dem zweiten sonnigen Frühlingstag des Jahres 1873, gab es weitere 120 Insolvenzen. Im Wiener Börsengebäude bimmelte fast unaufhörlich die Glocke, und ein Börsebeamter verkündete nach jedem Schlag laut die Namen der pleite gegangenen Gesellschaften. Damit war der mühsam aufrechterhaltene Damm gebrochen: In wenigen Tagen fielen die Aktienkurse ins Bodenlose. Besonders getroffen waren die Baugesellschaften, die in den Jahren zuvor die Grundstückspreise in gigantische Höhen hinaufgetrieben hatten. Die Aktien der neuen Eisenbahngesellschaften haben sich hingegen noch eine Zeit lang gehalten, ehe sie ebenfalls zusammenbrachen.

In der NEUEN FREIEN PRESSE schrieben fassungslose Journalisten: „Ohne wahrnehmbaren Anlass, wie von Dämonengewalt erfasst, ist das Gebäude zusammengebrochen, welches auf Aktien aufgebaut war, und ein Nero fände dieselben Elemente grausamen Wohlgefallens vor wie jener Cäsar an dem Brande Roms: Jammer, Elend, Vernichtung."

Als der Ausdruck „Börsekrach" geboren wurde

Die Wirtschaft stand laut Presseberichten am 9. Mai 1873 sprichwörtlich Kopf, und die Wiener Börse setzte den Aktienhandel unerwartet mit einem lauten endgültigen Glockenschlag aus, um einem weiteren Kursverfall vorzukehren.
Der landesfürstliche Börsekommissär musste den großen Saal der provisorischen Börse am Wiener Schottenring (gegenüber dem heutigen Börsegebäude, das damals eben von Theophil von Hansen errichtet und im März 1877 eröffnet wurde) um halb zwei Uhr Nachmittag von der Polizei räumen lassen, weil unaufhörlich unübersehbare Massen von Menschen hereinstürmten, um ihre Aktien noch rechtzeitig auf den Markt zu werfen. Aber die Börsensensale weigerten sich, die angebotenen Papiere der schreienden und tobenden Menge entgegenzunehmen.
Dasselbe erlebten jene Aktionäre, die von der Börse kommend an die Schalter der Unionbank oder der Franko-Österreichischen Bank weitereilten, um dort einen Käufer für ihre Papiere zu finden. Vergeblich.
Die NEUE FREIE PRESSE vom 10. Mai 1873 berichtete aufgeregt: „Eine Katastrophe ist über die Börse hereingebrochen, wie sie eine unheilbrütende Phantasie nicht drastischer ersinnen konnte. Die Werte, welche die Börse seit Wochen zu hohen Kursen handelte, sind zweifelhaft geworden, das Misstrauen in seiner furchtbarsten Wirkung hat sich des Marktes bemächtigt; diejenigen, welche mit Anspannung des Kredites Papiere kauften, sind nicht in der Lage, sie zu übernehmen, eine Insolvenz hat die andere zur Folge, und aus der Verkettung der tausend Wechselbeziehungen zwischen der Börse und dem sozialen Leben hat sich eine Tragödie entwickelt, deren Abschluss noch nicht zu ermessen ist."
Trotz der damals im Verhältnis zu heute stark unterentwickelten Finanzinstrumente wurden schnelle Hilfsmaßnahmen getroffen: Die Wiener Börsekammer verhängte ein sogenanntes Moratorium, einen Aufschub der Erfüllung fälliger Zahlungsverpflichtungen. Ein rasch erstellter Aushilfsfonds der Nationalbank sowie von 20 Kommerzbanken gewährte Überbrückungskredite. Im Juni kam das Wiener Aushilfskomitee als weitere Stützungskasse dazu. Doch schon Mitte Mai kam es zu weiteren 82 Insolvenzen an der Wiener Börse, wobei die Zusammenbrüche der sogenannten Börsekomptoirs – das waren Kommissionäre für Börsegeschäfte, denen Privatanleger und Maklerbanken ihre Gelder anvertraut hatten – besonders ins Gewicht fielen.
Kaiser Franz Joseph I. äußerte ungnädiges Missfallen über die unseriösen Machenschaften von Adel und Großbürgertum, die zum Börsenkrach geführt hatten.
Über den Börsetag 15. Mai 1873 gibt es einen dramatischen Zeitzeugenbericht von Joseph Neuwirth: „12 Uhr 30: Die Börsen- und Creditbank wird als erste der falliten

Banken ausgeläutet. Noch immer kein Geschäft. Man erfährt aus der Börse die Nachricht von dem Selbstmord des Prokuraführers eines angesehenen Bankhauses, welcher wegen außerordentlich hoher Börsendifferenzen seinem Leben ein Ende gemacht hat. Die Zahl der ausgeläuteten Insolvenzen hat die Höhe von 97 erreicht. 1 Uhr 30: Die Börse schließt unter fortwährendem Tumult, ohne dass ein eigentlicher Verkehr stattgefunden hätte. Die Zahl der Insolvenzen beträgt 120. Die Katastrophe hat ihren Kulminationspunkt erreicht, und der Eindruck, den sie zurücklässt, spottet aller Beschreibung. Unter den Insolventen befinden sich alte, akkreditiert gewesene Mitglieder der Kulisse. Vielen von ihnen wird nachgesagt, dass sie auf Kosten ihrer Ehre ihr Geld retteten […] Tatsache ist folgender Fall: Eines der verwegensten Mitglieder der Kulisse, welches sich bis dahin großen Vertrauens erfreut hatte, wird an diesem Tag ausgeläutet. Während des Läutens springt er herbei, ein Paket Banknoten in der Hand: ‚Da bin ich, wie kann man mich ausläuten?' [Damit war die Betätigung der Konkursglocke in der Börse gemeint.] Aber rasch sich besinnend und noch ehe der Glocke Halt geboten wird, überlegt er sich die Sachlage und mit den Worten ‚Wenn schon geläutet ist, dann lassen wir's dabei', steckt er das Paket Banknoten ruhig in die Tasche und geht davon."

Vom 19. Mai an hat die Wiener Börse ihre Geschäfte wieder aufgenommen. In der Zwischenzeit waren acht Banken, zwei Versicherungen, ein Eisenbahnunternehmen und sieben Industrieunternehmen in Konkurs gegangen. Insgesamt gingen durch den Wiener Börsenkrach oder durch „den großen Krach" – dieser Ausdruck ist damals zum ersten Male angeblich von einem Prager Fachjournalisten eingeführt worden – 40 Banken, sechs Versicherungen, ein Eisenbahnunternehmen und 52 Industrie-AGs zu Grunde.

Wien hatte in den Frühsommertagen 1873 drei Sensationen gleichzeitig: Hunderte Selbstmorde von am Börsencrash zugrunde gegangenen Aktienspekulanten, die vor dem Nichts standen; wegen des mit Unrat vermischten Brunnenwassers (die Wiener Hochquellenwasserleitung war damals noch nicht in Betrieb) eine gefährliche Choleraepidemie, die offiziell nicht zugegeben wurde, um die Tausenden angereisten Weltausstellungsbesucher nicht abzuschrecken; drittens ebendiese Weltausstellung im Prater. Letztere musste bald ihre Eintrittspreise auf 50 Kreuzer halbieren, um trotz Krise doch noch Besucher anzulocken.

Aktienurkunden, die an der Börse wenige Tage zuvor noch um viele Gulden pro Stück gehandelt worden waren, dienten an den Wiener Wurst-, Käse- und Gemüseständen banal als Einwickelpapier für Emmentaler, Salami und Salatköpfe. Der „Altaktienpreis" war auf zwölf Kreuzer für zehn Kilo gefallen. Sic transit gloria mundi.

Wirtschaftliche und politische Wende

Wien hat in den Siebzigerjahren des 19. Jahrhunderts durch die Stadterweiterung, die Errichtung einer boulevardähnlichen Prachtstraße zwischen dem Stadtkern und den Außenbezirken an Stelle der einstigen Basteien, ein neues Gesicht erhalten.

Diese Entwicklung stand aber angesichts des Börsekrachs völlig im Schatten der Aufmerksamkeit.

Bürgermeister Cajetan Felder erinnerte sich auch des peinlichen Imageschadens für seine Wienerstadt: „Die Geschäfte gerieten in völlige Stockung; woher sollte die Mehrzahl der Bevölkerung Geld und Lust nehmen, sich lebhaft an der Weltausstellung zu beteiligen? Wien stand wie ein Bankrotteur vor den ausländischen Gästen, welche die durch die Kurszettel so ungemütlich gewordene, obendrein noch von der Cholera bedrohte Stadt verließen."

Der Wertverlust des österreichischen Effektenmarktes in der Zeitspanne Mai bis Dezember 1873 wurde später auf rund 1.500 Millionen Gulden geschätzt. Denn abgesehen von den staatlichen Titeln, die ihren Wert halten konnten, litten so gut wie alle anderen Wertpapiere unter starken Kurseinbrüchen. Relativ gut konnten sich nur Credit-Anstalt, Union-Bahn und Verkehrs-Bank halten; sie hatten nur Einbußen von einem Drittel hinzunehmen.

Viel schlimmer aber war die dem Aktiencrash folgende Schwächung der Konjunktur. Denn an der Börsenspekulation hatten sich nicht nur das wohlbestallte Großbürgertum und hohe Militärs, sondern auch einfache Handwerker, Dienstboten und Arbeiter beteiligt, so dass im Gefolge des Börsekrachs Tausende kleinbürgerliche und proletarische Existenzen vernichtet wurden. Zu den prominenten Opfern zählten unter anderem die Familien so angesehener Schriftsteller wie Hugos von Hofmannsthals und Arthur Schnitzlers.

„Die daraus resultierende Schwächung der Konsumkraft drückte auf die ohnehin fast völlig gelähmte Initiative in Unternehmerkreisen. Das große Sterben unter den Banken und Industrieunternehmen, das vom 9. Mai 1873 ausgegangen war, nahm auf diese Weise seinen Fortgang. Eine langanhaltende Depression setzte ein, in der sich eine radikale Abkehr von den politischen und ideologischen Werten der Aufstiegsperiode anbahnte", berichtet Eduard März im Buch Österreichische Industrie- und Bankpolitik in der Zeit Franz Josephs I.

Eine statistische Studie aus dem Jahr 1881 berichtet über die drastischen Veränderungen in den acht Jahren seit dem Börsekrach: „Die Bevölkerung Wiens hat während dieser Zeit um 70.000 Seelen zugenommen, der Konsum der wichtigsten Lebensmittel hat abgenommen oder ist stationär geblieben. Der Weinverbrauch ist per Kopf um zwei Liter per Jahr zurückgegangen, der Bierkonsum um acht Liter per Kopf, der des Schnapses ist gestiegen. In sieben Jahren sind 353 neue Branntweinbrennereien, Händler und Schänker zugewachsen. Der Mehlverbrauch ist um mehr als zwölf Kilogramm per Kopf gefallen, der Fleischverbrauch ist allerdings ungefähr stationär geblieben; charakteristisch aber ist, dass während der Verbrauch an Geflügel und feinen Fleischsorten stark abgenommen hat, der von minderen Rindfleischgattungen gestiegen ist. Stark gestiegen ist nur der Import von Reis, aber diesen Artikel besteuern Staat und Stadt bei uns so hoch, dass er nur für die wohlhabenderen Stände in Betracht kommt. Die Frucht, von der fast die Hälfte des menschlichen Geschlechtes sich ernährt, ist für den kleinen Mann in Österreich nicht zu erschwingen."

Der Wiener Kaufmann Ant. Will. Neydl ist ein wichtiger Zeitzeuge. Er klagte im Jahr 1876 über die gedrückte Zeit nach dem Börsekrach und beschrieb die tristen wirtschaftlichen Zustände in Österreich nach dem großen Einbruch: „Es ist still geworden in den Fabriken, still in den Kaufläden, still in den Komptoirs, still in den Hauptstädten, still in den Provinzen. Jeder denkt an seine eigenen Interessen, der Gemeinsinn ist ganz geschwunden und das, was wir in dem verlebten Vierteljahrhundert mit Mühen und Opfern auf dem Gebiet des industriellen Lebens gewonnen haben, ist wieder verloren. Die zur Arbeit befähigte Hand ist zur Ruhe und zum Stillstand genötigt."
Wie sah es an der Wiener Börse aus? Die Zahl der notierten Aktien war bis 1873 auf 378 gestiegen, danach bis 1878 um fast zwei Drittel auf 137 gefallen. Die stärksten Einbrüche gab es in den Wirtschaftsbereichen Banken und Transportwesen; dagegen erlitt die Industrie nur wenige Einbußen.
Wie im Zuge der meisten Finanz- und Konjunkturkrisen wurden auch nach dem Börsenkrach von 1873 wirtschaftliche Skandale, Großbetrügereien, Bestechungsaffären und kriminelle Bereicherungen in großem Stil ruchbar, die im Rausch des Aufschwungs unbemerkt geblieben waren. In Österreich wurde z. B. Viktor Ofenheim Ritter von Ponteuxin, Gründer und Generaldirektor der Lemberg-Czernowitz-Jassy-Bahn, bei Gericht wegen Betrugs, Bestechung und Verschiebung von Aktienkapital als „Gründergewinn" in die eigene Tasche angeklagt. Dem verhörenden Gerichtspräsidenten Wittmann hielt Ofenheim in offener Verhandlung den später zum Sprichwort gewordenen Satz entgegen: „Herr Präsident, mit Sittensprüchen baut man keine Eisenbahnen!" Ofenheim wurde zum Ärger der kleinen Leute vom Gericht freigesprochen und feierte seinen Triumph mit einem großen Fest in seinem hell illuminierten Palais auf dem Wiener Schwarzenbergplatz.
Daraus wird klar: Die Fälle Bernard L. Madoff, Julius Meinl, Karl Petrikovics und andere, die später im Rahmen der Mehrfachkrise 2007/2009 heftig und überaus kontrovers diskutiert werden sollten, hatten schon vor gut 130 Jahren in der sogenannten Gründerzeit ebenbürtige Vorläufer.
Gründerzeit heißt in Österreich und Deutschland die Zeit von 1850 bis 1914, weil beide Staaten in dieser Epoche schnell industrialisiert und durch Eisenbahnen und Ausbau des Postwesens verkehrsmäßig erschlossen wurden. Das Bürgertum übernahm die kulturelle und wirtschaftliche Führung. In Wien wurden die mittelalterlichen Befestigungen, Wall und Graben, die sogenannten Basteien, geschleift und statt ihrer die Ringstraße als Prachtboulevard mit einer Unzahl Museen, Theatern und Palais errichtet. Architektur, Kunsthandwerk und Malerei bildeten den Gründerzeitstil heraus. Er wird wegen seiner Orientierung an alten Formen als Historismus (Neogotik, Neobarock) bezeichnet. Erster Höhepunkt der Gründerzeit war die Ära 1867 bis 1873. Nach dem Börsenkrach kam es zu einer leichten Erholung der Wirtschaft von 1879 bis 1883, was als zweite Gründerzeit bezeichnet wird. Ihr folgte von 1886 bis 1896 eine dritte Hochkonjunktur mit verbesserten Technologien und Produkten in Maschinenbau, Chemie und Elektrotechnik. Die Gründerzeit war auch eine Epoche zunehmender sozialer und politischer Spannungen, in welcher

Zehntausende Menschen vom flachen Land als Arbeitskräfte für die Industrie in die Städte strömten, dort meist in ärmlichen Verhältnissen lebten und den „Pauperismus" bildeten.

Europaweite Verwerfungen der Gründerzeit

Die zweite Hälfte des 19. Jahrhunderts war in ganz Westeuropa – trotz vieler Kriege – von hohem wirtschaftlichen Optimismus, ungemeinem Innovationsfieber, großen städtebaulichen und Verkehrsinfrastruktur-Projekten sowie intensiver Industrialisierung geprägt. Im Deutschen Reich waren zwischen 1871 und 1873 fast tausend neue Aktiengesellschaften mit einem Grundkapital von fast drei Milliarden Mark gegründet worden. In den 20 Jahren davor waren es nicht einmal 300 AGs gewesen. Die Hauptgewichte lagen in den Bereichen Bergbau, Maschinen- und Eisenbahnindustrie. Die Gründungswelle ist von der deutschen Hauptstadt und seit Anfang 1871 Sitz des Kaisers Wilhelm I., Berlin, ausgegangen und breitete sich von dort auf Sachsen, das Rheinland und Westfalen aus. Die Berliner Börse schickte sich an, der etablierten Frankfurter Börse den Rang abzulaufen, weil sie die neu aufgekommenen Eisenbahnaktien favorisierte.

Was waren die wesentlichen Grundlagen der deutschen Gründerzeit?
1. Der durch die Gründung des Deutschen Reichs entstandene einheitliche Wirtschaftsraum; dieser hat die Gründung neuer Unternehmen sowie die wirtschaftliche Entfaltung der Banken sowie die Kooperation beider begünstigt.
2. Die ausgeprägt liberale Wirtschaftspolitik, die die Wachstumshoffnungen der Unternehmer angekurbelt hat.
3. Die Aktienrechtsnovelle vom Juni 1870, die die Gründung von Aktiengesellschaften und den Handel von Aktien erleichterte.
4. Der Sieg der Preußen und ihrer deutschen Verbündeten im Deutsch-Französischen Krieg (Mai 1871), der den wirtschaftlichen Aufschwung, die Produktion von Kriegsmaterial sowie die Investitionslust anspornte.

Diese Faktoren, so positiv sie beim ersten Hinsehen wirkten, waren schuld an der späteren Wirtschaftskrise. Wie ist das zu erklären?

Die Reparationszahlungen der Franzosen – insgesamt fünf Milliarden Francs oder knapp 4,5 Milliarden Mark, die 1870 bis 1873 in Raten gezahlt wurden, der sogenannte „Reichskriegsschatz" – finanzierten den wirtschaftlichen Aufschwung östlich des Rheins. „Der politische Wunsch, das neue Reich schuldenfrei antreten zu lassen, veranlasste die Finanzverwaltung, die Kriegsanleihen so schnell wie möglich zu tilgen, vor allem mit dem Geld aus Frankreich", berichtet Judith Lembke. „So landeten die Reparationen gleich an den deutschen Börsen, denn die Besitzer von Kriegsanleihen suchten sofort neue Anlagemöglichkeiten. Insgesamt flossen etwa 2,5 bis drei Milliarden Francs, etwa zwei bis 2,4 Milliarden Mark, bis zu Beginn der Krise direkt auf den deutschen Kapitalmarkt. Bei einem Nettosozialprodukt von 16 Milliarden Mark hatte das Geld der Kriegsverlierer erheblichen Einfluss auf das Geschehen in deutschen Banken und an deutschen Börsen."

Deutschland hat sich dank der Gründerzeit und der folgenden Friedensperiode, die bis 1914 dauerte, ungeachtet der schweren Börsenkrise von 1873 zur führenden europäischen Wirtschaftsmacht entwickelt, die es bis heute – trotz des Konjunktureinbruchs 2007/2009 – geblieben ist.

Todesstoß für Liberalismus und Optimismus

Österreich war nicht das einzige Opfer der Gründerzeitkrise. Die wirtschaftlichen Erschütterungen von 1873, die an der Wiener Börse begonnen hatten, breiteten sich schnell auf die deutschen Börsen aus. Auch im wilhelminischen Deutschland brachen 1873 die Börsenkurse zusammen, und bis Oktober kam es zu vielen Insolvenzen. Doch daneben gab es weiterhin zahlreichen Neugründungen. Es kündigte sich aber ein vorläufiges Ende der bisher so glanzvollen Gründerzeit an.

Der deutsche Börsekrach brach erst aus, als die Berliner Vereinsbank im Herbst 1873 in Konkurs ging. Die FRANKFURTER ALLGEMEINE ZEITUNG berichtet, dass die Kurse der 444 deutschen Aktiengesellschaften in Folge um durchschnittlich 46 Prozent gesunken waren. Sie analysiert auch die Ursachen des Einbruchs.

„Die Überinvestition, die nun offenbar wurde, verschlimmerte die Krise. Bis 1873 waren vor allem in der Investitionsgüterindustrie Kapazitäten geschaffen worden, die mit riesigen Wachstumschancen rechneten. Als die Nachfrage jedoch stagnierte und sogar schrumpfte, wurde das Überangebot sichtbar. Die Produktion wurde angepasst, Arbeitskräfte wurden entlassen, und die Preise fielen. Viele Unternehmen, die angesichts des Booms gegründet worden waren, gingen pleite."

Es war, als wäre ein Stein in einen stillen Teich geworfen worden: Die Wellen des Aufschlags in Wien und Berlin breiteten sich auch auf Ungarn, Italien, die Schweiz, England, Frankreich, Skandinavien, Russland und sogar auf die damals politisch und wirtschaftlich noch wenig relevanten USA aus. Dort begannen die Banken im September 1873 zusammenzubrechen. Die Krise in den USA dauerte nicht weniger als fünf Jahre. Symbol des Niederganges war die sogenannte amerikanische Eisenbahnpanik im Herbst 1873. Wie in der österreichisch-ungarischen Monarchie waren in vielen anderen Ländern Überproduktionen, überzogenes Gründungsfieber und Spekulation schuld an Zusammenbruch. Die Überexpansion in den Schlüsselindustrien Amerikas, West- und Mitteleuropas forderte ihre Opfer. Die Folge war eine Periode mühsamer wirtschaftlicher Kontraktionen. Gesundschrumpfen hieß die Devise.

Die Gründerkrise und die ihr folgende Rückdimensionierung der Überkapazitäten wirkte sich auf die gesamte deutsche Wirtschaft aus. Von 107 Aktienbanken, die 1870 bis 1874 in Deutschland gegründet worden waren, überlebte bis 1880 nur ein Drittel. Auch die Zahl der Industrieunternehmen schrumpfte in ähnlicher Größenordnung. Der deutsche Staat reagierte auf die Häufung der Pleiten Mitte Juli 1884 mit einer Aktiengesetznovelle, die die bisher mangelnde gesetzliche Regulierung der großen Konzerne nachjustieren und krasse Überspekulationen verhindern sollte. Die Organe von Aktiengesellschaften, Vorstand, Aufsichtsrat und Aktionäre, wurden schärfer

voneinander abgegrenzt, die Sanktionen für Fehlverhalten von Gründern und leitenden Angestellten wurden zivil- und strafrechtlich verschärft.
Die Modernisierung des deutschen Bank- und Börsewesens sowie der Aufschwung der Industrie stachelten auch die benachbarte österreichische Monarchie, die ein Vielvölkerstaat geworden war, an, denselben Weg einzuschlagen. Dort wurden die Erträge aus den Rekord-Getreideernten in Ungarn in den Eisenbahnbau und in die Errichtung von Industrieunternehmen investiert. Rund eine Milliarde Mark flossen aus Deutschland an die Wiener Börse, den wichtigsten Finanzplatz der Monarchie. Wien entwickelte sich dadurch bis 1910 zur viertgrößten Millionenstadt der Erde. Die österreichische Metropole besaß bis zum Ersten Weltkrieg nach London die zweitgrößte Börse Europas.
Heute zählt die Wiener Börse nur noch zu den kleinen Wertpapier-Handelsplätzen Europas. Sie bemüht sich allerdings eifrig, durch Beteiligungen an und Partnerschaften mit mittelosteuropäischen Börsen wieder die einstige Bedeutung zurückzugewinnen. Die Bildung einer mittelosteuropäischen Aktienhandelsplattform unter Anleitung und mit dem Know-how der Wiener Börse ist eine nicht unwahrscheinliche Zukunftsvision.

Politische Nachbeben des Börsekrachs 1873

In Deutschland und Österreich konnte die Krise von 1873 erst vom Jahr 1879 an allmählich überwunden werden. Die politische Folge des Börsekrachs war der breite Vertrauensverlust in die Idee des Liberalismus. Denn als Wurzel des Übels, das die Gründerkrise ausgelöst hatte, galt allgemein das von 1870 an praktizierte freie Spiel der Wirtschaftskräfte.
Das Gegenrezept lautete damals – ebenso wie auch bei vielen späteren Finanzkrisen, etwa jener von 2007/2009 – Re-Regulierung, Einschränkung des freien Kapitalflusses, Einführung neuer protektionistischer Maßnahmen und der Beschluss neuer Steuern und Abgaben.
Wie immer bei schweren Krisen folgt dem Pendelausschlag in Richtung Freiheit, Aufbau und Optimismus der Gegenausschlag in Richtung Kontrolle, Unterdrückung frischer Gedanken, Zerstörung bewährter Einheiten und Pessimismus.
Eduard März berichtet darüber in Österreichische Industrie- und Bankpolitik in der Zeit Franz Josephs I.: „Eine mächtige Strömung entstand, die eine radikale Abkehr von den Prinzipien des wirtschaftlichen Liberalismus auf ihre Fahnen schrieb. Schutzzölle, Kartelle, die zünftlerische Neuordnung der gewerblichen Verfassung und die stärkere Besteuerung der Aktiengesellschaften und der Börse waren einige der neuen Parolen, die zusehends an Zugkraft gewannen. Im Juli 1879 fanden Wahlen statt, in denen die Partei der Liberalismus empfindliche Einbußen erlitt."
Aufgrund der folgenschweren Ereignisse der Gründerkrise begann der Staat wieder mehr in die Wirtschaft einzugreifen. Der Liberalismus verlor seinen Einfluss. Die Abkehr vom Freihandel war die politische Folge, der scheinbar längst abgetane Merkantilismus, das Zurückziehen auf die eigenen Ressourcen und das einseitige Fördern der nationalen Wirtschaft, erlebte eine Renaissance.

Der Börsekrach 1873 war auch ein heilsamer Schock. Er motivierte sowohl die Finanzpolitik als auch die Wirtschaftssubjekte, die Unternehmen und ihre Kunden, über die bisher weithin unbekannten Zusammenhänge und Wechselwirkungen zwischen Währungen, Bankwesen, Börse und Kapitalmarkt gründlicher nachzudenken und deren Gesetzmäßigkeiten wissenschaftlich nachzugehen.

Die erste konkrete Reaktion auf den Börsekrach von 1873 war, dass die Wiener Börsekammer alle Gläubiger, die sich im Zuge der Krise finanziell nicht vergleichen konnten, aufrief, sich bis Ende Juli 1873 in eine Liste einzutragen. Wer das nicht tat, wurde für börseunfähig erklärt. Zwei Verordnungen haben dann die Liquidierung bzw. Fusionierung finanziell schwachbrüstiger AGs erleichtert. Viele Eisenbahngesellschaften wurden verstaatlicht. Der Staat trat vielenorts an die Stelle ehemals privater Unternehmen.

Die Re-Verstaatlichung von eigenkapitalarmen und marktmäßig unterlegenen Banken und Industriekonzernen, wie sie in der Krise 2007/2009 als Rettungsmaßnahme an der Tagesordnung war, ist ein wohlbekanntes Phänomen aus den frühen Kindertagen unserer Industriegesellschaft und keine Innovation der modernen Wirtschaftspolitik.

Die zweite Weltwirtschaftskrise 1929–1933
Der „Schwarze Freitag", der ein Donnerstag war

Das trübe Ende der „goldenen Zwanzigerjahre"

Die im verklärten Rückblick von heute scheinbar goldenen Zwanzigerjahre des 20. Jahrhunderts – Stichwort „Roaring Twenties", die es in den USA, aber nie in Österreich gegeben hat – endeten mit einem unerwartet kräftigen Paukenschlag. Er hat die nach dem Ersten Weltkrieg zart aufgeblühte Wirtschaft jäh und kräftig zertrümmert, weltweit Massenarbeitslosigkeit und Pleiten herbeigeführte und erst im Zweiten Weltkrieg in einer politischen Katastrophe ersten Ranges geendete. Belegt wird das durch den US-Aktienindex Standard & Poor's; er erreichte erst 1954 jenes Niveau wieder, das er schon ein Vierteljahrhundert zuvor, im Jahr 1929, gehabt hatte.

Das bedeutet: Wer vor dem Börsencrash 1929 ein breit gestreutes US-Aktien-Portefeuille besessen hatte, musste ein Vierteljahrhundert lang warten, bis es wieder auf denselben Wert wie zuvor kletterte.

Die wirtschaftliche Erholung nach dem Ersten Weltkrieg wird heute von Beobachtern als instabil und schwächlich bezeichnet. Sie wurde durch vielfache bedrückende Kriegsfolgen wie Reparationszahlungen, Kriegsschulden und hohe Arbeitslosigkeit beeinträchtigt. Die negativen Folgen stellten sich erst von 1929 an in voller Stärke ein: Die Rohstoffpreise stürzten ab, viele Länder, die sich auf die Erzeugung bestimmter Produkte spezialisiert hatten, verloren über Nacht wichtige Absatzmärkte und büßten so wichtige Einnahmen ein. Gleichzeitig mit der Krise der Landwirtschaft litt die Industriebeschäftigung unter einem volatilen Verlauf, einmal steil bergauf, dann wieder unversehens bergab. Die nationalen und internationalen Finanzsysteme funktionierten schlecht oder gar nicht, und im Bemühen vieler Länder, die eigenen Märkte vor ausländischer Konkurrenz zu schützen, wurde der Außenhandel durch Zölle, Mengenbeschränkungen und andere Hindernisse eingeengt. Viele internationale Abkommen wurden gebrochen.

Aus Angst vor der Infizierung mit ausländischen Krisenbakterien schlossen die meisten Staaten alle Fenster und Türen gegenüber der Außenwelt. Das erschwerte sämtliche mögliche Sanierungsmaßnahmen. Heute weiß man, dass das ein fataler Fehler gewesen ist.

Wall-Street-Debakel aus heiterem Himmel

Die Zwanzigerjahre waren in den USA, im Gegensatz zu Europa, eine Periode mit überdurchschnittlichem Wirtschaftswachstum. Dieses kurbelte insbesondere den Dienstleistungs- und Finanzsektor an. Von 1925 an stiegen in New York die Aktienkurse markant an. Am 7. September 1929 erreichte der wichtigste Börsenindex, der Dow Jones Industrial Average Index (DJIA), einen Höchststand von 378 Punkten; ihm folgte eine Abwärtsbewegung. Im Oktober begannen die Kurse wieder zu steigen, aber es handelte sich offensichtlich nicht um eine der üblichen Konsolidierungen. Denn nach langer konjunkturellen Blüte stürzte vom 24. bis 29. Oktober 1929 unter allen Volkswirtschaften der Erde zuerst die US-Börse, für Außenstehende völlig unerwartet und rasch, in eine tiefe Rezession.

Das Debakel begann an einem Donnerstag. Nichtsdestoweniger spricht die ganze Welt noch heute vom „Schwarzen Freitag", weil die Katastrophe erst am Folgetag rund um die Erde bekannt geworden ist und großes Aufsehen erregt hat.

Was war geschehen? Nach einer ersten panikartigen Verkaufswelle am 24. Oktober, die durch eine konzertierte Stützungsaktion der führenden Banken aufgefangen werden konnte, kam es bis zum 29. Oktober zu weiteren Angebotsüberhängen, denen kein Kaufinteresse gegenüberstand. Der Dow fiel an diesem Tag bei einem Rekordumsatz auf 230 Punkte, das war ein Verlust von 39 Prozent gegenüber der oben genannten September-Marke.

Der massive Kurseinbruch markierte das Ende des Nachkriegs-Booms der Wirtschaft. Ökonomen waren vom wirtschaftlichen Rückschlag, der in der US-Industrie schon im Sommer 1929 eingesetzt hatte, nicht überrascht, wohl aber von der langen Dauer und der außerordentlichen Schwere der Krise, die erst drei Jahre später ihren absoluten Tiefpunkt erreichte: Bis Anfang Juli 1932 verlor der Dow weiter auf 41 Punkte. Der Börsenkrach an der New Yorker Wallstreet brachte gegenüber dem ehemaligen Rekordstand vom September 1929 einen summierten Kursverfall von fast 90 Prozent. 16,5 Millionen Stück Aktien hatten inzwischen ihre Eigentümer gewechselt.

Eine allgemein anerkannte Erklärung für dieses Ereignis gibt es eigenartigerweise bis heute nicht. Am nächsten kommt vermutlich Murray Rothbard der Wahrheit. Er bezeichnet die Weltwirtschaftskrise 1929/1933 als Reaktion auf die inflationäre Kreditexpansion während der Zwanzigerjahre des 20. Jahrhunderts. Als Anhänger

der „österreichischen Variante" der monetären Konjunkturtheorie vertrat er die These, dass die Krise die Funktion gehabt habe, die durch einen zu niedrigen Zinssatz als Folge der Kreditausweitung induzierten Fehlinvestitionen zu beseitigen.
Krisen sind demnach immer ein Korrektiv für unkontrollierte Überentwicklungen; jene von 1929/1933 wurde insbesondere von einer verfehlten Geldpolitik der USA ausgelöst. Fachleute stimmen darin überein, dass die zweite Weltwirtschaftskrise zwar in den USA ausgebrochen ist, sich aber in der Folge rasch über die gesamte wirtschaftlich entwickelte Welt ausgebreitet hat.
Was waren die Begleitumstände? Gerhard Aschinger stellt in BÖRSENKRACH UND SPEKULATION die vielen Auslöser des Börsencrashs von 1929 und die dagegen sprechenden Überlegungen einander gegenüber:

- die Diskontsatzerhöhung der US-Notenbank (Federal Reserve Bank, kurz Fed) vom 9. August 1929 von fünf auf sechs Prozent; „die Aktiennachfrage ist in manchen Börsesituationen allerdings zins-unelastisch, so dass die Diskontsatzerhöhung kein Krisenauslöser gewesen sein kann";
- das Rekordvolumen von neu emittierter Aktien an der New York Stock Exchange (NYSE); sie habe die Aufnahmefähigkeit des Marktes überstrapaziert und zum Kollaps geführt; „doch es betrug nur ein Prozent der damaligen Aktienmarktkapitalisierung, war also gering";
- der Bankrott der englischen Firmengruppe „Clarance Hatry" am 20. September 1929, der die Anlegererwartungen gedämpft habe;
- das Smooth-Hawley-Gesetz, das protektionistische Einfuhrzölle vorsah und als Ursache für massive Schrumpfungen des internationalen Handels in den Dreißigerjahren gesehen wurde; „es betraf zwar nur wenige Branchen, hätte aber alle betreffen können";
- die Verweigerung des Aktiensplits der „Boston Edison" durch den US-Bundesstaat Massachusetts am 11. Oktober 1929; „sie wurde als Signal für die zunehmende Bereitschaft zur staatlichen Regulierung des Dienstleistungssektors aufgefasst";
- der Rückgang der Brokerdarlehen von Ende Oktober bis November 1929, die dem Markt Liquidität entzog; das wirkte sich erst nach dem Crash wirklich aus.

Von diesen Einzelereignissen war offenkundig keines die eigentliche Ursache des großen Börsekrachs, sondern höchstens dessen möglicher Auslöser. Auch der Zeitpunkt, 24. bzw. 29. Oktober 1929, war höchst zufällig, nicht vorhersehbar.
Der spätere stetige Rückgang der Börsenkurse bis zum Jahr 1932 wird als Reaktion der US-Börse auf die weltweite Depression gesehen.
Der gesamte Vermögensverlust in den USA in der Zeitspanne 1929 bis 1931 in Folge des Börsekrachs wird auf 50 Milliarden US-Dollar geschätzt. Daher galt diese Krise bislang als die schlimmste der USA. Ihre Folgen gingen jedoch weit über die USA hinaus; man spricht in der Rückschau daher von der ersten wirklichen Weltwirtschaftskrise. Ihr äußeres Zeichen waren die Rückgänge der Aktienkurse, diese waren aber nicht ihre Ursache.

Niemand hatte diese Krise in ihren globalen Dimensionen und Folgewirkungen vorausgesehen, niemand mit ihr gerechnet. Denn das spekulative Verhalten der Anleger, ihr Schwanken zwischen Hoffnung und Enttäuschung, zwischen ungezügeltem Risikoappetit und spartanischer Risikovermeidung ist eine Angelegenheit von Stimmung, Emotion und Gefühl und kann nie exakt gemessen oder vorausgesagt werden.

An einem Tag wie jeder andere

Am 24. Oktober 1929 frühmorgens war an der Wallstreet alles so wie immer; keiner ahnte, dass dieser Tag außergewöhnlich werden würde. Auch heute noch kann niemand rational erklären, warum gerade an diesem Tag die New Yorker Börse mit Verkaufsaufträgen gleichsam überschüttet worden ist. Es war sprichwörtlich das Platzen einer Blase, das Abreagieren einer unheilvollen Spannung zwischen der güterwirtschaftlichen Realwirtschaft und der finanzwirtschaftlichen Traumwelt. Die Spitze, die das Platzen herbeigeführt hat, waren die Banken. Sie haben angesichts der Tatsache, dass die Deckungen der hoch belehnten Effektendepots nicht mehr ausreichen, von ihren Kreditkunden Nachschüsse verlangt. Für diese reichten die Notverkäufe von im Kurs tief gefallenen Aktien bei weitem nicht mehr aus.

Dr. Johann Schmit kommentiert diesen Vorgang: „Die Missachtung der volkswirtschaftlichen Finanzregel, mit Krediten sollen Investitionen und Konsum, aber niemals Finanzinstrumente finanziert werden, rächte sich wieder einmal bitter."

Nur für wenige Eingeweihte kam der Absturz an der Wallstreet nicht ganz unerwartet. Denn schon in den Monaten zuvor wurden von Insidern deutliche Anzeichen eines weltweiten konjunkturellen Abschwungs wahrgenommen: Seit 1925 war die im Gefolge des Ersten Weltkriegs eingetretene Nahrungsmittelknappheit endlich überwunden und von einer weltweiten agrarischen Überproduktion abgelöst worden. Das Überangebot führte in den Agrarstaaten zu Zahlungsbilanzschwierigkeiten, denn die Preise für landwirtschaftliche Produkte verfielen und die Exporte stagnierten. Der wirtschaftliche Aufschwung der Zwanzigerjahre des 20. Jahrhunderts führte zu steigenden Aktienkursen und setzte eine Spekulationswelle in Gang, die immer breitere Bevölkerungskreise erfasste. Schließlich wurde nicht nur mit eigenem Geld, sondern auf Pump spekuliert, weil alle auf eine ungebrochene Fortsetzung der boomenden Märkte setzten.

Im Juni 1929 hatte die US-Roheisenproduktion ihr vorläufiges Maximum erreicht; im September 1929 hatten die Versandhäuser den Höchststand ihres Absatzes gemeldet. Doch schon von 1927 an war der Aufschwung von Symptomen überlagert worden, die Schumpeter später als „zweite Welle" bezeichnen wird: Nach einem konjunkturellen Aufschwung von 1922 bis 1929 gab es einen Rückschlag bis 1930, dann die tiefe Depression bis 1932, danach die Erholungsphase bis etwa 1934.

Auslöser war die schon damals unbedachte Schuldenmacherei der Amerikaner. In Das Ende der Weltwirtschaftskrise berichtet Predöhl über die Zeit vor dem Schwarzen Freitag: „Die Amerikaner lebten weiter in der Vorstellung, dass die ewige Prosperität ausgebrochen sei, obgleich sich nichts ereignet hatte, was als Abkehr vom traditionellen Konjunkturzyklus hätte gedeutet werden können. Der Überexpansion der Grundstoffindustrie folgte eine übersteigerte Nachfrage nach Konsumgütern, vor allem Gütern des dauerhaften Verbrauchs. Dabei nahm das Abzahlungsgeschäft so große Ausmaße an, dass kaum ein Haushalt ohne hohe Abzahlungsschulden auf Kühlschränke, Radioapparate – vom Kraftwagen ganz abgesehen – existierte. Auch die Grundstückspekulation breitete sich aus […] Entscheidend waren aber auch in dieser Krise die Disproportionalitäten in der Produktion, die durch den starken Aufschwung übersteigert waren."

Als sich die ersten Kurseinbrüche an der Börse zeigten, kehrte sich der vorherige Optimismus der Investoren schlagartig um, und es kam zu lawinenartigen Verkäufen von Wertpapieren. Das löste einen Schwindel erregenden Kurssturz aus, der sich von der New Yorker Börse auf alle zivilisierten Länder der Erde ausbreitete.

Die zu Spekulationszwecken aufgenommenen Kredite konnten nicht mehr bedient werden, was zum Zusammenbruch vieler Banken und zu Liquiditätsproblemen wichtiger Unternehmen führte. Die Federal Reserve Bank der USA hatte die Leitzinsen für den US-Dollar bis auf sechs Prozent hinaufgesetzt, um die Spekulation zu bremsen. Die Unternehmen verkauften daher ihre Lager ab, um Geld hereinzubekommen, und um den US-Markt vor Importen zu schützen, wurden hohe Zollmauern errichtet. Daraufhin revanchierten sich die betroffenen Länder und erhöhten ihrerseits die Zölle. Gegen Ende 1929 hat die Fed dann den Diskontsatz zweimal auf 4,5 Prozent gesenkt. Doch das war viel zu spät und konnte die Krise nicht mehr stoppen.

Im Gegensatz zur Weltwirtschaftskrise 2007/2009 hat sich die US-Zentralbank während des Börsenkrachs 1929/1933 nachhaltig passiv verhalten. Sie hat den Finanzmarkt weder mit zusätzlicher Liquidität versorgt noch Stützungskäufe auf dem Wertpapiermarkt durchgeführt.

Es gab damals auch keine Absichtserklärung, dass die Fed die Funktion eines „lender of last resort" wahrnehmen, also nicht nach Wegfall der Banken als letzter Geldversorger der Wirtschaft auftreten würde. Man war damals der Meinung, die Wirtschaft müsse sich an den eigenen Haaren aus dem Krisensumpf ziehen. Genau das, so sagen viele Fachleute heute, habe die damalige Depression so hartnäckig gemacht.

Im Bericht der Oesterreichischen Nationalbank über die „Währungspolitik in der Zwischenkriegszeit 1923 bis 1938" ist zu lesen: „Der Rückgang der amerikanischen Importnachfrage binnen drei Jahren um 70 Prozent, der auf das schrumpfende Produktionsvolumen, aber auch auf die drastische Erhöhung der Zollschranken zurückzuführen war, führte zu einer multiplikativen Verringerung des Volkseinkommens in den davon betroffenen Ländern. Die Schrumpfung der Produktion wurde durch die Einschränkung der internationalen Anleihetätigkeit des New Yorker, Londoner und Pariser Kapitalmarkts noch verstärkt. Die rohstoffproduzierenden Länder, die sich schon in der zweiten Hälfte der Zwanzigerjahre des 20. Jahrhunderts mit einem sinkenden Preisniveau konfrontiert sahen, mussten ihrerseits die

Importe stark reduzieren, was einen weiteren Rückgang des Welthandelsvolumens bewirkte."
Zusätzlich wurden aus Europa amerikanische Kredite abgezogen. Die US-Banken, die zur Verlustabwehr dringend Geld brauchten, forderten kurzfristig ans Ausland vergebene Kredite ein. Das war für die Auslandsschuldner ein Problem, denn diese hatten die US-Kredite für langfristige Investitionen verwendet. So schlug die US-Börsen- und Bankenkrise auf europäische Banken, Industriekonzerne und Staatsregierungen durch.
In Kombination mit den politischen Veränderungen, vor allem dem florierenden Nationalismus in Europa, wurde aus einem regionalen, scheinbar vorübergehenden zyklischen Konjunkturrückschlag ein weltweiter wirtschaftlicher Zusammenbruch, der damals so gut wie alle marktwirtschaftlich orientierten Industrieländer der Erde erfasst hat.

Ende der Illusion ewiger Prosperität

„Es kam hinzu, dass zu gleicher Zeit auch der Kondratjew-Zyklus in die Depression lief und die kumulative Verstärkung der Depression bewirkte […] Dreimal in den vergangenen 150 Jahren hat es diese Konjunktion gegeben", erklärt Predöhl in Das Ende der Weltwirtschaftskrise.
Der Schock des Schwarzen Freitags „traf die amerikanische Öffentlichkeit umso mehr, als sie sich der Illusion einer ewigen Prosperität hingegeben hatte", berichtet Predöhl. „Immerhin schwand das Vertrauen nicht sofort, und es wurde durch den unmittelbar folgenden Ablauf der Wirtschaft auch noch nicht erschüttert."
Die Geschäftswelt sah im Börsencrash von 1929 anfangs also nur eine vorübergehende wirtschaftliche Oberflächenerscheinung. Bis 1930 hat es zwar einen langsamen Rücklauf gegeben, aber der unterschritt nicht den Stand von 1929. Bald aber zeigte sich, dass das dramatische Ereignis erst der Auftakt eines schweren Rückschlags gewesen war. Im Laufe des Jahres 1930 glitt die amerikanische Wirtschaft langsam, aber stetig in eine tiefe Depression. Bis Mitte 1932 setzte eine klare Schrumpfung in Form abnehmender Wachstumsraten ein: Das nationale Einkommen der USA, Rumäniens und Jugoslawiens halbierte sich; Kanada, Deutschland, Polen und die Tschechoslowakei büßten rund 40 Prozent ihres Nationaleinkommens ein. Der Einbruch in Großbritannien war weniger schmerzlich.
Der Völkerbund berechnete 1945 die Veränderung der nationalen Einkommen von 24 Industrieländern der Erde nur im Jahr 1933 und kam auf die gigantische Zahl von 60 Milliarden US-Dollar. Zum Tiefpunkt der Krise 1932 gab es mehr als 25 Millionen arbeitslose Industriearbeiter weltweit. Mehr als 100 Millionen Menschen hatten keine Einkommensbasis mehr. Dazu kam eine unbekannte Millionenzahl von landwirtschaftlichen Arbeitskräften.
Der 32. Präsident der USA, Franklin Delano Roosevelt (Amtszeit 1933–1945), erklärte am 4. April 1933, ein Monat nach Amtsantritt am Tiefpunkt der großen Depression, der gesamten Finanzbranche den Krieg, weil er sie als den eigentlichen Verursacher der Krise betrachtete: „Die Praktiken der skrupellosen Geldwechsler stehen im Mittel-

punkt der öffentlichen Kritik, verurteilt von unserer aller Herzen und Verstand. Ihr einziger Vorschlag ist, immer noch mehr Geld zu leihen."
Rooseveltsundifferenzierte Kritik an der gesamten Finanzbranche machte ihn zwar populär, aber er setzte sich mit ihr offenkundig nicht durch. Sonst wäre es nicht möglich gewesen, dass das, was ihm so sehr missfallen hatte, siebzig Jahre später im eigenen Land neue Urständ feierte.

Globale Ausbreitung der Krise

„In den USA lag der Tiefpunkt der Weltwirtschaftskrise Mitte 1932, obgleich einige Indices den Tiefpunkt in den März 1933 verlegen", berichtet Predöhl. Die Kette depressiver Erscheinungen vom Preisverfall über Produktionseinschränkungen bis zur Massenarbeitslosigkeit sei mit jener typischen Verstärkung abgerollt, die der spätliberalen Entwicklung eigen sei. Krise und Depression seien auf andere Länder übergesprungen; auf England vor allem über den Außenhandel, auf Deutschland über die Zerrüttung der deutschen Binnenmärkte, die schon vorher aus politischen Gründen Verfallserscheinungen gezeigt hatten. In Deutschland hätten sich die negativen wirtschaftlichen Einflüsse aus den USA bis 1932 viel stärker bemerkbar gemacht als in England. Die konjunkturelle Krise habe eine strukturelle Krise der Weltwirtschaft ausgelöst. Die Krise im System sei zu einer Krise des Systems geworden, resümiert Predöhl.

Die hohen Kursverluste an der New York Stock Exchange (NYSE) am Montag, dem 28. Oktober 1929, wirkten sich schnell und unmittelbar auf alle europäischen Aktienbörsen aus. Denn per Telegraf wurden die Börsedaten aus den USA blitzschnell international verbreitet; nicht nur über das feste Land, sondern auch übers Meer. 1929 gab es nämlich bereits Brokerbüros auf Luxuslinern, die den Atlantik überqueren. Wegen der Zeitverschiebung reagierten die europäischen Börsen erst am Dienstag, dem 29. Oktober 1929, mit deftigen Kursrückschlägen. Europa prägte demnach den Begriff „Black Tuesday".

Die Börsen in Kanada, England und Belgien sind im vierten Quartal 1929 ähnlich stark eingebrochen wie jene in New York. Die deutschen Börsen und jene in Österreich hatten im Dezember 1929 gegenüber dem Höchstwert dieses Jahres durchschnittlich 16 Prozent verloren. Der Aktienindex der Frankfurter Börse hatte bereits seit Mitte 1927 allmählich nachgegeben; die Börsen in Frankreich, Schweden und der Schweiz hatten ihren Höchststand 1928 erreicht und befanden sich seitdem im Abwärtstrend.

Alle Europäer waren angesichts des damals geltenden Gold-Devisen-Standards für die Währungen der Industrieländer der Erde davon überzeugt, dass sich die konjunkturellen und monetären Störungen im Gefolge des Börsencrashs an der Wallstreet rasch auf ihre Volkswirtschaften übertragen würden. Allerdings waren die in den USA beobachtete Spekulationsmanie und die davon ausgelösten Kursrallyes in Europa weniger ausgeprägt, die wirtschaftlichen Korrekturen geringer. Der Hauptgrund für den parallelen Abwärtstrend aller Börsen war das ähnliche wirtschaftliche

Umfeld sowie die Übertragung der makroökonomischen Störungen durch das damals etablierte System fixer Wechselkurse, aus dem es kein Entkommen zu geben schien. So ist auch die weitgehende Enthaltsamkeit der Notenbanken und der Wirtschaftspolitik der damaligen Zeit bezüglich Stützungs- und Hilfsmaßnahmen gegen die Krise zu erklären.

Der ehemalige Gouverneur der Oesterreichischen Nationalbank, Dr. Klaus Liebscher, betont in einer Rückschau: „Wenn man die gegenwärtige Krise mit jener von 1929 vergleicht, ist es unrichtig, sie eins zu eins zu sehen. Man hat z. B. inzwischen gelernt, bei Problemen im Finanzsektor sofort Liquidität bereitzustellen. Seinerzeit hat man eher gedacht, wenn man keine Liquidität bereitstellt, kann man die negativen Folgen der Kreise unterbinden. Das war damals der große Fehler, der dann auch in eine klassische Deflation und Depression geführt hat. In der derzeitigen Krise sind die Notenbanken vom ersten Tag an Gewehr bei Fuß gewesen und haben sofort massiv Milliardenbeträge in die Märkte hineingeschossen."

Österreich in der Krise 1929/1933

„Der Boom der Zwanzigerjahre fand sein Ende in der Weltwirtschaftskrise, einem Ereignis, das die ökonomische Entwicklung der Industriestaaten in einmaliger, unwiederholbarer Weise geprägt hat", schreibt Wirtschaftsforscher Univ.-Doz. Dr. Felix Butschek in seinem Buch DIE ÖSTERREICHISCHE WIRTSCHAFT IM 20. JAHRHUNDERT, und weiter: „Zwar hatten die früheren Jahrzehnte stets zyklisches Schwanken der wirtschaftlichen Aktivität gekannt, aber niemals war es annäherungsweise zu einem Rückschlag dieses Ausmaßes und dieser Intensität gekommen. Es nimmt nicht Wunder, dass die Krise das Vertrauen in die Funktionsfähigkeit der Marktwirtschaft auf das Schwerste erschütterte, der Diskussion alternativer Wirtschaftsordnungen starken Auftrieb gab und ihre sozialen Folgen dramatische politische Veränderungen zumindest begünstigten [...] Österreich zählte mit den USA und Deutschland zu den Ländern, welche durch die Weltwirtschaftskrise besonders stark getroffen wurden."

Die österreichischen Probleme hatten sich schon vorangekündigt. Im Herbst 1929 schlitterte die Allgemeine Österreichische Boden-Credit-Anstalt in die Krise. Die 1863 gegründete Bank hatte sich nicht rechtzeitig von ihrer einstigen Größe in der verflossenen österreichisch-ungarischen Monarchie auf die geringeren Anforderungen der jungen ersten Republik Österreich redimensioniert und schleppte einen ungeheuren Industriekonzern mit sich, der jene Gewinne, die für ihn an Dividenden ausgezahlt wurden, nicht verdiente. Die Bank, so stellte sich später heraus, hatte die Dividenden aus ihrem Eigenkapital bezahlt. Im Herbst 1929 musste sie ihre Kreditzusagen kündigen, da ihr die Sparer ihre Einlagen entzogen. Die noch gesunde Credit-Anstalt, damals die größte Bank Österreichs, wurde, wie es hieß, „mit einer an ihre Brust gesetzten Pistole" gezwungen, die Boden-Credit-Anstalt aufzufangen. Die Oesterreichische Nationalbank versprach die Unterstützung dieses Manövers, damit die Finanzstabilität Österreichs gewahrt bleibe. Eineinhalb Jahre später, Anfang Mai 1931, war die Credit-Anstalt ein Sanierungsfall. Die erhofften Synergien

aus der Übernahme der Boden-Credit-Anstalt erwiesen sich als Reinfall. Am 9. Oktober 1931, zwei Wochen nachdem England den Gold-Standard aufgegeben hatte, wurden in Österreich strenge Beschränkungen im Auslandszahlungsverkehr eingeführt. Der Schilling verlor seine Konvertibilität erst 1932, was seine Entwertung nicht verhinderte. In der Zwickmühle zwischen der Verteidigung von monetärer oder finanzieller Stabilität konnte Österreich keines der beiden Ziele erreichen.
1930 ist das reale österreichische Bruttonationalprodukt um 2,8 Prozent gesunken. Dieser Trend setzte sich auch in den drei Folgejahren fort: –8 Prozent 1931, –10,3 Prozent 1932, –3,3 Prozent 1933; das war der absolute Tiefpunkt. Erst 1934 gab es wieder ein bescheidenes Plus von 0,8 Prozent. Die Erholung war aber sehr schwach, und erst 1937 wurde das Niveau von 1929 wieder erreicht. In Österreich hat die Weltwirtschaftskrise von 1929 bis 1933 gedauert. Das Heer der Arbeitslosen vergrößerte sich schlagartig, der gut angelaufene Außenhandel begann zu stocken, die Großhandelspreise verfielen, ebenso Industrieproduktion, Bauwirtschaft, Verkehr und der nach dem Ersten Weltkrieg langsam in Schwung gekommene Fremdenverkehr. Nur am Rande betroffen waren die österreichische Land- und Forstwirtschaft sowie der Energiesektor. Im Verlauf der Weltwirtschaftskrise ist die österreichische Beschäftigung von zwei (1929) auf 1,6 Millionen Stellen (1934) bzw. um 450.000 oder 22 Prozent gesunken; gleichzeitig hat sich die Zahl der Arbeitslosen mehr als verdoppelt, nämlich von 270.000 auf 598.000; die Arbeitslosenquote erreichte 1933 die Marke von 27,2 Prozent gegenüber nur 11,7 Prozent im Jahr 1928; das reale Bruttoinlandsprodukt Österreichs (BIP) ist um mehr als ein Fünftel gesunken, das reale BIP pro Kopf um fast ein Viertel. Die Talfahrt des BIP war während der Weltwirtschaftskrise in Österreich etwa gleich stark wie in Deutschland. Nur in den USA war der Rückschlag stärker, nämlich fast 30 Prozent vom Höhepunkt 1929 bis zum Tiefpunkt 1933.
Erst 1935 begannen sich die Kurse an der Wiener Aktienbörse allmählich zu erholen; 1937 lag der Aktienindex um 78 Prozent über dem des Jahres 1935. Aber der Umsatz war stark gedämpft; er lag um drei Viertel unter dem Wert vor der Krise. Der Aktienbesitz konzentrierte sich auf die durch die Krise gekommenen Großbanken, ausländische Holdinggesellschaften und private Gruppen. Diese hatten nur noch wenig Interesse an einem intensiveren Börsehandel.
Ein bis heute erinnerlicher wirtschaftspolitischer Erfolg in der Krisenzeit war, dass Österreich seine seit Ende des Ersten Weltkriegs schmerzlich verspürte Ernährungslücke überwinden konnte; allerdings unter Begleitschutz aufwendiger Produktionsprämien, Subventionen und starkem Zollschutz der Inlandsproduktion vor Importen. Ein weiterer Pluspunkt der Krise war die Redimensionierung des in der Monarchie stark aufgeblasenen österreichischen Bankenapparates durch massenweise Zusammenbrüche, die den Wohlstand der Bevölkerung dezimiert haben. Ein Problem, das die Krise nicht gelöst hat, war die durchgehend hohe Arbeitslosigkeit. Diese führte schließlich zur politischen Radikalisierung, die den Zweiten Weltkrieg ausgelöst hat.

Wurzeln und Folgen der Weltwirtschaftskrise

Der Tiefpunkt der Weltwirtschaftskrise wurde erst 1932, drei Jahre nach ihrem Ausbruch, erreicht. Wieso diese lange Verzögerung? Fachleute machen dafür fünf Gründe verantwortlich:
1. Die Überschätzung des seit 1922 anhaltenden wirtschaftlichen Aufschwungs, der zum Aufbau von Überkapazitäten geführt hat und mit kreditfinanzierten Spekulationen auf den Aktienmärkten verbunden war.
2. Gleichzeitig gab es Absatzschwierigkeiten in der Landwirtschaft, die zu einer Agrarkrise mit schnellem und radikalem Preisverfall bei Brotgetreide geführt hat.
3. Zunehmende Behinderung des freien Welthandels durch die protektionistische Zollpolitik vieler Länder.
4. Die starke Ausweitung des internationalen Kapitalverkehrs und kriegsbedingter Auslandsschulden der europäischen Länder bei den USA aufgrund von Reparationen, verbunden mit einer eher kurzfristigen Kreditvergabe der USA an europäische Länder mit hoher Inflationsrate.
5. Die mangelnde Fähigkeit Großbritanniens und die mangelnde Bereitschaft der USA, für den Freihandel und eine langfristige Finanzierung der Nachkriegswirtschaft in Europa zu sorgen.

Die US-Wirtschaft hat sich nach der großen Depression, im Gegensatz zu den Wirtschaften Europas, schnell wieder vom Schock erholt. Sam Stovall, der Chefstratege von Standard & Poor's, verweist auf die Tatsache, dass einer der größten Bullenmärkte (= Aktienkursanstieg) aller Zeiten nach der Weltwirtschaftskrise 1929/1932 registriert worden ist; der amerikanische Dow-Jones-Industrie-Index ist in der Zeitspanne 1932 bis 1937 vom Ausgangspunkt mit 42 Punkten auf 192 Punkte gestiegen. Die Aktien waren am Beginn dieser Hausse, verglichen mit den erzielten Gewinnen, extrem billig gewesen und wurden vor allem wegen der hohen Dividendenerlöse gekauft.

Die rasche Genesung der US-Wirtschaft nach dem Kollaps 1929 wird in aller Regel mit der segensreichen Wirkung des „New Deal" von US-Präsident Franklin D. Roosevelt erklärt. Dagegen hat Amity Shlaes, ein Mitglied der prominenten New Yorker Mont Pelerin Society, im Frühjahr 2009 festgestellt: „Kein Modell für eine Lösung der Krise 2007/2009 ist der New Deal Roosevelts. Er hat nie wirklich funktioniert. Erst der Zweite Weltkrieg hat die vielen Arbeitslosen absorbiert." Die Ökonomin zitiert als Zeugen Roosevelts Finanzminister Henry Morgenthau jr., der nach acht Jahren New Deal gemeint hat: „Wir geben mehr Geld aus als jemals zuvor, aber es funktioniert nicht!"

Auffällige Differenzen bei den Rezessionen

Im Gegensatz zu den „normalen" Konjunkturrückschlägen in der Zeit vor dem Zweiten Weltkrieg, die vom oberen bis zum unteren Wendepunkt zwischen 24 und 30 Monate lang dauerten, hat die Weltwirtschaftskrise 1929/1933 rund 43 Monate lang gedauert; die Rezessionen nach dem Zweiten Weltkrieg währten hingegen nur neun bis elf Monate.

Eine andere Vergleichsgröße ist die Arbeitslosigkeit. Sie ist während der Weltwirtschaftskrise 1929/1933 auf durchschnittlich 24 Prozent gestiegen, in der Depression 1937/1938 auf 19 Prozent, in den Rezessionen nach dem Zweiten Weltkrieg nur noch auf fünf bis sieben Prozent.

Das Bruttosozialprodukt, das in der Weltwirtschaftskrise um die Hälfte, 1937/1938 um zwölf Prozent gesunken ist, verringerte sich in den Rezessionen der Nachkriegszeit nur um zwei bis fünf Prozent. Daraus kann man den Schluss ziehen, dass die moderne Wirtschaftspolitik und die aktive Konjunkturpolitik das Auf und Ab der Konjunkturschwankungen zwar verringern, aber leider nicht beseitigen konnten.

Ein Gedankenexperiment: Der Herausgeber der Wochenzeitung DIE ZEIT und Professor für Politikwissenschaft Dr. Josef Joffe gibt in seinem „Neujahrsgruß 2009" ein Beispiel: „Stellen wir uns vor, 2008 wäre 1929. In dem Fall müsste der Dow Jones [= US-Aktienindex] über die nächsten zwei Jahre um weitere 80 Prozent fallen. 2011 wäre dann wie 1932, die dunkelste Nacht. Aber wenn Sie 1932 Aktien gekauft hätten, dann hätten Sie bis zum Jahre 1937 86 Prozent Gewinn gemacht, bis 1942 sogar 120 Prozent und 926 Prozent nach insgesamt 20 Jahren (also 1952). Andererseits hätten Sie mit supersicheren US-Treasuries nur 75 Prozent verdient, für sich oder Ihre Kinder [...] Wenn sich 2010 die Wirtschaft nicht erholt, dann kaufen Sie 2011 Aktien und horten diese. In der Zwischenzeit können Sie über all die guten Gründe nachdenken, warum 2008 doch nicht wie 1929 ist."

Die NEW YORK TIMES hat am 21. Oktober 2008 einen statistischen Vergleich der „schwächsten Wirtschaftsphasen in den USA seit 1929" veröffentlicht, der die markanten Unterschiede zwischen den einzelnen Krisenereignissen illustriert, die die Medienberichte in der Regel nicht herausarbeiten:

	1929/1933	1957/1958	1973/1975	1981/1982	2007/2009
Arbeitslosigkeit	24,9%	7,5%	9%	10,8%	6,1%
Bruttoinlandsprodukt	−27%	−3,7%	−3%	−2,9%	0,3%
Inflation	−23,9%	0,5%	15%	7,1%	3,4%
Investitionen	−87%	−13,5%	−10,1%	−8,7%	1,2%
Privatverbrauch	−27,4%	−1,1%	−0,1%	2,9%	0,6%
Industrieproduktion	−54%	−12,7%	−12,9%	−8,6%	−4,7%
Schrumpfungsdauer	43 Monate	8 Monate	16 Monate	16 Monate	?

Der Quervergleich zeigt, dass die Krise von 1929/1933 mit Abstand die bisher tiefste und längste gewesen ist und auch vom späteren Einbruch 2007/2009 und seinen enormen Schäden keineswegs in den Schatten gestellt wurde. Die breite geografische Wirkung dieser Mehrfachkrise ist allerdings eine erstmalige Erfahrung, ebenso die breite und verhältnismäßig gut abgestimmte Bekämpfung ihrer Auswirkungen.

Die erste Erdölkrise 1973–1975
Drastischer Preisschock auf ungewohnter Ebene

Eine nicht-finanzielle Wirtschaftskrise
Die Siebzigerjahre des 20. Jahrhunderts waren jene Zeitspanne, in welcher die Abhängigkeit aller Industrieländer der Erde von importiertem Öl rasch zugenommen hat. Die herkömmlichen Energierohstoffe Holz und Kohle wurden nach und nach von den leichter gewinn-, lager- und transportierbaren raffinerieverarbeiteten Erdölderivaten Benzin, Dieseltreibstoff oder Heizöl verdrängt. Weitere Ursachen des Umstiegs waren das rasche Steigen der Energieintensität von Industrieproduktion und Individualverkehr sowie der Umstand, dass die Ölförderung in den meisten westlichen Industriestaaten mengenmäßig stark nachließ. In Österreich z. B., wo seit den Dreißigerjahren des 20. Jahrhunderts Rohöl im Wiener Becken gezielt erbohrt und gefördert wurde und wird, hat in den Siebzigerjahren der Ölverbrauch die eigene Förderung weit übertroffen, so dass die Importe vor allem aus dem Nahen Osten sowie aus der damaligen Sowjetunion sprunghaft zunahmen. Trotz intensiver weiterer Ölförderung und -exploration in Österreich lässt die Produktion der alten Felder allmählich nach, umgekehrt wächst die Importabhängigkeit von Jahr zu Jahr.

Den grundsätzlichen Unterschied zwischen der ersten Ölkrise 1973 und den anderen Finanz-, Konjunktur- und Währungskrisen erklärt der ehemalige Gouverneur der Oesterreichischen Nationalbank, Dr. Klaus Liebscher, so: „Die Ölkrise war nicht durch die Finanzindustrie induziert, sondern ist extern gekommen durch den Versuch, Erdöl zu verknappen und seinen Preis in die Höhe zu schrauben; sie hatte ihre Auswirkungen auf die Realwirtschaft, nicht aber auf die Finanzwirtschaft. Die erste Ölkrise hat allerdings auch Rezessionserscheinungen und dramatische Inflationsanstiege ausgelöst." Die Ölkrise hatte dadurch in etwa dieselben Folgen auf die Gesamtwirtschaft wie eine Finanzkrise.

Es geschah am 17. Oktober 1973. An diesem Tag hat sich der Weltmarktpreis für Rohöl schlagartig und selbst für Fachleute unerwartet von vorher 3,65 auf 5,19 US-Dollar pro Fass (= 160 Liter) verteuert. Damals wurden die Rohölpreise im saudiarabischen Ras Tanura für die Sorte Arabian Light notiert. Im Dezember 1973 stieg der Rohölpreis weiter auf 11,65 US-Dollar und bis Herbst 1974 auf mehr als zwölf US-Dollar. Der Grund für die Verdreifachung: Das Ölkartell OPEC – mit zwölf Mitgliedern, gegründet im September 1960 in Bagdad, Hauptsitz seit 1965 in Wien, das noch heute rund die Hälfte des Weltölbedarfs abdeckt, aber bis in die frühen Siebzigerjahre schwach und weitgehend unbemerkt geblieben ist – hatte sich unerwartet auf eine Drosselung seiner Fördermenge um fünf Prozent geeinigt. Die Industrieländer der Erde, die nicht mit dieser Machtdemonstration des Ölkartells und dessen drastischer Verteuerung von Rohöl gerechnet hatten, wurden vom Umschwung hart getroffen. Denn im Sog der Ölverteuerung zogen mit einiger Verzögerung auch die Preise von Erdgas, Kohle und elektrischer Energie schlagartig nach.

Die Ölkrise von 1973 hat erstmals die hohe Abhängigkeit der Weltwirtschaft und der globalen Mobilität von der ausreichenden und preisgünstigen Versorgung mit Energie aufgezeigt. Seit damals ist das Thema Öl- und Gasversorgung nicht mehr aus den Schlagzeilen der globalen Wirtschaftsberichterstattung verschwunden, obwohl die dem Ölpreisschock folgenden Rezessionen von 1973/74 und nach dem zweiten Ölpreisschock in den frühen Achtzigerjahren nur jeweils 16 Monate dauerten. Denn vom Öl waren und sind so wichtige Bereiche wie Straßenverkehr, Industrie und Kraftwerke sowie der private Wohnbereich unmittelbar abhängig.

Die erste Reaktion auf den Ölschock war die Abpufferung seiner Folgewirkungen auf die Verbraucherländer. Unternehmen, Politiker, alte und neu entstandene Organisationen, wie die Internationale Energieagentur in Paris, entwickelten Maßnahmen, um sich vom Preisdiktat der Ölexporteure unabhängiger zu machen. Im Vordergrund standen vorerst autolose Tage, später groß angelegte Bevorratungsaktionen, der gezielte Aufbau strategischer Reserven für mehrere Monate, Bemühungen um eine Erhöhung des Energiewirkungsgrades, Energiesparkampagnen und eine geografisch bessere Diversifikation der Ölbezüge durch die Verbraucherländer.

Der Ölschock hatte auch sein Gutes. Er führte neben vielen Opfern und Einbußen zu einer Reihe energietechnischer Neuerungen und ließ darüber hinaus neue Branchen mit zusätzlichen Arbeitsplätzen entstehen. Durch neue Bohr- und Fördertechnologien, die im Gefolge der Ölkrise entwickelt worden sind, können die bestehenden Öl- und Gaslagerstätten besser genutzt und länger ausgebeutet werden als früher. Durch neue Explorationstechnologien konnten die geleerten Lagerstätten bisher immer durch neu entdeckte ersetzt werden, und energieeffizientere Erzeugungsprozesse lassen den Gesamtenergieverbrauch langsamer steigen als die Gesamtproduktion wächst. Man spricht diesbezüglich von einer Entkoppelung des Wirtschaftswachstums vom Energieverbrauch.

Das war auch jener Zeitpunkt, von dem an das Erdgas als Energieträger auf die Weltbühne trat. War es früher ein Störfaktor bei der Ölproduktion gewesen, das als nutzloses Beiwerk möglichst gleich neben dem Ölfeld abgefackelt wurde, so ist es heute eine willkommene Ergänzung des Rohöls als Energieträger geworden. Erdgas kann dank seines geringen Schwefelgehalts und geringerer CO_2-Emissionen bei der Verbrennung sogar umweltschonender eingesetzt werden als die raffinierten Produkte von Rohöl. Zudem kann es wie Öl sowohl durch Rohrleitungen (Pipelines) als auch in tiefgekühltem verflüssigtem Zustand (Liquid Natural Gas = LNG) in speziellen Tankschiffen quer über die Ozeane transportiert werden.

Daraus ist zu erkennen: So wie die konjunkturellen und finanziellen Krisen führten auch die Ölkrisen zu Fortschritten, die es ohne sie höchstwahrscheinlich nicht gegeben hätte.

Alles Schlechte hat sein Gutes

Die Wirkung des ersten Ölpreisschocks auf die Wirtschaft der Industrieländer war verheerend, weil sie unvorbereitet und unversehens getroffen wurden. Die österreichische Handels- und Zahlungsbilanz wurde 1974 mit rund neun Milliarden Schilling, umgerechnet 652 Millionen Euro, mehr belastet und die Preissteigerungsrate um 7,3 Prozent erhöht. Unmittelbare Folge waren in sämtlichen Verbraucherländern spürbare Verknappungen der verfügbaren Öl-Mengen, Einschränkungen des Individualverkehrs („autoloser Tag"), das Zurückfahren von Wärmekraftwerken und von Produktionslinien in energieintensiven Industrien. In weiterer Folge des Ölpreisschocks brach die Konjunktur in den Industrieländern ein und führte zu einer weltweiten Rezession 1974 und 1975. Die Verteuerung von Öl, die mit rund sechsmonatiger Verzögerung auch auf das Erdgas durchschlug, beschleunigte die Inflation und führte in vielen Staaten zu akuten Ungleichgewichten in der Zahlungsbilanz.

Das löste wirtschaftspolitische Restriktionen aus, die sowohl die Investitionen in der Wirtschaft als auch das Konsumverhalten der Menschen scharf abgebremst haben. Das sogenannte Recycling von Petrodollars durch die Verbraucherländer, darunter versteht man das Bemühen um die Rückgewinnung eines Gutteils der Ausgaben für importiertes Öl und Gas durch Ankurbelung der Exporte in die Ölförderländer sowie das Werben um deren Finanzanlagen, wurde zu einer wirtschaftspolitischen Strategie, deren Aktualität auch heute noch hoch ist. Die Energiepolitik der Energie-Verbraucherländer konzentrierte sich darauf, die Energieintensität – darunter versteht man den Energieverbrauch pro erzeugte Einheit – zu senken und auf diese Weise den Anstieg des Energieverbrauchs vom Wirtschaftswachstum zu entkoppeln.

In der Folge des ersten Ölpreisschocks von 1973 kam es zu einer längeren Zeitspanne weltweiter Berg- und Talfahrten des Rohölpreises: 1979 verteuerte sich Rohöl aufgrund der iranischen Revolution bis 1981 auf 39 US-Dollar. Mitte 1986 kam es zu einem völlig unerwarteten Zusammenbruch des Welt-Rohölpreises von vorher rund 26 auf unter zehn US-Dollar pro Fass. 1990/1991 folgte im Zuge des Golfkriegs wieder ein abrupter Ölpreisanstieg auf bis zu 45 US-Dollar. Dann gab es anlässlich des Irakkrieges im Jahr 2003 einen weiteren Ölpreisanstieg sowie nach einer vorübergehenden Phase niedriger Ölpreise – die weder durch die Terrorattacken auf die USA vom 11. September 2001 noch durch den Afghanistankrieg unterbrochen worden waren – bis Mitte 2008 eine neue spektakuläre Preisrallye.

Nach diesen tollen Preissprüngen gewann die Hypothese immer mehr Anhänger, dass die Berg- und Talfahrten des Rohölpreises die wahren Auslöser von Rezessionen, exzessiven Inflationen und dramatischen Konjunktureinbrüchen besonders in den USA seien. Diese Hypothese wurde später allerdings von Experten widerlegt. In den letzten 30 Jahren hat die Weltwirtschaft allerdings gelernt, mit Energiepreisschocks besser umzugehen. Weder die Rohölverteuerung auf 147 US-Dollar pro Fass im Sommer 2008 noch der folgende Absturz auf unter 40 US-Dollar in der zweiten Jahreshälfte 2008, noch der inzwischen verzeichnete Wiederanstieg auf rund 70 US-Dollar/Fass in der ersten Hälfte 2009 haben bisher größere wirtschaftliche Verwerfungen gezeigt. Im Strudel der Finanzkrise 2007/2009 war die extreme Volatilität des Rohölpreises nur noch ein Randthema.

Wie beurteilen Wirtschaftsexperten diese Entwicklung? Das Österreichische Institut für Wirtschaftsforschung zog Ende 2008 Bilanz über die Erdölpreisschocks und deren

Folge, die Drosselung des Energieverbrauchs. Darin heißt es: „Der Preis der Rohölsorte Brent stieg zwischen 2004 und 2008 von 32,2 auf 97,4 US-Dollar pro Barrel. In der Folge und mit gewisser Verzögerung verteuerten sich auch die anderen fossilen Energieträger, vor allem Gas, und Elektrizität. Dieser Preisanstieg hatte zwar keinen Verbrauchsrückgang zur Folge, doch sind Effekte in Form einer Dämpfung des Verbrauchsanstiegs festzustellen."

Ähnliche Effekte sind in allen entwickelten Industrieländern der Erde eingetreten. Das Erdölkartell OPEC und in seinem Sog auch die Nicht-OPEC-Ölproduzentenländer reagierten auf diese Trends einerseits mit Kürzungen ihrer Förderquoten – die sehr oft nicht durchgesetzt werden konnten –, andererseits mit verlangsamten Bemühungen zur Suche und Aufschluss neuer Lagerstätten sowie mit der Errichtung eigener Raffinerien, um sich einen höheren Anteil an der Öl-Wertschöpfungskette zu verschaffen.

In Österreich hat sich inzwischen der Energieverbrauch weg von Kohle und Öl hin zu Gas und erneuerbaren Energien verschoben. Das hat die Flexibilität auf Seiten der Verbraucher erhöht und die Wirkung von Ölpreisschocks auf die Gesamtwirtschaft abgefedert.

Nicht jeder Ölpreisschock senkt die Nachfrage. Nach Angaben der Internationalen Energieagentur (IEA) in Paris haben die Rohöl-Preisschocks zwischen 2004 und 2007, im Gegensatz zu den früheren Preisschocks von 1973/74 und 1979/1981, keinen Rückgang der Erdölnachfrage zur Folge gehabt. Dafür sind laut IEA zwei Faktoren verantwortlich: 1. Der Preisschock 2004/2007 war ein Nachfrageschock, der mit dem hohem Wachstum der Weltwirtschaft verbunden war und keine inflationsdämpfenden Maßnahmen der Geldpolitik ausgelöst hat. 2. In den wirtschaftlich aufstrebenden Schwellenländern, in denen die Energienachfrage stark wächst, hat der Preisschock aufgrund massiver Subventionen der Energiepreise noch nicht voll auf den Endverbrauch durchgeschlagen.

Eine zusätzliche Erklärung gab 2004 eine Ölexperten-Tagung der Oesterreichischen Nationalbank: Die Öl- und Energieintensitäten sind inzwischen wesentlich geringer geworden als in den Siebziger- und Achtzigerjahren des 20. Jahrhunderts. Daher sind die makroökonomischen Effekte der jüngeren Ölpreisschocks niedriger als 1973/74.

Geldmenge und Ölpreis Hand in Hand

Ein neuer Zusammenhang zwischen dem Öl-Gas-Preis und der Höhe der weltweit in Umlauf gesetzten Geldmenge ist inzwischen aufgedeckt worden: Je stärker die globale Geldmenge expandiert, desto höher schießt der Rohölpreis empor. Den Beweis dafür legte Mitte Februar der Special Analyst der Erste-Bank, Mag. Ronald-Peter Stöferle, vor: Seit 1990 ist die Geldmenge M3 um 337 Prozent gewachsen; in derselben Zeitspanne ist der Rohölpreis um 340 Prozent gestiegen. Die Ähnlichkeit beider Veränderungsraten wirkt überzeugend.

M 3 ist ein Begriff zur Feststellung der Geldmenge in einer Volkswirtschaft und für die Europäische Zentralbank (EZB) eine wichtige Orientierungsgröße zur Steuerung der Zinspolitik. Wachstum der Geldmenge und Inflation sind eng miteinander verknüpft. Laut Europäischer Zentralbank ist die Geldmenge M 3 die Summe aus Sichteinlagen von Nichtbanken plus dem gesamten Bargeldumlauf (= M 1), plus Einlagen mit vereinbarter Laufzeit bis zu zwei Jahren und Einlagen mit gesetzlicher Kündigungsfrist bis zu drei Monaten (= M 2), plus Anteile an Geldmarktfonds, Repoverbindlichkeiten, Geldmarktpapieren und Bankschuldverschreibungen mit einer Laufzeit bis zu zwei Jahren.

In der weltweiten Energieindustrie hat sich seit dem ersten Ölpreisschock 1973 ein weiterer tiefgreifender Paradigmenwechsel vollzogen, der von der Weltöffentlichkeit bisher kaum wahrgenommen worden ist: Die bis in die Siebzigerjahre des 20. Jahrhunderts hinein marktbeherrschend gewesenen Öl-Gas-Multis wie Shell, Mobil, Texaco, Exxon oder British Petrol mussten ihre einstige Macht bei der Festsetzung der Preise, Förderquoten und Investitionen in die Auffindung neuer Lagerstätten Stück für Stück den nationalen Ölgesellschaften der ölproduzierenden Länder des Mittleren Ostens, Nordafrikas oder Südamerikas überlassen. Inzwischen haben sich nicht nur die Produktionskosten für Öl und Gas vervielfacht – sie haben sich zwischen 2004 und 2008 mehr als verdoppelt –, sondern auch die nationalen Abgaben für die Ausbeutung der Lagerstätten von Kohlenwasserstoffen wurden spürbar erhöht, und die Verstaatlichung der nationalen Ölgesellschaften wurde vorangetrieben. Damit wird die globale Öl- und Gaswirtschaft zunehmend von politischen Einflüssen beherrscht, während die rein kaufmännischen Interessen in den Hintergrund getreten sind. Die Entscheidungen der OPEC, ihre Fördermenge zu drosseln oder zu steigern bzw. die Suche nach neuen Öllagerstätten anzukurbeln oder zurückzuschrauben, wird weniger von der Marktentwicklung, sondern mehr von den finanziellen Bedürfnissen der einzelnen Kartell-Mitgliedsländer gesteuert und sind daher schwer vorauszusagen.

2007 sind 54 Prozent der weltweiten Öl-Gas-Produktion aus Staatsbetrieben gekommen, nur noch 46 Prozent aus privaten Unternehmen. Das Ölkartell OPEC steuerte im selben Jahr 44 Prozent des Weltölbedarfs bei, Tendenz steigend, die nicht der OPEC angehörenden Ölländer (darunter Russland, Mexiko, Großbritannien und Norwegen) 56 Prozent, Tendenz fallend.

Die weltweit sicheren und wahrscheinlich gewinnbaren Ölvorräte der Erde – ohne Ölsande, Ölschiefer und Schweröle – werden mit rund 6000 Milliarden Fass angegeben. Davon sind bisher erst 1000 Milliarden Fass gefördert wurden. Darüber hinaus können weitere 1200 Milliarden Fass durch den Einsatz aufwendiger sekundärer und tertiärer Fördermethoden – sogenannte „brownfield operations" – sowie durch neue Aufsuchungs- und Fördertechnologien wie Richtungsbohren (directional drilling) ans Tageslicht gebracht werden. Alle Rohölvorkommen reichen bei gleichbleibender Förderung 52,6 Jahre lang. Die Gasreserven der Erde reichen noch für etwa 60 Jahre. Die möglicherweise zusätzlich gewinnbaren Reserven an fossilen Kohlenwasserstoffen reichen weit darüber hinaus.

Der Höhepunkt der weltweiten Öl-Gas-Förderung, nach dem die Produktion nur noch zurückgehen kann, Experten nennen ihn „Peak Oil", ist laut Aussage internationaler Fachleute derzeit noch nicht eingetreten. Trotzdem können bei Öl und Gas bereits geringfügige Verschiebungen von Angebot oder Nachfrage deftige Marktpreisveränderungen bewirken. Dazu kommt, dass die Spekulation weiterhin einen starken Einfluss auf alle Öl-Gas-Preisbewegungen aufwärts oder abwärts hat. Dank aktueller Finanzprodukte, wie etwa Futures, können am Ölhandel nicht nur Erzeuger, Verarbeiter, Händler und Besitzer von physisch vorhandenem Rohöl teilnehmen, sondern es mischen auch Akteure am Markt mit, die nie einen Tropfen Öl zu Gesicht bekommen. Das rasch zunehmende Engagement von Investoren am Ölgeschäft vergrößert zwar nicht die gehandelte Ölmenge, aber es nimmt großen Einfluss auf die Preisgestaltung.

Einfluss der Spekulation

Die Rolle der Spekulation als Krisenursache wird offensichtlich immer bedeutender. Nach Schätzung von Univ.-Prof. Dr. Friedrich Schneider von der Kepler-Universität Linz erhöht die Spekulation den Ölpreis langfristig betrachtet um durchschnittlich 30 Prozent.

Der österreichische Ölexperte Johannes Benigni sagt: „Der Ölpreisboom wird nicht durch fundamentale Wirtschaftsereignisse angefacht, sondern von Investoren, die nur auf Gewinn aus sind, wir nennen sie Spekulanten."

Die Menge an sogenannten „Papier-Barrels" – das sind nicht physisch bestehende, sondern lediglich durch spekulative Handelskontrakte künstlich geschaffene Ölmengen für den künftigen Bedarf – nimmt dank Einführung von elektronischen Ölhandels-Plattformen atemberaubend zu.

Ölexperte Benigni resumiert den dadurch entstehenden Trend: „Der Handel von Öl-Futures koppelt sich immer mehr von realen Ölmarkt ab, und immer mehr Fonds und Investmenthäuser steigen in den Markt ein. Wie Aktien oder Anleihen werden die wichtigsten Rohstoffe einschließlich Öl zu neuen ertragversprechenden Geldanlageklassen [...] Diese neuen Spieler im Markt sind nicht an der realen Entwicklung von Angebot und Nachfrage interessiert, auch nicht an der physischen Bereitstellung von Rohöl oder marktfähigen Mineralölprodukten, sondern wollen lediglich die Marktpsychologie für ihre Ertragszwecke nutzen."

Rohöl nimmt zunehmend die Rolle eines Sachwerts an, den man als Schutz vor der Geldentwertung und dem schwächelnden Dollarwechselkurs hortet.

Dazu passt die enorme Ausweitung der sogenannten sekundären Lagerung von Erdöl in riesengroßen Tankschiffen, die mit wertvollem Rohöl gefüllt auf den Ozeanen untätig kreuzen, bis für ihre Fracht in irgendeinem Hafen der Erde ein Superpreis geboten wird, weil ein Verbraucher vor einem Engpass steht.

Der internationale Schiffsbroker Simpson Spence & Young Ltd (SSY) hat im Juni 2009 die Zahl der Öltanker, die gechartert wurden, um auf hoher See Rohöl zu lagern und an den jeweils den höchsten Preis zahlenden Kunden zu liefern, mit mindestens 42 angegeben; das waren um fünf mehr als im Mai 2009. Nach SSY-Informationen lagerten auf Tankschiffen Mitte 2009 rund 30,5 Mio. Fass zu 160 Litern Rohöl. Ein

Grund für diese neuartige Form der Ölbevorratung ist der Umstand, dass sich die Mietpreise für Tankschiffe wegen des starken Rückgangs des weltweiten Rohölkonsums gegenüber 2008 halbiert haben. Gedrückt wird der Tankerpreis auch durch den Umstand, dass die Werften inmitten der Ölmarktschrumpfung mehrere moderne Mega-Tanker ausgeliefert und so den überzähligen Frachtraum zusätzlich vergrößert haben.

Die erweiterten Lagerbestände bieten ein gewisses, aber lediglich kurzfristiges Sicherheitspolster. Ölfachmann Benigni sagt: „Trotz dieser enormen Ölvorräte werden die Preise wieder deutlich anziehen."

Die Finanzkrise 2007/2009 brachte demnach kein Ende der Spekulation, sondern nur deren Verschiebung von Finanztiteln in Rohstofftitel. Das Ziel aber ist dasselbe wie vorher: Schutz vor der Geldentwertung durch Erträge über der Norm. Die aktuelle Situation erinnert an jene vor dem ersten Ölpreisschock: Der Ölmarkt wird von Einflüssen gesteuert, die weit außerhalb seines eigenen Einflusses stehen.

Wann kommt der nächste Ölpreisschock?

Ein neuer überraschender Ölpreisschock ist deshalb nicht auszuschließen. Auslöser können sowohl politische Ereignisse in den Ölförderländern sein als auch das Verschieben der Ölerlöse weg von ihrer Investition in die Aufsuchung neuer Lagerstätten und neue Fördertechnologien hin zu spekulativen Anlagen der Ölgesellschaften im Finanzsektor, nicht zuletzt kann es eine neue Spekulationswelle sein, die eine sprunghafte Zunahme von Futures-Kontrakten auf Öl bringt.

Ein wesentlicher Unsicherheitsfaktor ist auch das schlagartige Nachlassen von Investitionen in Suche und Aufschluss von neuen Öl-Gas-Lagerstätten im Gefolge von Niedrigpreisphasen wie seit Mitte 2008. Im Frühjahr 2009 haben sowohl das Erdölkartell OPEC als auch die Internationale Energieagentur IEA ihre Besorgnis geäußert, dass das niedrige Ölpreisniveau den aufgrund der anhaltenden Produktion erforderlichen Kapazitätsausbau verhindern und damit die künftige Versorgung beeinträchtigen könnte. IEA-Geschäftsführer Nobou Tanaka hat gesagt: „Sowohl die Ölförderländer als auch die Unternehmen der Ölindustrie müssten ihre Investitionen in Exploration und Produktion trotz der niedrigen Ölpreise steigern, um die künftige Nachfrage decken zu können."

Das Gegenteil ist der Fall: Die 50 größten Öl- und Gasunternehmen der Erde haben angesichts der letzten Weltwirtschaftskrise ihre Investitionsbudgets für 2009 gegenüber 2008 kräftig um 14 Prozent von 513 auf 442 Milliarden US-Dollar gesenkt. Das trifft größtenteils den Ausbau der erneuerbaren Energien, so dass die Erde noch mehr von den fossilen Energien abhängig wird.

DI Dr. Florian Haslauer, Energieexperte von AT Kearney Wien, meint, dass ein neuer Schweinezyklus bei Öl und Gas in Gang kommt: „Niedrige Ölpreise erhöhen den Anreiz, Investitionen hinauszuschieben, sowie den Anreiz, bestehende Felder weniger zu pflegen. Insgesamt wird so ein stärkerer Rückgang der Produktion im Vergleich zur Nachfrage wahrscheinlich."

Der Erdölmarkt ist ein typisches Beispiel für einen Schweinezyklus. Dieser Begriff kommt aus der Agrarwirtschaft und wird heute für alle periodischen Schwankungen der Preise aufgrund des wechselnden Angebots im Rahmen eines Investitionszyklus verwendet: Bei tiefen Preisen von Schweinefleisch wegen Überangebots auf dem Markt hören viele Mäster auf, Schweine zu produzieren. Dadurch wird das Angebot kleiner und das Schweinefleisch teurer, so dass viele Mäster wieder in die Schweineproduktion einsteigen. Es dauert dann aber rund ein halbes Jahr, bis die zusätzlichen Schweine auf den Markt kommen. Dann gibt es wieder ein Überangebot, und der Zyklus startet von Neuem. Ähnlich bei Rohöl. Allerdings dauert es dort drei bis fünf Jahre, bis ein Preisanstieg dazu führt, dass wieder verstärkt nach Erdöl gesucht wird und neue Mengen auf den Markt kommen.

Wie beurteilt das Ölkartell OPEC die Zukunft von Rohöl und Erdgas? OPEC-Generalsekretär Abdalla Salem El-Badri versicherte anlässlich des 6. Energiedialogs EU-OPEC in Wien am 23. Juni 2009: „Wir haben bei der Öl- und Gasproduktion ein Reservepotential von 13 Millionen Fass pro Tag. Das bedeutet, dass wir zu jedem beliebigen Zeitpunkt den weltweiten Bedarf bei diesen Energieträgern voll abdecken können." Zur Frage, wie weit sich die OPEC durch die Anstrengungen der Verbraucherländer um eine Erhöhung der Produktion von eigenen Biotreibstoffen beeindrucken lasse, sagte El-Badri: „Das ist keine Herausforderung für uns. Die fossilen Energieträger werden weiterhin die Weltszene beherrschen; außerdem steht die Forcierung von Biotreibstoffen in Konflikt mit der Nahrungsmittelerzeugung und der Sicherung von reinem Wasser." El-Badri betonte, die OPEC könne bei einem Ölpreisniveau von 45 bis 50 US-Dollar pro Fass nicht in den Ausbau der Förderkapazitäten investieren, weil es sich wirtschaftlich nicht lohne. Der dramatische Ölpreisverfall zu Beginn der Krise 2007/2009 habe ernsthaft die langfristige Stabilität der Ölmärkte bedroht. Erst bei einem Rohölpreis von 80 US-Dollar aufwärts würden sich die zur Sicherung der Ölversorgung notwendigen Investitionen in alte und neue Ölfelder rechnen. Dieses Niveau wurde trotz Krise im Frühsommer 2009 wieder erreicht.

In 20 Jahren dürften rund zwei Drittel der Weltrohölförderung aus Lagerstätten stammen, die bisher noch nicht genutzt werden, erklärt die Internationale Energieagentur. Außerdem sei der freie Kapazitätspuffer der Ölförderung zurzeit deutlich geringer, als bisher angenommen worden ist. Es gibt demnach zwischen IEA und OPEC eklatante Widersprüche in der Lagebeurteilung des Weltenergiemarkts.

Vorderhand ist der Energiehunger der Erde jedoch gezügelt. Die Raiffeisen Centrobank (RCB) in Wien sagt als Folge der Wirtschaftskrise 2007/2009 einen spürbaren Rückgang der Nachfrage nach Öl und Gas voraus. Weltweit stelle sich die Branche auf ein Minus von 1 bis 1,5 Millionen Fass pro Tag ein. Als Reaktion darauf und auf die Verteuerung von Geld auf den weltweiten Kreditmärkten hätten die Förderunternehmen ihre Investitionen um rund ein Drittel verringert. Die Folge davon sei, dass die Modernisierung alter Ölfelder, die Suche nach neuen Feldern sowie der Ausbau von Raffinerien und Tankstellennetzen stark verzögert werden. „Die geringere Investitionstätigkeit bewirkt, dass mittelfristig trotz Steigerung der Energie-Effizienz die angebotene Fördermenge nicht mit der künftigen Nachfrage mithalten kann", heißt es im Öl-Gas-Sektorreport der RCB.

Die jüngste Prognose für die 27 Staaten der EU zeigt, dass sich bis 2020 der Anteil der fossilen Primärenergieträger am gesamten Energieverbrauch von derzeit 60 auf 63 Prozent erhöhen wird. Das insbesondere durch die rasch steigende Verstromung von Gas. Die Anteile der Kohle und der Kernenergie werden sinken, der Anteil der erneuerbaren Energien wird zwar zunehmen, aber das EU-Ziel ihrer Steigerung um 20 Prozent bis 2020 wird glatt verfehlt werden.

Das spricht dafür, dass die Öl- und Gas-Preise künftig weiter steigen werden, möglicherweise ruckartig. Damit ist die nächste Energiekrise so gut wie vorprogrammiert. Solange sich die Industriestaaten der Erde nicht von ihrer Abhängigkeit von ausländischen Öl- und Gaslieferungen freimachen können, sind jederzeit neue Ölkrisen denkbar.

Umgekehrt ist ein Rückfall des Weltrohölpreises auf unter 30 US-Dollar pro Fass wie in den Achtziger- und Neunzigerjahren des 20. Jahrhunderts angesichts der rasch steigenden Förderkosten und der zunehmenden Steuern in den Produktionsländern höchst unwahrscheinlich; eher ist mit einem allmählichen Wiederanstieg des Rohölpreises auf bis zu 120 US-Dollar pro Fass im Gefolge einer kommenden Konjunkturerholung zu rechnen.

Doch auch ohne neue Ölkrisen ist ein langfristiges Zurückfallen der Förderung von Rohöl und Erdgas vorgezeichnet. Die Vorräte sind begrenzt, während der Verbrauch tendenziell steigt. Jahr für Jahr sinken die gewinnbaren Vorräte der Erde um sechs bis acht Prozent. Das heißt, dass alle zwei bis drei Jahre ein neues Öl-Gas-Lager in der Größe von Saudi Arabien gefunden werden müsste, um das förderbare Angebot gleich zu halten. Das ist so gut wie unmöglich.

Trost für die energieimport-abhängigen Industrieländer spendet der einstige saudiarabische Ölminister Scheich Ahmed Zaki Yamani: „Die Steinzeit endete nicht wegen Mangels an Steinen, und auch das Ölzeitalter wird zu Ende gehen, lang bevor der Erde das Öl ausgeht." Damit drückt er aus, dass Rohöl gewiss durch andere Energiequellen ersetzt werden wird, ehe es endgültig versiegt. Nur weiß heute noch niemand, welche Energiequellen das sein werden.

Silberkrise 1974–1980
Stinkreiche Ölmagnaten als Spekulationsopfer

Kostbare Edelmetalle als Mädchen für alles

Können Sie sich vorstellen, dass es einen Superreichen gibt, dem es gelingt, sich ein sehr wichtiges Metall, das alle brauchen, so unter den Nagel zu reißen, dass es nicht mehr zu haben ist?

Sie entgegnen, das sei eine gut erdachte Utopie? Falsch geraten.

Einen solchen Superreichen hat es vor nicht ganz 30 Jahren tatsächlich gegeben, und es ist ihm beinahe gelungen, seinen Coup durchzuziehen. Es war die abenteuerliche US-Familie Hunt, die diesen Plan in die Tat umgesetzt und rund die Hälfte des Silbers unserer Erde gehortet hat. Gott sei Dank ist den Hunts das Handwerk gelegt worden.

„Der Silberpreis? Das ist Substanz plus Glaube und Angst minus Zinsen", lautet ein leicht angepasstes Zitat von Ex-Fed-Chef Alan Greenspan über die Preisbildung bei Edelmetallen auf die jahrelange, aber letzten Endes im Frühjahr 1980 gescheiterte Silberspekulation.

Silber zählt wie Gold, Platin, die Metalle der Platingruppe, Rhenium und Quecksilber zu den besonders korrosionsbeständigen (nicht rostenden bzw. oxidierenden) und von Salzsäure nicht angreifbaren Edelmetallen. Mit sehr aggressiven Chemikalien können diese allerdings gelöst werden: Gold und einige Platinmetalle werden von Königswasser, einer Mischung von Salz- und Salpetersäure, zügig gelöst; Silber und die Halbedelmetalle werden von der Salpetersäure angegriffen. Der Bergbau setzt Cyanidlösungen ein, um Gold und Silber aus den erzführenden Gesteinsschichten zu lösen. Silbererze sind häufig mit Bleierzen vermischt; international fällt Silber heute meist als Nebenprodukt der Kupfer-, Blei- und Zinkgewinnung an.

In Österreich wurde Silber im Mittelalter in Schwaz in Tirol in großem Stil gefördert; bis zu 80 Prozent des damals in Europa verwendeten Silbers sollen aus der Mine oberhalb des Tiroler Bergwerksorts gekommen sein. Im Bereich des „silbernen Stadtteils" von Schwaz, das damals auch Zentrum des europäischen Silberhandels gewesen ist, sollen in der Blütezeit des dortigen Bergbaus um 1525 mehr als 30.000 Bergknappen gearbeitet und jährlich rund 19 Tonnen Silber und Unmengen von Kupfer aus dem Berg geholt haben. Der sinnlose Raubbau jedoch ließ die Silberadern bald versiegen. Aber noch heute sind die Abraumhalden des inzwischen längst eingestellten Schwazer Bergbaus auf halber Gebirgshöhe vom unteren Inntal aus zu erkennen.

Nach dem Versiegen der europäischen Vorkommen brach die große Zeit der Silberflotten an, die das gesuchte Edelmetall aus Mexiko, Peru und Bolivien nach Europa schifften. Opfer dieser meist von Spanien dirigierten Schiffsverbände waren die Kulturen der Inkas und Azteken, die der extreme Silberboom des Mittelalters und der beginnenden Neuzeit ausgelöscht hat.

Die größten je entdeckten Vorkommen von gediegenem Silber lagen im Grenzgebiet zwischen dem US-Staat Arizona und Mexiko. Das Silber fand man dort an der Erdoberfläche beinahe in Barrenform, so als hätte die Natur den Menschen in die Hände gearbeitet; der größte Silberblock soll 1,5 Tonnen gewogen haben. An anderen Fundorten gab es Silber in Würfel- und Stäbchenform oder in regellosen Klumpen, so wie es nach dem Erstarrenen des Erdmagmas erkaltet und ausgeschieden worden ist.

Silber mit dem chemischen Symbol Ag (lateinisch „argentum") zählt wie Gold, Platin oder Rhodium zu den Edelmetallen und ist ein chemisches Element aus der elften Gruppe des Periodensystems, den sogenannten Übergangsmetallen, mit der Ordnungszahl 47. Silber kristallisiert in kubischen-flächenzentrierten Strukturen.

Es schmilzt bei 961 Grad Celsius und siedet bei 2.212 Grad. Es ist fest, seine Dichte liegt bei 10,49 g je Kubikzentimeter, ist dennoch gut verformbar (duktil) und gehört zu den Münzmetallen. Das südamerikanische Land Argentinien verdankt seinen Silbervorkommen den Namen, es zählt heute aber nicht mehr zu den Hauptförderländern. Diese sind Mexiko, Peru, Australien, Polen und Kanada. Silber kommt in der Natur gediegen vor, meist als Ansammlung von Körnern oder als drahtig verästeltes Geflecht (= Dendrit) in hydrothermal gebildeten Erzgängen. Daneben findet man Silber in sulfidischen Mineralien wie Argenit oder Kupfersilberglanz.

Die weltweite Jahresproduktion von Silber kommt auch heute kaum über 20.000 Tonnen hinaus. Silber ist unter allen Werkstoffen der beste Stromleiter und unter den Edelmetallen der beste Wärmeleiter. Anders als Gold eignet er sich daher für viele industrielle Anwendungen.

Der überwiegend industrielle Bedarf von Silber liegt zumeist über der geförderten Menge, so dass Fachleute auch heute mit einem weiterhin festen bis steigenden Preis rechnen. Ertragsgierige Geister könnten daraus eine neue spekulative Preisphantasie entwickeln, besonders dann, wenn neue Technologien den industriellen Silberbedarf wieder stärker ankurbeln sollten, der seit dem Rückzug der Filmindustrie deutlich zurückgegangen ist.

Als möglicher Verursacher eines neuen industriellen Silberbooms gilt die Supraleitung; das ist der auch über weite Entfernungen hin widerstands- und somit verlustfreie Transport elektrischer Energie durch silberverkleidete Keramikleitungen. Wissenschafter arbeiten seit vielen Jahren an der industriellen Umsetzung der Supraleitung, um diese in kleinen Versuchsanlagen bereits funktionierende Technologie für den globalen Massenmarkt tauglich zu machen und damit das Problem einer ausreichenden und leistbaren Energieversorgung der Erde zu lösen.

Silberhandel, ein rundum glänzendes Geschäft

Bedeutende Silberhandelsplätze sind der New Yorker Mercantile Exchange (COMEX), das Chicago Board of Trade, der Londoner Bullion Market sowie die Tokyoter Commodity Exchange.

Der Wert des derzeitigen globalen Silberbestandes wurde aufgrund des aktuellen Börsekurses mit rund zwölf Milliarden US-Dollar berechnet. Die Höhe des Silberpreises im Euroraum hängt aber nicht nur vom Börsenkurs des Edelmetalls ab, der in US-Dollar angegeben wird, sondern auch vom Austauschverhältnis (= Wechselkurs) zwischen US-Dollar und Euro. Das bedeutet: Auch internationale Währungsschwankungen spielen bei der Veränderung des Silberpreises eine gewichtige Rolle; das überrascht gelegentlich die Massenmedien, die diesen Doppeleffekt auf den Silberpreis zumeist übersehen. Der seit einigen Jahren schwach notierende US-Dollar führt dazu, dass im Euroraum Silber gegenwärtig verhältnismäßig preiswert ist. In jedem Fall ist es heute das weitaus billigste aller Edelmetalle.

Das Silber war vor Jahrtausenden aber teurer und höher geschätzt als Gold und Platin. Es wird bereits seit dem 5. Jahrtausend v. Chr. gewonnen und verarbeitet.

Schon etwa 2000 v. Chr. soll es auf der Insel Kreta neben Silberschmuck auch kleine Silberplättchen gegeben haben, die als „Kurantgeld", aber noch nicht als Zahlungs-, sondern als Tauschmittel fungierten. Etwa 700 v. Chr. haben die Handelsstädte Kleinasiens Silberlinge in Verkehr gesetzt. Um 600 v. Chr. fertigten die Griechen die ersten Silbermünzen an. Solon, der große politische Reformer der Antike, schuf feste Münzeinheiten, Drachme und Obulus, aus Silber als internationale Handelswährung. Die alten Ägypter haben Silber unter der Bezeichnung „Mondmetall" verwendet. Auch Assyrer, Goten, Römer und Germanen benutzten es. Die ersten römischen Silbermünzen sind um das Jahr 335 v. Chr. auf Capua geprägt worden. Nicht zuletzt wurden Silbermünzen um die Zeitenwende im Nahen Osten als kurante Währung verwendet; denn nach dem Neuen Testament ist Judas, der Verräter aus der Jüngerschar von Jesus Christus, für seine Untat mit 30 Silberlingen entlohnt worden.

Silber gilt heute hinter dem Gold als stabiler Sachwert, in den viele Menschen flüchten, wenn sich Wirtschaftskrisen ankündigen; sein Preis steigt, wenn Aktien oder Anleihen im Kurs fallen. Doch nach wie vor kostet Silber nur etwa ein Fünfzigstel von Gold, ausgenommen in den kurzen Epochen der Silberspekulation.

Heute rangiert Silber nach Gold und Platin (das über das spanische Wort für „kleines Silber" zu seinem Namen kam) als inferiores Edelmetall. Es ist weißglänzend, übertrifft alle anderen Edelmetalle optisch an Helligkeit, Reflexionsvermögen und Polierfähigkeit und es setzt sich damit als Werkstoff für die Herstellung von Schmuck und Münzen groß in Szene. Lediglich Schwefel und Schwefelabkömmlinge beeinträchtigen die blanke Oberfläche von Silbergegenständen.

Da gediegenes Silber zu weich ist, um im Gebrauch seine Form zu halten, wird es bei der Verarbeitung meist mit Kupfer gemischt (legiert). Denn die Wertigkeit von Kupfer liegt im langjährigen Durchschnitt nur bei einem Hundertstel des Silbers; die Kupfer-Zumischung verändert die Farbe des Silbers nicht.

Die Silberblase kam auch nach Österreich

Alle Edelmetalle sind weiterhin wichtige Legierungs- und Münzmetalle und werden in der modernen Technologie wegen ihrer hohen Leitfähigkeit vielfach in der Computer-, Rüstungs- und Elektrizitätsindustrie sowie in Auspuff-Katalysatoren von Autos eingesetzt, um deren klima- und gesundheitsschädliche Abgase zu reduzieren und den Treibhauseffekt hintanzuhalten.

Ein Gutteil der so verwendeten Edelmetalle wird durch Recycling etwa aus Elektronikschrott und Industrieabfällen zurückgewonnen und wieder verwendet.

In Österreich tut das die Österreichische Gold- und Silber-Scheideanstalt (ÖGUSSA), heute Tochter eines deutschen Mischkonzerns. Dort werden alter Schmuck, Münzen, Geschirr, Besteck, Industrie- und Gewerbeabfälle sowie andere Rückstände aus metallverarbeitenden Betrieben, die Edelmetallanteile enthalten, von jedem, der sich mit einem Lichtbildausweis identifiziert, entgegengenommen, eingeschmolzen und daraus eine Probe gezogen. Dann wird dem Überbringer der Gegenwert des eingelieferten Edelmetalls bar ausbezahlt. Der ganze Vorgang dauert pro Kunde keine halbe Stunde.

Danach trennt die Scheideanstalt die eingebrachten Edelmetalle auf chemische Weise voneinander und führt sie in reinem Zustand der Wiederverwertung zu: für private Anlagezwecke in Form von kleinen und großen Barren, für Industrie, Münzen- oder Schmuckhersteller in Form von körnigem Granulat.

Erich Siegler, ehemaliger ÖGUSSA-Mitarbeiter, hat Ende der siebziger, Anfang der Achtzigerjahre des 20. Jahrhunderts die immense Breitenwirkung der Silberspekulation auf die Österreicher hautnah miterlebt.

Er erzählt: „Es hat sich Ungeahntes abgespielt. Wir haben im Jänner und Februar 1980 derart viele Kunden gehabt, die uns ihr altes Silber zum Kauf brachten, dass schon um 8 Uhr früh, als wir den damaligen Laden in der Wiener Gumpendorfer Straße aufgesperrt haben, eine Menschenschlange vor der Tür gehabt haben, die um den halben Häuserblock gereicht hat. Teilweise musste die Polizei eingreifen, weil nicht alle Menschen bereit waren, so lange in der Schlange zu stehen, bis ihr Silber von uns entgegengenommen werden konnte. Damals sind in erster Linie Silberbesteck, altes Silbergerät und jede Menge Münzen hereingekommen; in Österreich hatte es bereits viele Jahre hindurch Silbermünzen gegeben. Daneben sind auch alte Reichsmark-Münzen, 2-Mark- und 5-Mark-Stücke, aufgetaucht, die ebenfalls Silber enthielten. Alles, wo in irgendeiner Form Silber enthalten war, hat damals einen Verkaufsboom erlebt."

Recycling von Edelmetallen

Die ÖGUSSA hat damals alles Silber, das die Menschen brachten, so wie es noch heute geschieht, entgegengenommen. Siegler: „Wir stellen fest, welche Menge wer bringt, wir schmelzen das Gebrachte auf einen oder mehrere Barren zusammen, nehmen einen Splitter davon als Muster heraus, machen davon Laboranalysen, um den exakten Edelmetallgehalt, in diesem Fall Silbergehalt, festzustellen. Dann haben wir mit jedem Kunden abgerechnet. Wir haben das Edelmetall angekauft, unsere Arbeit als Scheideanstalt verrichtet, das Silber von den anderen Metallen getrennt und es in reiner Form wieder auf den Markt gebracht. Üblicherweise kommt Silber als Granulat auf den Markt, weil es so wieder leicht verarbeitet werden kann und nach dem Trennen von anderen Metallen auch wieder am leichtesten in diese Form gebracht werden kann. Das alles kostet je nach Verunreinigung oder Silberanteil zwischen 15 und 25 Euro pro Kilogramm Silber. Selbstverständlich verrechnen wir jedem Kunden unsere Bearbeitungskosten gesondert oder ziehen sie vom Edelmetallpreis ab. Ich glaube, dass die Tausenden Menschen, die uns Ende 1979/1980 ihre alten Edelmetalle gebracht haben, im Großen und Ganzen mit dem Erlös zufrieden waren. Es hat viele überraschte Gesichter gegeben, weil die für das hingegebene Silber erzielten Beträge oft weit höher waren, als es die Kunden erwartet hatten."

Gegenfrage: Gab es nicht auch Enttäuschungen, wenn das alte Silber zu dünn oder mit allzu viel weniger wertvollen Metallen legiert war?

„Das meiste Silberbesteck, das damals zu uns gekommen ist, war aus einer Silberlegierung. Versilbertes Besteck oder Tafelgeräte sind heute und waren auch damals nicht rentabel aufarbeitbar. Es hat schon Vollsilber sein müssen, wenn der Erlös namhaft sein sollte. Aber man verwendet für solche Dinge nie reines Silber, sondern immer Silberlegierungen mit unterschiedlichem Silberanteil von 80 bis 93,5 Prozent. Die üblichen Metall-Zumischungen sind Messing oder Kupfer; das kommt auf die Verwendung der Silberteile an, ob sie härter oder weicher sein sollen."

Arbeitskollegen Sieglers erinnern sich noch heute an die hektischen Tage zwischen Spätherbst 1979 und Frühjahr 1980, als die Menschen alles Silbergerät, Schmuck und Münzen zum Einschmelzen brachten. „Jede halbe Stunde haben wir Waschkörbe mit alten Silbergegenständen aus dem Verkaufsraum in die Schmelze geschleppt; so drangekommen sind wir seither nie wieder!"

Nach dem Zusammenbruch der sogenannten „Hunt-Spekulation" ist der Silberpreis nicht sofort wieder auf den niedrigen Ausgangspreis zurückgefallen, sondern es gab noch drei bis vier Jahre lang Nachwirkungen. Der Silberpreis ist bis 1984 deutlich höher geblieben als in den Jahren vor 1980 und hat sich erst später wieder abgeflacht. Doch nie zuvor in den knapp 200 Jahren der offiziellen Notierung des Edelmetalls hat der Silberpreis derartige Höhen erklommen wie während der Hunt-Spekulation. Das zeigt die Silberpreiskurve von 1792 bis heute mit ihrem einsamen Gipfel 1979/1980.

Die krisenhafte Zeit seit 2007, besonders der Einbruch der Kapitalmärkte im Herbst 2008, hat wieder zu einem merklichen Ansteigen der Edelmetallpreise geführt. Die ÖGUSSA merkt derartige Entwicklungen unmittelbar an der Marktnachfrage, der Preisentwicklung und dem Angebot an gebrauchtem Silber, das Menschen gegen Bares eintauschen. Darunter befindet sich nicht nur Schmuck, Tafelgerät oder alte Münzen, sondern auch Barrensilber.

Mag. Marcus Fasching, Geschäftsführer der ÖGUSSA in Wien: „Wir sehen das Alter der Silberbarren an den Bildern, die auf den Barren erscheinen. Wir kennen unsere eigenen Gussformen und jene unserer Wettbewerber. Gelegentlich werden die Gussformen bzw. Prägestempel geändert, und so erkennt man ihr ungefähres Erzeugungsjahr, manchmal steht sogar das Gussdatum auf dem Barren." Das heißt, mehr Menschen als man glaubt horten Silber, und das nicht nur als Münzen, sondern auch als Barren einfach als Rücklage für schlechte Zeiten.

Erich Siegler von der ÖGUSSA schildert den jüngsten Run auf Edelmetalle: „Wir haben 2008 so viele Goldbarren verkauft wie noch nie in einem Jahr zuvor. Wir verkauften auch deutlich mehr Silberbarren als früher. Wir haben in allen Filialen Silberbarren in unterschiedlichen Größen vorrätig, von 100 Gramm bis 1 Kilogramm, wobei vornehmlich Kilobarren Absatz finden. Industrielle Verwender, Handwerker oder Goldschmiede würden Silber nie als Barren kaufen, sondern sie erwerben es nur auf dem Papier, lassen es auf einem Konto liegen und rufen von dort ihre jeweiligen Bedarfsmengen ab."

Karge Vorkommen und hoher Verbrauchswert

Wahrscheinlich wäre es in der globalen Silberwirtschaft nie zum abenteuerlichen Auf und Ab der Börsenotierungen gekommen, hätten nicht die USA durch den Silver Purchase Act von 1934 das Marktgesetz von Angebot und Nachfrage außer Kraft gesetzt. Danach wurde der Silberpreis vom US-Schatzamt festgelegt.

Die USA waren der größte Silberverbraucher der Erde, und das ständige Defizit in der amerikanischen Versorgung wurde durch Silberabgaben des Schatzamtes gedeckt. Seit 1946 war das US-Schatzamt ermächtigt, aus seinen freien Beständen die Feinunze Silber zu höchstens 91,625 Cent an heimische Verbraucher abzugeben. In den Sechzigerjahren des 20. Jahrhunderts haben die USA ihre Silberpolitik geändert und den Markt freigegeben.

Silber teilt mit seinem Edelmetallbruder Gold, mit dem hoch werthaltigen Wertspeichermedium auf kleinstem Raum, dem Diamanten, mit den heute dominierenden Kohlenwasserstoff-Energieträgern Rohöl und Erdgas sowie mit den nicht vermehrbaren Immobilien Grund und Boden eine ganz besondere Eigenschaft, die es immer wieder zum Spekulationsobjekt machen: Es ist knapp und das Angebot kann mit relativ geringem Aufwand eingeschränkt und so der Preis nach oben manipuliert werden.

Bei Rohöl tut das zur Zeit das Ölkartell OPEC, bei Erdgas der russische Monopolist Gazprom; außerdem wird die Bildung eines OPEC-ähnlichen Gaskartells gefordert; bei Gold tun das die großen Minengesellschaften der Erde, bei Diamanten das von der Familie Oppenheimer gegründete Kartell Central Selling Organisation (CSO) mit Sitz in London und Johannesburg, Südafrika. Bei Silber haben es unter anderem der gewiefte US-Großindustrielle und Spekulant Warren Buffett – mit den Spitznamen „Orakel von Omaha" bzw. „Supermoney", neben Bill Gates der reichste Mann der USA – im Jahr 1997 über seine Berkshire Hathaway Inc. mit einigem Erfolg mit rund 4.000 Tonnen versucht. Knapp zwei Jahrzehnte vor ihm, 1979/1980, haben die Gebrüder Nelson Bunker, William Herbert und Lamar Hunt aus Texas, die Söhne des legendären Ölmagnaten Haroldson Lafayette Hunt aus erster Ehe, damit eine spektakuläre Pleite erlebt.

Die Hunt-Story: Wie gewonnen, so zerronnen

Solche Geschichten können sich nur in Amerika ereignen.

H. L. Hunt galt, als er 1974 im Alter von 85 Jahren starb, mit einem in 50 Jahren angesammelten Vermögen in der Größenordnung von vier bis fünf Milliarden US-Dollar als reichster Mann der Welt. Er war der typische amerikanische Selfmademan, der die Schule bereits nach der fünften Klasse verließ, sich dann auf eigene Faust durchs Leben schlug, als Maultiertreiber und Waldarbeiter sein erstes Geld verdiente und später 5000 US-Dollar erbte. Mit seiner ersten Vermögensanlage in Baumwolle ging er prompt pleite. In den frühen Dreißigerjahren des 20. Jahrhunderts ging er in Texas auf eigene Faust auf Ölsuche, hatte dabei unbeschreibliches Glück mit dem Kilgore-Ölfeld, das er beim Pokern gewonnen hatte, und verdiente dann mit dem „schwarzen Gold" Unsummen.

Andere Stories sagen, dass H. L. Hunt den Grundstock seines Vermögens zu Anfang des Jahrhunderts beim Pokern gewonnen habe. Dann erwarb er 1925 auf Kredit im texanischen Ort Kilgore ein Ölfeld, das sich später als das größte der USA herausstellte. Wie auch immer: Er sicherte sich die Führungsrolle in der amerikanischen Ölindustrie und legte so den Grundstein für den Reichtum seiner Familie. Innerhalb weniger Jahre gehörten ihm mehr als 900 ertragreiche Ölquellen. Anfang der Sechzigerjahre des 20. Jahrhunderts wurde in einem afrikanischen Lizenzgebiet der Hunts ein riesiges Ölvorkommen entdeckt, so dass von da an die Familie für vermögender angesehen wurde als die berühmten Rockefellers. Nach deren Vorbild hat Hunt Senior mit seinem Reichtum freigebig Wissenschaft und TV-Stationen unterstützt, allerdings immer unter der Bedingung, dass nur konservative Ansichten und weiße Studenten zum Zuge kamen.

Ein US-Sozialutopist schrieb einen Zukunftsroman. H. L. Hunt verfasste tatsächlich auch einen utopischen Roman, in dem er derart ultrakonservative und auf seine Person zugeschnittene Ansichten äußerte, dass er keinen Verleger fand, sondern ihn im Selbstverlag herausbringen musste. Darin beschreibt er den utopischen demokratischen Staat Alpaca, in dem öffentliche Kritik an der Regierung ein Verbrechen ist und nur der wählen darf, der Steuern zahlt und keine öffentliche Unterstützung bezieht; allerdings dürfen auch die Insassen von Irrenhäusern zur Wahl gehen. Der Grenzsteuersatz Alpacas liegt bei nur 25 Prozent; für die Erschließung von Ölvorkommen gibt es Steuernachlässe. Hunt Senior hat in seinem Roman auch etwas vorweggenommen, das die USA in Realität bisher nicht zuwege gebracht haben: in seinem utopischen Staat Alpaca gibt es eine allgemeine Sozialfürsorge und Altersversorgung, allerdings unter Verlust des Wahlrechts.

H. L. Hunt galt als Exzentriker, der seine letzten Lebensjahre der Produktion von Gesundheitssäften widmete. Der österreichische Chronikjournalist Peter Kupfer schrieb im April 1980 über ihn: „Er schlief in seinen letzten Lebensjahren tagsüber unter dem Billardtisch, und man sagt ihm nach, dass er wesentlich am Mordkomplott gegen US-Präsident John F. Kennedy beteiligt war." Das wurde jedoch nie bewiesen. Weiter berichtet Kupfer: „Er hinterließ schätzungsweise zwei Milliarden US-Dollar. Wie viel genau, wissen nur seine Söhne, diese aber schweigen."

Denn den Reichtum, den H. L. Hunt in 50 Jahren angesammelt hat, verspielten seine Söhne in nur 14 Jahren fast zur Gänze. Nicht etwa durch leichtes Leben oder Protz, sondern in der besten Absicht, es vor der Anfang der Siebzigerjahre des 20. Jahrhunderts heftig einsetzenden Inflation zu schützen. Es war die Zeit des unglücklichen Vietnamkriegs, in dessen Verlauf den Amerikanern das im Zweiten Weltkrieg gewonnene Selbstvertrauen wieder abhanden kam.

Ein Bericht der FRANKFURTER ALLGEMEINEN ZEITUNG (FAZ) aus dem Jahr 1978 beschreibt die Familie Hunt auf dem Gipfelpunkt ihrer finanziellen Macht: „Sie ist sparsam und schweigsam. Und sie ist reich, vielleicht gerade deshalb. Das Hauptquartier der Hunt-Gruppe befindet sich in einem Hochhaus in Dallas, wo man 15 Stockwerke gemietet hat. Das ist billiger, als im eigenen Hochhaus zu wohnen. Die Büros der leitenden Manager sind außerordentlich bescheiden. Deutsche Firmenvorstände würden sich darüber wundern. Dafür ist der familiäre Charakter nicht zu übersehen. Undurchschaubar ist dagegen die Firmenstruktur; es gibt nicht einmal eine richtige Obergesellschaft für die rund 60 Gesellschaften des Hunt-Clans. Dass er Milliardenumsätze tätigt, wird allerdings nicht bestritten. Aber 90 Prozent der Aktivitäten entfallen auf den Ölbereich. Dazu kommen Geschäfte mit Elektronik, Rohstoffen wie Zucker, landwirtschaftliche Produkte, Silber und der Handel mit Immobilien [...] Die Hunts sind auch eine große Familie; die drei Brüder haben zusammen zwölf Kinder, von denen schon wieder Enkelkinder vorhanden sind [...] Texas ist groß und die Hunts sind es auch. Ihr Ruf als Vollblutunternehmer amerikanischer Provenienz geht weit über Texas hinaus, neuerdings bis nach Europa."

Die Gebrüder Hunt machten bei der Konzeption ihrer Rettungsaktion für das väterliche Vermögen in Zeiten steigender Inflation einen folgenschweren Fehler. (Ihr Sprecher war, weil der älteste Bruder unter einer Gemütskrankheit litt, der zweitälteste Nelson Bunker, bezeichnenderweise in El Dorado, Bundesstaat Arkansas, im Jahr 1926 geboren.) Sie wollten möglichst viel Silber horten, die frei verfügbaren Mengen verknappen, so den Preis in die Höhe treiben und ihren Reichtum vervielfachen. Doch die Hunts hatten ihre Rechnung ohne den Wirt, sprich ohne die beiden wichtigsten Rohstoffbörsen der Welt und die amerikanische Notenbank, gemacht – diese haben der Silberspekulation gerade an deren Höhepunkt den Hahn abgedreht – und so das „Familiensilber" in des Wortes eigentlichstem Sinn verzockt.

Im April 1980 waren die Hunts noch viele Milliarden US-Dollar schwer gewesen. Anfang 1987 gingen die ihnen nach der misslungenen Silberspekulation verbliebenen Einnahmequellen, die Placid Oil Company und die Penrod Drilling Inc., in Konkurs. Damals schrieben die Zeitungen: „Nachdem Silber einiges an Glanz und Öl einiges an Wert eingebüßt hat, kämpft die Hunt-Dynastie ums Überleben."

An der hohen Hebelung gescheitert

„Der kugelrunde, brillierte Nelson Hunt, der nicht raucht und nicht trinkt und eine Vorliebe für Anzüge von der Stange hat, teilt auch die erzkonservativen Ansichten seines verstorbenen Vaters", schrieb die SÜDDEUTSCHE ZEITUNG Ende 1989. „Er übertraf aber selbst die spektakulären Kunststücke beim Geldverdienen seines Vaters, als er mit seinem Bruder Herbert ansetzte, den Weltsilbermarkt unter seine Kontrolle zu bekommen, ein Versuch, der 1980 in einem Fehlschlag endete."

Und so begann die Aktion: Im Jahr 1974 begannen die Hunt-Brüder, Silber zum damaligen Preis von 3,30 US-Dollar pro Unze (= 28,35 Gramm) aufzukaufen, und nahmen zu diesem Zweck später auch Kredite auf. Das war ihr Kardinalfehler. Hätten sie nur ihr eigenes Kapital eingesetzt, wären sie trotzdem mit einem soliden Gewinn ausgestiegen. Aber sie haben 20-mal so viel Silber gekauft als sie eigenes Kapital hatten. Auch andere Mitglieder der Familie Hunt stiegen in die Aufkauf-Aktion ein. Folgerichtig begannen die Silberpreise allmählich zu steigen, bis sie Anfang 1980 ihr Maximum mit 54 US-Dollar pro Unze erreichten. Damit verbunden stiegen auch die Preise von Filmmaterial bis zum Schmuck in schwindelnde Höhen und veranlassten viele Menschen dazu, ihr Familiensilber zu verkaufen, um dafür Bares in die Hand zu bekommen. Auf dem Zenit der Spekulation besaßen die Hunts mehr als die Hälfte der gesamten Silbervorräte der Erde, entweder physisch in Form von gelagerten Barren oder als vertragliche Ansprüche an künftige Fördermengen wichtiger Bergwerksgesellschaften. Es gibt auch Berichte, dass die Hunts und ihre exotischen Mitspekulanten auf dem Höhepunkt der Silberhausse rund 77 Prozent des weltweiten Silbers gehortet hatten.

Die reicher als reichen Hunt-Brüder scheuten sich auch nicht die Spur, das physisch erworbene Silber eigenhändig in ihre Lager zu schleppen. Angeheuerte Scharfschützen sicherten diese Transporte gegen Räuber ab. Der Silberschatz der Hunts erreichte schließlich den Wert von 5,4 Milliarden US-Dollar.

Neben den Hunts hatten auch andere Milliardäre, etwa der saudiarabische Prinz Faisal Al Saud, der Araber Mahmoud Fustock, Scheich Mohammed al-Amoudi und der Brasilianer Naji Nahas, Silber gehortet.

Die abrupte Wende in der Silberspekulation hat eine simple Regeländerung der US-Aufsichtsbehörden für den Silberhandel herbeigeführt. Sie war zwar nicht offiziell, aber faktisch gegen die Silberhortungsaktion der Hunts gerichtet. Die breit angelegte Spekulation brach zusammen, weil es der Rohstoffbörse COMEX wegen des raketenhaft steigenden Silberpreises unheimlich geworden war. Die beiden wichtigsten US-Rohstoffbörsen änderten, unterstützt von der Federal Reserve Bank of America (Fed), praktisch über Nacht ihre bisherigen Bestimmungen: Investoren durften künftig nur noch Kontrakte über maximal drei Millionen Unzen Silber halten; alles, was darüber hinausging, musste bis Februar 1980 verkauft werden.

Die Hunts stifteten daraufhin befreundete Investoren an, auch ins lohnende Silbergeschäft einzusteigen, und diese taten das ebenfalls mit geborgtem Geld. Die Börsen schränkten daraufhin die Silberkontraktzahl weiter ein. Und als das alles nichts half, setzten sie den Handel mit dem Edelmetall kaltblütig aus; nur noch *Ver*käufer kamen zum Zug.

Das traf die Hunts ins Herz, weil damit ihre Strategie versagte. Von da an fiel der Silberpreis dramatisch. Beschleunigt wurde dies durch die markante Anhebung der US-Leitzinsen durch den damals neuen US-Notenbankchef Paul Volcker, der so die Inflation bekämpfen wollte. Der Nebeneffekt der Zinserhöhung war, dass die Hunts keine Kredite mehr für Silberankäufe erhielten. Am 14. März 1980 gab die Fed eine währungspolitische Anweisung an alle US-Banken heraus, mit welcher sie Kredite zur Finanzierung von Spekulationskäufen ausnahmslos verbat.

So mussten die Hunts den weiteren Ankauf von Silber mangels Kapital einstellen.

In einem Finanzbericht aus den USA heißt es dazu: „Wenn man einen Kredit mit fünf Prozent Zinsen in einer Zeit bekommt, in der die Preissteigerung bei 15 Prozent liegt, kann man mit dem Kauf von Silber einen guten Gewinn machen. Wenn man aber zu 20 Prozent borgt, um Silber zu kaufen, die Inflation aber nur 15 Prozent beträgt, verliert man die Hosen."

Chronikjournalist Peter Kupfer schrieb damals: „N. Bunker Hunt, der reichste Mann Amerikas, verlor an einem Tag zwei Milliarden an der Silberbörse. Trotzdem ist er noch immer Milliardär!"

Als das Edelmetall schließlich weniger als 20 US-Dollar pro Unze kostete, gaben die Hunts endgültig auf. Da sie an den Börsen die dort gezielt erhöhten Nachschusspflichten nicht mehr erfüllen konnten, mussten sie große Teile ihres Silberbestandes verkaufen. Der KURIER vom 1. April 1980 schrieb: „Die gigantische internationale Silberspekulation ist geplatzt wie eine Seifenblase. Der Silberpreis stürzte von 50 auf zehn Dollar. Die Silberspekulanten verloren Milliarden; die Preise für österreichische Silbermünzen fielen um bis zu 60 Prozent. Jetzt erleben nach den Goldfans auch die Silberspekulanten ihr Waterloo [...] Der Zauber der Edelmetalle ist vorläufig weggewischt. Das Blatt kann sich freilich ebenso rasch wieder wenden, und Leute wie Nelson Hunt und seine arabischen Ölmilliardäre sind wieder die Gewinner. Was daran bedenklich stimmt, ist die Größenordnung der Spekulation. Die gigantischen Summen, mit denen hier manipuliert wird, können an den wirtschaftlichen Grundfesten rütteln. Die Auswirkungen auf die Aktienbörsen haben das gezeigt. Die Amerikaner werden sich überlegen müssen, ob hier nicht Riegel vorgeschoben werden müssen."

Schon vor 30 Jahren hat eine handfeste Finanzkrise mit dem Ursprungsland USA die ganze Welt erschüttert. Diese forderte vom atlantischen Partner mehr Disziplin und strengere Regeln. Wie man zuletzt beobachten kann, haben die USA das gerade Gegenteil davon getan, sonst hätte es nicht zur Weltwirtschaftskrise 2007/2009 kommen können.

Ein Ende mit Schrecken

Ende März 1980 hatten die Hunts 1,5 Milliarden US-Dollar Schulden. Fed-Chef Volcker wollte einem drohenden Finanzkollaps zuvorkommen und erklärte sich mit einem geordneten Ausstiegsplan für die Hunts einverstanden: Gegen die Hinterlegung ihres verbliebenen Vermögens von acht bis neun Milliarden US-Dollar als Sicherheit nahmen sie über ein Bankenkonsortium 1,1 Milliarden US-Dollar auf dem Anleihemarkt auf. Volckers Ausstiegsplan führte in den USA zu heftigen politischen Kontroversen; ihm wurde, nicht ganz zu Unrecht, vorgeworfen, dass er seine eigene Regel gebrochen hatte, keine Kredite zu Spekulationszwecken mehr freizugeben. „Nach den Worten des Vorsitzenden des US-Bankenausschusses Henry Reuss ist es untragbar, dass man kleine Banken auffordert, sich an die Bankkreditrichtlinien des Notenbanksystems zu halten, wenn die Bankbehörden mit den Großbanken bei solchen Transaktionen kooperieren", berichtete DIE PRESSE am 30. April 1980.

Daraus erkennt man, dass nicht nur heute, sondern schon immer Regelverstöße gegen eiserne Grundsätze dann toleriert werden, wenn es um die Existenzrettung systemrelevanter Unternehmen geht. Und das Hunt-Imperium war für die damaligen USA offenbar systemrelevant. Als systemrelevant gelten solche Unternehmen, deren Untergang mehr als deren Kunden, Lieferanten, Kapitalgeber und Mitarbeiter in Mitleidenschaft ziehen würde. Wie man am Untergang des US-Brokerhauses Lehman Brothers Mitte September 2008 sieht, gilt diese Regel nicht immer.

Zu allem Überfluss wurde etwa Mitte Juni 1981 bekannt, dass die USA einen Teil ihrer strategischen Reservebestände an Silber, das waren damals schätzungsweise 240 Millionen Unzen, verkaufen wollten. Die Presse berichtete am 19. September 1981: „Die USA werden in den nächsten zwei Jahren 105 Millionen Unzen Silber über Auktionen in Washington verkaufen, davon 46,5 Millionen Unzen innerhalb der nächsten zwölf Monate. Die Erlöse sollen zum Erwerb von strategisch wichtigen Metallen wie Kobalt verwendet werden." Offenbar war dieses Legierungsmetall den Amerikanern für ihre Rüstung wichtiger als Silber geworden.

Der Wert des Hunt-Silbers betrug zu diesem Zeitpunkt nur noch 640 Millionen US-Dollar, während die Bankschulden nach wie vor bei 1,1 Milliarden US-Dollar lagen. Trotz Abverkaufs von Öl- und Erdgasreserven und Abgabe anderer Vermögensteile konnten diese Schulden nicht zurückbezahlt werden. Dann kam noch das Finanzamt und forderte von den Hunts die Nachzahlung von 238 Millionen US-Dollar an Steuern, die im Zusammenhang mit der Silberspekulation aus dem Jahr 1980 stammten. Anfang Oktober 1985 berichteten die Medien, die Hunts hätten in den letzten Monaten 90 Prozent ihrer Silberlager mit einem Verlust von 1 Milliarde US-Dollar abgestoßen.

Anfang Februar 1988 mussten die Gebrüder Hunt für eine ihrer Ölgesellschaften als auch für ihr persönliches Vermögen die Insolvenz anmelden. Sie hatten zu diesem Zeitpunkt noch 90 Millionen US-Dollar Schulden, die sie im Lauf der folgenden 15 Jahre zurückzahlen wollten.

Die nächste Bombe platzte am 22. August 1988: Von einem Zivilgericht in New York wurden die Brüder Hunt schuldig gesprochen, den Silberpreis illegal manipuliert zu haben. Sie wurden zum Schadenersatz in Höhe von 130 Millionen US-Dollar an die Klägerin, die staatliche peruanische Bergwerksfirma Minpeco, als Abgeltung für erlittene Verluste verurteilt.

Die Hunts zogen sich nach der Silberaffäre wieder auf ihr ursprüngliches Geschäft mit Öl zurück, das sie einst reich gemacht hatte; sie zählen zu den wenigen von Großkonzernen unabhängigen Ölförderern der Welt. Silber ist inzwischen auf rund 17 US-Dollar pro Unze gesunken, aber auch der Rohölpreis ist im Gefolge der Finanz- und Konjunkturkrise von 147 US-Dollar pro Fass im Sommer 2008 um zwei Drittel auf rund 40 US-Dollar gesunken.

Es stellt sich die Frage: Warum hatten sich die Hunt-Brüder gerade Silber als Spekulationsobjekt erwählt?

Erstens war es schon damals deutlich billiger als Gold. Man konnte demnach mit geringerem Geldeinsatz eine höhere Menge Edelmetall horten. Zweitens war Anfang der Siebzigerjahre des 20. Jahrhunderts der physische Goldbesitz in Form von Barren noch verboten; es war für Nichtbanken demnach unmöglich, größeren physischen Goldbesitz anzuhäufen. Drittens war und ist Silber wegen seiner vielen technischen Vorteile ein von der Industrie stark nachgefragtes Metall, seine Verknappung musste die Wirtschaft unmittelbar beeinträchtigen.

Neuer US-Börsencrash im Oktober 1987
Die erste computergesteuerte Krise

Ein kurzer, aber kräftiger Absturz

Paradox, aber wahr: Die meisten Finanzkrisen sind bisher von den Vereinigten Staaten von Amerika ausgegangen. Ist das ein reiner Zufall?
Die USA haben in den letzten Jahrzehnten zahlreiche schlimme wirtschaftliche Krisen überstanden, darunter die Sparkassenkrise, die Immobilienblase, die Kreditkrise, die Währungskrise der asiatischen „Tigerstaaten" und die Rezession am Anfang der Neunzigerjahre des 20. Jahrhunderts. Doch den jähesten und tiefsten Absturz nach einem vorhergehenden einsamen Börserekord erlebten sie im Herbst 1987 unter ihrem 40. Präsidenten Ronald Reagan, dem schillernden Ex-Filmschauspieler, der zu Jahresbeginn das „erste Trillionen-US-Dollar-Budget" vorgelegt hatte. Es war der erste veritable Börsekrach nach dem Zweiten Weltkrieg.
Der Dow Jones hatte am 25. August 1987 mit 2746,65 Punkten seinen bisherigen Höchststand erreicht. Vom September an waren an den amerikanischen Börsen Kurseinbußen verzeichnet worden. Vom 5. bis 9. Oktober hatte der DJIA um 158,78 Punkte nachgegeben, vom 12. bis 16. Oktober um weitere 235,48 Punkte. Am Freitag, dem 16. Oktober, war es zu einem starken Verkaufsüberhang gekommen, weil viele Verkaufsaufträge nicht ausgeführt worden waren. Das führte nach dem Wochenende zu einem hohen Verkaufsdruck, der durch die in der jüngeren Vergangenheit gebräuchlich gewordenen Portfolio-Insurance-Strategien sowie Indexarbitrage, computergesteuerten Aktienhandelsinstrumenten, verstärkt wurde. Es zeigte sich später, dass der Verkaufsdruck der Portfolio-Insurance-Programme und der Indexarbitrage einander überlagert hatten.
Daraus war zu schließen, dass die inzwischen stark verbreiteten computergestützten Börsestrategien zum Schutz großer Anlegerportfolios den Anstoß zur Krise gegeben hatten, der dann die Privatanleger mitriss.
Es handelte sich demnach um einen vollcomputerisierten Börsenabsturz, und die modernen Werkzeuge zum Schutz von Aktienportfolios vor Crashs – sie heißen Portfolio Insurance oder Indexarbitrage – wirkten sich kontraproduktiv aus, weil sie die Krise potenzierten, statt sie zu mildern.
In Johann Wolfgang von Goethes Gedicht DER ZAUBERLEHRLING heißt es: „Die ich rief die Geister, werd ich nun nicht los!"
Beim Börsencrash 1987 führten Portfolio-Insurance-Programme vermehrt zu Operationen in den Aktienmärkten, weil bei Indextermingeschäften ein hoher Diskont und – wegen der Computerausfälle – lange Wartezeiten für die Ausführung der Aufträge bestanden. Dadurch wurden die Transaktionskosten auf den Terminmärkten gegenüber den Aktienmärkten stark erhöht. Damit hatte niemand gerechnet.
Der Dow-Jones-Index fiel am „Schwarzen Montag", dem 19. Oktober 1987, um 22,6 Prozent oder 508,32 auf 1.708,70 Punkte. Das war gegenüber dem Höchststand

am 25. August ein Verlust von 1.000 Punkten oder 37 Prozent; es war auch der zweitstärkste prozentuelle Rückschlag an einem Tag, seit es den US-Leitindex gibt. (Schlimmer war es nur 1914 gewesen, als er an einem Tag noch tiefer eingebrochen war.)
Auf den Derivatmärkten – von Aktien abgeleitete Finanzinstrumente – waren die Preiseinbrüche noch größer. Panikreaktionen und heftige Angstverkäufe waren die Folge; das Handelsvolumen hatte sich gegenüber dem 16. Oktober verdoppelt.
Beachtenswert war auch die Verteilung des Handelsvolumens: 50,7 Prozent institutionelle Anleger (= Banken, Versicherer, Finanzdienstleister), 33 Prozent private Einzelanleger und 16 Prozent Brokerfirmen.
Der Börsenkrach vom Oktober 1987 ist demnach von den professionellen Anlegern ausgegangen, die ihre Aktienportfolios nach allen Regeln der damaligen Kunst gegen Abstürze abgesichert hatten. Die privaten Anleger waren weitgehend schuldlos zum Handkuss gekommen.
Am nächsten Tag, dem 20. Oktober, fiel der Dow Jones zunächst weiter auf 1.450 Punkte. Viele Börsen setzen daraufhin den Aktienhandel aus, weil die Computer das massiv gestiegene Ordervolumen nicht mehr bewältigten. Das gab der US-Notenbank genügend Zeit, Liquidität in den Markt zu pumpen und den Crash abzumildern. Der Ex-Gouverneur der Oesterreichischen Nationalbank, Dr. Klaus Liebscher, meint im heutigen Rückblick auf den US-Börsencrash von 1987 anerkennend: „Die US-Notenbank hat unter Alan Greenspan, der am Anfang seiner Ära stand, sofort massiv Liquidität in den Markt geschossen, und innerhalb relativ kurzer Zeit waren die negativsten Wirkungen vorbei."
Viele US-Unternehmen begannen dank der zusätzlichen Liquidität, eigene Aktien billig zu kaufen, um den Kurs zu stützen. Zum nächsten Wochenende hatte sich der Dow Jones bereits wieder auf 1.951 Punkte erholt.

Der weltwirtschaftliche Hintergrund

Die USA standen damals unter dem Eindruck eines rasch wachsenden Handelsbilanzdefizits gegenüber Japan und einer immer erfolgreicheren Exportkonkurrenz durch das Land der aufgehenden Sonne. Die USA sorgten sich damals besonders vor der Übernahme wichtiger US-Unternehmen durch die offensiv agierenden Japaner und wegen der zunehmenden Verwerfungen auf dem Kreditmarkt.
Die US-Börse hatte noch am Beginn des Jahres 1987 ihren seit rund fünf Jahren währenden phänomenalen Aufstieg fortgesetzt; die Periode 1982 bis 1987 war die längste ununterbrochene Boomphase der USA nach dem Zweiten Weltkrieg. Die US-Regierung unter dem Präsidenten Ronald Reagan hatte 1981 substantielle Steuersenkungen durchgeführt, ohne die Staatsausgaben, die zügig weiter stiegen, zurückzustutzen. Dadurch sind die Defizite des US-Staatsbudgets und des Außenhandels deutlich weiter gestiegen. Die Spekulation ist so gewachsen und wurde durch neue Finanzinstrumente, die (durch Kreditaufnahmen) eine hohe Hebelwirkung aufwiesen, sowie eine lockere Kreditpolitik begünstigt. Erst Anfang 1987 setzte in den USA eine zurückhaltendere Geldpolitik ein. Dennoch verstärkte sich der Anstieg der Aktienkurse.

Der US-Aktienindex Dow Jones hatte am 5. Jänner 1987 die magische 2.000-Punkte-Marke nach oben durchbrochen und schloss den Tag mit 2.002,25 Punkten; die Kurse stiegen weiter. Neuneinhalb Monate später aber stürzte der Dow an einem einzigen Tag unvorhergesehen ab.

Der steile Absturz des Dow Jones in New York breitete sich schnell auf alle internationalen Börseplätze aus. Bis Ende Oktober 1987 waren die Kurse in Australien um 41,8 Prozent gefallen, in Kanada um 22,5, in Hongkong um 45,8 und in Großbritannien um 26,4 Prozent.

In Österreich ist der Gesamtindex der Börsekammer von Ende September bis Ende Oktober 1987 um 15 Prozent gefallen, aber bereits im November haben sich die Kurse wieder konsolidiert. Im Laufe des Oktobers ist der Umsatz der Wiener Börse gleichsam explodiert und auf den Rekordwert von fast drei Milliarden Schilling gestiegen. Doch der willkommene Kursaufschwung, der seit Frühling 1985 angehalten hatte, war zu Ende.

Bis heute ist der eigentliche Grund für den Crash von 1987 unter Fachleuten umstritten, denn ihm waren, im Gegensatz zum Crash nach den Terroranschlägen vom 11. September 2001, keine spektakulären Ereignisse vorausgegangen. Wohl aber hatten sich seit der zweiten Hälfte August 1987 die Anzeichen für einen Abschwung gehäuft. Denn es war der US-Regierung nicht gelungen, die hohe Inflation und das rasch gestiegene Handelsbilanzdefizit (152,1 Milliarden US-Dollar) in den Griff zu bekommen. Die Unsicherheit wuchs, als die US-Notenbank erstmals seit drei Jahren den Leitzins für kurzfristige Kredite anhob. Das drückte den Dow Jones vom Rekordhoch des 15. August bis 13. Oktober um 475 Punkte. Ein Vertrauensverlust in den US-Dollar zeichnete sich ab. Am Freitag vor dem „Schwarzen Montag" war der US-Dollar auf 1,77 Deutsche Markt gefallen, und US-Finanzminister James Baker verkündete in der NEW YORK TIMES verklausuliert, dass es keine weitere Stützung des Dollarkurses geben werde.

Die Ursachen des plötzlichen US-Börsencrashs vom 19. Oktober 1987 wurden später von einer amtlichen Untersuchungskommission unter dem damaligen Finanzminister Nicholas Brady analysiert. Das Ergebnis lautete: Den Kurssturz hatte eine computergesteuerte Finanzstrategie ausgelöst, die eigentlich die Investoren vor unerwarteten Einbußen hätte schützen sollen, in dem besonderen Fall aber das genaue Gegenteil bewirkt hatte. Es handelte sich um die Portfolio Insurance. Ihr Konzept baut auf einem von den US-Ökonomen Fischer Black und Myron Scholes (er wird bei der LTCM-Krise wieder auftauchen, siehe Seite 150ff.) 1973 entwickelten theoretischen finanzmathematischen Modell zur Bewertung von Aktienoptionen auf. Drei Jahre später, am 11. September 1976, entsann sich Hayne Leland des Black-Scholes-Konzepts über die Bewertung von Aktienoptionen und das Hedging von Wertanlagen. Er kombinierte dieses Konzept mit dem Versicherungsprinzip; dieses entspricht einer Put-Option, aber nicht auf eine einzelne Aktie, sondern auf ein gemischtes Anlageportfolio. Gemeinsam mit seinem Kollegen Mark Rubinstein, einem Experten für Optionen und Computerfreak, stellte er am 12. September 1976 die Grundidee der

Portfolio Insurance und seine neue Firma Leland-Rubinstein Associates vor. Von 1983 an vergaben sie umfangreiche Lizenzen an Anlagemanager zur Nutzung der von ihnen entwickelten Portfolio-Insurance-Software.

Eine von ihnen offenbar zu wenig beachtete Folge des Einsatzes dieses Konzepts ist, dass die Manager versicherter Wertpapierdepots bestimmte Aktien nach einer vorgegebenen Formel umgehend abstoßen müssen, wenn die Börsenkurse zu fallen beginnen, bzw. sie müssen Aktien einkaufen, wenn die Kurse steigen. Im Laufe der Achtzigerjahre des 20. Jahrhunderts haben zahlreiche US-Investmentbanken solche Wertsicherungsstrategien aggressiv vermarktet. Offenbar sehr erfolgreich, wie die viele Jahre hindurch trotz Spannungen im internationalen Finanzsystem konsequent steigenden Börsenkurse, aber auch der Verlauf der späteren Börsenkrise bewiesen.

Die Reaktion darauf ließ nicht allzu lange auf sich warten.

Benedikt Fehr berichtete über die US-Ereignisse des Jahres 1987 in der FRANKFURTER ALLGEMEINEN ZEITUNG vom 26. Februar 2008: „Mit Blick auf die anschwellende Geldmenge und den sich aufbauenden Inflationsdruck sträubte sich die deutsche Bundesbank gegen den ihr zugedachten Part, US-Dollar in großem Stil anzukaufen. Sie hob im Oktober 1987 ihren Leitzins leicht an. Der damalige US-Finanzminister James Baker kritisierte dies mehrfach in scharfer Form, was die Nervosität an den Finanzmärkten steigerte. Anders als die Deutschen gaben die Japaner dem amerikanischen Drängen auf eine lockere Geldpolitik nach. Sie sollten es teuer bezahlen. Zwar erlebten japanische Aktien und Immobilien Ende der Achtzigerjahre eine fulminante Hausse. Doch als die Blase platzte, folgte eine desaströse Baisse und allgemeine Deflation, unter deren Folgen die japanische Wirtschaft bis heute leidet."

Der FAZ-Kommentator verweist damit auf ein historisch zu beobachtendes Symptom.

Wie ein roter Faden zieht sich ein bemerkenswerter Effekt durch die Wirtschaftskrisen aller Zeiten: Die Lösung der einen Krise ist stets der Anlass für die nächstfolgende.

Zurück zum Börsekrach 1987 und seinen Ursachen: Schon Anfang Oktober waren die Aktien an der Wall Street wegen steigender Unsicherheit unter Verkaufsdruck gekommen. In der Woche vor dem „Schwarzen Montag" verloren sie rund zehn Prozent. Das ließ die automatisierten Handelsprogramme im Rahmen der Portfolio Insurance anspringen, und sowohl die New Yorker Aktienbörse (NYSE) als auch die Chicagoer Terminbörse erstickten unter den hereinflutenden Verkaufsaufträgen. Am Freitag vor dem „Schwarzen Montag" fielen die Kurse um gut fünf Prozent. Die Brady-Kommission stellte später fest, dass an diesem 16. Oktober 1987 Aktien im Gegenwert von zwölf Milliarden US-Dollar zum Verkauf angeboten worden waren, aber nur knapp vier Milliarden fanden auch einen Käufer. An der NYSE fiel es den amtlichen Kursmaklern schwer, Kurse zu stellen, weil überlastete Computer immer wieder ausfielen. Trotzdem wechselten am 19. Oktober 1987 mehr als 600 Millionen Aktien ihren Besitzer, ein vorher nie erreichter Rekord; der US-Aktienmarkt verlor an diesem Tag 500 Milliarden Dollar an Wert.

Der US-Börsenkrach von 1987 war durch eine starke Abweichung der Aktienkurse von den Fundamentalwerten der ausgebenden Unternehmen gekennzeichnet. Im Vorfeld des Crashs waren die Aktienpreise bei steigenden Zinssätzen stark gestiegen. Das weist auf einen gewachsenen Spekulantenanteil unter den Investoren hin, was zum späteren massiven Einbruch der Aktienkurse führen musste.

Nachdem dieser US-Börsencrash überwunden war, ging man an seine Aufarbeitung. Unter anderem wurden 1.000 individuelle und institutionelle Anleger über ihr Verhalten während des Crashs befragt. Das zusammengefasste Ergebnis: Zu Beginn und während des Börsenkrachs war das Anlegerverhalten nicht durch Neuigkeiten vom Markt oder durch mediale Schlagzeilen bestimmt. Am 19. Oktober hatten die Anleger heftig diskutiert und es hatte sich Angst gezeigt, die stärker war, als das Handelsvolumen vermuten ließ. Zahlreiche Marktteilnehmer hatten die Ansicht vertreten, dass sie die Marktentwicklung zutreffend voraussagen könnten. Käufer und Verkäufer waren sich durchaus der Überbewertung der Aktienmärkte bewusst. Die meisten Anleger meinten, der Börsekrach sei durch die Psychologie der anderen Anleger verursacht worden. Viele Investoren haben technische Analysen (= Kurs-Charts) zur Aktienmarktprognose verwendet.

Zusammenfassend betrachtet: Es hat keinen besonderen Anlass für den starken Markteinbruch während der US-Börsenkrise 1987 gegeben. Die Anleger hatten vielmehr heftig auf die eingetretenen Preisveränderungen reagiert, so dass ein verhängnisvoller positiver Feedback entstanden war; die Anlegerstimmung hatte sich aufgeschaukelt. Die Rückkopplung der Preisreduktion ist über zwei Kanäle gelaufen: den Preis-Preis-Kanal, also die Reaktion der Anleger auf die Preisveränderungen, und über den sozialpsychologischen Kanal, also durch den direkten Bezug des eigenen Handels auf das der anderen Investoren. Beides bewirkte eine von aller kühlen Vernunft abgekoppelte Handlungsweise.

Objektiv gesehen hat der US-Börsencrash von 1987 erstmals deutlich aufgezeigt, dass Aktienkassamärkte, Aktienterminmärkte und Aktienoptionsmärkte stark miteinander verbunden sind. Alle drei werden von denselben Fundamentalfaktoren beeinflusst und müssen daher als ein integrierter Markt betrachtet werden. Während des Crash 1987 waren jedoch die Verbindungen zwischen den verschiedenen Marktsegmenten zeitweilig unterbrochen, da es unterschiedliche Organisationsformen, Regulierungen und Zuständigkeiten gab, die nicht zusammenpassten. Dadurch waren Ungleichgewichte entstanden, die die Effizienz der Finanzmärkte stark beeinträchtigt haben.

Ähnlich negative Effekte innerhalb der US-Finanzmärkte sind auch 2007/2009 die tiefere Ursache der Mehrfachkrise gewesen, die sich über den gesamten Erdball ausgebreitet hat. Die USA haben demnach aus der Krise 1987 nichts gelernt und die Zersplitterung ihrer Finanzmarkt-Organisation, ihrer Regulierung und ihrer Aufsichtskompetenzen weiter aufrechterhalten.

Das ist scharf anzukreiden, weil aufgrund der schlechten Erfahrungen anlässlich des Börsencrashs 1987 die Brady-Kommission – „the Presidential Task Force on Market Mechanisms" – eindeutige Empfehlungen für die Neustrukturierung der Börsensegmente, eine bessere Finanzmarktregulierung oder zur Einrichtung integrierter Informationssysteme gegeben hat.

Mehrere der durchaus angebrachten Ratschläge der Brady-Kommission wurden von der US-Regierung nie in die Tat umgesetzt und stehen nun nach der Mehrfachkrise 2007/2009 neuerlich auf der Agenda. Es wird interessant sein zu beobachten, ob sie nun neuerlich ad acta gelegt werden oder angesichts der global tiefgreifenden Auswirkungen der Krise nun doch die US-Politik von ihrer Bedeutung überzeugen können.

Greenspans peinliches Missverständnis

Fünf Wochen nach dem Antritt von Alan Greenspan als US-Notenbankgouverneur hatten sich die Sorgen der Fachleute vor einer bevorstehenden Kurskorrektur bewahrheitet.

Greenspan erinnert sich: „Anfang Oktober 1987 schlug die Sorge in Panik um. Der Aktienmarkt gab zunächst um sechs Prozent in der ersten Oktoberwoche nach, dann noch einmal um zwölf Prozent in der zweiten. Der schlimmste Tag war Freitag, der 16. Oktober […] seit Ende September waren allein auf dem Aktienmarkt eine halbe Billion US-Dollar verbrannt, von den Verlusten auf dem Währungs- und anderen Märkten ganz zu schweigen." Der Absturz war so gewaltig, dass ihm TIME unter der Überschrift „Oktobermassaker an der Wall Street" einen doppelseitigen Artikel widmete. Greenspan: „Ich wusste, dass diese Korrektur aus historischer Sicht bei weitem nicht die schlimmste war. Der Einbruch des Jahres 1970 war im Vergleich doppelt so schwer gewesen, und die Weltwirtschaftskrise von 1929 hatte sogar 80 Prozent des Marktwertes ausgelöscht."

Der neue US-Notenbankchef war vorerst einem tragischen Missverständnis auf den Leim gegangen. Er kam am 19. Oktober 1987 von Washington mit dem Flugzeug in Dallas an, und da es an Bord kein Telefon gegeben hatte, erfuhr er erst in Texas vom Absturz des Dow Jones. „Er ist fünf-null-acht runter", berichtete ihm ein Vertreter der Fed, der Greenspan vom Flugplatz abholte. Greenspan meinte zu verstehen, dass es einen Kursanstieg um 5,08 Punkte gegeben hätte, und war beruhigt, dass sich die Aktienmärkte wieder erholt hatten. Da die Herren seines Empfangskomitees aber weiter düstere Mienen zeigten, fragte er misstrauisch geworden nach und musste zu seinem Entsetzen hören, dass während er im Flugzeug saß rund ein Viertel des US-Börsekapitals verlorengegangen war.

Der „Schwarze Montag von 1987", wie dieser schlimme Börsetag später genannt wurde, begründete die Philosophie, dass in den USA der Börsemonat Oktober als Prüfstein für die Lage der Kapitalmärkte und als Zeitpunkt für allfällige Korrekturen angesehen wird.

Auch der Börsencrash von 1929 hatte ja im Oktober stattgefunden; und an einem Oktobertag des Jahres 1997 gaben die US-Börsenkurse um gut sieben Prozent nach. Aktionäre weltweit sehen demnach jedem Oktober mit überaus gemischten Gefühlen entgegen.

Der Börsencrash von 1987 war bald überwunden. „Blickt man zurück auf den 19. Oktober, war der Tag danach die beste Kaufgelegenheit aller Zeiten", meinte etwa Ann Sonders, Chef-Anlagestrategin beim Wertpapierhandelshaus Charles Schwab. Die Aktienhausse in den USA war nur für kurze Zeit unterbrochen. Der

Dow-Jones-Index schloss das Jahr 1987 sogar mit einem Kursplus ab. Massive Geldzufuhren und mehrere Leitzinssenkungen in Folge motivierten die Investoren zu Aktienkäufen, die die Kurse wieder nach oben trieben. Jedenfalls verbreitete sich die Annahme, dass die Fed unter Greenspan die Lehren aus der Weltwirtschaftskrise 1929 gezogen hatte und aggressiv Liquidität in den Markt pumpte, sehr rasch.

Seit damals trägt Greenspan den Spitznamen „Mr. Put". Denn in den folgenden Jahrzehnten reagierte der Fed-Chef auf alle Börsenkrisen konsequent mit Zinssenkungen und Liquiditätszufuhren, auch nach dem Platzen der Internetblase (siehe Seite 159ff.) und den Terroranschlägen am 11. September 2001 (siehe Seite 206ff.). Diese seine Masche trug Greenspan aber auch solide Kritik ein: Wenn die Anleger, so lautete der Kern der Einwände, immer davon ausgehen können, dass ihnen die Fed in jeder Krise zu Hilfe kommen werde, würde das die Risikobereitschaft verantwortungslos überdehnen. Nichtsdestoweniger reagierte Greenspans Nachfolger, Ben Bernanke, auf die Krise 2007/2009 nach demselben Rezept: drastisches Senken der Leitzinsen und Vergrößerung der Geldmenge.

Innovationen im Krisenmanagement

Wirtschaftswissenschafter zählen den Börsenkrach vom Oktober 1987 und den späteren Zusammenbruch des LTCM-Hedge-Fonds 1998 (siehe Seite 150ff.) zu den schwersten Finanzmarktkrisen der jüngeren Vergangenheit.

Beide haben zwei grundlegende Neuerungen im Risikomanagement hervorgerufen: Nach dem Börsencrash im Oktober 1987 ist das noch heute gebräuchliche Value-at-Risk-Modell (VaR) entstanden. Der damalige Chef von JP Morgan hatte 1989 von seinen Mitarbeitern erstmals einen täglichen „Bericht um 16 Uhr 15" verlangt. Diesem wollte er entnehmen, wie viel JP Morgan verlieren würde, wenn „morgen ein relativ schlechter Tag" sein sollte. Damit schuf er ein neues Messinstrument für die Beurteilung des tagesaktuellen Risikos für sein Emissionshaus, das in Windeseile die gesamte Finanzbranche übernommen hat und das auch heute noch von Anlegern zur Beurteilung ihres Risikos verwendet wird.

Im Gefolge des LTCM-Debakels wurde auf Druck der Aufsichtsbehörden das Instrument des Stresstests eingeführt. Damit wurde im Risikomanagement von Finanzdienstleistern eine zweite Welle von technischen Neuerungen zum Erkennen von potentiellen Risiken ausgelöst. Auch die Bankenprüfer der Oesterreichischen Nationalbank haben in der Folge derartige Stresstests entwickelt und bei den österreichischen Finanzinstituten praktisch angewendet.

Die Folge der Einführung von VaR und Stresstests war die „goldene Dekade". Darunter verstehen Finanzexperten die Periode steigender Börsenkurse zwischen Oktober 1998 und Juni 2007. Die Kurse von US-Bankaktien stiegen in dieser Zeitspanne um fast 60 Prozent, ihre Bilanzsummen haben sich verdreifacht. Nichtsdestoweniger ist es im Anschluss zur Weltwirtschaftskrise 2007/2009 gekommen. Der für Finanzstabilität zuständige Vorstandsdirektor der Bank von England, Andrew G. Haldane, erklärt, warum die Banken, trotz VaR und Stresstests, unversehens in die jüngste Krise geschlittert sind: „Während die Gewinne der Banken von immer mächtigeren Bilanzen und höherem Leverage angeschoben wurden, sind die Risiken mittels der neuen technischen Durchbrüche im sogenannten Risikomanagement der Banken unter Kontrolle gehalten worden. Ein neues Zeitalter mit höheren Gewinnen und niedrigerem Risiko schien angebrochen zu sein, möglich gemacht durch eine (scheinbar) feine Balance zwischen risikofreudigen Geschäftemachern und hoch technisierten Risikomanagern."

Wie sich in der rauen Praxis erwies, hat dieser Enthusiasmus zu einer Hybris und einem kollektiven blinden Fleck gegenüber den tatsächlichen Risiken geführt. Warum hat niemand bemerkt, wie unsolide das weltweite Finanzsystem trotz allem modernen Risikomanagements geworden war? Haldane sagt: „Weil in alle diese Modelle eine Art Katastrophenblindheit eingebaut war. Verbesserungen der Datensammlung und der IT-Technologie fütterten diese Bestien mit gewaltigen Mengen an Hochfrequenzdaten, die präzise kalibrierte Modelle mit vielen Freiheitsgraden ermöglichten. Nur erwiesen sich die Datensamples der Banken als historisch äußerst ungewöhnlich [...] So waren langfristig die Standardabweichungen des Wachstums des UK-BIP viermal so hoch, die Arbeitslosigkeit fünfmal, die Inflation siebenmal und die Gewinne zwölfmal so hoch wie während der goldenen Dekade. Dementsprechend würde ein Crash wie der von 1987 nur einmal während der gesamten Dauer unseres Universums eintreten."

Tatsächlich ist 20 Jahre später ein viel ärgerer Krach als 1987 eingetreten. Warum? Weil, so Haldane, „Stresstests offenbar nicht dazu da waren, die Risiken zu managen, sondern nur, um die Regulatoren zufriedenzustellen. Es handelte sich nicht um eine sogenannte Regulatory Arbitrage, sondern um eine Regulatory Camouflage."

Aus dem Fachchinesisch für Laien übersetzt: Mit hochsensiblen Instrumenten und hochbezahltem Personal wurde lediglich wirkungsvoll herumgefuchtelt, aber nichts Ernstes bewirkt, so als hätten gute Schauspieler auf einer prominenten Bühne das Stück „Wir schützen Euch vor der Weltwirtschaftskrise" gegeben.

So war es kein Wunder, dass dem großen, aber kurzen US-Börsenkrach 1987 bereits 1989 ein weiterer, ebenso kurzer „Mini-Krach" folgte.

US-Sparkassenkrise der Siebziger- und Achtzigerjahre
Eine reine Binnenkrise

Wie sich die jüngste Weltwirtschaftskrise ankündigte

Zur Abwechslung wollen wir eine US-Finanzkrise untersuchen, die Gott sei Dank auf das „Land der unbegrenzten Möglichkeiten" beschränkt geblieben ist – eine Krise, die überwiegend aus nationalen Problemen der USA entstanden ist und in ihren wirtschaftlichen Wirkungen weitgehend auf die USA beschränkt geblieben ist.

Vergleichbare, weil regional entstandene und weitgehend regional wirksam gewesene wirtschaftliche Krisen, die aber in einem inneren Zusammenhang stehen, waren z. B.:
- um 1982 die Lateinamerika-Krise, ausgelöst durch eine enorme Auslandsverschuldung südamerikanischer Staaten im Gefolge der Erdölkrise;
- die Polen-Krise;
- 1997/1998 die Währungskrise der asiatischen „Tigerstaaten", die von Thailand ausgegangen ist und sich in ganz Südostasien ausgebreitet hat;
- 1989 die Japan-Krise, ausgelöst durch eine immense Immobilienspekulation, ähnlich der US-Subprimekrise von 2007, deren deflationistische Wirkungen bis weit ins 21. Jahrhundert anhält, weil ihr kein taugliches Lösungskonzept entgegengesetzt wurde;
- 1998/1999 die Russland-Krise („Rubelkrise").

Warum hier die US-Sparkassenkrise abgehandelt wird? Weil ihre Lösung Schwächen aufgedeckt hat, die die USA in der Folge nicht beseitigt, sondern weiter vor sich her geschoben haben, ohne daraus die nötigen Konsequenzen zu ziehen.

Genauer betrachtet ist die US-Sparkassenkrise ein warnender Vorbote der jüngsten Weltwirtschaftskrise 2007/2009 gewesen. Dieser hätte Ökonomen diesseits und jenseits des Atlantiks davor warnen müssen, US-Regulierungen, US-Ratingagenturen und US-Anlageprodukten allzu sehr zu vertrauen.

Leider wurde auch diese Chance vertan. Die Welt trat wieder einmal ins Fettnäpfchen.

Ende eines 200 Jahre alten Systems

Im 19. Jahrhundert hatte sich in den USA ein dichtes Netz kommunaler Sparkassen, auf Englisch Saving and Loan Associations (S&Ls), entwickelt. Sie unterlagen bis Anfang der Siebzigerjahre des 20. Jahrhunderts sehr rigiden und konsequenten Regeln, die ein Ergebnis der großen Depression von 1929/1933 waren. Angesichts der damaligen Bankenkrise war den US-Sparkassen die Betätigung in nur wenigen Geschäftsfeldern erlaubt worden. Auch das sogenannte US-Trennbankensystem, die dezidierte Unterscheidung zwischen Geschäftsbanken, Investmentbanken und Sparkassen, brachte den Sparkassen eine später tödlich wirkende Überregulierung ein.

Diese gingen so weit, dass den Sparkassen sogar die Höhe ihrer Anlagezinsen vorgeschrieben worden war. Das war schließlich ihre Todesursache. Denn in den Siebzigerjahren stieg die Inflationsrate in den USA, so dass auch die Einlagezinsen auf dem Markt deutlich anstiegen. Da die Sparkassen nicht mitziehen durften, verloren sie einen Gutteil ihrer Spareinlagen an die Geldmarktfonds, die den Anlegern deutlich höhere Zinsen anboten. Andererseits hatten die US-Sparkassen umfangreiche Festzinsdarlehen für mittel- und längerfristige Baufinanzierungen vergeben, die wegen des steigenden Zinsniveaus zu gravierenden Verlusten führten. Ergebnis war, dass die Margen der US-Sparkassen an beiden Enden erodierten, die Gewinne brachen ein und das Eigenkapital wurde notleidend.

Die US-Sparkassen waren damit in etwa dieselbe Zwickmühle geraten wie die österreichische Kommunalkredit, die im Sog der Weltwirtschaftskrise 2007/2009 beinahe pleite ging.

Mit der US-Sparkassenkrise bestätigte sich neuerlich die Erkenntnis, dass die Lösung einer Krise den Keim für den Ausbruch einer kommenden Krise legt.

Am Ende der Ära des demokratischen US-Präsidenten Jimmy Carter (Amtszeit 1977–1981) ist die geschäftliche Einengung der US-Sparkassen schrittweise aufgehoben worden; weiters ist die Haftung der US-Einlagensicherung (Federal Insurance Corporation, FDIC) von 70 auf 1.000 Prozent der Guthaben angehoben worden. Trotzdem schrieben zu Beginn der nächsten Präsidentschaft, jener von Ronald Reagan, 1981 bis 1989, 3.300 von insgesamt 3.800 US-Sparkassen Verluste.

1982 hat deshalb der US-Kongress ein Bundesgesetz (den Garn-St. Germain Depository Institutions Act) erlassen, das die Sparkassen wieder mit den anderen Geldinstituten wettbewerbsfähig machen und damit das Überleben sichern sollte. Sie durften nun wieder Raten- und Unternehmenskredite vergeben, Kreditkarten ausgeben und ihre Zinssätze frei festlegen. Sie durften weiterhin im Immobiliengeschäft tätig sein, nur das Investmentbanking blieb ihnen versagt. Dieses blieb den US-Investmentbanken vorbehalten, die 2008 im Zuge der Wirtschaftskrise 2007/2009 weitgehend auf der Strecke bleiben sollten.

Ein Sektor des US-Geldsystems brach weg

Die Deregulierung führte zur enormen Expansion der US-Sparkassen; deren Ausleihungen für Immobilienkäufe stiegen. Da gleichzeitig die Preise von Immobilien stiegen, sanken die Risikokosten der Sparkassen. Im Vertrauen auf die staatliche Einlagensicherung war das Einwerben von Primärmitteln (=Spareinlagen) zur Refinanzierung nun kein Problem mehr. Die Gewinne erlösten die Sparkassen, während die Risiken beim FDIC blieben. Daneben engagierten sich die US-Sparkassen neu in hochriskanten Unternehmensfinanzierungen; sie investierten in sogenannte Junk-Bonds, das sind sehr riskante Unternehmensanleihen. Andererseits verkauften sie große Teile ihrer Finanzierungen über Kreditverbriefungen. Dieses neue Geschäftsmodell der US-Sparkassen brach mit dem Rückgang der Inflation und der Zinsen sowie dem Verfall der US-Immobilienpreise Mitte der Achtzigerjahre zusammen. Die Verluste aus Immobilienkrediten und den spekulativen Veranlagungen trafen die Sparkassen vernichtend. Durch die Kreditverbriefungen konnten sie nicht vom sinkenden Zinsniveau profitieren, und die Refinanzierung durch Spareinlagen ging durch das niedrige Zinsniveau stark zurück. Wie in allen Krisenzeiten kamen zu den Finanzierungsproblemen Betrügereien durch Sparkassenvorstände und -manager hinzu.

Das Resultat war die US-Sparkassenkrise.

Zuerst wollte man in den USA keine Sparkassen-Insolvenzen zulassen und versuchte, die Branche durch Stützungen vor einer Krise zu bewahren. Diese Strategie misslang. Im März 1985 meldete die Home State Savings Bank aus Cincinnati, Ohio, Konkurs an. Das öffnete die Schleusen. In der Folge brachen immer mehr US-Sparkassen zusammen, wobei die Anleger für ihre Verluste großteils durch das staatliche Einlagensicherungssystem entschädigt wurden. Mehr als 1.000 Institute brachen zusammen; der Gesamtschaden machte mehr als 150 Milliarden US-Dollar aus; davon wurden 125 Milliarden durch die öffentliche Hand (FDIC) aufgebracht. Dies führte in den Achtzigerjahren zu den damals rasch wachsenden US-Budgetdefiziten sowie zu einer Rezession zu Anfang der Neunzigerjahre.

Ex-Fed-Chef Alan Greenspan berichtet in seinem Buch THE AGE OF TURBULENCE über die mühsame Aufarbeitung der US-Sparkassenkrise, leider nicht darüber, dass er daraus keine Lehren gezogen hat, die das Entstehen der Weltwirtschaftskrise 2007/2009 hätte verhindern können: „In den Vereinigten Staaten wurde 1989 zur Liquidierung der Vermögenswerte der rund 750 zahlungsunfähigen Sparkassen die Resolution Trust Corporation ins Leben gerufen. Diese RTC, in deren Beirat ich saß, verkaufte zügig alle attraktiven Vermögenswerte, stand am Ende jedoch mit einer Menge scheinbar unverkäuflicher Immobilien da."

Zur US-Regierungsstrategie bezüglich Sparkassen berichtet Greenspan, „1. einen Großteil der Sparkassen für bankrott zu erklären, 2. deren Vermögenswerte in einer Abwicklungsgesellschaft zusammenzufassen, 3. einen Weg zu finden, um die noch verbliebenen Werte stark verbilligt abzustoßen und so dem Immobilienmarkt neue Liquidität zuzuführen."

Wichtige Lehren aus der US-Sparkassenkrise wären gewesen: Einzelne Sektoren aus der Geldbranche völlig anders zu regeln und zu beaufsichtigen als andere, viel riskanter arbeitende, ist kontraproduktiv. Das Verbriefen von Krediten und das Weiterverkaufen dieser Wertpapiere an andere, die deren exakten Inhalt und damit das übernommene Risiko nicht kennen, ist verantwortungslos. Das Hoffen auf die Selbstheilungskräfte einer wirtschaftlich stark angeknacksten, staatlich gegängelten Branche ist vergeblich. Das Anhäufen von Staatsschulden zur Sanierung einer konkursreifen Branche schafft neue Unausgewogenheiten, die sich zu einer neuen Krise zusammenballen können.

LTCM-Krise von 1998
Nobelpreise schützen nicht vor Spekulationspleiten

Vier Lettern, die das Fürchten lehrten

Finanzkrisen entstehen selbst dort, wo sie nach menschlichem Ermessen gar nicht entstehen dürften. Einschlägiges Beispiel war 1998 die LTCM-Krise. Die vier Lettern stehen für den Long Term Capital Management Hedge-Fonds, der in den USA vor seinem schmählichen Kollaps unter sämtlichen Artgenossen das allerhöchste Vertrauen gefunden hatte, weil seine Gründer und Betreiber als ausgepichte, international hoch geachtete Risikoexperten galten, denen für ihre hervorragende Expertise der Spitzenpreis der Wissenschaft zugestanden worden war.

Am 10. Dezember 1997 – zur 101. Wiederkehr des Todes des schwedischen Industriellen und Erfinders Alfred Nobel – erhielten zwei US-Wirtschaftswissenschafter, Robert C. Merton (geb. 1944) von der prominenten Harvard University und Myron S. Scholes (geb. 1941) von der ebenso prominenten Stanford University, in Stockholm gemeinsam den Nobelpreis für Ökonomie.

Die beiden Preisträger wurden, wie die Medien überschwänglich berichteten, für ihre bahnbrechenden Forschungsergebnisse zur Bewertung von derivaten Finanzinstrumenten ausgezeichnet: „Die beiden Wissenschafter haben gemeinsam mit dem inzwischen verstorbenen amerikanischen Finanzwissenschafter Fischer Black († 1995) ein Modell zur Bewertung von Deriwaten [sic] entwickelt", las man bereits Mitte Oktober 1997 in der österreichischen AUSTRIA PRESSE AGENTUR (APA 235 3 WA 0128 XA), zwei Monate vor ihrer tatsächlichen Auszeichnung. „Bei Deriwaten handelt es sich um Finanzkontrakte, deren Wert sich an der Kurs- oder Preisentwicklung von Aktien, Anleihen, Waren oder Devisen orientiert", belehrte die APA und setzte fort: „Die Schwedische Akademie begründete die Vergabe ihres 29. Wirtschafts-Nobelpreises an die beiden US-Forscher damit, dass deren Methode neue Wege für wirtschaftliche Bewertungen in vielen Bereichen eröffnet hat. Sie hat auch zum Heranwachsen neuer finanzieller Produkte beigetragen [...] Black hat gemeinsam mit Scholes und Merton bereits Ende der Sechzigerjahre an einer Theorie für die Bewertung von Optionen zu arbeiten begonnen und die Grundlagen der modernen Optionspreis-Theorie entwickelt. Mit dem 1973 publizierten Modell lässt sich der Geldwert von Optionen abschätzen, womit sowohl für die Finanzwissenschaft als auch für das moderne Finanzgeschäft ein Durchbruch erzielt werden konnte. Die komplexen Formeln der grundlegenden Theorie legten die Basis für den anhaltenden Aufschwung des Termin- und Optionsgeschäfts an den Finanzmärkten in aller Welt [...] Das Modell dient heute nicht nur als selbstverständliches Handwerkszeug für Börsenprofis, sondern hat auch eine Reihe neuer Finanzinstrumente geschaffen sowie die Basis für ein effizientes Risiko-Management in anderen Bereichen von Wirtschaft und Gesellschaft gelegt."

Geburt der modernen Finanzindustrie

Nicht nur die APA, sondern auch prominente österreichische Ökonomen feierten damals die wissenschaftlich herausragenden Leistungen der jüngsten Wirtschafts-Nobelpreisträger. „Ohne die Arbeiten von Merton und Scholes sowie des inzwischen verstorbenen US-Finanzwissenschafters Fischer Black wäre das heutige Finanz- und Kapitalmarktgeschehen nicht denkbar", meinte Univ.-Prof. Dkfm. Dr. Otto Loistl, Vorstand des Instituts für Finanzierung und Finanzmärkte an der Wiener Wirtschaftsuniversität, und sprach begeistert von der „wichtigsten Konzeption auf diesem Gebiet". Dr. Bernhard Felderer, Direktor des Wiener Instituts für Höhere Studien (IHS), ergänzte: „Grundsätzlich geht es dabei um Optionen, also das Recht, aber nicht die Pflicht, ein bestimmtes Finanzprodukt zu einem bestimmten Zeitpunkt oder innerhalb einer bestimmten Frist zu einem festgelegten Preis zu kaufen oder zu verkaufen.

Ebenso geht es um den Handel mit Futures, welche die Verpflichtung beinhalten, eine Ware oder ein Finanzinstrument zu einem bestimmten Zeitpunkt und Preis anzukaufen oder loszuschlagen. Zugleich lässt sich das Modell auch auf eine Reihe anderer Gebiete anwenden, beispielsweise die Risikoabschätzung einer Investition oder die Absicherung von Großkrediten durch Nutzung der Marktmechanismen."

„Grau, teurer Freund, ist alle Theorie, und grün des Lebens goldner Baum", heißt es in Goethes FAUST I *mit warnendem Unterton. Durchaus zu Recht, wie die Folgen der LTCM-Spekulation bald zeigen sollten.*

Kurz gesagt: Merton und Scholes hatten das Thema „Korrektes Einschätzen von Risikokapital" hochwissenschaftlich untersucht und eine überzeugende Darstellung ihrer Ergebnisse abgeliefert. Sie erhielten mit der Auszeichnung, die ihnen die Königlich Schwedische Akademie der Wissenschaften zusprach, umgerechnet knapp 900.000 Euro Preisgeld, das die Schwedische Reichsbank großzügig gestiftet hatte. Die APA hat, abgesehen vom Rechtschreibfehler in „Deriwate", Recht behalten: Derivate sind inzwischen zu einer Säule im weltweiten Kapitalmarktgeschehen geworden.

30-fach gehebeltes Investment

Im Besitz des Nobelpreises 1997 und im starken Gefühl, von allfälligen Finanzkrisen dank ihrer preisgekrönten Berechnungsformeln über spekulative Geldanlagen verschont zu bleiben, begannen Scholes und Merton, ihre theoretischen Erkenntnisse in die raue Praxis der Finanzmärkte umzusetzen. Mit etwas mehr als vier Milliarden US-Dollar Eigenkapital traten sie in die Geschäftsführung des 1994 von John Meriwether gegründeten Hedge-Fonds „Long Term Capital Management L. P." ein. Hauptsitz des Fonds war nicht, wie zu erwarten gewesen wäre, der Financial District von New York City, sondern der eher entlegene Bundesstaat Delaware bzw. Connecticut. Fondszweck war der Betrieb des ebenfalls als Limited Partnership (= L. P., ähnlich einer Kommanditgesellschaft) organisierten Hedge-Fonds LTCM, der wegen steuerlicher Vorteile und der dort weit weniger strengen Regeln für Finanzfirmen auf den Cayman Inseln, einer Off-shore-Destination in der Karibik, daheim war.

In dem aus 16 Mitgliedern bestehenden LTCM-Management saßen neben mehreren bekannten Bankern auch die Nobelpreisträger Merton und Scholes. Sie sorgten für die hohe Reputation ihres Fonds von seinen Uranfängen an. Sie waren mit ihren Strategien aber auch mit schuld an der späteren Krise. Sie hatten in ihrem nahezu perfekten System die winzige Achillesferse übersehen, die – so wie es auch beim mythischen Helden Achilleus der letale Fall gewesen war – zu dessen Untergang führte. Der winzige Makel im System blieb vorläufig unentdeckt.

Die beiden Nobelpreisträger genossen in ihrer Branche einen so ausgezeichneten Ruf, dass sie trotz geringem Eigenkapital ohne Schwierigkeiten fette Darlehen aufnehmen konnten. Sie hebelten ihr scheinbar unfehlbares System mit geborgtem Geld 30-fach, so dass sie schließlich mit einem Gesamtkapital von 125 Milliarden US-Dollar spekulierten. 121 Milliarden hatten ihnen gutgläubige Banken vorgestreckt.

Das war lupenreiner Turbo-Kapitalismus à la USA. LTCM wurde schnell zum größten und erfolgreichsten Hedge-Fonds der Wall Street. Die alte österreichische Kabarettistenweisheit „je preiser gekrönt, desto durcher es fällt" war den Anlegern des LTCM-Fonds offenbar unbekannt.

Die Mindest-Investition in den LTCM-Fonds hat zehn Millionen US-Dollar und die Mindestlaufzeit drei Jahre betragen. Er war demnach nur für betuchte Anleger konzipiert. Die Informationen des Fonds an seine Anleger waren dagegen minimal. 1995 hatte LTCM 80 Investoren und so viel verwaltetes Volumen, dass keine Investoren mehr aufgenommen werden konnten.

Strategisch wurde überwiegend in Fixed-Income-Arbitrage investiert. Im Vorfeld der Bildung der Europäischen Währungsunion erwartete LTCM die Herausbildung eines einheitlichen Zinssatzes im Euroraum. Die Fondsmanager setzten demnach auf die Erwartung, dass die Kurse von festverzinslichen Wertpapieren, z. B. italienischen Staatsanleihen, die traditionell hohe Zinssätze hatten, noch weiter steigen müssten, während die Kurse deutscher Bundesanleihen mit ihren traditionell niedrigen Zinssätzen eher sinken hätten müssen. Daher investierte LTCM kräftig in italienische Staatsanleihen und machte Leerverkäufe deutscher Bundesanleihen. Weiters kaufte er 30-jährige US-Treasuries mit zehn Jahren Restlaufzeit und verkaufte neu emittierte 10-jährige US-Treasuries leer, baute dort also eine Shortposition auf. Damit erwirtschaftete LTCM bis 1997 eine Nettorendite von 30 bis 40 Prozent. Das war aber einer überaus riskanten Spekulation zu verdanken: Fünf Milliarden US-Dollar Eigenkapital stand ein Portfolio von 125 Milliarden US-Dollar als summierte Leerverkäufe gegenüber.

Schon bald stellte sich heraus, dass LTCM viele gewiefte Nachahmer fand, so dass der Fonds immer weniger Nischengewinne machen konnte. Statt den Anlegern nun das Kapital zurückzuzahlen und den Fonds zu schließen, wandten sich die LTCM-Manager riskanteren Spekulationen zu und gingen hohe Wetten ein, die mit ihrer ursprünglichen Idee nichts mehr zu tun hatten. Der Fonds kaufte über Obligations- und Optionsgeschäfte russische und weitere US-Schatzbriefe sowie dänische Grundstückshypotheken auf.

Das brach dem Fonds schließlich das Genick. Denn im Sommer 1998 brach die Währungskrise in Russland aus. Am 17. August 1998 stellte Russland die Zahlungen für seine Auslandsschulden ein. In der Folge fuhr LTCM massive Verluste ein; sein Eigenkapital halbierte sich innerhalb weniger Tage. Die vorher so segensreiche hohe Hebelung durch Kreditaufnahmen verwandelte sich in der Abwärtsphase zur katastrophalen Verlustquelle. Ein Lehrbeispiel dafür, dass Finanz- und Währungskrisen so gut wie nie ein Einzelphänomen sind, sondern miteinander in einem unheimlich anmutenden inneren Zusammenhang stehen.

„Scholes hatte im Herbst 1998, kaum ein Jahr nach seiner Auszeichnung durch den Nobelpreis für Ökonomie, den Hedge-Fonds LTCM spektakulär an die Wand gesetzt und damit beinahe eine Finanzkrise ausgelöst", schrieb Hans Martin Bury, Vorstand der deutschen Tochter der US-Bank Lehman Brothers, die im Herbst 2008 im Zuge der Subprimekrise in die Pleite schlitterte, im Buch Das Bankenkartell. Bury charakterisierte den Doktorvater von Scholes, den Termingeschäftsexperten Merton Miller, als unorthodoxen Marktradikalen, seinen Schüler Scholes als „berühmtesten Pleite-Professor". Miller soll laut Bury zum Versagen seines Schülers 1999 in New York gesagt haben: „Kenntnisse der Ökonomie sind keine Garantie für finanziellen Erfolg. Das sind zwei völlig verschiedene Begabungen!" Bury lobte in seinem Buch auch die amerikanischen Investmentbanker, „die sich an der Dummheit ihrer deutschen Geschäftspartner bereichert haben".

Sanfte Landung für die „Finanz-Titanic"

„1998 hatte LTCM das letzte Hemd verspielt", schreibt Alan Greenspan, der damalige Fed-Chef. Er erinnert sich an den tiefen Fall von LTCM in seinem Buch The Age of Turbulence sehr präzise: „Trotz seines langweiligen Namens war LTCM ein stolzes, sichtbares und prestigereiches Unternehmen mit Sitz in Greenwich im US-Bundesstaat Connecticut, das seinen wohlhabenden Klienten spektakuläre Gewinne bescherte. Unter seinen Direktoren waren [...] zwei Nobelpreisträger, deren mathematische Modelle das Herzstück der Geldmaschine des Unternehmens bildeten. LTCM war auf riskante und lukrative Arbitragegeschäfte mit Renten aus den USA, Japan und Europa spezialisiert [...] Außerdem besaß das Unternehmen Derivate im Wert von rund 1,25 Billionen US-Dollar; dabei handelte es sich um bisweilen exotische Verträge, die nur zum Teil in seiner Bilanz ausgewiesen wurden. Einige dieser Investitionen waren Spekulationen, andere dienten dazu, das Portfolio gegen jedes erdenkliche Risiko zu schützen [...] es wurde geschätzt, dass LTCM für jeden Dollar, den es tatsächlich besaß, 35 Dollar investiert hatte [...] Die Russlandkrise wurde zum Eisberg für diese Finanz-Titanic. Diese Entwicklung verzerrte die Märkte auf eine Weise, die selbst Nobelpreisträger nicht vorhersehen konnten. Das Glück für LTCM wendete sich so rasch, dass die komplizierten Schutzmechanismen nicht mehr griffen. Die Gründer mussten zusehen, wie ihre fünf Milliarden US-Dollar Eigenkapital praktisch über Nacht zerrannen."

Die New Yorker Notenbank unter ihrem damaligen Präsidenten Bill McDonough musste einspringen und den Milliarden-Kollaps von LTCM mittels argumentativer Nothilfe diskret abfedern. Am 23. September 1998 traten in der New Yorker Zentralbank hochrangige Banker zur Rettungsaktion zusammen: „Üblicherweise sollte man nicht eingreifen, wenn ein Unternehmen nach einem kapitalen Fehler Konkurs anmelden muss", räumt Fed-Chef Greenspan heute ein. „Doch die Märkte waren damals bereits stark verunsichert und höchst nervös. Bill McDonough war daher besorgt, dass die Aktienkurse einbrechen würden, wenn ein Unternehmen von der Größe LTCMs seine sämtlichen Anlagen auf den Markt warf. Durch die so entstehende Kettenreaktion würden weitere Unternehmen zahlungsunfähig werden [...] McDonough rief also die Topmanager der 16 wichtigsten Banken und Investmentfirmen der Welt in einem Raum zusammen, legte ihnen dringend nahe, sich klarzumachen, welche Verluste sie im Falle eines Notverkaufs der LTCM-Anlagen erleiden würden, und emp-

fahl ihnen, sich zusammenzusetzen [...] Nach tagelangen zähen Verhandlungen einigten sich die Banker auf eine Finanzspritze von 3,6 Milliarden US-Dollar. Damit gewann LTCM die nötige Zeit für eine ordentliche Abwicklung ihres Konkurses. Es wurden aber keinerlei Steuergelder dafür eingesetzt."
Diese einmalige Rettungsaktion funktionierte und ist bis zur Finanzkrise 2007/2009 eine Ausnahmeerscheinung geblieben.

Man sollte es nicht glauben, ist aber Tatsache: Selbst weltweit gefeierte Nobelpreisträger und dekorierte Spekulationsexperten können am eigenen System scheitern und pleite gehen, wenn sie dessen Schwächen übersehen. Nobelpreisträger sind offenbar auch nicht mehr das, was sie einmal gewesen sind.

Ähnliches gilt für US-Nobelpreisträger Paul Krugman. Er hat am 15. April 2009 um 11 Uhr 40 New Yorker Zeit eine für die Republik Österreich und ihre im Osteuropageschäft tätigen Unternehmen – offenbar ohne Detailinformation über die wahren Verhältnisse und damit verantwortungslos – öffentlich kreditschädigende Äußerungen von sich gegeben, die weltweit große Aufregung und ein Hinaufschnellen der Risikoaufschläge auf alle Finanzierungen für Österreich auslösten. Das hat für alle Österreicher völlig unnotwendig eine spürbare Verteuerung von Krediten bewirkt. Wie man daran erkennt, sind viele Nobelpreisträger zu einmaligen geistigen Hochleistungen fähig. Das heißt aber nicht, dass sie Menschen mit ebenso hohem Verantwortungsbewusstsein oder herausragender Charakterstärke sein müssen.
Ein Tonband hat Krugmans unqualifizierte Auslassungen festgehalten: „[...] the scale of the output collapses in Eastern Europe are looking fully comparable to East Asia, in fact, in some ways looking fully comparable to the Great Depression. And it is ugly. It's – Austria with a large exposure there. I mean, I haven't done the sums, but it does look pretty scary. But yeah, this is – and for those who know their Great Depression History, you know, we're all obviously thinking Creditanstalt and the whole thing. So it's – it is pretty bad."
Das erinnert an den Ausspruch des römischen Philosophen Boethius (etwa 453–525): „Si tacuisses, philosophus mansisses", zu Deutsch: „Hättest Du geschwiegen, wärest Du ein Weiser geblieben!"

Peso- oder „Tequila"-Krise 1994/1995
Ungleichgewicht von Reserven zu Schulden

Eine Krise im Hinterhof der USA

Der wegen seiner üblen Nachwirkungen für die menschliche Verdauung berühmtberüchtigte mexikanische Agavenschnaps Tequila ist in die globale Krisenhistorie gekommen wie Pontius Pilatus ins Credo. Denn die Währungskrise, die sich 1994 und 1995 zwischen den USA und Mexiko kurz und heftig abgespielt hat und die in eine schwere Wirtschaftskrise mündete, war weder eine „besoffene Geschichte" noch hat sie etwas mit den Früchten der skurrilen Amaryllisgewächse zu tun, die nur einmal in ihrem langen Leben spektakulär blühen, üppig fruchten und dann absterben.

Der Ausdruck „Tequila-Krise" entstammt den Schriften des mexikanischen Autors und Diplomaten Octavio Paz. Auf Spanisch heißt die Peso-Krise von 1994 „el error de Diciembre", zu Deutsch „Dezember-Irrtum".

Der frühere geschäftsführende Direktor des Internationalen Währungsfonds (IWF), Michel Camdessus, bezeichnete die Peso- oder Tequila-Krise von 1994/1995 später als „erste Finanzkrise des 21. Jahrhunderts". Ihre Ursache war, wie bei so vielen Krisen vor und nach ihr, ein massives wirtschaftliches Ungleichgewicht, im speziellen Fall zwischen den USA und ihrem armen Nachbarn im Süden. Der mexikanische Peso war schon mehrmals zuvor massiv abgewertet worden: 1976, 1982 und Ende 1994 im Zuge der Tequila-Krise.

Wenige Jahre später schien sich diese zu wiederholen. Hatte der Peso nach seiner Erholung 2001 wieder als eine der härtesten Währungen der Erde gegolten – er hatte in diesem Jahr fünf Prozent zum US-Dollar und zehn Prozent gegenüber dem Euro gewonnen –, stürzte er 2004 erneut in ein spekulatives Loch. Hintergrund war diesmal die Sorge ausländischer Investoren, ein Krieg der USA gegen den Irak könnte die Nachfrage nach mexikanischen Produkten dämpfen und die Investitionen in Mexiko dezimieren.

Zu Beginn des 20. Jahrhunderts hatte der damalige mexikanische Staatspräsident Porfirio Diaz die Lage seines Landes zutreffend kritisch beschrieben: „So fern von Gott und so nah an den Vereinigten Staaten."

Wie schon einige Jahre zuvor stellte sich 2003/2004 erneut die Frage: Sind die Amerikaner schuld, weil sie gegen den mexikanischen Peso spekulieren, oder sind es die Mexikaner, die ihren schwachen Peso lieber in starke US-Dollars tauschen, um den Wert ihrer Vermögen zu schützen?

Ex-Fed-Chef Alan Greenspan gibt in THE AGE OF TURBULENCE seine persönliche Antwort: „Im Verlauf des 20. Jahrhunderts ist der Lebensstandard in den USA, in Westeuropa und in Asien jeweils um ein Drittel schneller gestiegen als in Lateinamerika. Die Wurzeln dieser Ungleichheit liegen in der europäischen Kolonialherrschaft, mit der die einheimische Bevölkerung Mittel- und Südamerikas vom 16. bis ins 19. Jahrhundert ausgebeutet worden ist. Nach Angaben der Weltbank sind die Auswirkungen bis heute an der Einkommensverteilung nach ethnischer Zugehörigkeit erkennbar. Daher fiel der im 20. Jahrhundert aufkommende Wirtschaftspopulismus in Lateinamerika auf besonders fruchtbaren Boden."

Nimmt man Greenspan ernst, dann wären immer die Europäer schuld, wenn es in Zentral- und Südamerika so häufig zu wirtschaftlichen Krisen kommt, die aus den von ihnen aus Geldgier vor Jahrhunderten herbeigeführten Ungleichheiten hervorgehen. Das weckt unschöne Erinnerungen an die Mississippi- oder die Südsee-Blase am Beginn des 18. Jahrhunderts.

Suche nach den Schuldigen

Am Beginn der Neunzigerjahre des 20. Jahrhunderts hatte sich Mexiko wirtschaftlich erholt. Die Wachstumsrate lag bei vier Prozent im Jahr, die Wettbewerbsfähigkeit mexikanischer Unternehmen stieg, die Reallöhne wuchsen. Die Liberalisierungspolitik von Mexikos damaligem Präsidenten Carlos Salinas hatte den Beitritt seines Landes Anfang 1994 zur NAFTA und zur OECD herbeigeführt. Die Folge war allerdings ein Importboom, der die Leistungsbilanz tief ins Minus trieb.
Die erste Peso- oder Tequila-Krise hat im Dezember 1994 mit einer massiven Abschwächung der mexikanischen Währung Peso gegenüber dem US-Dollar begonnen. Mexiko gelang es nicht, das gewaltige Leistungsbilanzdefizit gegenüber den USA weiter zu finanzieren; Einfuhren von 65 Milliarden US-Dollar standen Ausfuhren von lediglich 51 Milliarden US-Dollar gegenüber. Die mexikanische Regierung war damit nicht mehr in der Lage, den vor der Krise gegenüber dem US-Dollar fixiert gewesenen Eintauschkurs des Peso unter Toleranz einer gewissen Schwankungsbreite aufrecht zu erhalten. Die Regierung in Mexiko City konnte in der Folge weder das Angebot an Pesos regulieren noch die sinkende Nachfrage nach ihnen abfangen, während sie gleichzeitig versuchte, den Wert des Peso gegenüber dem US-Dollar bei 3,46 Pesos je US-Dollar zu halten. Das führte zu einer generellen Vertrauenskrise. Ausländisches Kapital wurde aus Mexiko abgezogen, was viele mexikanische Unternehmen in Kapitalnöte und damit in Schwierigkeiten brachte, so dass eine allgemeine Wirtschaftskrise ausbrach. Am 20. Dezember 1994 wertete die mexikanische Zentralbank den Peso um 13 Prozent ab; Ende Dezember wurde das Band zum US-Dollar ganz gelöst, und der Peso fiel um weitere 15 Prozent. In den folgenden vier Monaten büßte der Peso insgesamt die Hälfte seines Wertes ein. Die einzigen, die sich über diese Entwicklung freuten, waren die Touristen aus den USA, die jetzt billige Ferien in Mexiko verbringen konnten.
Im Hintergrund der Tequila-Krise standen neben finanziellen allerdings auch innenpolitische Ursachen. Die politische Stabilität Mexikos war jahrelang durch die Revolte der indianischen Zapatistas im Bundesstaat Chiapas schwer gestört. Es kam zu Morden, z. B. am damaligen mexikanischen Präsidentschaftskandidaten Luis Donaldo Colosio im März 1994 und am Generalsekretär der Partei der Institutionalisierten Revolution (PRI), Jose Francisco Ruiz Massieu im September 1994.
Wirtschaftlich war Mexiko durch Zinssteigerungen in den USA herausgefordert, die die Flucht aus dem Peso ankurbelten. Wegen ihrer engen wirtschaftlichen Verflechtung wurden und werden die USA und Mexiko zumeist als ein gemeinsamer Wirtschaftsraum wahrgenommen. 90 Prozent der mexikanischen Exporte gingen und gehen in die USA. Die Bindung des Peso an den US-Dollar war demnach grundsätzlich ein richtiger Schritt gewesen. Schließlich wurde die Kapitalflucht in Mexiko aber so massiv, dass es zu einer Abwertung des Peso von bis zu 60 Prozent innerhalb weniger Tage kam. Auf der anderen Seite schossen die Zinsen in Mexiko in astronomische Höhen; sie stiegen zeitweise auf mehr als 50 Prozent, weil sich die mexikanischen Banken auf den freien US-Märkten verschuldet hatten. Viele standen vor dem Bankrott oder wurden von Ausländern aufgekauft. Mexikanische

Unternehmen, die überleben wollten, mussten sich wohl oder übel bei ausländischen Kreditgebern verschulden. Auch der mexikanische Staat musste hohe Zinsen für seine Papiere zahlen.

Die mexikanische Währungskrise versetzte in der Folge ganz Lateinamerika in Aufruhr. An allen großen Börsen des Kontinents, in Mexiko, Argentinien, Brasilien und Chile, kam es aufgrund des Abzugs von Anlegergeldern zu massiven Kursrückgängen bis zu 30 Prozent. Im sogenannten „Hinterhof der USA" herrschte Panik. Seit Herbst 1993 war Lateinamerika das Liebkind vor allem institutioneller Investoren aus den USA geworden.

Um einen totalen Zusammenbruch zu verhindern, schnürten die Weltbank, die Bank für Internationalen Zahlungsausgleich (BIZ) in Basel und der Internationale Währungsfonds im Februar 1995 ein Hilfspaket für Mexiko im Wert von 47,8 Milliarden US-Dollar. Dadurch stiegen die mexikanischen Auslandsschulden zwar weiter, aber ein Zusammenbruch des Banken- und Investmentfonds-Systems wurde verhindert. Die mexikanische Regierung bremste gleichzeitig mit einer restriktiven Geldpolitik die Inflation. Im Frühjahr 1995 begann sich der Peso allmählich wieder zu stabilisieren. Das Hilfspaket und die unter US-Präsident Bill Clinton ausgeübte rigorose Kontrolle der mexikanischen Finanzpolitik hatten gewirkt. Die ausländischen Direktinvestitionen – ein Gutteil aus den USA und Kanada, die mit Mexiko die Nordamerikanische Freihandelszone NAFTA bilden – begannen wieder Richtung Mexiko zu fließen.

Die Wirtschaftskrise in Mexiko als Folge der Peso-Krise übertraf die schlimmsten Befürchtungen. Nach Angaben des mexikanischen Finanzministeriums ist das Bruttoinlandsprodukt des Landes im ersten Halbjahr 1995 um 10,5 Prozent gesunken, zweieinhalbmal stärker als angenommen worden war. Das war der schlimmste Konjunkturrückschlag in Mexiko seit den Dreißigerjahren des 20. Jahrhunderts. Der Strom illegaler Einwanderer aus Mexiko, zumeist ungelernte Arbeiter, in den US-Bundesstaat Texas stieg im Frühjahr 1995 massiv an. Die meisten trieb die Wirtschaftskrise zur Flucht ins reiche Nachbarland.

Im August 1995 kam der Internationale Währungsfonds (IWF) nach einem Bericht der WASHINGTON POST nach längerer Analyse der Tequila-Krise zum Schluss: Mexikanische Investoren seien für diese verantwortlich gewesen. Laut IWF haben vor allem Mexikaner ihren Peso aufgegeben und ihre Aktien, Obligationen und andere Werte in ausländische Währungen umgewandelt. „Dies geschah innerhalb der zwei Wochen vor dem 20. Dezember 1994. An diesem Tag verkündete die mexikanische Regierung, sie könne den versprochenen stabilen Umtauschkurs zum US-Dollar nicht mehr halten." Der IWF widersprach damit früheren Einschätzungen des US-Finanzministeriums, wonach die Peso- oder Tequila-Krise in Folge der Aufgabe des Peso durch ausländische Investoren ausgelöst worden sei, weil sie das Vertrauen in die mexikanische Politik verloren hatten.

Der harte Reformkurs des neuen mexikanischen Präsidenten Ernesto Zedillo und das von ihm Anfang 1995 initiierte Notprogramm – staatliche Ausgabenkürzungen, Bankenstützprogramme, freies Floaten des Peso – kosteten rund eine Million Arbeitsplätze im formellen Wirtschaftssektor, die Reallöhne sanken; aber schon 1996 begann die Wirtschaft wieder zu wachsen und die Devisenreserven Mexikos stiegen auf den Rekordstand von 26 Milliarden US-Dollar. So plötzlich die Krise ausgebrochen war, so schnell war sie überwunden. Die Stabilisierung Mexikos war derart fundiert, dass die eben beginnende „asiatische Krise" im Land gar nicht wahrgenommen wurde, während alle anderen lateinamerikanischen Staaten unter ihr stark zu leiden hatten.

Die „Dotcom-Blase" 2000
Als die Internet-Spekulation platzte

Götterdämmerung moderner Technologie

Das Wort „Technologie" weckt meist bunte Assoziationen von zukunftshöffigen Entwicklungen durch eine Reihe technischer Spitzenleistungen, es weckt die Phantasie des Heraufziehens einer neuen, bequemen und schönen Welt ohne Beschwernisse, einer Epoche, die zu allgemeinem Glück, Wohlstand und Sorgenfreiheit führt.

Eine Kostprobe: Der österreichische Zukunftsforscher und „Trend-Guru", Matthias Horx, zählte in seinem Buch DIE ACHT SPHÄREN DER ZUKUNFT im Jahr 1999 die „TechnoSphere" zu jenen Trends, die den Weg in eine schöne neue Welt weisen. Horx: „Die meisten Träume der Zukunft haben eine metallische Farbe. Das Morgen ist von Robotern bevölkert, von Riesenstädten auf dem Meeresgrund, von vollautomatischen Fabriken und Häusern, die die Bewohner freundlich in den Schlaf wiegen. Künstliche Intelligenz wacht über uns, und Roboter mähen den Garten. Alles ist möglich ohne Folgekosten und Umweltschäden. So klangen die optimistischen Technikphantasien der Sechzigerjahre, so erklingt wieder das technologische Lied der Millenniumszeit." Horx beschrieb eine schöne, aber leider unrealistische Utopie.

Es kann nämlich auch ganz anders kommen. Das bewies die sogenannte „Dotcom-Blase", die exakt an der Schwelle vom 20. ins 21. Jahrhundert platzte.

Der Begriff „Dotcom-Blase" wurde von den Medien geprägt und bezeichnet eine im März 2000 geplatzte Spekulation rund um junge Technologiefirmen, die sich mit teilweise windigen Ideen Kapital über die Börsen beschafften. Diese Blase ist vor allem auf Kosten der Vermögen von privaten Kleinanlegern gegangen, die ihren Traum vom raschen Reichtum verwirklichen wollten und damit kläglich gescheitert sind. Auslöser der Krise waren allzu hoch geschraubte Gewinnerwartungen, die durch neue technologische Entwicklungen im Bereich elektronische Datenverarbeitung und Kommunikation entfacht wurden wie z. B. Internet, Mobiltelefon für jedermann oder Minicomputer in Handgröße. Die Zukunftsvisionen hielten bei weitem nicht das, was die Anleger in sie hineininterpretierten.

Die während des Aufstiegs der Internet-Technologie zu Tausenden neu gegründeten Unternehmen, die sich mit diversen Anwendungen des Internets kombiniert mit der Mobiltelefonie beschäftigten und Millionen von Aktien emittierten, hinter welchen lediglich Ideen und Hoffnungen, aber keine konkreten Sachwerte gestanden sind, hatten sich damals zumeist Internetadressen zugelegt, die mit „.com" endeten. Daher der Name.

Die Revolution der Kommunikation hatte allerdings bereits 40 Jahre vorher begonnen. Genau genommen startete sie nach dem Ende des Zweiten Weltkriegs mit der Entwicklung des Transistors. Dieser löste eine breite Welle elektronischer Innovationen aus: Computer, Satelliten, Mikroprozessoren sowie die Verflechtung von Laser- und Glasfasertechnologie haben den Boden für die plötzliche und extrem dynamische Entwicklung des Internet bereitet. Dank dieser neuen Informationstechnologien hatten die Unternehmen der Welt enorme Kapazitäten zur Sammlung, Strukturierung und Weiterverarbeitung aller Arten von Informationen gewonnen und reizten diese zum eigenen Vorteil weidlich aus. Der private Sektor folgte.

Der Prozess der von Schumpeter so hoch geschätzten „kreativen Zerstörung" hat sich nie zuvor so augenfällig gezeigt wie in dieser Epoche, in der sich das Kapital weg von unflexiblen und mittelmäßig performenden Unternehmen hin zu den fortschrittlichsten und beweglichsten verschob.

„Der rasante Hightech-Boom verschaffte Schumpeters Vorstellung von der kreativen Zerstörung größere Verbreitung", berichtet der damalige Chef der US-Notenbank, Alan Greenspan, auch er sichtlich überwältigt von der rasenden Innovation, die vom Internet ausging. „Der Begriff wurde zum Dotcom-Schlagwort. Wenn man auf Internet-Geschwindigkeit beschleunigt hat, ist dieser Prozess in der Tat schwer zu übersehen. In Silicon Valley erfanden sich Unternehmen kontinuierlich neu, neue Unternehmen flammten auf und brannten aus. Die vormaligen Giganten der Technologiebranche, Riesen wie AT&T, Hewlitt-Packard und IBM, taten sich schwer, mit dem Trend mitzuhalten, und nicht allen gelang es. Bill Gates, der reichste Mann der Welt, verschickte ein Rundschreiben an die Mitarbeiter von Microsoft, in dem er den Aufstieg des Internet mit der Erfindung des Personal Computers (PC) verglich, dem sein Unternehmen seinen Erfolg verdankte."

High tech, high touch, low brains

Als Geburtsstunde des Dotcom-Booms wird in den USA der 9. August 1995 angesehen. An diesem Tag ist Netscape, eines von vielen kleinen und jungen Softwareherstellern aus Silicon Valley, an die Börse gegangen. Netscape hatte damals nach vertrauenswürdigen Berichten nur geringe Umsätze und keinen müden Cent Gewinn. Netscape soll vorher sogar viele seiner hochintelligenten Produkte verschenkt haben. Doch schon am Tag des Börseganges ist die Netscape-Aktie für alle völlig unerwartet von 28 auf 71 US-Dollar emporgeschnellt. Das versetzte die Investoren quer durch die USA von Silicon Valley bis Wallstreet in ungeheure Aufregung und Begeisterung.

Der Internet-Goldrausch hielt seinen Einzug. Immer mehr junge Softwareunternehmen und kühne Start-Ups machten es Netscape nach, gaben Aktien aus und erhielten von den Analysten phantastische Bewertungen, obwohl es im Hintergrund kaum angreifbare Substanzwerte, sondern fast nur Phantasie und Hoffnung gab. Aber der Höhenflug der Netscape-Aktie setzte sich ungebrochen fort.
Schon im November 1995 hatte Netscape eine höhere Marktkapitalisierung erreicht als die altehrwürdige US-Fluggesellschaft Delta Airlines. Der Netscape-Vorsitzende Jim Clarke wurde zum ersten Internet-Milliardär, und viele andere Chefs von Softwareunternehmen wollten es ihm nachmachen. Alan Greenspan schreibt: „Die Aufregung um Hightech entfachte in diesem Jahr zusätzliches Feuer unter einem Aktienmarkt, der ohnehin schon heißgelaufen war. Der Dow Jones durchbrach zuerst die magische Marke von 4.000 Punkten, dann die von 5.000 und beendete das Jahr 1995 mit einem Plus von mehr als 30 Prozent. Der Technologie-Index NASDAQ, in dem die neuen Internet-Aktien geführt wurden, erreichte sogar einen Zuwachs von mehr als 40 Prozent. Und das Wachstum setzte sich auch im Jahr 1996 ungebrochen fort."
Greenspan berichtet auch vom Chef einer großen US-Beratungsfirma, der deswegen in die Schlagzeilen kam, weil er seinen alten Job an den Nagel hängte und Webcam gründete. Dieses Unternehmen lieferte Lebensmittel, die man per Internet bestellen konnte. Bei seinem Börsegang verkaufte es Aktien im Wert von 375 Millionen US-Dollar. „Eine Gruppe Londoner Modedesigner, von denen ich nie zuvor gehört hatte, gründete eine Bekleidungs-Website namens boo.com, die mit der Behauptung auftrat, der weltweit führende Verkäufer von trendiger Sportbekleidung werden zu wollen. Sie verkauften Aktien im Wert von 135 Millionen US-Dollar […] Während des Superbowl-Finales 2000 kauften insgesamt 17 Internet-Start-Ups die Hälfte der halbminütigen Werbeplätze zum Preis von je 2,2 Millionen US-Dollar; die Strumpfpuppe von Pets.com trat neben der Bierdose von Budweiser und dem Briefträger von Fed.Ex auf", wunderte sich Greenspan. Die Erlöse aus ihrem erfolgreichen Börsegang investierten viele Softwarefirmen in den Aufkauf anderer börsenotierter Unternehmen, hinter welchen ebenfalls mehr Phantasie als Sachwerte steckten. Investmentfonds nutzten die Spekulationswelle und stellten ihren Investoren traumhafte Gewinne vor Augen. Es wurden viele Neue-Markt-, Internet-, Telekommunikations- und Technologiefonds gegründet und sie fanden reißenden Absatz.
Der Dotcom-Boom sprang rasch über den Ozean und infizierte auch Europa, schließlich wurde er ein weltweites Phänomen. In Deutschland kam es zu dem von intensiver Werbung begleiteten Börsegang der Deutschen Telekom und damit zu einer raschen Popularisierung der Aktie. Die Euphorie wurde von den Medien weiter geschürt und bei börseunerfahrenen Kleinanlegern der Eindruck erweckt, in der Technologiebranche könne es nur noch aufwärts gehen.
Nach dem Vorbild des amerikanischen NASDAQ richtete die Deutsche Börse in Frankfurt am Main den Neuen Markt als Marktsegment für zukunftweisende, stark wachsende Technologieunternehmen ein. Den Höhepunkt seiner Entwicklung erreichte er am 13. März 2000. Das war der Tag, an dem das Unternehmen Infineon an

die Börse ging. An diesem Tag wurden so viele Infineon-Aktien gehandelt, dass die Handelssysteme der Frankfurter Börse zusammenbrachen und mit ihnen die Orderverarbeitung einiger deutscher Bankhäuser. Die Spekulation mit Technologieaktien war zum Volkssport geworden.

Die Ernüchterung folgte auf dem Fuße

Das Ende des Booms kam, als sich herausstellte, dass die meisten hochbewerteten Technologieunternehmen die hinausposaunten Gewinnerwartungen in absehbarer Zeit nicht erfüllen konnten. Nach und nach wurde auch klar, dass ihre hochgepushten Börsenwerte nicht durch materielle Gegenwerte, wie Gebäude, Betriebsanlagen, Wertpapiere, gedeckt waren, sondern sich nur in den innovativen Leistungen ihrer Mitarbeiter und einigen Patenten ausdrückten, also lediglich geistiges Kapital waren. Die Zweifel wuchsen, als die ersten ehemaligen Hoffnungsträger pleite gingen. Dazu kam, dass bei einigen High-Tech-Unternehmen umfangreiche Fälschungen von Umsätzen aufgedeckt wurden. Im März 2000 begannen die Kurse im Bereich Technologieaktien zu bröckeln, in Panik vor einem drohenden Kursverfall stießen viele Privatanleger ihre Technologieaktien ab, und der Markt brach ebenso rasch zusammen wie er vorher aufgestiegen war. Der Standard-&-Poor's-Index brach um 49 Prozent ein und erholte sich erst im Herbst 2003. Dazwischen ereigneten sich die Terroranschläge auf die USA vom 11. September 2001.

Das Platzen der weit überstrapazierten Dotcom-Blase war das große finanzielle Drama am Ende des Jahres 2000. Es breitete sich ebenso wie der vorherige Boom von den USA in raschen Wellen über alle Industrieländer der Erde aus.

Greenspan berichtet über die Folgen der Krise: „Der Technologieindex NASDAQ hatte seit März 2000 erschreckende 50 Prozent seines Wertes verloren. Der Gesamtmarkt (der Aktien) war weniger betroffen gewesen. Der S&P 500 war um 14 Prozent gesunken und der Dow Jones nur um drei Prozent. Das war zwar wenig im Vergleich zu dem Wohlstand, das der vorhergehende Bullenmarkt geschaffen hatte, doch der Rückgang war erheblich, die Aussichten an der Wall Street waren trübe und die Stimmung der Öffentlichkeit gedämpft."

Im Gefolge des Dotcom-Booms trocknete der Arbeitsmarkt für alle, die irgendetwas mit EDV und Programmieren auf dem Hut hatten, aus. Viele hatten zuvor ihren angestammten Job aufgegeben und waren quer in die Technologiebranche eingestiegen. 1999 mussten sogar IT-Fachkräfte aus Indien angeworben werden, um dem drückenden Arbeitskräftemangel abzuhelfen. Ende 2000 brach dann die große Arbeitslosigkeit über die IT-Branche herein.

Dem Dotcom-Crash folgte auf dem Fuß mehr und billiges Geld. Die Federal Funds Rate ist im ersten Schritt auf 2,5 Prozent, bald bis auf ein Prozent gesunken. Das sehr reichliche Geldangebot floss weitgehend in Immobilien ab und initiierte derart eine Blase, die zur nächsten wirtschaftlichen Krise, der Subprime- oder Hypotheken-Krise, entartet ist. Womit erneut bewiesen ist, dass die Lösung der einen Krise die Wurzel der nächsten ist.

Die Dotcom-Pleite hatte aber auch etwas Gutes: Seit ihrem Platzen haben viele enttäuschte Kleinanleger kalte Füße bekommen und sind bei Aktieninvestments wesentlich vorsichtiger geworden. Daher dauerte es bis ins Jahr 2007, bis die Börsen wieder das Niveau von 2000 erreichten.

Allerdings hielt die Vorsicht der Anleger, die Risikoaversion, nur kurze Zeit. Sonst wäre die nächste Krise 2007/2009 nicht möglich gewesen. Daran sieht man, dass die Menschen schlechte Erfahrungen schnell vergessen. Das nutzen Anlagebetrüger und gewissenlose Vermittler windiger Anlageinstrumente geschickt aus.

4. Finanzkrisen heute
Der Weg von der US-Subprimekrise über die Finanz- und Vertrauens- zur Konjunkturkrise

Die Medien haben sich mit Berichten über Anlass, Schadensumfang, Bewältigung und Folgen der jüngsten Mehrfachkrise ausführlich beschäftigt. Daraus werden hier nur bezeichnende Auszüge zitiert. Den Hauptteil dieses Kapitels bilden qualifizierte Krisen-Beobachtungen und -Analysen, die die Öffentlichkeit bisher nicht oder nur in manipulierter Form erreicht haben. Deren kritisches Studium ist für die unbeeinflusste Meinungsbildung und eine daraus resultierende Nutzanwendung entscheidend. Es gilt die Weisheit: „Für viele ist der Weg am ersten Hindernis zu Ende; für Erfolgreiche fängt er dort erst an."

Wo und wie die letzte Mehrfachkrise begonnen hat

Zum Einstieg eine Story aus den USA:
Jim Friday, 35-jähriger Bauernbursch aus Toms River im Bundesstaat New Jersey, hatte immer schon Sehnsucht nach einem eigenen Stück Land mit einem bescheidenen Häuschen für seine Frau und die drei Kinder gehabt. Er hatte sich öfter gefragt: Wieso konnten sich Farbige wie er nicht auch so eine saubere Bleibe leisten, wie sie viele Weiße hatten, die auch nicht geschickter oder gescheiter waren als er und ebenso viel schufteten? Doch seine Frau Milly, lieb, aber furchtsam und gottergeben, hatte immer gewarnt: „Uns armen Coloureds ist so etwas nicht vom lieben Gott vorherbestimmt. Drum sei mit dem, was wir haben, zufrieden und fordere Gott nicht heraus!"
Als dann die beiden Flugzeuge in die Türme des New Yorker World Trade Center krachten und diese in einer Wolke von Staub wie Kartenhäuser in sich zusammenfielen, als eine dritte verrückte Maschine eine Bresche ins Pentagon in Washington schlug und eine vierte irgendwo auf dem flachen Land abstürzte, gab Jim seine Träume von den eigenen vier Wänden auf. Wer wusste schon, ob er morgen und übermorgen noch seinen Job behielt? Wo sich doch alle vor weiteren Anschlägen der Männer um den Terrorpaten Bin Laden auf die USA fürchteten und sogar die Mais- und Baumwollpreise ins Bodenlose sanken. Wer würde in einer solchen Zeit so verrückt sein und sich neue Schulden aufbürden? Jim war froh, dass er weiter seinen Job hatte, und blieb genügsam.
Aber nur vorläufig. Denn er musste ständig mitansehen, wie viele seiner Nachbarn und Freunde, wie Tausende und Abertausende Mitbürger in exzessiver Weise die spottbillig angebotenen Kredite für den Kauf von Eigentumshäusern nutzten. „Sei nicht blöd und kauf Dir doch auch Dein eigenes Haus, wenn Dir schon die Banken das billige Geld nachwerfen!" Das hörte Jim ständig von seinen Freunden, und es gelang ihm schließlich, auch seine Milly davon zu überzeugen, dass das, was alle machten und was die Banken so überzeugend anboten, nichts Böses sein konnte. Indy Mac

warb ständig mit dem Slogan „No questions!", was so viel hieß, dass sie keine blöden Fragen stellten, wofür ihre Kunden den Kredit brauchten und womit sie ihn zurückzahlen wollten. Sogar der weitum beliebte Prediger in der dörflichen Kirchengemeinde hatte gesagt, es sei keine Sünde, die Gaben Gottes dankend anzunehmen; und es bestehe kein Zweifel, dass die günstigen Hausfinanzierungen eine Gabe Gottes seien, die man nicht zurückweisen dürfe. „Ich bete zu Gott, dass alles gut geht", sagte Milly und betrachtete die tröstlichen Bilder in ihrem Gebetbuch, die Jesus Christus bei der wunderbaren Brot- und Fischvermehrung und anschließenden Speisung der Fünftausend zeigten. So erlag schließlich auch Jim Friday der geschickt eingefädelten Versuchung des scheinbar geschenkten Geldes und kam sich dabei keinen Augenblick mehr unvorsichtig vor.

Der irische Dichter Oscar Wilde hat geätzt: „Der einzige Weg, eine Versuchung loszuwerden, ist, dass man ihr nachgibt." Im Zuge der maßlos ausgelebten Subprime-Kredit-Kampagne der USA hat Wildes Aphorismus eine fatale Bestätigung erhalten.

Zeitzeugen der US-Immobilienblase berichten

Jim Friday hatte Hunderttausende Schicksalsgenossen, die Opfer einer politisch erwünschten und geförderten fahrlässigen Kreditvergabe an Mittellose geworden sind. In den USA war es nämlich um die Jahrtausendwende zu einer sehr lockeren und nach wirtschaftlichen Kriterien sehr unvorsichtigen Besicherung von Kreditvergaben gekommen. Das ist an der stürmischen Entwicklung des US-Immobilienmarktes abzulesen.

Zwischen 1997 und 2005 ist der Gesamtwert der Hypotheken an US-Bürger um 94 Prozent auf 7,4 Billionen (= 7.400 Milliarden) US-Dollar gestiegen; das entspricht einer Fast-Verdoppelung innerhalb von acht Jahren. So ist die Verschuldung einer durchschnittlichen amerikanischen Familie auf etwa 120.000 US-Dollar gestiegen. Das Volumen der Bankkredite für den Kauf von Immobilien hat sich in derselben Zeitspanne auf 2,4 Billionen US-Dollar verdreifacht.

Zeitzeugen aus den USA berichten noch heute darüber: „Viele Leute haben sich ein Haus finanzieren lassen, das z. B. 500.000 US-Dollar wert war und das sie sich schon von allem Anfang an gar nicht leisten konnten. Doch die Kreditinstitute verlangten in den ersten Jahren nur geringe Kreditzinsen und keine Tilgung. Nach fünf Jahren Laufzeit forderten sie dann statt der bisherigen zwei Prozent den regulären Zinssatz von fünf bis sechs Prozent sowie einen Tilgungsanteil. Als sich das viele Kreditkunden nicht leisten konnten, erhöhten die Banken den Wert des Hauses um beispielsweise 300.000 US-Dollar und boten den Kunden einen um 50.000 US-Dollar höheren Kredit an. Dieses Spiel wiederholte sich mehrmals. Das Geschäft war ein Selbstläufer, der zu einer rasenden Werterhöhung der Immobilien führte. Sie war zwar völlig unrealistisch, aber sie ist von einfachen Leuten in ihren Ursachen nicht verstanden worden."

Ein inzwischen berühmt gewordenes Zitat aus der Zeit der verfallenden US-Immobilienpreise lautet: „Where is the idiot who said real estate never comes down?" („Wo ist

der Dummkopf, der uns erzählt hat, die Immobilienpreise würden nie wieder fallen?")
Bis heute sucht man in den USA vergebens nach jenen „Experten", die die Menschen glauben machten, die Immobilienpreise könnten immer nur in eine Richtung, nämlich nach oben, gehen. Die betrügerische Infamie dieser Behauptung wurde erst ruchbar, als die Immobilienpreise nach jahrelangem Aufstieg plötzlich in die Gegenrichtung tendierten. Schließlich platzte die Blase und Tausende Amerikaner verloren ihren Arbeitsplatz. Damit waren sie nicht mehr im Stande, ihre Immobilienkredite abzustottern.

Hätten die USA, die führende Wirtschaftsnation der Erde, ein Bausparsystem nach österreichischem Vorbild entwickelt, wäre ihnen die Hypotheken- und anschließende Subprimekrise erspart geblieben und sie hätten trotzdem, wie Österreich, eine breite Versorgung ihrer Bevölkerung mit eigenem Grund und Boden erreichen können. Aber das bei uns praktizierte Bausparsystem ist für echte Renditejäger viel zu wenig „sexy".

US-Zeitzeugen verweisen auf die gravierenden Unterschiede in der Hypothekenfinanzierung auf beiden Seiten des Atlantiks: „Anders als in Europa haftet in den USA die Kreditschuld am Haus und nicht am Kreditnehmer. Viele Amerikaner sagten angesichts dieser Lage zu ihrer Bank: ‚Nehmt nur mein Haus, denn dann habe ich keine Schulden mehr.' Das führte zur größten Umschuldungsaktion der US-Geschichte. Denn dann wurden in den USA Hunderttausende schlecht gewordene Kredite in Milliarden-Tranchen zusammengefasst und an europäische Banken mit fünf bis zehn Prozent Rabatt verkauft."

Geldanlage in „toxischen Papieren"

Es handelte sich dabei um sogenannte Credit Default Swaps (CDS). Kommentatoren sprechen von „Ramschpapieren", die US-Banken als hoch rentierliche Anlageinstrumente weltweit zum Kauf angeboten hatten. Tausende Käuferbanken witterten dahinter ein Supergeschäft, weil sie gutes Geld aus den USA erwarteten und weil die an dieser Transaktion mitverdienenden Ratingagenturen das Risiko dieser Papiere schamlos untertrieben. Die Banken, die CDS erwarben, gingen den Ratingagenturen leichtgläubig auf den Leim, weil sie es versäumten, das verborgene Risiko dieser Anlagepapiere selbst eingehend zu prüfen. So ist die US-Krise schnell nach Europa übergeschwappt. Die amerikanischen Häuser, die mit den riskanten Krediten errichtet worden waren, verfallen, werden nach und nach wertlos und damit so gut wie unverkäuflich.

CDS waren nicht die einzige Art „toxischer Papiere" – ein erst in der jüngsten Krise populär gewordener Ausdruck für besonders riskante Wertpapiere –, die wie unwillkommene Leichen in den Kellern vieler gutgläubiger Banken der ganzen Erde gelandet sind.

Max Otte, Wirtschaftsprofessor in Worms, Börsenguru, Vermögensberater und Autor von DER CRASH KOMMT, beschreibt andere innovative Finanzinstrumente, die die US-Krise in alle Welt getragen haben: „Das Produkt, das dafür sorgte, dass sich die US-Finanzkrise rasch über die Erde verbreiten konnte, heißt Mortgage Backed Securities (MBS), das sind hypothekenbesicherte Wertpapiere. Als erster hat sie der italienisch-stämmige Investmentbanker aus dem New Yorker Stadtteil Brooklyn, Lewis Ranieri, in großem Stil verkauft."

Der Vater der „faulen Kredite" war ein nicht studierter, aber überzeugungskräftiger Mann, der mit seiner Idee eine US-typische Karriere gemacht hat. Er war rasch vom einfachen Postsortierer zum Chef der Hypothekenabteilung der New Yorker Investmentbank Salomon Brothers aufgestiegen. Otte schildert die MBS-Strategie folgendermaßen: „Ranieri machte aus dem Hypothekenmarkt eine riesige Börse, an der jeder zu jeder Zeit Anteile an Hypotheken erwerben konnte. Er verwandelte z. B. den Kredit, den Kunde A bei der amerikanischen Bank B aufgenommen hat, in ein Wertpapier, das sich an die deutsche Bank C, die englische Bank D und die Schweizer Bank E verkaufen ließ. Ranieri bündelte so einzelne Hypotheken zu einem großen Paket, von dem er Scheiben abschneiden und verkaufen konnte. Fortan zahlten die US-Hauskäufer ihre Hypothekenzinsen nur noch pro forma an die Hypothekenbank zurück. De facto aber floss ihr Geld in die Taschen jener, die die Hypothekenpapiere gekauft hatten. Das waren Banken, Investmentfonds oder Versicherungen auf der ganzen Erde, die sie weiter an ihre Kunden verkauften. Alle setzten darauf, dass möglichst viele US-Hypothekennehmer ihre Kredite zurückzahlen würden."

Das System Ranieris hat bis 2005 anstandslos funktioniert. Von 2000 an ist das Volumen an MBS rasch auf 625 Milliarden US-Dollar gestiegen. Damit nicht genug, haben die US-Investmentbanken neue, noch kompliziertere Finanzprodukte erfunden, die die enormen Risiken der Hypothekenkredite noch mehr verschleiert haben: sie heißen Collateral Debt Obligations (CDO) und Credit Default Swaps (CDS).

Der Kniff bei allen diesen Finanzinstrumenten war: US-Investmentbanken und ihre Manager kassierten kräftig in Form von Bonuszahlungen für jene höheren Umsätze mit, die aus diversen Gebühren, Provisionen und Courtagen zu Lasten ertragsgeiler Anleger stammten. Von den US-Hypothekenkunden wären im Normalfall alle Kredite samt Zinsen an die Investmentbanken und von diesen wieder an die Eigentümer der Kreditpapiere zurückgezahlt worden, wenn erstere ihre hohen Schulden hätten begleichen können. Das wäre jedoch nur der Fall gewesen, wenn die US-Immobilienpreise weiter gestiegen wären. Das aber war von 2007 an nicht mehr der Fall. Sämtliche Regierungen, Regulatoren, Finanzmarktaufsichten und Ratingagenturen haben alles das nicht erkannt und abgestellt, sondern weggeschaut und weiterlaufen lassen. Das war unprofessionell, unseriös und verantwortungslos.

Eine Finanz-Pandemie

Ein weiterer Zeitzeuge aus dem „Land der ungeahnten Möglichkeiten" blickt aus einem anderen Winkel hinter die Kulissen der anfangs auf die USA beschränkt gewesenen Finanzkrise: „Ihre Ursachen sind zuerst das Problem der in Wertpapieren verbrieften Kredite in den USA, kombiniert mit einem Leverage-Effekt bis zur 40-fachen Hebelung (Fremdfinanzierung). Das verlangt aber, dass die Kreditkunden die volle Wirkungsweise des Hebelungseffekts verstehen. Z. B. bedeutet ein Minus von zehn Prozent bei einem Wertpapier bei zehnfacher Hebelung einen Totalverlust. Für die erwähnten US-Wertpapiere hat es keine Börsekurse gegeben; teilweise wurde ihr Kurs nur per E-Mail festgelegt. Das bedürfte einer staatlichen Regelung. Der geschilderte Prozess ist durch das Bilanzierungssystem in den USA verschärft worden. Während nämlich in Österreich das Niederstwertprinzip gilt – das ist die Bewertung einer Immobilie nach ihrem Anschaffungswert oder darunter –, gilt in den USA das Fair-Value-Prinzip; das bedeutet die Bewertung einer Immobilie in der Bilanz nach dem aktuellen Aktienkurs. Wenn dieser deutlich fällt, gibt es für bilanzierende Unternehmen ein Mega-Problem. Denn in den USA gibt es, im Gegensatz zu Österreich, keine stillen Reserven als Puffer. Europa hat ein unternehmensbezogenes, die USA haben ein aktionärsbezogenes Bilanzierungssystem. So kam es zu gigantischen Missverhältnissen und zum vollen Durchschlagen der Finanz- und Kreditkrise auf die Realwirtschaft."

Dies bestätigte Jörg Krämer, Kolumnist der FRANKFURTER ALLGEMEINEN ZEITUNG und Chefvolkswirt der deutschen Commerzbank, Mitte Jänner 2009: „Mit ihrer Politik des billigen Geldes hat die amerikanische Notenbank Fed ihre Bürger zu Beginn des Jahrzehnts ermuntert, die Häuserpreise auf astronomische Höhen zu treiben. Unter dem Platzen dieser Blase leidet jetzt die ganze Welt. Trotzdem nährt die Fed möglicherweise die nächste spekulative Blase, nämlich am Markt für Staatsanleihen. Damit will sie etwas vermeintlich Schlimmeres abwenden, nämlich eine Deflation. Das geschwächte Bankensystem, so die Befürchtung, könne die Wirtschaft nicht ausreichend mit Geld und Kredit versorgen. Diese Unterversorgung mit Liquidität ließe dann dauerhaft die Preise fallen, was in eine langjährige Wirtschaftskrise münden könnte. Um diese Risiken zu bekämpfen, hat die Fed ihre Leitzinsen zuletzt de facto auf null gesenkt."

Laut Krämer hat die Fed bei der Entscheidung zwischen Pest und Cholera letztere gewählt und hat sich damit in die Gefahr der gezielten Verbreitung einer todbringenden Krankheit begeben: „Um noch mehr Liquidität in die Wirtschaft zu pumpen, umgeht die Fed die schwächelnden Geschäftsbanken und gibt Unternehmen direkt kurzfristige Kredite. Seit Anfang 2009 kauft sie außerdem mit Hypotheken besicherte Anleihen auf und vergibt so indirekt Hypothekarkredite."

Krämer malt die bedenklichen Folgen dieser Politik der US-Notenbank für naive Anleger aus: „Wenn die Ängste vor einer Deflation einmal schwinden, wird die Blase an den Staatsanleihenmärkten platzen und den Anlegern Kursverluste bescheren […] Wer jetzt durch den Kauf langlaufender Staatsanleihen die Renditen nach unten treibt und der Fed damit beim Bekämpfen der Deflation hilft, könnte am Ende durch Kursverluste bestraft werden."

Friedrich von Schiller lässt im Schauspiel DIE PICCOLOMINI, *passend zur gegenwärtigen US-Finanzpolitik, sagen: „Das eben ist der Fluch der bösen Tat, dass sie fortzeugend Böses muss gebären."*

Mehrfachkrise mit globalem Domino-Effekt

Der Ablauf der Krise 2007/2009 ähnelt der Ausbreitung einer gefährlichen Seuche: Zuerst ist die US-Immobilienbranche abgestürzt; wegen drastischer Kreditausfälle sind die großen US-Investmentbanken in die Pleite geschlittert und inzwischen weitgehend von der Bildfläche verschwunden.

Denn nach dem unvermuteten Zusammenbruch des US-Bankhauses Lehman Brothers am 15. September 2008 – die US-Regierung hat, im Gegensatz zur Rettung mancher anderer angeblich systemrelevanter, sogenannter „too-big-to-fail"-Banken, in diesem Fall erstaunlicherweise nicht eingegriffen, obwohl das Bankhaus, wie sich bald zeigen sollte, sehr wohl systemrelevant gewesen war – ist es zu einer beispiellosen Vertrauenskrise auf dem US-Interbankenmarkt gekommen, die sich schnell auf den Rest der Erde ausgebreitet hat. Die Pleite von Lehmann Brothers wird von den meisten Beobachtern des globalen Finanzmarktes als der mit Abstand größte Schock im Rahmen der ereignisreichen Mehrfachkrise 2007/2009 bezeichnet.

Trotz massiver Staats-Interventionen auf den jeweiligen nationalen Finanzmärkten haben sich im Gefolge der Lehmann-Pleite und des in der Folge schnell nachlassenden Vertrauens in die Finanzmärkte die Liquiditätskosten der Banken massiv erhöht. Die Zinsen für Geld, das die Banken einander im sogenannten Interbankenmarkt leihen, sind markant in die Höhe geschossen, weil keine Bank mehr der anderen vertraute. Die Banker vermuteten wechselseitig gut versteckte Leichen im Keller des jeweils anderen und lagen damit nicht weit von der Wahrheit entfernt.

Um die Funktion der Banken als Finanzierer der Realwirtschaft aufrechtzuerhalten und ein Austrocknen des Kreditmarktes zu verhindern, haben die Zentralbanken rund um den Globus ihre Zinssätze für kurzfristiges Geld gesenkt und pumpten zusätzliche Liquidität in die Märkte. So wurde die Zentralbankliquidität massiv ausgeweitet. Dennoch wurden Kredite immer knapper und teurer.

Wegen riesiger Bilanzverluste wichtiger Banken waren viele Staaten, allen voran die USA, Großbritannien und Deutschland, gezwungen, ihre lädierten Geldinstitute ganz oder zum Teil zu verstaatlichen. Die Regierungen übernahmen enorm hohe Haftungen für Bankemissionen, stellten den Banken staatliches Beteiligungs-(Partizipations-)Kapital zur Verfügung und schufen zum Teil sogenannte Bad Banks; das sind Banken, in welchen alle faulen Kredite zusammengefasst werden, um sie später mit Verlust weiterzuverkaufen.

Die massiven Wertberichtigungen im globalen Bankensystem werden von manchen Fachleuten auf 1,4 Billionen US-Dollar geschätzt, von anderen auf mindestens das Doppelte.

Die einzelnen Krisen wurden durch ein weltweites Krisen-Domino, Fallen eines Steines durch das Zu-Fall-Bringen des vor ihm stehenden, zu einer ausgeprägten Vielfachkrise vereint: Durch weltweiten Verkauf der in den USA zu derivaten Anlageinstrumenten gebündelten schlechten Hypothekarkredite weitete sich die vorerst auf die US-Banken beschränkt gewesene Bankenkrise auf alle Finanzmärkte der Erde aus. Der Zusammenbruch der US-Bank Lehmann Brothers und damit die Ungewissheit über die Tauglichkeit der von ihr eingeräumten Garantien bewirkten ein Überspringen der Finanzkrise auf die Realwirtschaft, was die sich bereits ankündigende Konjunkturschwäche im Spätherbst 2008 zum vollständigen Ausbruch gebracht hat. Nach den Banken brachen die Auto-, die Autozulieferindustrie, die Bau-, Bauneben- und Holzindustrie, die Stahlkocher sowie die Transportbranche zusammen.

Wenig bis keine negativen Auswirkungen der Krise verspürten vorerst die Pharma-, Infrastruktur- und Tourismusbranche sowie die Versicherungen. Letztere blieben – abgesehen von Kreditversicherern – weitgehend von der Finanzkrise verschont, weil sie ihre schon vorher geringen risikoreichen Anlagen in Aktien rechtzeitig vor dem Börsenabsturz in sichere festverzinsliche Anleihen gewechselt haben. In Österreich präsentierten sich die Versicherungen in der Krise sogar als „Jobmaschinen", weil sie eifrig zusätzliches Personal für ihren Produktevertrieb suchten, während die meisten anderen Wirtschaftszweige Kurzarbeit einführten und Mitarbeiter kündigten.

„Das Versicherungsgeschäft ist, im Gegenteil zu dem der Banken, sehr langfristig angelegt; außerdem wird die Assekuranz traditionell viel rigoroser beaufsichtigt als die Geldinstitute." So erklärt die österreichische Finanzmarktaufsicht (FMA) den frappanten Unterschied innerhalb der Finanzdienstleistungsbranche, hier die krisengeschüttelten Banken, da die krisenresistenten Versicherer. Keine österreichische Versicherung müsse und werde das Bankenrettungspaket der Republik Österreich in Anspruch nehmen, sagt die FMA voraus.

Das steht allerdings in krassem Gegensatz zum Schicksal des einst weltgrößten, jetzt nur noch drittgrößten US-amerikanischen Versicherungskonzerns American Insurance Group (AIG). Der stand am 16. September 2008 kurz vor der Insolvenz und wurde in letzter Minute von der US-Notenbank durch einen 85-Milliarden-US-Dollar-Kredit gerettet. Im Gesamtjahr 2008 verlor diese Versicherung knapp 100 Milliarden US-Dollar; aber nicht im versicherungstechnischen Kerngeschäft, sondern durch allzu riskante Finanzanlagen. Für die AIG gilt die alte Spruchweisheit: „Schuster bleib bei Deinem Leisten!"

In Österreich ist die American Insurance Group, von wenigen kleinen Rückversicherungsgeschäften abgesehen, nicht tätig geworden.

US-Subprime-Opfer

Ausgehend von den USA hat sich die Mehrfachkrise zuerst auf die hoch entwickelten Industriestaaten der Erde ausgebreitet, dann auf die wirtschaftlich aufholenden Schwellenländer wie China, Indien oder die Länder Mittelost- und Südosteuropas, schließlich auf die unterentwickelten Länder in den armen und ärmsten Regionen der Erde. Zum ersten Mal nach 1945 begann 2008 der gesamte Weltmarkt zu schrumpfen. Eine derartige geografische und branchenmäßige Breite hat keine frühere Wirtschaftskrise der Erde erreicht.

Die Folgen waren: Der Weltaktienmarkt (MSCI World) verlor 2008 rund 41 Prozent seines Wertes. Noch stärker waren die Rückschläge für die Börsen in den Entwicklungsländern: Die Emerging Markets in Asien büßten 49 Prozent an Wert ein, die Emerging Markets in Europa (CEE und SEE) sogar 65 Prozent.

Das erste Opfer der amerikanischen Subprimekrise war der US-Hypothekenfinanzierer New Century, der schon Anfang April 2007 insolvent geworden ist. Ihm folgten zwei Hedge-Fonds der Investmentbank Bear Sterns im Juni 2007, die kräftig in Wertpapiere investiert hatten, die mit Immobilien besichert waren. Als erster deutscher Finanzdienstleister ist im Sommer 2007 die Sächsische Landesbank in Zahlungsschwierigkeiten gekommen; sie wurde später von der Landesbank Baden-Württemberg übernommen. Im September 2007 wurde die britische Bank Northern Rock vor ihrer Pleite vom Staat übernommen; sie hatte im Gefolge der US-Subprimekrise starke Verluste erlitten. Damals hatten Finanzmarktfachleute noch die Hoffnung, dass damit die US-Subprimekrise überwunden sei und der Trend wieder aufwärts gehen werde, „weil es jetzt kaum mehr schlimmer kommen kann". So irrte auch der Chef der Deutschen Bank, Josef Ackermann, der schon im Sommer 2007 die Krise für überwunden hielt.

Die Chefin der US-Einlagensicherungsbehörde (Federal Deposit Insurance Corporation), Sheila Bair, hatte bereits Ende Mai 2007 vor allzu großer Zuversicht gewarnt: „Natürlich ist es möglich, dass noch Institute pleite gehen, die weit größer sind als die, die bisher Konkurs anmelden mussten!" Sie hat leider Recht behalten. Von 2007 bis Sommerende 2009 sind in den USA nicht weniger als 110 mittlere und große Banken in Konkurs gegangen, eine selbst für die riesigen USA erschreckend hohe Opferbilanz!

Ex-Fed-Chef Alan Greenspan, der Ursachen und Folgen einer globalen Krise des Finanzsystems gut einschätzen konnte, warnte am 5. August 2007: „Diese Krise ist anders; sie ist ein Ereignis, wie es nur ein- bis zweimal in einem Jahrhundert vorkommt, denn sie ist tief verwurzelt in den Ängsten vor einer Insolvenz großer Finanzinstitutionen!"

Folgerichtig haben sich von Ende 2007 an die Meldungen über Milliardenabschreibungen mehrerer angesehener Finanzhäuser erschreckend gehäuft. Im Jänner 2008 wurde der US-Immobilienfinanzierer Countrywide von der Bank of America aufgefangen, und das ehemals fünftgrößte Investmenthaus der USA, Bear Sterns, wurde im März 2008 kurz vor seinem Zusammenbruch mittels Garantien der US-Regierung von der Bank JP Morgan aufgekauft. Im Juli 2008 ist der große kalifornische Hypothekenfinanzierer Indy Mac zusammengebrochen; im September darauf musste die US-Regierung die in Turbulenzen geschlitterten Hypothekengiganten Fannie Mae und Freddie Mac und damit deren aufgelaufene Schulden von rund drei Billionen US-Dollar übernehmen. China soll gegenüber den beiden Banken offene Forderungen in Höhe von 430 Milliarden US-Dollar gehabt haben.

Den vorläufigen Höhepunkt erreichte die US-Hypothekenkrise am „Schwarzen Montag", dem 15. September 2008, als die traditionsreiche Bank Lehman Brothers 158 Jahre nach ihrer Gründung den Betrieb einstellen musste. Sie hatte Verluste in Höhe von 428 Milliarden US-Dollar erlitten. Tausende Fonds und Versicherungen in aller Welt waren mit Garantien von Lehman Brothers besichert gewesen, die nun untergingen. Negative Wirkungen der Lehman-Pleite drangen bis nach Österreich; UNIQA und Generali Versicherung mussten ihren Kunden gegenüber ersatzweise mit eigenen Garantien aushelfen. Österreichs Banken und Versicherungen verloren zusammen 615 Millionen Euro.

Der Fall von Lehman Brothers wird nach wie vor als unverantwortlicher kardinaler Fehler angesehen, weil er von der US-Regierung nicht verhindert worden ist. Ohne diese schwerwiegende Pleite wäre die Finanzkrise weniger tief gewesen, erklären die Kritiker. Lehman Brothers sei ohne Bedachtnahme auf die katastrophalen finanziellen Folgen ihres völligen Zusammenbruchs in die Insolvenz geschickt worden.
Bald danach wurde nämlich ein ähnlich großes Bankhaus und ehemals scharfer Wettbewerber von Lehman Brothers, Merrill Lynch, von der Bank of America durch Übernahme knapp vor dem Konkurs gerettet. Damit gab es in den USA keine der traditionellen Investmentbanken mehr. Wenig später wurde die Großbank Washington Mutual von den Behörden geschlossen und am 25. September an JP Morgan Chase verkauft. Monatelange Spekulationen über eine Fusion der viertgrößten US-Bank Wachovia mit der Citigroup – die selbst neun Milliarden US-Dollar Abschreibungen im zweiten Quartal 2008 vornehmen musste – endeten mit deren Verkauf dank Regierungshilfe an ihren bisher schärfsten Konkurrenten. Schließlich musste die kalifornische Indymac-Bank wegen dreistelliger Millionen- und Vertrauensverlusten bei ihren Kunden 1,3 Milliarden US-Dollar auszahlen und konnte ihren Betrieb nur noch mit halbem Personalstand als nunmehr staatliche Bank fortsetzen.
Im September 2008 musste die Fed auch noch 150 Milliarden US-Dollar in den völlig ausgetrockneten US-Geldmarkt pumpen. Trotzdem stürzte im Gefolge der US-Aktienleitindex Dow Jones ab und riss die internationalen Börsen mit. Fazit: Der US-Einlagensicherungsfonds FDIC hatte 2008 kein Geld mehr, weil in den Jahren zuvor rund 300 Finanzinstitute im Lande ihre Türen hatten schließen müssen, was ungeheure Aufwendungen des Fonds zur Folge gehabt hatte.

Die Krise schlägt auf Europa durch

Die Finanzkrise erfasste nach den USA sehr schnell viele europäische Geldinstitute. Im September 2008 wurde die britische HBOS-Bank von Lloyds TSB übernommen, und der frühere belgisch-niederländische Nationalstolz, die Fortis Bank, wurde verstaatlicht. Auch die Dexia Bank musste von den Benelux-Staaten gerettet werden. Das hat auch die Österreichische Volksbanken AG in Mitleidenschaft gezogen, denn sie hatte erkleckliche Anteile an diesem Bankhaus im Portefeuille. Im Oktober 2008 musste die bis dahin als krisensicher geltende niederländische Großbank ING eine Hilfe von zehn Milliarden Euro beantragen. In Großbritannien wurde die Hypothekenbank Bradford & Bigley zerschlagen und vom Staat übernommen.
Der Chef der deutschen Beratersozietät Evolog, Franz Arnold, fasste die Ursprünge, Ausbreitung und Wirkung der jüngsten Mehrfachkrise zusammen und verteilte die Schuld daran auf mehrere Schultern diesseits und jenseits des Atlantiks; auch auf jene deutscher Banken: „Der Ursprung der weltwirtschaftlichen Krise liegt vor allem in der Maßlosigkeit der USA. Bürger und Staat leben seit langem über ihre Verhältnisse: Sie geben mehr aus als sie erwirtschaften, sie leisten sich mehr, als ihnen zur Verfügung steht. Und weil die amerikanische Volkswirtschaft innerhalb der Weltwirtschaft ein gigantisches Gewicht hat, führt dieses Handeln zu Störungen des Gleichgewichts.

Verschärft wurde diese Problematik durch die Spekulationsblasen, mit denen viele versucht haben, vom Rausch der Amerikaner zu profitieren. Darin waren und sind viele von uns mit den Amerikanern gleich: in den ausufernden Ansprüchen an Erfolg und Gewinn. Die Renditevorgaben in einigen Bereichen der Wirtschaft drängten schon lange die Frage auf, wie solche Erträge im realen Wirtschaftsleben möglich sein sollten. Diese Ausuferung der Ansprüche ist das zentrale Problem der Krise. Diese Ansprüche sind nicht zu befriedigen, und diesen Frust müssen nun heute, wo das manifest erfahrbar wird, viele erst einmal verkraften. Überdies leiden viele an dem Problem, über ihre Verhältnisse gelebt zu haben und nun nicht nur gehindert zu sein, dies fortzusetzen, sondern überdies mit leeren Händen dazustehen. Sicher kommt noch hinzu, dass viele im Umfeld die Prasserei der Amerikaner und Spekulanten nun bezahlen müssen. Dies vollzieht sich durch die Wertverluste von Anlagevermögen, für die der Bürger sein real verdientes Geld ausgegeben hat, und dies geschieht zu unser aller Lasten, indem der Staat notleidenden Banken hilft, die Millionen verschleudert haben; übrigens zuallererst und wahrscheinlich am Ende auch überwiegend Banken, die in Staatshand sind."

Hart und völlig unerwartet erwischte es in dieser Krise auch Island. Dort stand die Regierung knapp vor der offiziellen Ausrufung des Staatsbankrotts. Die größten Banken der Insel, Kaupthing, Glitnir und Landsbanki, brachen zusammen und mussten vom Staat geschluckt werden. Diese Banken hatten eine Bilanzsumme von zusammen rund 160 Milliarden US-Dollar, das Zehnfache des Bruttoinlandsprodukts von Island. Der Internationale Währungsfonds musste Island mit einem Kredit beispringen, und die isländische Regierung strebt seither einen EU-Beitritt an, um ihr kleines Land in globalen Finanzkrisen künftig besser absichern zu können. Der Zusammenbruch von Kaupthing brachte Zehntausenden ihrer ausländischen Kunden in Deutschland, Finnland, Norwegen und auch in Österreich dreistellige Millionenverluste ein.

Auch Ungarn, das sich in eine ähnlich prekäre Lage manövriert hatte, musste vom IWF mit EU-Geldern gestützt werden. Ende 2008 kündigte der IWF noch einen Notkredit für das hoch verschuldete Weißrussland an. In Deutschland bekam der Pfandbrief-Emittent Hypo Real Estate (HRE) die Finanzkrise stark zu spüren und musste Anfang 2009 mit hohem Aufwand vor dem Konkurs bewahrt werden, weil sonst der gesamte deutsche (mündelsichere) Pfandbriefmarkt zusammengebrochen wäre. Der deutsche Staat übernahm 8,7 Prozent der HRE und kündigte an, in absehbarer Zeit 100 Prozent der Bank zu übernehmen. Auch die deutsche Commerzbank gab einen 25-Prozent-Anteil an den deutschen Staat ab, um die Schwierigkeiten bewältigen zu können, die sie sich durch die Übernahme der Dresdner Bank eingehandelt hatte.

Selbst die überaus konservativ und üblicherweise vorsichtig agierenden Schweizer Banken wurden von der Finanzkrise 2007/2009 kalt abgeschossen. Die Union Banque Swiss (UBS), größter Vermögensverwalter der Erde, erlitt 2008 mit rund 20 Milliarden Schweizer Franken, umgerechnet gut 13 Milliarden Euro, den größten Verlust ihrer Geschichte und aller Schweizer Unternehmen. Die UBS-Investmentbank hatte sich von allen europäischen Banken am stärksten in der Verbriefung von US-Hypothekenanleihen engagiert. Die Schweizer Regierung und die Schweizer Nationalbank mussten der UBS mit einer Kapitalhilfe von sechs Milliarden Franken, der Bereitstellung eines Stabilisierungsfonds zur Aufnahme von Wertpapieren sowie einer faktischen Staatsgarantie unter die Arme greifen. Als Gegenbedingung forderten beide Nothelfer eine Kürzung der ansehnlichen Boni (= variable Erfolgsvergütungen) für das Top-Management der Bank. Das wurde von der UBS im Februar 2009 schroff abgelehnt, weil die Boni *allen* UBS-Mitarbeitern zustünden. Das wurde von linken Schweizer Politikern erbost kommentiert, was das Image der Bank beeinträchtigte.

Die Finanzkrise 2007/2009 hat nicht nur tiefe wirtschaftspolitische Gräben, sondern auch schwere parteipolitische Gegensätze aufgerissen, wenn sogar biedere Schweizer Bürger gegen eine ihrer Großbanken auf den Zürcher Innenstadtstraßen wild demonstrierten.

Nicht zu Unrecht warnte Österreichs Bundespräsident Dr. Heinz Fischer: „Wir müssen weltweit gemeinsam alle Anstrengungen unternehmen, um diese Wirtschaftskrise zu überwinden, nicht zuletzt deswegen, weil mit ökonomischen Krisen auch demokratische Systeme destabilisiert werden können."

In Österreich wurde rasch eine eigene Bank gegründet, um den Kommerzbanken finanziell unter die Arme zu greifen: die Finanzmarktbeteiligung AG des Bundes (FIMBAG). Inzwischen haben die meisten Großbanken das vom Staat bereitgestellte Banken-Rettungspaket in Form der Zurverfügungstellung von Partizipationskapital zu mindestens acht Prozent Verzinsung in Anspruch genommen. Es geht um bis zu 15 Milliarden Euro, von welchen im ersten Schritt rund zehn beansprucht worden sind.

In echte Existenzprobleme sind bisher nur die kleine Privatbank Constantia und die Kommunalkredit, ein Institut des Volksbankensektors, gekommen. Die Kommunalkredit wurde zu 100 Prozent verstaatlicht, die Constantia still liquidiert, nachdem sie von der Erste Bank, Raiffeisen, Volksbanken, BawagPSK und Bank Austria übernommen worden war.

Der frühere Generaldirektor der Bank Austria/UniCredit-Gruppe, Dr. Erich Hampel, begründete, warum sein Unternehmen das Bankenpaket trotz 1,1 Milliarden Euro Nettogewinn 2008 und trotz seiner strengen Konditionen in Anspruch nehmen will, so: „Wir müssen, um keinen Wettbewerbsnachteil gegenüber den Mitbewerbern zu erleiden, mitziehen. Wir wollen mit einem Betrag von bis zu 2,7 Milliarden Euro unsere Kernkapitalquote erhöhen, zusätzliche Finanzierungen für Wirtschaft und private Haushalte bereitstellen, so eine Kreditklemme vermeiden sowie einen Sicherheitspolster für den Fall anlegen, dass sich die Krise verschärft. Die Verzinsung ist mit acht Prozent relativ hoch."

Riskante politische Uneinigkeit

Die Warnungen vor einer politischen Destabilisierung im Gefolge der Mehrfachkrise kamen nicht von ungefähr. Denn der Staat und damit alle Steuerzahler müssen allemal einspringen, wenn sich die Banken vergaloppiert haben, weil manche Banker wie

„Bankster" (ein im Zuge der Mehrfachkrise geprägter Begriff, zusammengesetzt aus Banker und Gangster) gehandelt hatten. Damit wurden die Grundfesten des zuletzt neu gefestigten Kapitalismus erschüttert. Es galt, entweder seine üblen Auswüchse zurechtzustutzen, um das globale Finanzwesen auf neue, tragfähigere Beine zu stellen, oder zur radikalen Umkehr der Wirtschaftspolitik zu schreiten.

Für politisch links angesiedelte Beobachter bedeutet die Weltwirtschaftskrise 2007/2009 das von ihnen lang erwartete „Ende des neoliberalen Finanzkapitalismus" und wurde als Aufruf zur Rückbesinnung auf die anständigere, weil auf Arbeit und Fleiß gegründete Realwirtschaft verstanden.

So rasch und entschlossen die europäischen Staaten auf die aus den USA importierte Krise reagiert haben, so besorgniserregend ist der Umstand, dass sich die Regierungen der europäischen Staaten über den politischen Weg aus der Krise uneins sind: Die einen reden einem neuen Protektionismus das Wort, wollen sich gegen ihre Nachbarn abschotten, national-egoistische Wege einschlagen und erwägen Handelsbeschränkungen; zu diesen Staaten zählt z. B. Frankreich. Andere Länder sehen im freien Handel und Verkehr von Geld und Menschen *die* Chance, künftigen Krisen vorzubeugen, begleitet allerdings von einem neuen, zupackenderen Regelwerk, das Missbräuche der Freiheit schnell erkennt und abstellt. Die Entscheidung zwischen diesen beiden Wegen wird die politische Mega-Herausforderung Europas werden, auf die Krisenattacken von außen her wirksam zu antworten.

Die EU-Kommission hat bereits Mitte Oktober 2008 begonnen, einen Schutzschirm über die europäischen Sparkonten zu spannen. Im Fall einer Bankpleite sollen private Sparer ihre Geldanlagen künftig bis zur Höhe von 100.000 Euro zurückbekommen. Zusätzlich zu den bestehenden nationalen oder institutsspezifischen Einlagensicherungssystemen sollen EU-weit *alle* Einlagen bis 100.000 Euro, also auch die Ersparnisse von kleinen und mittleren Firmen, geschützt sein. Das sind rund 90 Prozent aller Ersparnisse innerhalb der EU. „Damit stärken wir das Vertrauen der Sparer", sagte EU-Kommissar Charlie McCreevy.

Die Republik Österreich ging einen Schritt weiter: Bis Ende 2009 garantierte sie sämtliche Spareinlagen bei allen Banken des Landes; erst von 2010 an sind nur noch Einlagen bis 100.000 Euro gesichert. Diese Maßnahme wirkte, denn während 2009 die Absatzzahlen von Fonds, Zertifikaten, Hedge-Fonds und anderen alternativen Anlageinstrumenten so gut wie auf null gesunken sind, florieren die Sparprodukte der Banken.

Geballte Gipfelpolitik

Zum politischen Teil der Krisenbewältigung zählen die seit Herbst 2008 in den USA und in Europa mehrfach in Szene gesetzten „Weltfinanzgipfel". Ihre Ergebnisse sollen einer Wiederholung der Turbulenzen vorbeugen. „Es gibt nämlich zu viele Probleme für nur einen Gipfel", meinte ein führender Politiker.

Die Exponenten der kapitalistischen Welt, Ex-US-Präsident George W. Bush, EU-Ratsvorsitzender Nicolas Sarkozy und der Vorsitzende der EU-Kommission José

Barroso erklärten am 19. Oktober 2008 am Feriensitz des US-Präsidenten in Camp David: „Wir brauchen eine neue internationale Weltfinanzordnung. Da die Krise in New York begonnen hat, müssen auch die Lösungen in New York gefunden werden." Die Herren warnten vor einem Rückfall in nationale Abschottungen und Protektionismus, um die Fehler von 1929/1933 nicht zu wiederholen; heimgekehrt taten sie aber oft das Gegenteil davon, etwa der französische Präsident. Er brachte etwa eine Neugründung des abgehalfterten Bretton-Woods-Systems von 1944 ins Spiel.

„Wir werden die Finanzsysteme unserer Staaten modernisieren", versprach der abtretende US-Präsident Bush, rührte aber keine Hand, um die unter seinem Regime entstandene Blase und ihre Folgen konkret zu bekämpfen. Alle warteten mit konkreten Schritten vorerst ab, wie die US-Präsidentenwahl am 4. November 2008 ausgehen würde.

Mitte November 2008, zwei Monate nach dem dramatischen Absturz der globalen Finanzindustrie, haben einander die Staatschefs der zwanzig größten Industriestaaten der Erde in der US-Hauptstadt Washington D.C. neuerlich getroffen, um gemeinsame Maßnahmen gegen die Mehrfachkrise zu beraten und umzusetzen und Vorkehrungen gegen eine Wiederholung zu treffen. Schönheitsfehler auch dieses G-20-Gipfels waren, dass der abtretende US-Präsident George W. Bush keine Anstalten machte, um wenigstens eine Teilschuld an der Krise einzugestehen, und dass er Konsequenzen mit beriet, die er seinem Nachfolger Barack Obama hinterlassen musste. Die vom G-20-Gipfel formulierten Krisenursachen enthielten nicht die leiseste Andeutung, dass die USA etwas mit dem Vertrauensverlust ins globale Finanzsystem und dessen breitem Niederschlag auf die Realwirtschaft zu tun gehabt hatten.

Im Haus des Gehenkten wird eben selten über den Strick geredet.

In der Deklaration des Gipfeltreffens zum Thema Finanzmärkte und Weltwirtschaft ist, zwar verklausuliert, aber gut nach Kernpunkten strukturiert, über die Ursachen der Mehrfachkrise 2007/2009 das Folgende zu lesen:

Während einer Periode starken globalen Wachstums, wachsender Kapitalflüsse und langer Stabilität am Beginn dieses Jahrzehnts strebten die Marktteilnehmer nach höheren Gewinnen, ohne das eingegangene Risiko angemessen zu bepreisen und ohne ihre Investmententscheidungen im Detail zu bewerten. Gleichzeitig kam es bei den Kreditgebern zu zweifelhaften Übernahmeverpflichtungen, zu ungesunden Risiko-Management-Praktiken, zu immer komplexeren und undurchsichtigeren Finanzprodukten und in der Folge zu exzessiven Hebelungen, die das Finanzsystem zunehmend krisenanfällig gemacht haben. Politiker, Regulatoren und Aufsichtsorgane vor allem in den finanziell fortschrittlichsten Ländern haben weder die vom Finanzmarkt eingegangenen Risiken korrekt bewertet noch entsprechend charakterisiert; sie haben mit den Innovationen des Finanzmarktes nicht Schritt gehalten noch die systemischen Verästelungen der Tätigkeit der Finanzmarkt-Regulatoren bedacht. Besondere Ursachen der aktuellen Lage waren unter anderem die miteinander unvereinbaren und unzureichend koordinierten makroökonomischen Politiken, unangemessene Strukturreformen, die schließlich zu unzureichenden weltweiten makroökonomischen

Ergebnissen geführt haben. Diese Entwicklungen haben zusammen zum Exzess geführt und eine ernste Marktzerrüttung hervorgerufen.

Die wichtigsten Krisenmaßnahmen sollten sein: Fortsetzung der energischen Anstrengungen, alle notwendigen Maßnahmen zu setzen, um das Finanzsystem zu stabilisieren. Anerkennung der Bedeutung von Hilfen für die Geldpolitik zu den jeweiligen nationalen Bedingungen. Gebrauch von finanziellen Maßnahmen, um den nationalen Konsum rasch anzukurbeln, gleichzeitig eines politischen Rahmens zur Aufrechterhaltung der Finanzstabilität. Unterstützung von Emerging Markets und Entwicklungsländern beim Zugang zu den Finanzmärkten in der gegenwärtigen schwierigen Lage einschließlich der Einräumung entsprechender Kreditrahmen. Die G-20-Staaten unterstrichen die wichtige Rolle des Internationalen Währungsfonds (IWF) bezüglich von Krisenmaßnahmen, begrüßten seine neue Kurzfrist-Kredit-Fazilität und unterstützten die bereits angelaufene Reform seiner Instrumente und Kreditmöglichkeiten, um seine Flexibilität abzusichern. Sie ermutigten die Weltbank und andere multilaterale Entwicklungsbanken, ihre volle Kapazität bei den Unterstützungsmaßnahmen auszuschöpfen, und begrüßten die jüngste Einführung neuer Finanzierungsfazilitäten durch die Weltbank für die Bereiche Infrastruktur und Außenhandel. Die G-20 sicherten zu, dass der Internationale Währungsfonds, die Weltbank und andere multilaterale Entwicklungsbanken über ausreichende Ressourcen verfügen, damit sie ihre Rolle bei der Bewältigung der Krise spielen können.

Die Reformen zugunsten gesunder Finanzmärkte sah der G-20-Gipfel so: „Wir wollen Reformschritte setzen, die die Finanzmärkte und das Regulierungsregime stärken, damit künftige Krisen verhindert werden. Die Regulierung liegt in erster Linie bei den nationalen Regulatoren, die die erste Frontlinie zur Verteidigung der Marktstabilität bilden. Allerdings sind unsere Finanzmärkte globalisiert, daher ist die internationale Zusammenarbeit unter den Regulatoren, die Stärkung ihrer Aufsichtsstandards sowie ihre übereinstimmende Implementierung nötig, um Schutz gegen fehlgeleitete grenzüberschreitende, regionale und globale Entwicklungen zu bieten, die die weltweite Finanzmarktstabilität gefährden könnten. Die Regulatoren müssen zusichern, dass ihre Aktivitäten die Marktdisziplin unterstützen, mögliche riskante Auswirkungen auf andere Länder vermeiden. Die Finanzinstitutionen müssen sich ihrer Verantwortung für die Unruhe an den Märkten und für die in ihrem Zusammenhang aufgetretenen Verluste klar werden, sie müssen ihre Informationspolitik, Steuerung und Risiko-Management-Praktiken stärken."

Diesen gescheiten, aber gewundenen Analysen sind nur zögernde und bislang unzureichende konkrete Schritte gefolgt. Man hat den Eindruck, dass es dem G-20-Gipfel lediglich um die Verabreichung einer harmlosen Beruhigungspille an einen schwer Kranken gegangen ist.

Nichtsdestoweniger hat US-Präsident Barack Obama am 17. Februar 2009 das größte je von der amerikanischen Regierung geschnürte Konjunktur-Ankurbelungspaket im Wert von knapp 800 Milliarden US-Dollar gebilligt; das in der symbolträchtigen, weil von der Krise 2007/2009 am heftigsten erfassten Stadt Denver im US-Bundesstaat Colorado, die Mitte des 19. Jahrhunderts dank des damaligen Gold- und Silbergräberbooms gegründet worden war. Das US-Konjunkturpaket sieht vor allem Steuererleichterungen und Projekte zur Verbesserung der völlig unzureichenden US-Infrastruktur vor und ergänzte das 900 Milliarden US-Dollar teure Banken-Rettungspaket, das noch in der Amtszeit von Präsident George W. Bush abgesegnet, aber von den Kapitalmärkten wenig positiv aufgenommen worden war.

Weltkrise von Entwicklung und Sicherheit

Zu einer Neuauflage des G-20-Gipfels kam es Anfang April 2009 in London. Ziel war es, angesichts der sich weiter vertiefenden Krise die theoretischen Ansätze von früher in konkrete Maßnahmen umzuwandeln. Das ist nur teilweise gelungen.

UNO-Generalsekretär Ban Ki-moon kam mit der betroffenen Botschaft nach London, „dass sich die wirtschaftliche Krise in eine Krise der menschlichen Entwicklung und Sicherheit in vielen Teilen der Welt wandelt".

Am Ende des G-20-Gipfels resümierte der UNO-Generalsekretär zuversichtlich die Beschlüsse, die auf eine erfolgreiche Bewältigung sämtlicher zur Lösung anstehenden Weltprobleme gerichtet sind: „Ich bin erfreut, dass die Staats- und Regierungschefs sich zu einem Paket in Höhe von 1,1 Billionen US-Dollar verpflichtet haben. Allerdings wird es entscheidend sein, dass der Anteil, der an die armen Staaten geht, auch ankommt. Die Staats- und Regierungschefs haben früher eingegangene Verpflichtungen zur Erhöhung der Hilfeleistungen und zur Unterstützung, dass die Länder die Millenniums-Entwicklungsziele erreichen, bekräftigt. Dies bedeutet, dass sie mindestens 300 Milliarden US-Dollar an Hilfszahlungen während der kommenden zwei Jahre versprechen. Für die ärmsten Staaten wird das von besonderer Bedeutung sein. Die Welt wird auf sie schauen. Zusätzlich zur Verpflichtung von bedeutenden neuen Ressourcen für den Internationalen Währungsfonds (IWF) und die Weltbank haben die G-20 die UNO gebeten, die Auswirkungen davon und künftiger Krisen auf die Armen und Verwundbaren zu überwachen, um den Handel voranzutreiben. Ich begrüße die Verpflichtung der G-20, dem Protektionismus zu widerstehen und die Einhaltung der Grundsätze des freien Handels zu überwachen. Ich bin auch ermutigt, dass die G-20 die äußerst verwickelten Zusammenhänge zwischen dem Angehen der Wirtschaftskrise, der Nahrungssicherheit und des Klimawandels erkannt haben. In dieser Hinsicht haben die G-20 versprochen, Ressourcen für den sozialen Schutz und Investitionen in die langfristige Nahrungsmittelsicherheit verfügbar zu machen. Sie erklärten auch ihr Engagement, die Bedrohungen, die aus dem irreversiblen Klimawandel entstehen, anzugehen."

Die wichtigste Botschaft dieser Erklärung ist: Die Erde ist gegenwärtig nicht nur gefordert, eine noch nie dagewesene Finanz-, Vertrauens- und Konjunkturkrise zu meistern, sondern daneben und gleichzeitig die bedrohlichen Wirkungen der Klimaänderung sowie der Übervölkerung der Erde zu bewältigen. Alle drei Probleme sind synchron und weltweit anzugehen. Das fordert von der Völkergemeinschaft den Einsatz höchster Intelligenz, starken Reformwillens sowie unermesslicher Geldmittel.

Es lohnt sich dennoch, neben der jüngsten Krise auch ihre vielen Nebenstränge und Begleiterscheinungen zu untersuchen. Diese werden bisher oft unter den Teppich gekehrt, weil sie schlecht ins Schwarz-Weiß-, Gut-Schlecht-Bild der Medien passen. Jede Krise bringt nämlich auch kriminelle Machenschaften an den Tag, die jahrelang unentdeckt blieben.

Fall Madoff: Betrügerei als Krisen-Ingredienz

Zu den verheerenden Verlusten von Banken und Versicherungen rund um den Globus kam 2007/2009 das Auffliegen neuer Milliarden-Betrügereien, die lange unter den Augen der Finanzmarktregulatoren gediehen waren: Am 11. Dezember 2008 wurde der US-Spekulant Bernard L. Madoff, ehemals Rettungsschwimmer, später Chef der US-Technologiebörse NASDAQ, unter dem Verdacht verhaftet, mit seinem Hedge-Fonds Investment Securities LLC seit Anfang der Neunzigerjahre ein gigantisches Pyramidenspiel betrieben und im Lauf seiner Machenschaften rund 65 Milliarden US-Dollar, umgerechnet rund 46 Milliarden Euro, veruntreut zu haben. Madoff hat seine späteren Opfer im Golfclub in Florida oder bei Wohltätigkeitsbällen gefunden, die ihm meist ihr gesamtes Vermögen überantworteten, um die ihnen in Aussicht gestellten hohen und sicheren Erträge zu lukrieren.

Madoff hat gestanden, dass seine Investitions-Beratungsfirma mit Sitz in New York, Manhattan, ein riesiges Schneeball-System gewesen ist, das erst zusammenbrach, als viele Anleger im Zuge der jüngsten Krise ihr Geld aus seinen Fonds abzogen. Das FBI hat gegen Madoff ein Strafverfahren eingeleitet, und die US-Börsenaufsicht Securities and Exchange Commission (SEC) eine Zivilklage gegen ihn eingereicht. Am 29. Juni 2009 wurde der 71-jährige „wegen seines außergewöhnlich bösartigen Verbrechens" und wegen des „Symbolcharakters seines beispiellosen Betrugs", so Richter Denny Chin, zu 150 Jahren Gefängnis verurteilt. Madoff müsste demnach für den Rest seines Lebens hinter Gittern sitzen. Am 12. August 2009 hat der frühere Finanzchef und jahrelange rechte Hand Madoffs, der 52-jährige Frank DiPascali, vor einem Bundesgericht in New York gestanden, dass er Komplize Madoffs gewesen sei und mit ihm betrogen, Buchhaltungen gefälscht, Geld gewaschen und andere Verbrechen begangen habe. Damit widerlegte er die Behauptung Madoffs, er habe sein System allein und ohne Beihilfe betrieben. Über DiPascali soll Mitte Mai 2010 das Urteil gesprochen werden. Strafrechtlich verfolgt wird in den USA derzeit noch der externe Buchprüfer Madoffs, David Friehling.

150 Jahre Haft für einen 71-Jährigen sieht eher nach Rache denn als gerechte Ahndung eines Mega-Finanzverbrechens mit Tausenden geprellten Anlegern aus. Abschreckende Wirkung für potentielle Nachahmer der Madoff-Masche dürfte dieses Urteil nicht haben. Bemerkenswert ist auch, dass Vertreter jener Aufsichtsbehörden, die Madoffs Pyramidenspiel jahrelang zugesehen bzw. es geduldet haben, bisher weder verfolgt noch bestraft wurden. Demnach ist auch in den so selbstgerechten USA das Sprichwort „Die Kleinen hängt man, die Großen lässt man laufen" von aktueller Bedeutung.

In Österreich hat der Fall Madoff seine Opfer über die 100-Prozent-Tochter der UniCredit/Bank Austria, Primeo Fund Ltd. mit Sitz im Steuerparadies Cayman Islands, gefunden. Anlegergelder in Höhe von rund 800 Millionen Euro sollen über die Fonds Primeo Select, Primeo Executive und die Herald Funds ins Madoff'sche Pyramidenspiel eingespeist worden und damit verlorengegangen sein. Die Primeo Fonds sind mit dem Auffliegen der Madoff-Affäre in Konkurs gegangen. Nun laufen in Österreich Klagen gegen UniCredit/Bank Austria wegen unrichtiger Anlegerinformation. Der Vorwurf lautet: Das Anlegergeld sei nicht, wie im Verkaufsprospekt zugesagt, breit investiert, sondern einem einzigen Emittenten zur Verfügung gestellt worden, der es verspielt hat.

Das alles betrifft einen Mann, der lang als anerkannte Wall-Street-Legende verehrt worden war und enge Verbindungen zu hohen und höchsten politischen Funktionären unterhalten hat. Der Fall Madoff wird als größte bisher aufgedeckte Betrugsaffäre in die Geschichte eingehen.

Wie ist Madoff auf jenes gut ausgeklügelte und jahrelang bestens funktionierende System gekommen, alte Anleger finanziell ruhig zu stellen, indem ihnen das von jungen Anlegern eingenommene Geld als Gewinn ausbezahlt wird? Die Antwort auf diese Frage ist verblüffend: Madoff pauste sein Pyramidenspiel vom europäischen Sozialversicherungssystem ab. Dessen seit Jahrzehnten praktiziertes Umlagesystem funktioniert nach demselben Grundsatz wie Madoffs Trick: Das von den jungen Beitragszahlern eingenommene Geld wird den alten als Pension ausgezahlt. Einziger Unterschied: Europas Bürger halten sich an den ungeschriebenen, aber nach wie vor funktionierenden Generationenvertrag, wonach die aktiv Tätigen der Gesellschaft solidarisch die Vorsorge der im Ruhestand befindlichen Generation finanzieren. Madoff konnte sich auf keine derartige Vereinbarung stützen, sondern bloß auf die Gutgläubigkeit seiner Kunden.

Das Auffliegen des Falls Madoff hat zahlreichen Banken, Hedge-Fonds, Universitätsstiftungen, sozialen Einrichtungen, anderen namhaften Institutionen, Tausenden wohlhabenden oder weniger begüterten Privatpersonen hohe Verluste beschert.

Berry Grey schrieb Mitte Dezember 2008 auf der WORLD SOCIALIST WEB SITE mit erhobenem ideologischem Zeigefinger: „Madoffs Masche hätte nicht ohne die Komplizenschaft der höchsten Finanz- und Regierungskreise funktionieren können […] Die Tatsache, dass der Madoff-Skandal auch Teile der privilegiertesten gesellschaftlichen Schichten trifft, ist Beleg für die Tiefe der Krise. Er beleuchtet auch die soziale Physiognomie der elitären Teile der Bevölkerung, die von der ungeheuren Umverteilung des gesellschaftlichen Reichtums von unten nach oben profitiert haben. Das Streben nach persönlicher Bereicherung ist derart krankhaft, dass angeblich erfahrene Investoren und Wall-Street-Insider sich kaum die Mühe gemacht hatten, Madoffs Geschäftsmodell unter die Lupe zu nehmen, solange er die versprochenen Profite ausschüttete. Dies ist nicht nur der größte Finanzbetrug der Geschichte. Er geht viel tiefer und ist viel weitreichender als das Fehlverhalten eines einzelnen Maklers oder Fondsmanagers. Er markiert ein neues Stadium der Desintegration des amerikanischen und weltweiten Finanzsystems.

Es ist der gewaltsame Ausbruch einer jahrzehntelangen Entwicklung, die eine ungeheure Anhäufung von privatem Reichtum an der Spitze der Gesellschaft mittels halbkrimineller Finanzmanipulationen gesehen hat. Es waren Spekulationsgeschäfte, die völlig losgelöst von der Produktion und Schaffung von tatsächlichen Werten vor sich gegangen sind. Man kann fast sagen, dass die gesamte Wirtschaft in ein gigantisches Ponzi-System verwandelt worden ist. Der Zusammenbruch fiktiver Kapitalwerte in Billionenhöhe wird immer bösartigere Folgen zeitigen."

Das „Ponzi-System" hat seinen Namen von Charles Ponzi, dem US-Erfinder von seinerzeit eher harmlosen Pyramidenspielen, die inzwischen derart verfeinert worden sind, dass sie Milliardenbeträge bewegen.

Der Fall Madoff kam allerdings jenen Kreisen sehr zustatten, die schon lange eine strenge Regulierung des weithin unregulierten Bereichs von Hedge-Fonds und Private Equity fordern, ihr Ziel bisher aber nicht erreicht haben. Jetzt haben sie dafür einen realen Anlass.

Sündenfall: neue US-Buchhaltungsregeln

Eine Wurzel des Übels, die zur jüngsten Finanzkrise wesentlich beigetragen hat, sind, wie erwähnt, die modernen Buchhaltungsregeln, die Ende des 20. Jahrhunderts rasch aus den USA nach Europa vorgedrungen sind und die Bilanzierung grundlegend verändert haben.

Dazu zählt das Umsteigen von historischen Anschaffungskosten, vom altüberkommenen Vorsichtsprinzip, vom Realisations- und Niederstwertprinzip, hin zur ungehemmten Fair-Value-Bewertung in den Unternehmensbilanzen. Das erklärt der österreichische Wirtschaftsprüfer Dr. Alfred Brogyanyi, Geschäftsführer von Ernst & Young in Wien und Spitzenfunktionär der Kammer der Wirtschaftsprüfer Österreichs. Er schlägt zur Verhinderung künftiger Bewertungsfehler die Abkehr von manipulierenden Wertberechnungen internationaler Buchhaltungsstandards wie der aus den USA stammenden International Financial Reporting Standards (IFRS) und die Hinwendung zu nationalen bzw. lokalen Wertberechnungen mit Sicherheitspolstern in Form stiller Reserven nach dem Vorsichtsprinzip vor, wie sie dem alten Handelsgesetzbuch (HGB) zugrunde liegen.

In Zentraleuropa hat es bis in die Neunzigerjahre des 20. Jahrhunderts keine Diskussion darüber gegeben, dass die vorsichtigen Firmenbewertungen durch das HGB dazu beigetragen haben, dass nach dem Zweiten Weltkrieg Europa seriös wiederaufgebaut wurde und zu solidem Wohlstand gelangt ist.

Die Entwicklung in den USA und in Großbritannien sei anders verlaufen, sagt Brogyanyi: „Dort hat man bald Rechnungslegungsmaßnahmen getroffen, die eine freie Bewertung zuließen. Das hat Anfang der Neunzigerjahre zu einer Kluft zwischen den Bewertungskulturen Europas und jenen der USA geführt. Um diese Kluft zu schließen, aber auch um den Verlockungen des US-Börsenmarktes nicht länger zu widerstehen, gab es den Sündenfall von Daimler, der vor 13 Jahren auch einen Konzernabschluss nach US-GAAP aufgestellt hat, um ein US-Börsenlisting zu erreichen.

Man ist damals verstärkt in IFRS gegangen, weil darin die Chance lag, sehr schnell sehr hohe Werte zu argumentieren und daran ein Bonifikationssystem zu knüpfen; Manager erhielten dadurch horrende Gelder; dafür gab es anscheinend keine Schranken."
In der Folge wurden sukzessive alle börsennotierten Konzerne auf internationale Rechnungslegungsmethoden umgestellt und das Vorsichtsprinzip wurde vernachlässigt. Brogyanyi: „Man musste dazu den Fair Value, den Marktpreis, suchen, also einen Wert als Bilanzansatz zulassen, der im Augenblick des Ansatzes im Jahresabschluss noch gar nicht realisiert war. Nach diesem Sündenfall zur Mitte der Neunzigerjahre ist die New-Economy-Blase entstanden, die 2000/2001 platzte. Das war damals nicht so dramatisch wie es jetzt der Fall ist. Denn es war nur das enttäuschte Vertrauen in einige Vorstandsvorsitzende von Konzernen, die erkennbar Strukturen geschaffen haben, die keinen Wert hatten und aus dem Verkehr gezogen worden sind, weil sie in Konkurs und die Vorstände hinter Gitter gegangen sind."
Brogyanyi registriert als Folge der jüngsten weltweiten Finanz- und Vertrauenskrise eine Tendenz zur Abkehr vom weltweiten Finanz- und Industriemarkt mit seinen globalen Bilanzierungs- und Wertberechnungsregeln: „Aufgrund der Krisenmaßnahmen sind unsere Finanz- und Industriemärkte nun wieder regional und protektionistisch geworden. Jedes Land stülpt seine eigenen Bestimmungen über seine Finanzinstitute und zwingt sie zu Maßnahmen, die noch im Frühherbst 2008 undenkbar waren. Verstaatlichung pur, was zuerst die USA mit den führenden Hypothekenfinanzierern Freddie Mac und Fannie Mae gemacht haben, ahmen notgedrungen andere Staaten, auch Österreich, nach. Sie sehen Maßnahmen der Verstaatlichung in ihren Kapitalrettungs- und Sanierungsgesetzen vor. Die Voraussetzungen des Finanzmarkts haben sich damit massiv verändert. Es wird in absehbarer Zeit nicht mehr zum Missbrauch von Fair-Value-Bewertungen kommen."
Der Laie wird allerdings fragen: Warum haben Wirtschaftsprüfer weltweit beim Umstieg der Bilanzierungs- und Bewertungssysteme so eifrig mitgemacht und nicht rechtzeitig Feuer geschrieen? Brogyanyi verteidigt seinen Berufsstand gegen diesen Vorwurf: Die gesetzlichen Vorgaben für Konzernabschlüsse nach IFRS, die das österreichische und deutsche HGB ersetzten, hätten beachtet werden müssen. Entsprechende Bilanzen seien von den Konzernvorständen erstellt worden, die Wirtschaftsprüfer hätten nur ihr Know-how eingebracht, um die Bilanzen zu prüfen und zu testieren. Brogyanyi selbstkritisch: „Es stellt sich heute die Frage, inwieweit Vorstände und Wirtschaftsprüfer dabei überfordert waren, die Fair-Value-Bewertung als sachgerecht oder als überzogen zu erkennen. Der Schritt ins Verderben war die Annahme, in einer globalisierten Finanzwelt sei Lesbarkeit und Vertrauen in Bilanzen, die, weil nach denselben Kriterien hergestellt, egal wo, verglichen werden konnten im falschen Glauben, es gebe einen globalen liberalen Finanzmarkt."
Auch die bisher stark verbreiteten Stock-Options-Programme und erfolgsabhängigen Vergütungen für Top-Manager stehen dank der jüngsten Krise auf der Abschussliste. „Stock Options" heißt der vertragliche Anspruch auf Aktien des eigenen Unternehmens als variable Vergütung von Führungskräften bei Erfüllung von bestimmten im

Voraus definierten Unternehmenszielen, wie etwa hohen Erträgen. Brogyanyi hofft wie viele Wirtschaftsprüfer und Investoren, dass als Konsequenz der Krise die ungehemmten Bonifikationssysteme von Unternehmensvorständen weltweit beseitigt werden. So würden die Anleger erkennen, dass die Unternehmensvorstände künftig mehr als früher auch die Interessen der Kapitalgeber im Auge haben werden und damit das massive Misstrauen der Anleger wieder verschwinden werde. Hauptversammlungen von Aktiengesellschaften in den letzten Monaten zeigen, dass der Trend unabweisbar in diese Richtung läuft.

Österreichische Krisenanalysen

So etwas wie die Mehrfachkrise 2007/2009 hat es auf der Erde noch nicht gegeben: Nie zuvor ist ein vorangehender jahrelanger wirtschaftlicher Aufschwung in derartiger geografischer und institutioneller Breite, Tiefe und Dauer der Wirkungen abgebrochen und hat die gesamte Weltpolitik bei der Ursachenforschung und Folgenabwehr derart hilflos dastehen lassen, wie es seit dem Herbst 2008 offenkundig geworden ist: negative Wachstumsraten, Streichung von Investitionen, steigende Arbeitslosigkeit, sinkende Börsenkurse und tiefe Einbrüche im gesamten Welthandel.

Fast alle Anlageklassen und Wertekategorien haben markante Verluste erlitten. Nicht nur die Aktienkurse brachen im Durchschnitt um 42 Prozent ein, auch die Rohstoffe verloren rund 36 Prozent, und die globalen Immobilienwerte büßten im Durchschnitt 51,4 Prozent ein. Gewinner waren lediglich das Gold – das seine Position als Fluchtwert und Auffanglager von globalen Ungleichgewichten auch in der Krise 2007/2009 voll ausgespielt hat – mit einem Wertanstieg von 5,8 Prozent sowie Staatsanleihen mit zwölf Prozent Wertzuwachs. Die Risikoaufschläge stiegen innerhalb kurzer Zeit um 700 Basispunkte (= sieben Prozentpunkte). Das ist mehr, als sie in der großen Depression 1929/1932 emporgeschnellt waren.

Eine solche Mehrfachkrise hat unzählige Gründe, Entwicklungsverläufe und unterschiedlich starke Folgen auf jedermann. In Mega- und Mehrfachkrisen ist es schwierig, einen eindeutig Schuldigen für sie zu finden. Simple Erklärungsmuster überzeugen nicht. Man muss sich eingehender und kritisch mit einschlägigen Analysen beschäftigen. Hier die profiliertesten und aussagekräftigsten, wenn auch nicht immer miteinander harmonierenden und keineswegs beruhigenden Darstellungen, Kritiken und Veränderungsvorschläge.

Dr. Stephan Schulmeister vom Österreichischen Institut für Wirtschaftsforschung spricht ideologisch wertend vom „Ende der Sackgasse des Finanzkapitalismus", der seit den Siebzigerjahren des 20. Jahrhunderts an der „Akkumulation der nicht-finanziellen Kapitalgesellschaften" schuld sei. Er verweist auf den fundamentalen Umstand, dass die Parole vom „Lassen Sie Ihr Geld arbeiten" nicht mehr wie früher in der Realwirtschaft, sondern zunehmend im Finanzkapital ausgelebt worden ist und weiter ausgelebt werden wird. In den USA habe das Finanzkapital um die Wende vom 20. in das 21. Jahrhundert das Realkapital nach Volumen überholt; in Westeuropa sei das Finanzkapital zur selben Zeit sehr nahe ans Realkapital herangekommen. Ein echtes

Ende der Krise sei nur zu erwarten, wenn es eine konsequente Rückkehr der Vermögensmehrung vom Finanzkapital zum Realkapital gebe. Schulmeister geht so weit, eine „Rückführung der Finanzderivate als Massenvernichtungswaffen bis zu deren Verbot" zu fordern. Die teuren staatlichen Rettungspakete bezeichnet er hingegen als „bloße Symptomkur", die die Wurzeln der Krise niemals beseitigen, sondern nur überdecken würden.

Der Konjunkturexperte der Österreichischen Industriellenvereinigung, Dr. Christian Helmenstein, ist ein Gegner selbstmitleidiger Krisenanalysen. Er hat im Oktober 2008 die Wurzeln, Mechanik, Entwicklung, kapitalmarktpolitische, finanz- und realwirtschaftliche Folgen der internationalen Finanzmarktkrise untersucht. Helmensteins Ergebnisse lauten:

Die Finanzmarktkrise hat ihren Ausgang in den USA genommen, sehr bald aber auf Europa übergegriffen. Sie sei nicht auf eine singuläre Fehlentwicklung zurückzuführen, sondern aus dem Zusammenwirken mehrerer Faktoren entstanden.

Diese sind:

- *Ein geldpolitisches Stabilitätsdefizit der USA*: Unmittelbar nach der Jahrtausendwende hat die US-Wirtschaft einen Zwillingsschock erfahren. Zunächst war die „Dotcom- oder New-Economy-Blase" geplatzt. Dann gab es am 11. September 2001 die Terrorwelle auf die USA. Um die US-Wirtschaft angesichts dieser beiden Ereignisse zu stabilisieren, schlug die amerikanische Wirtschaftspolitik ein extrem expansives geldpolitisches Regime ein, das mit periodenweise negativen Realzinsen und hohem Wachstum bei Geldmenge und Kreditvolumen einherging. Die zu geringsten Zinskosten leicht zugängliche Liquidität schlug sich in Form eines exorbitanten Anstiegs der Asset-Preise (Immobilienwerte), aber auch einer Verminderung der Renditen nieder, was einen Anlagenotstand ausgelöst hat, während die Güterpreise dank des wettbewerbsintensiven Globalisierungsprozesses zunächst nicht stiegen. Das war der Grund für die Verdreifachung der US-Immobilienpreise von 2000 bis 2008.
- *Ein Ersparnisdefizit in den USA*: Die steigenden Vermögenswerte besonders bei Immobilien haben die US-Privathaushalte veranlasst, ihre Ersparnisse aus laufenden Einkommen teilweise bis auf null zurückzufahren. Die extrem geringe Sparquote aus den laufenden Arbeits- und Kapitaleinkommen bewirkte einen drastischen Überkonsum mit daraus folgenden enormen Kapitalimporten in die USA, besonders aus Asien, zu dessen Finanzierung. Das führte zur laufenden Abwertung des US-Dollars gegenüber dem Euro. Dies wieder unterminierte die Wettbewerbsfähigkeit europäischer Exporteure in die USA.
- *Ein aufsichtsrechtliches Defizit in den USA*: In Europa war nahezu unbekannt, dass sich das US-amerikanische Trennbankensystem fundamental vom europäischen Geschäftsmodell der Universalbanken unterscheidet. Das brachte auch Unterschiede bei der Finanzmarktaufsicht. Während die US-Kommerzbanken der Aufsicht durch Federal Reserve, Federal Deposit Insurance Corporation (FDIC) und Office of the Comptroller of the Currency (OCC),

unterliegen, fielen die Investmentbanken in den Aufsichtsbereich der US Securities and Exchange Commisson (SEC) sowie der US Commodities Futures Trading Commission (CFTC). Das unterschiedliche Geschäftsmodell der US-Banken hat vor allem die Ermittlung der Kernkapitalquoten auf Grundlage risikogewichteter Aktiva beeinflusst. Inzwischen ist klar, dass die völlig andersgearteten Risiken von Investmentbanken, die es in den USA seit der Krise nicht mehr gibt, nicht ausreichend erfasst worden waren; denn seit der zweiten Hälfte der Neunzigerjahre haben diese mit einem Hebel (financial leverage) von 20 bis 33 des Fremdkapitals operiert. Das expansive geldpolitische Regime der USA hat diesen Fehlanreiz, ein extrem gehebelt Geschäftsmodell zu verfolgen, begünstigt.

Helmenstein macht auch die von der US-Politik und -Finanzmarktaufsicht geduldeten, ja teilweise mitverursachten Risiken im eigenen Finanzsystem deutlich. Die Mechanik der Krise 2007/2009 sieht er so:

- Von Mitte 2006 an sind die ersten Anzeichen einer Überinvestition im US-amerikanischen Immobilienmarkt in Form einer abnehmenden Preiserhöhung und später einer abnehmenden Umschlagshäufigkeit bzw. zunehmenden Leerstandsdauer bei Gebrauchtimmobilien und einer sinkenden Anzahl an Baubewilligungen aufgetreten. Krisenverschärfend erwies sich das Zusammenfallen der Implosion des US-Immobilienmarktes mit dem durch das globale Wachstum verursachten Auftrieb der Energie- und Nahrungsmittelpreise 2007 und in der ersten Hälfte 2008. Dieser Auftrieb hat die preisbereinigten Einkommen und Vermögen der US-Haushalte zusätzlich verringert.
- Parallel dazu hat die US-Finanzwirtschaft viele innovative und zumeist komplexe Finanzinstrumente wie Mortgage Backed Securities (MBS), Collateralized Debt Obligations (CDO) und Credit Default Swaps (CDS) entwickelt. Darauf wurden „originate-and-distribute"-Geschäftsmodelle aufgebaut, und es kam zu einem Transfer von Kreditrisiken an andere, häufig weitaus geringer regulierte und beaufsichtigte Finanzinstitutionen wie Zweckgesellschaften und Hedge-Fonds. Ohne die Verfügbarkeit von Securitisation-Techniken und Kreditderivaten wäre die bankenbezogene Wirkung der Finanzmarktkrise vermutlich stärker auf die USA beschränkt geblieben, als dies tatsächlich der Fall war.
- Die bereits enorme Hebelung der US-Investmentbanken, welche sich seit Beginn der Subprimekrise infolge von gegen das Eigenkapital zu buchenden Verlusten arithmetisch bedingt noch weiter erhöhte, stieg bis in den Sommer 2008 auf Werte zwischen 28 und 35. Im Vergleich dazu operieren Hedge-Fonds mit einer durchschnittlichen Hebelung von nur zehn bis 15. Die typische US-Investmentbank war also unmittelbar vor dem Kippen von Lehman Brothers mehr als doppelt so stark gehebelt wie ein durchschnittlicher Hedge-Fonds.
- Dadurch war der Weg in die globale Finanzmarktkrise noch nicht zwangsläufig. Während das Aufbringen neuen Eigenkapitals wegen der fallenden

Aktienkurse zunehmend schwieriger und bald unmöglich wurde, führte erst das von der Komplexität der Finanzprodukte begünstigte Defizit an Transparenz über die Risikoposition einzelner Institute und damit deren Solvenz zur Vertrauenskrise im Interbankenmarkt. Daraus folgte erst die tatsächliche oder drohende Insolvenz zahlreicher Akteure.

Haben die Staaten oder die Banken versagt?

Politiker und Ökonomen sind uneins, wer die Hauptschuld an der Krise 2007/2009 trägt: die Staaten mit ihrer fahrlässigen Finanzpolitik und ihrem allzu langem Zögern bei der rigorosen Regulierung der Finanzdienstleister oder die Banken mit ihrer fahrlässigen Spekulation auf höhere Gewinne?
Wie nicht anders zu erwarten, schiebt eine Seite die Schuld auf die andere.
Auch die Mont Pelerin Society in New York findet den Großteil der Schuld so wie Helmenstein bei der US-Politik einschließlich der US-Notenbank. Beide, so waren sich die Experten im März 2009 einig, haben selbst in üppigen wirtschaftlichen Zeiten dem extensiven Konsum statt der Sparsamkeit das Wort geredet. Banken und Ratingagenturen seien unkritisch auf diesen unheilvollen Trend aufgesprungen.
„Keynes gegen Schumpeter" ist ein großes Thema der gegenwärtigen Kontroverse. Denn bezüglich der Verantwortung und Zuständigkeit für Maßnahmen, die aus der Krise herausführen, gibt es deutliche Differenzen. Die Nobelpreisträger und Mitglieder der Mont Pelerin Society, Gary Becker und Edmund Phelps, kamen sich diesbezüglich im Frühjahr 2009 gegenseitig in die Haare. Phelps misstraut der Macht der normalen Marktkräfte und meint, mit nur deren Hilfe werde die Krise fünf bis zehn Jahre lang dauern. Da müsse schon der Staat eingreifen, um schneller herauszukommen. Damit unterstützt er die von Keynes vertretene These der Staatsintervention zur Krisenvermeidung. Becker hingegen meint, die Staaten hätten ohnedies schon Milliarden ausgegeben, um die Krise zu überwinden, aber bisher habe das nichts geholfen. Nur die Marktwirtschaft könne aus dem Schlamassel herausfinden. Phelps schlug vor, zehn bis 15 auf Krisenbewältigung spezialisierte Banken zu schaffen, um wirtschaftliche Innovationen anzukurbeln, die die Wiederbelebung der Konjunktur zuwegebringen. Er ist demnach Anhänger der Lehre Schumpeters. Becker tritt hingegen für die Gründung von weltweiten Think Tanks ein, die die Kräfte der freien Marktwirtschaft zum Erfolg zurückführen; das sei der beste und einzig ehrliche Weg in einer Zeit knapper und teurer Ressourcen wie jetzt.
Keiner der Vorschläge der beiden Nobelpreisträger wurde bisher umgesetzt, nicht einmal ernsthaft erörtert. Eine in Finanzdingen weitgehend ahnungslose Politik dilettiert bei der Krisenbekämpfung weiter nach tagespolitischem Gutdünken vor sich hin.

Fortgesetztes Staatsversagen?

Ein grundlegender Paradigmenwechsel müsse die Konsequenz aus der jüngsten Krise sein, heißt es im Abschnitt „Folgen für den Kapitalmarkt" der Helmenstein-Analyse. Die Krise zeige eklatante Regulierungsmängel auf und führe zu einem veränderten finanzwirtschaftlichen Ausblick. Was als vermeintliches Marktversagen erscheine, sei bei näherer Analyse ein kapitales Staatsversagen. Es bedürfe jedoch keiner neuen Welle einer noch weitergehenden Regulierung des Finanzsektors, sondern eher einer intelligenten Re-Regulierung zur Verringerung von Fehlanreizen.

Helmenstein stellt drastische Schwächen bzw. Unzukömmlichkeiten in der globalen Kapitalmarkt- und Regulierungspolitik fest und fordert rasche Abhilfen:

- Die Annahme, dass Liquidität, abgesehen von kurzen Ausnahme-Zeitfenstern, jederzeit über den Marktprozess zur Verfügung gestellt wird, die „Liquiditätsillusion", ist zu verwerfen. Daher sollte in Zukunft wieder stärker auf klassische Finanzierungsregeln, besonders auf die Übereinstimmung der Fristen, Bedacht genommen werden.
- Sollte die Funktionsfähigkeit des Geldmarktes dauerhaft beeinträchtigt sein, würde das die Kreditvergabe an Private, besonders aber an nachgeordnete Gebietskörperschaften teurer machen. Bestimmte Geschäftsmodelle von Banken, die überproportional stark in der Daseinsvorsorge engagiert sind, könnten dadurch in Frage gestellt werden. Das Geschäftsmodell der US-Investmentbanken ist bereits Geschichte geworden.
- Hauptursache für das Entstehen der Finanzkrise war der konjunkturpolitische Opportunismus, welcher die Notenbanken zu einem reinen stabilitätswidrigen zinspolitischen Gewährenlassen veranlassen wollte. Dieses müsste nun wieder einer stabilitätsorientierten, stärker an Geldmengenzielen orientierten Leitzinspolitik weichen, die dem Markt allfällige überschüssige Liquidität rechtzeitig entzieht. Weitere Leitzinssenkungen würden hingegen der Versuch sein, das als Löschmittel zu verwenden, was der Treibstoff für den Flächenbrand gewesen ist.
- Zentrale Herausforderung der Krise ist das Komplexitätsmanagement sowohl bezüglich der Bewertung von Risikopositionen als auch bezüglich Kommunikation von Maßnahmen zur Bewältigung der Finanzmarktkrise. Mittelfristig sollte diese auch als Auftrag begriffen werden, den durchschnittlichen Grad an „economic and financial literacy" national und international zu heben; bei Erfolg könnten irrige Auffassungen hintangehalten werden. Z. B. zehren Liquiditätshilfen der Notenbanken nicht das öffentliche Budget aus, sie erhöhen im Gegenteil die Erträge der Notenbanken und damit die öffentlichen Einnahmen; z. B. werden Garantien der öffentlichen Hand nicht gratis gewährt, sondern führen zu zusätzlichen Einnahmen des Staatshaushalts von 0,5 Prozent der Haftungssumme; z. B. stellen Kapitalbeteiligungen der öffentlichen Hand an Finanzinstituten keinen Staatskonsum dar, sondern werden sich voraussichtlich als profitable Investition mit erneuter Privatisierungsperspektive erweisen.
- Ein Regulierungsmangel war, dass systemrelevante Teile des Kapitalmarktgeschehens entweder einer adäquaten Aufsicht entzogen oder nicht gleichmäßig reguliert waren. Im Interesse eines fairen Wettbewerbs muss es adäquate und

einheitliche Voraussetzungen hinsichtlich der Ausstattung mit Eigenkapital und Liquidität geben.
- Ein weiterer Regulierungsmangel war, dass ein erhebliches Transparenzdefizit bestanden hat, das die wesentliche Ursache des Vertrauensdefizits hinsichtlich der Risikoposition der einzelnen Finanzmarktakteure gewesen ist. Diesbezüglich sind entsprechende Kennzahlen zu entwickeln und zu erheben, darunter die Einbeziehung der Risikopositionen bei Special Purpose Vehicles oder das Netting von Risikopositionen im globalen Kontext.
- Ein Spezialproblem stellt die asymmetrische Informationsverteilung zwischen dem Verkäufer und dem Käufer strukturierter Finanzprodukte dar; sie wurde trotz der Einbeziehungen von Ratingagenturen nicht in einem für die Käuferseite verlässlichen Ausmaß reduziert. Diesbezüglich sollte weniger die Forderung nach Veröffentlichung der eigentumsrechtlichen Modellstrukturen und Bewertungskriterien der Ratingagenturen im Vordergrund stehen, sondern eher eine unabhängige Performance-Kontrolle derselben.
- Ein dritter Regulierungsmangel ist, dass die herkömmlichen Kennzahlen zur Risikomessung, wie etwa Value at Risk (VaR), einen prozyklischen Charakter ausweisen. Denn in volatilitätsarmen Zeiten, die typischerweise mit steigenden Kursen assoziiert sind, weitet sich die Risikotragfähigkeit der Finanzakteure aus. So entsteht ein Spielraum für eine weitere Kreditexposure mit der Folge, dass sich eine positive Marktdynamik selbst verstärkt. Umgekehrt wirkt im Fall einer ohnehin bereits negativen Marktdynamik die weitere Auflösung von Risikoexposure konform zur Kapitaladäquanzregulierung ebenfalls systemimmanent verstärkend. Derartige Fehlregulierungen kann eine Krise, statt sie einzudämmen, sogar noch verschärfen. Diesbezüglich bedürfte es als Teil eines verbesserten Risikomanagements anderer Maßzahlen zusätzlich noch der Berücksichtigung von Kennzahlen aus der Extremwert-Mathematik.
- Ein Mangel ist weiters, dass die angekündigten Maßnahmenpakete zur Stabilisierung der Finanzmärkte zum Teil das Verbot von Leerverkäufen vorsehen. Ein solches Verbot könnte zwar temporär den Verkaufsdruck während einer Baisse-Phase vermindern, aber es begünstigt zugleich das Anwachsen spekulativer Blasen in der Zukunft. Sind Leerverkäufe in der Überhitzungs- bzw. Euphoriephase eines Bullenmarktes nicht möglich, droht ein noch massiveres Überschießen der Kurse, woraus dann die nächste Finanzmarktkrise erwächst, wenn die betreffende Asset-Klasse nur hinreichend relevant ist. Darüber hinaus wird der Markt für Unternehmenskontrolle geschwächt, indem die Aktienkurse von Unternehmen mit inferiorer Managementleistung nicht oder nicht rasch auf Niveaus gedrückt werden können, welche eine Unternehmensübernahme, die solche Potenziale zu heben versucht, attraktiv werden lässt.

Diese Analyse samt klaren Handlungsanweisungen eines österreichischen Wirtschaftsexperten zur Verhinderung künftiger Krisen müsste Politik und Finanzmarktaufsicht zu umgehenden Aktionen anspornen. Bisher ist nichts Einschlägiges geschehen.

Es gibt aber trotz der beunruhigenden Folgen der Finanzmarktkrise 2007/2009 auch positive Kriseneffekte für die wirtschaftliche Entwicklung:
- Die Krise beschleunigte die Konsolidierung des europäischen Bankensektors, so dass dieser mittelfristig beträchtliche Produktivitätsgewinne machen werde. Insoweit diese zum Teil an die Nachfrager dieser Dienstleistungen weitergegeben werden, erhöhe sich deren Wettbewerbsfähigkeit.
- Die Akzeptanz von Geschäftsmodellen mit nach Maßgabe der Grenzproduktivität des Kapitals üblichen, dafür aber nachhaltigen Renditen werde wieder zunehmen.
- Die Ausstattung des Finanzsektors mit Eigenmitteln werde mit der Zeit deutlich angehoben werden, so dass nach Überwindung der Krise seine Stress-Resistenz deutlich über dem Niveau des Jahres 2007 liegen werde.

Zurück zur Eigenkapital-Finanzierung

Auch das Institut für Höhere Studien (IHS) in Wien hat einen Appell an Finanzfachleute und Wirtschaftspolitiker gerichtet, wie sie das Steuer im weltweiten Finanzsystem herumreißen, die verhängnisvolle, weil Blasen verursachende Expansion der Fremdkapitalfinanzierung stoppen und die Rückkehr zur Eigenkapitalbildung einleiten sollen.

Die Aufforderung des IHS zur Sommermitte 2009 lautet: Eine dauerhafte Gesundung der Wirtschaft und Erholung nach der Krise könne nur dann von Dauer sein, wenn nach den Sanierungs- und Konjunkturpaketen mutige Reformen des Finanzsystems durchgezogen werden. Die Kernsätze der IHS-Botschaft: „Allgemein kann man sagen, dass eine Wirtschaft mit einem hohen Anteil an Fremdfinanzierung sehr viel weniger schockresistent ist als eine mit geringerem Anteil. Schulden müssen an einem bestimmten Tag mit Zinsen zurückgezahlt werden, sonst entstehen Probleme, bei mehreren Schuldnern eventuell auch Probleme für die Bank. Bei entsprechend hohen Eigenkapitalquoten verliert das Eigenkapital in der Krise zwar vorübergehend an Wert, welcher jedoch nach der Krise wieder aufgeholt werden kann." Das ist eine Philippika gegen den Trend, Glück und Wohlergehen in einer galoppierenden Fremdkapitalfinanzierung zu erblicken.

Die phantastische Zeit der grenzenlosen Fremdkapitalfinanzierung (des Leveragings) ist demnach zu Ende. Jetzt müssten wir an die Rückbildung des Verhältnisses von Fremdkapital zum Eigenkapital (ans Deleveraging) gehen. Dieser Weg ist zwar begonnen worden, aber noch lange nicht beendet.

Die Ursachen, die zur überbordenden Fremdkapitalfinanzierung und damit in die Krise geführt haben, arbeitet das IHS ebenso prägnant heraus wie die Schritte, die zur Änderung des globalen Finanzsystems nötig sein werden. Als Krisenursachen identifiziert das IHS viele Finanzmarkt-Neueinführungen, die in den letzten Jahren global ins Kraut geschossen sind.

  1. *Das prozyklisch, also trendverstärkend wirkende Bankenregulierungssystem Basel II. Es ist zwar von den USA initiiert, dort bisher aber nicht umgesetzt worden.*

Basel II legt fest, dass Banken ihr Ausleihrisiko nicht mehr wie früher einheitlich mit mindestens acht Prozent Eigenkapital unterlegen müssen, sondern nun eine nach Risikoklassen, die durch Rating-Einstufungen festgelegt werden, differenzierte Unterlegung erfolgen muss. Das heißt, dass Risiken mit guter Bonitätseinstufung mit weniger Eigenkapitalanteil, Risiken mit schlechterer Einstufung mit mehr Eigenkapital unterlegt werden müssen. Das Problematische an diesen System ist, dass im Wirtschaftsaufschwung viele Unternehmen, Anlagen und die berüchtigten ABS-(Asset Backed Securities-)Papiere, mit denen US-Risiken weltweit gehandelt worden sind, als gut und sicher eingestuft worden sind. So hat Basel II die Kreditschöpfung stark ausgeweitet. Wirtschaftskrisen führen jedoch dazu, dass sich die Ratings von Unternehmen und anderen Kreditkunden verschlechtern. Das führt zur Erhöhung der Eigenkapitalunterlegung durch die Bank und das verteuert die Kredite und macht die Gewährung schwieriger. Das IHS kommentiert: „Das hat beispielsweise zur Folge, dass das Partizipationskapital, das der österreichische Staat den Banken zur Verfügung stellt, mehrheitlich zur Aufstockung der Bank-Eigenmittel verwendet wird." Laut IHS sind ABS „eine intelligente Idee, die allerdings in die Hose gegangen ist; denn die Anleger wussten nicht über die Qualität der Kreditschuldner Bescheid".

2. *Der Übergang von alten, gläubigerorientierten Bilanzierungssystemen nach dem Handelsgesetzbuch (HGB) zu einem anlegerorientierten System nach IFRS.* Letzteres bewertet alle Assets zum aktuellen Marktpreis. Auch das hat laut IHS einen unguten, trendverstärkenden (prozyklischen) Effekt. Es bewirkt, dass in Boomphasen eine starke Ausweitung der Kreditfinanzierung durch die Banken eintritt, im Konjunkturabschwung eine überproportionale Kontraktion.

3. *Der Trend zur Schaffung von bilanzfernen Sondergesellschaften durch Banken.* Besonders krisenrelevant war die rasche Verbreitung von „special purpose vehicles" (SPV) bzw. von „spezial investment vehicles" (SIV) durch die Banken, in der Regel als ausgegliederte 100-Prozent-Töchter. „Diese waren nicht konsolidierungspflichtig und wurden von den Finanzaufsichten und Notenbanken nicht geprüft. Auch durch diese Sondergesellschaften konnte die Fremdfinanzierung unter weitgehender oder völliger Schonung des Eigenkapitals ausgeweitet werden", erklärt das IHS.

4. *Die Entwicklung von credit default swaps (CDS) und die Entstehung eines diesbezüglich riesigen Marktes,* eine Finanzinnovation, die risikoreiche Bankgeschäfte erleichtert hat. CDS haben die Expansion des Fremdkapitals zwar nicht direkt angekurbelt, aber extrem riskante Geschäfte erlaubt, die das gesamte Risiko der Banken erhöhten. „Dass eine Bank die Rückzahlung einer Forderung gegen Gebühr garantiert, ist keine Erfindung der letzten Jahre, sondern uralte Geschäftspraxis", erläutert das IHS. „In den letzten Jahren haben sich diese Geschäfte zu großen Märkten entwickelt. Sie wurden von der Realwirtschaft gern

in Anspruch genommen, weil sie mehr Sicherheit und Voraussicht ermöglicht haben. Bedenklich war nur, dass die garantiegebende Institution ihre Garantie nicht mit Eigenmitteln unterlegen musste."

Aus diesen Krisenursachen ist ein Paket von Forderungen heraus zu destillieren, welches als Grundlage zur Schaffung eines krisenresistenteren Finanzsystems unabdingbar sein wird:

- Keine Bankgeschäfte außerhalb der Bilanz. Jedes Risiko muss in den Bilanzen ersichtlich gemacht werden. Eine Neu-Regulierung der Finanzmärkte muss für alle CDS, Töchter und Sondergesellschaften von Banken die Konsolidierungspflicht einführen.
- Das Streuen von Risiken durch das Verbriefen von Forderungen ist eine gute Sache, solange die Käufer dieser Papiere die Bonität der Schuldner der den Papieren zugrundeliegenden Forderungen präzise einschätzen können. Die einschlägige Empfehlung durch eine Ratingagentur darf dazu nicht mehr genügen.
- Wenn schon keine Rückkehr mehr zu einem gläubigerorientierten Bilanzierungssystem nach HGB möglich scheint, sind die Bilanzierungsregeln von IFRS so zu ändern, dass die Schockempfindlichkeit der Unternehmen verringert wird.
- Das Banken-Regulierungssystem Basel II ist so zu ändern, dass seine prozyklischen Wirkungen gedämpft werden. Ein Basel III ist umgehend vorzusehen.
- Die Banken werden in Zukunft neben dem Angebot von Fremdfinanzierungen mehr Eigenkapital vermitteln müssen. Eine gezielte Verbesserung des Bankenratings könnte neues Eigenkapital freimachen, das den künftig höheren Eigenkapitalbedarf der Unternehmen befriedigen sollte. Das bedeutet, dass die Banken ihre Geschäftsmodelle überarbeiten müssen, um ihre Tätigkeit als Finanzintermediäre zu optimieren.

Streitthema Finanzmarktregulierung

Die Kontroverse zwischen einerseits unbedingt nötiger, weil krisenverhindernder Regulierung bzw. intensiverer Finanzaufsicht mit hohem Qualitätsanspruch, andererseits unnötig aufgeblasener, teurerer und bürokratischerer Kontrolle der Finanzindustrie mit bloßem Quantitätsanspruch ist zum großen Streitthema geworden.

Der ehemalige Gouverneur der Oesterreichischen Nationalbank, Dr. Klaus Liebscher, gelernter und weiterhin praktizierender Banker, sieht die Kontroverse folgendermaßen: „Beides ist wichtig. Das Quantitative ist zunächst das Entscheidende, denn manche Probleme lagen darin, dass vieles für die Aufseher nicht beaufsichtigbar gewesen ist; z. B. die klassische Thematik der Hedge-Fonds. Ohne dass ich sie überbewerten möchte, aber natürlich haben sie einen Stellenwert im internationalen Geschehen; sie unterlagen bisher keinerlei Aufsicht. Da haben sich Amerikaner, Briten und andere jahrelang dagegen erfolgreich gewehrt, dass man sie einer Aufsicht unterzieht. Transparenz wird ein Schlüsselwort der Zukunft werden. Wenn man von Hedge-Fonds künftig vermehrt Geschäftsberichte, Anlage- und Risikomodelle verlangt, damit die Investoren über das Risiko, das sie dort eingehen, tatsächlich informiert werden, dann ist das ein quantitativ wichtiger Schritt nach vorn. Die Kontrolle von Ratingagenturen ist ein quantitatives wie qualitatives Thema.

Die aus den Bilanzen in Spezialgesellschaften ausgelagerten Geschäfte oder Finanzprodukte, die sich ohne Kontrolle, wie man sagt unter dem Strich, finden, werden einzufangen sein; das ist auch ein quantitatives Thema. Der Schritt hin zur qualitativen Sicht ist, dass auch die Regeln zu verbessern sind. Dabei gibt es hier zwischen Qualität und Quantität einen engen Zusammenhang. Auch Aufseher und Aufsichtsbehörden müssen in die Lage versetzt werden, die Qualität eines Produktes beurteilen zu können durch verbesserte Vorschriften und Transparenzrichtlinien und damit bessere Informationen. Man muss aber darauf achten, nicht eine Überregulierung herbeizuführen; denn das Bankgeschäft ist immer ein Risikogeschäft. Allerdings ein Risikogeschäft, das auf die Risiko-Tragfähigkeit und die Kapitalstruktur Bedacht nimmt. In der Vergangenheit ist darauf oft nicht geachtet worden. Daher wird in der qualitativen Aufsicht künftig zu prüfen sein, wie sich die Kapitalsituation der jeweiligen Finanzinstitution, Bank oder Versicherungsgesellschaft zum jeweiligen Risikogeschäfts-Modell und zum Risikomanagement verhält. Man wird künftig obligatorisch schärfere Stresstests einführen, aber jede Überregulierung vermeiden müssen, rigide, aber plausible Stresstests. Es hätte z. B. keinen Sinn, einen Stresstest unter der Annahme vorzunehmen, dass das Wirtschaftswachstum um 30 Prozent sinkt, das ist irreal. Aber es hat ebenso keinen Sinn, immer nur von einem positiven Wachstum auszugehen, sondern man muss auch ein rückläufiges annehmen. Ich warne auch davor, alles, was an Finanzprodukten innovativ ist, zu verdammen. Ich glaube, die Innovation hat auch im Finanzsektor vieles weitergebracht. Die Geschäftsmodelle der Fugger oder des 19. Jahrhunderts sind heute überholt; wir haben eine andere, globale Welt und eine andere Form von Finanzprodukten. Sie müssen im Gegensatz zu früher nur genauer kontrollierbar werden. Es gab einige schwarze oder weiße Flecken, wo die Finanzaufsicht nicht Platz gegriffen hat.

Qualitativ ist eine Weltaufsichtsbehörde nicht der Weisheit letzter Schluss. Dass es aber, wie der G-20-Gipfel beabsichtigt, eine Ablöse des Financial Stability Forums durch eine verstärkte Institution geben soll, wo die Makroaufsichtsthemen und damit die Risiken globaler Natur erfasst und erkannt werden können, das ist sicher ein sehr guter Ansatz. Die Mikroaufsicht wird national oder regional verteilt bleiben; aber wenn sich so etwas wie die Subprimekrise abzeichnet, sollte das makroaufsichtsmäßige Konsequenzen haben. Dann ist in der Qualität sicher eine deutliche Verbesserung erreicht, auch wenn das Marktsegment Subprimekredite weltweit gesehen etwas eher Bescheidenes gewesen ist.

Weiters geht es um die Frage der Geschäftsmodelle. Jenes Modell, das sich am besten bewährt hat, ist das österreichische und deutsche Hausbankenprinzip. Man hat das immer mit ‚originate and hold' bezeichnet, auf Deutsch: Ich kreiere einen Kredit und halte ihn in meinen Büchern; während es in der amerikanischen Bankenwelt, der Welt der Investmentbanken, zum Modell ‚originate and distribute' gekommen ist, auf Deutsch: Ich kreiere ein Kreditprodukt und verteile bzw. verkaufe es. Das war der

Grund für die weltweite Involvierung der Institutionen. Wenn Sie in Österreich von einer Bank einen Kredit an die Firma X haben, und der bleibt in den Büchern der Bank, dann liegt das Risiko nur bei der Bank; aber die Bank kennt die Firma X sehr gut und kann beurteilen, wie es ihr geht und ob der Kredit bedient oder nicht bedient werden kann. Mit den neutral-abstrakten Produkten, die in den USA kreiert und an dritte, vierte, fünfte und sechste verkauft wurden, ist am Ende der Überblick völlig verlorengegangen, und der Überraschungseffekt war, wie wir in den letzten Monaten gesehen haben, sehr hoch, wo man überall Subprimekredite, Islandforderungen und Ähnliches gefunden hat. Ich glaube, dass eine koordinierte Makroaufsicht sicherlich gut wäre. Dass die großen Institute eine bessere grenzüberschreitende Kooperation der Aufsichtsbehörden eingehen, wäre ein wichtiger Schritt nach vorne, so dass bei großen Instituten, die nicht nur in ein, zwei, sondern in einer Vielzahl von Ländern tätig sind, zwischen den jeweiligen Aufsehern des Heimatlandes und des Gastlandes ein enger Austausch erfolgt. Die Oesterreichische Nationalbank hatte schon in meiner Ära und hat noch heute Kooperationsabkommen, sogenannte Memoranda of Understanding, mit ausländischen Aufsichtsbehörden. In vielen Fällen waren das die Notenbanken der jeweiligen Länder, wo wir uns gemeinsam angeschaut haben, wie es den österreichischen Bankentöchtern in den einzelnen Ländern z. B. Osteuropas geht."

Ergebnisse des letzten G-20-Gipfels

Die Vorstellungen Liebschers sollten durch den G-20-Gipfel von London im April 2009 in die Tat umgesetzt werden. Diese Zusammenkunft der größten Wirtschaftsmächte der Erde bezeichnete sich als „Streitmacht im Kampf gegen die Krise und gegen Auswüchse der internationalen Risikogesellschaft". Sie hat mehrere Maßnahmenpakete im Kampf gegen die jüngste Krise und die Entstehung künftiger Wirtschaftskrisen geschnürt.

Die Problem-Auflistung der G-20, die sich überaus selbstbewusst, beinah großsprecherisch gibt, sieht so aus:

- Mit unseren Maßnahmen geben wir ein Versprechen ab, an welchem man unsere künftigen Taten messen wird können.
- Die These, dass der Markt an die Stelle des Staates getreten sei, wird damit widerlegt. Große Krisen haben sowohl zu Weltkriegen als auch zu neuem Wohlstand geführt. Man sollte nicht von einem Extrem ins andere fallen. Aber eines ist inzwischen klar: Einzelne Nationalstaaten, auch wenn sie noch so groß und mächtig sind, können weltweite Krisen nicht allein lösen. Einzelstaaten sind den heutigen Megaproblemen nicht gewachsen. Europa hat seine Einzelstaaten zu einer Mischung von nationalen und übernationalen Staaten verflochten. Die EU ist ein Modell zur Bewältigung künftiger Megakrisen. Die supranationale Kooperation soll aber Nationalität und Souveränität der Einzelstaaten nicht beenden.
- Die Krise 2007/2009 ist eindeutig menschengemacht. Vor allem die Banken haben Fehler gemacht, indem sie die Grenzen der Legalität mehrfach überschritten haben. Schuld ist auch das Unwissen über die eingegangenen Risiken.

- Was bisher fehlt, ist die Kritik an den Wirtschaftswissenschaften, die den Banken dieses gescheiterte System nahegelegt haben.
- Zu vermeiden ist eine Radikalisierung der breiten Masse; wenn das nicht gelingt, sind politische Krisen zu befürchten. Die Radikalisierung wird von jenen geschürt, die die größten Verluste gemacht, aber hohe Abfertigungen kassiert haben. Auch die Medien tragen eine Schuld an der Radikalisierung, weil sie die Situation unnötig dramatisieren. Faktum ist, dass sich die Krise noch nicht existentiell auf die Menschen niedergeschlagen hat.

Die G-20-Forderungen an die Welt-Finanzmärkte zur krisenfreien Gestaltung der Finanzmärkte richten sich an Geldinstitute, Ratingagenturen und Vermögensberater:

- Der Zugang zu sensiblen Teilen der Finanzmärkte darf nur für solche Investoren offen sein, die sich dafür fachlich qualifizieren und für ihre Aktionen volle persönliche Verantwortung übernehmen.
- Asset Manager, die ihnen überantwortetes Geld zu treuen Handen verwalten, haften – neben den strafrechtlichen Folgen – persönlich für Verluste bei Investments in riskante Alternative Investments. Das soll unprofessionelle Investmentmanager vom Markt fernhalten.
- Institutionen wie Banken müssen Investitionen in Alternative Assets und in neue Finanzprodukte mit vollem Eigenkapital unterlegen zuzüglich zusätzlichem Eigenkapital, das je nach dem Verlustrisiko bemessen ist. Bei 100 Prozent Verlustrisiko, wie es bei vielen Finanzprodukten besteht, muss die Eigenkapitaldeckung folglich 200 Prozent betragen, sonst kommt es, wie in der jüngsten Krise, zur Unterdeckung des Eigenkapitals durch (Buch-)Verluste aus Fehlspekulationen.
- Jeder, der öffentliche Beurteilungen eines Investments abgibt, das dazu geeignet ist, Anleger zu beeinflussen, haftet für die Richtigkeit dieser Beurteilung; das nicht nur bis zur Höhe des für die Beurteilung erhaltenen Honorars, sondern für den gesamten möglichen Schaden.
- Finanzvermittler jeder Art sind für ihre Tätigkeit unmittelbar verantwortlich. Auch für sie gelten obige Maßstäbe. Wer unbedarft Investoren in hochspekulative Veranlagungen lockt, wird mit dem Strafrecht konfrontiert.

So überzeugend sich das zur Ausgestaltung eines möglichst krisenfreien Finanzmarktes liest, so unklar ist, ob es weltweit durchgezogen werden kann. Dafür sind nicht nur Politik, Gesetzgebung und Behörden rund um den Globus zuständig, sondern es bedarf auch des freien Zugangs aller zum bestehenden Recht. Die Krise 2007/2009 ist nämlich nicht allein dem Versagen von Finanzmärkten und Aufsichtsbehörden zuzuschreiben, sondern auch dem Versagen der Rechtsprechung bei der raschen Klärung aufgetretener Problemfälle.

Banken mehr an die Kandare?

Weltweit rufen Politiker und von der Krise Geschädigte nach dem Staat, er möge nicht nur als Sanierer und Retter, sondern auch als strengerer Ordnungshüter und Kontrollor des Finanzwesens auftreten. Die am häufigsten verlangten Ziele sind: mehr, vor allem grenzüberschreitende Aufsicht über Banken und ihre Produkte, weltweite Harmonisie-

rung der Regeln und eingehendere Prüfungen von Finanzdienstleistern, mehr Transparenz und vorbeugende Maßnahmen, damit neue Krisen erst gar nicht eintreten.
Solche Forderungen sind angesichts der Krisenschäden verständlich und populär, sie bedürfen jedoch einer kritischen Bewertung ihrer Folgewirkungen.
Strengere Regeln, mehr und verbissenere Prüfer sowie oftmaligere und tiefschürfendere Kontrollen können Krisen aber nur dann verhindern, wenn sie auf höhere Qualität und nicht nur auf höhere Quantität ausgerichtet sind. Die Schlüssel zum Erfolg jeder Regulierung sind Intelligenz, Umsicht und vernetztes Denken der Prüfer, nicht Masseneffekte. Abgesehen davon verursachen mehr Regeln, Prüfer und Prüfungshandlungen auch mehr Kosten. Diese zahlen entweder die Steuerzahler über ihre Abgaben oder die Bankkunden über diverse Gebühren, die Geprüften selbst und nur in geringem Maß der Staat.
Hier stellt sich die entscheidende Frage: Soll der durchschnittliche Bürger und Bankkunde jenes Geld, das er möglicherweise bei Finanzkrisen und Bankzusammenbrüchen verlieren kann, einem aufgeblähten Kontrollapparat in den Rachen werfen, der ihm auch keinen totalen Vermögensschutz garantieren kann?
Bei der Antwort darauf sind sich Spitzen-Ökonomen durchaus uneinig. Hier Beispiele sowohl für Gegner als auch Befürworter einer rigoroseren Beaufsichtigung von Banken:
Zu den Gegnern zählt u. a. die Mont Pelerin Society New York. Sie bezweifelte im März 2009 die Wirksamkeit einer neuen Welle an Regulierungen der Finanzwirtschaft. Ihre Begründungen: Es gebe schon bisher eine Unzahl von Regeln und Aufsichten, aber keine habe die Krise 2007/2009 verhindern können. Regulatoren seien meist risikofeindlich und brächten ihre eigenen politischen und moralischen Werte ins Spiel. Nobelpreisträger Gary Becker fügte dem hinzu: „Sobald die Regierung wo hineinkommt, kriegt man sie nur schwer wieder hinaus. Die Erholung der Wirtschaft wird durch die Einmischung von Sozialingenieuren nur verzögert."
Brendan Nelson, Vizechef des internationalen Beratungsunternehmens KPMG, warnt vor einer „Überreaktion in Form von unnotwendig restriktiven Regulierungen, die in Stein gemeißelt werden und lang anhaltende störende Nebenwirkungen entfalten. [...] Das institutionelle und Markt-Versagen der letzten Jahre hat Gesetzgeber und Regulatoren rund um die Erde zu Reaktionen veranlasst. Sie wissen, dass irgendetwas getan werden muss, um künftig alle Risiken der Geldanlage zu beseitigen oder zumindest zu verringern. [...] Banken und andere Finanzdienstleister begrüßen zwar neue Vorschriften und Regeln, aber sie sind besorgt, dass die Regulatoren dabei die Grenzen der Vernunft überschreiten und dass unüberlegte Aktionen aus dem Handgelenk die Effizienz und Profitabilität des Finanzsektors zum Nachteil aller zerstören könnten."
Der KPMG-Experte meint, überzogene Regulierungen würden nicht nur den Banken schaden, sondern auch den Bankkunden und der gesamten Realwirtschaft. Eine strengere Finanzaufsicht sei sicherlich nötig; aber die besten Regeln und Aufseher können ein fachkundiges nicht-beamtetes Risiko-Management in den Banken nicht ersetzen und moralisches Versagen nie abschaffen.

Der Schweizer Börseguru Dr. Marc Faber hält nichts von Finanzmarktaufsichten und staatlicher Regulierung der Finanzmärkte, denn „der freie Markt hätte ohnehin gut funktioniert, aber die Aufsichtsorgane und jene, die ihnen die Regeln vorgegeben haben, versagten kläglich! Faktum ist: Jene Staaten, in welchen der Staatseinfluss gering ist, kommen besser durch die Krise, siehe Hong Kong, wo ich meine Firma habe!"
Ein Brancheninsider, der österreichische Investmentbanker Dr. Ulrich Kallausch, Vorstandsdirektor von Sal. Oppenheim in Wien, erklärt: „Die größten Vermögensverluste und die meisten Probleme im Zuge der Finanzkrise 2007/2009 sind dort entstanden, wo die Finanzsysteme am stärksten kontrolliert, wo die höchsten Risiken genommen und auf den Rücken der Kunden abgeladen worden sind. Im Investmentbanking, wo viel Beratungsarbeit geleistet wurde, ist am wenigsten Vermögen verloren worden. Dazu kommt: Die regulatorischen Rahmenbedingungen, unternehmerische Risikokontrollen und Incentive-Systeme sind den modernen Herausforderungen nur ungenügend angepasst worden.

Es gibt auch eine Zeit nach der Krise!

Eine weitere warnende Stimme vor überzogener Bankenregulierung aus dem österreichischen Geldsektor sagt: „Es geht uns um eine bessere, zielgerichtetere Regulierung, nicht um bloß mehr Menge an Regulierung". Sie stützt sich auf eine im März 2009 vorgelegte Schweizer Studie, die die Kosten der (alten) Regulierung heimischer Banken im Jahr 2007 penibel untersucht. Der Trend dieser Belastung ist angesichts einer Unzahl neuer Regulierungen für die Banken weiterhin stark steigend.
Dr. Herbert Pichler, Geschäftsführer der Sparte Bank und Versicherung der Wirtschaftskammer Österreich, warnt: „Es gibt auch eine Zeit nach der Krise! Jetzt leben wir in einer Finanzkrise, die wir im Frühjahr 2008 nicht vorausgeahnt haben. Daher ist es im Frühjahr 2009 unsere Intention, dort, wo es in der Regulierung und Aufsicht über die Finanzmärkte Schwächen gegeben hat, wo die gravierenden Fehler und Probleme der Finanzmärkte aufgetreten sind, dort wo die Ursachen der jetzigen Krise gelegen sind, regulatorisch vorzusorgen. Es geht darum, den Weg aus der Krise herauszufinden bzw. künftigen Krisen besser vorzubeugen. Andererseits wollen wir nicht in Vergessenheit geraten lassen, dass es bei jedem Gesetz, bei jeder Richtlinie etwas mehr oder weniger bürokratisch zugehen kann. Es geht um die Vermeidung unnötiger Kosten, die uns in Zukunft belasten werden. Daher meine Warnung: Wir müssen weiter denken, weil das Vermeiden unnötiger Bürokratie gemeinsames Ziel sein muss."
Pichler wünscht eine qualitative, intelligentere Form der Regulierung und Aufsicht, keine bloß quantitative Aufstockung, und er hofft auf die Einsicht der EU-Kommission: „Sie hat eine hochrangige Expertenrunde unter Vorsitz des früheren französischen Notenbankpräsidenten Jacques De Larosière eingesetzt, die auf Grundlage einer Schwächenanalyse Vorschläge gemacht hat; sie werden von der EU-Kommission unterstützt und spielen nun eine große Rolle. Die gescheitesten Leute der Erde beschäftigen sich nun intensiv mit der Reform der Aufsicht und Regulierung der Finanzmärkte, um zu Verbesserungen zu kommen. Es geht darum zu orten, wo zusätzlicher

Regulierungsbedarf gegeben ist. Wir weisen darauf hin, dass diese Regulierung viele Banken und Finanzinstitute betreffen und mit schärferen Maßnahmen belasten wird, die mit der Krise überhaupt nichts zu tun gehabt haben. Wir appellieren, dabei das richtige Maß zu finden."

Die radikalsten Forderungen zur schärferen Kontrolle der Finanzindustrie kommen von der linksorientierten Vereinigung Attac: Sie erklärt, die Banken müssten von der Gesellschaft kontrolliert und ihre Gewinnorientierung solle beseitigt werden, damit sie ihren Zielen der Entgegennahme von Einlagen und Vergabe von Krediten künftig unbeeinflusst nachkommen könnten. Was Attac bei diesen Forderungen übersieht, ist, dass sich keine Finanzkrise, auch die jüngste nicht, entwickeln hätte können, wenn die Gesamt-Gesellschaft völlig frei von Gier, Spekulationslust und Ertragsstreben wäre. Solange sie das nicht ist, eignet sie sich nicht als brauchbare Alternative zur freien, aber intelligent kontrollierten Wettbewerbswirtschaft.

Jüngste Umfragen in Österreich haben ergeben: Die Mehrzahl der Menschen erhofft sich eine Bewältigung der Krise von den Regierungen, der EU und von der Wirtschaft. Diese Hoffnung scheint Schiffbruch zu erleiden:

Denn eine sozial verträgliche und praktisch umsetzbare Antwort auf die Kernfrage unserer Zeit – was sollen die ratlosen Spitzenpolitiker gegen die Krise tun, wenn selbst die klügsten Köpfe aus Wirtschaft, Politik und Wissenschaft uneins sind, wie man aus ihr herausfindet? – steht bisher aus.

Kontroversen um die Finanzmarktaufsicht

Bei einem Wiener Wirtschaftsgespräch im Spätfrühjahr 2009 sagte der aus Österreich stammende Mag. Heinz Zourek, Leiter der Generaldirektion Unternehmen und Industrie der EU-Kommission, bezüglich der künftigen Finanzmarktaufsicht in Europa: Der globale Finanzmarkt habe vor der jüngsten Krise zwar viele Regulierungen gekannt, aber es seien zum Teil dumme Regelungen gewesen. „In Zukunft brauchen wir gescheitere Regulierungen, nicht quantitativ mehr, sondern qualitativ bessere und eine engere Zusammenarbeit zwischen den verschiedenen Regulatoren." Damit unterstützt Zourek grundsätzlich die Argumentation der österreichischen Banken.

Vorstandsdirektor Mag. Helmut Ettl von der österreichische Finanzmarktaufsicht (FMA) legte sich im Exklusivgespräch mit dem Autor fest: „Jede effiziente Aufsicht hat schon im Eigeninteresse dem Grundsatz ‚So viel Freiheit wie möglich, so viel Aufsicht wie nötig' zu folgen. In Wirklichkeit ist diese Leitlinie eine Wanderung auf einem schmalen Grat. Was zu viel Regulierung und was zu wenig ist, hängt vor allem vom Standort des Betrachters ab: Kommt er aus der Finanzindustrie und will möglichst freie Geschäfte machen oder ist er Konsument, der Schutz vor der dominanten Marktmacht der Anbieter sucht. Das Kernproblem liegt meiner Ansicht nach woanders: Die Finanzmärkte wurden in den vergangenen Jahren in atemberaubendem Tempo globalisiert, haben sich vernetzt, nationale Grenzen spielen kaum mehr eine Rolle. Regulierung und Aufsicht blieben hingegen weitgehend national orientiert. Die Lücken, die hier aufgebrochen sind, gilt es jetzt zu schließen: Die globalisierten Finanzmärkte sind globalen Regeln zu unterwerfen; deren Einhaltung muss durch enge internationale Zusammenarbeit der Aufsichtsbehörden überwacht werden. Die Herausforderung, vor der wir stehen, ist, effektive neue Strukturen aufzubauen."

Der G-20-Gipfel in London vom April 2009 hat neue Finanzmarkt-Regulierungen erarbeitet, um eine neuerliche Finanzkrise zu verhindern. Nach wie vor aber steht Europa vor einem Zwiespalt: Soll es eine Europäisierung bzw. Zentralisierung der Finanzmarktaufsicht geben oder sollen die einzelnen EU-Länder nach dem Subsidiaritätsprinzip ihre nationalen Aufsichten verstärken?

Mag. Ettl vertritt den Zentralisierungsansatz: „In Österreich treten Finanzministerium, Oesterreichische Nationalbank und wir gemeinsam für ein europäisches System der Finanzmarktaufsichtsbehörden ähnlich dem europäischen System der Zentralbanken ein mit einer starken zentralen europäischen Aufsichtsinstitution, ähnlich der Europäischen Zentralbank (EZB), die sich auf ein effizientes und effektives Netzwerk nationaler Aufsichtsbehörden stützt. Bei der zentralen Institution liegt die Analyse und Aufsicht systemischer Risiken sowie die Aufsicht über große grenzüberschreitend tätige Institute. Sie hat hier für eine europaweit einheitliche Rechts-Anwendung und -Durchsetzung zu sorgen, um faire Wettbewerbsbedingungen für alle sicherzustellen: das oft zitierte Level-Playing-Field. Die nationalen Aufseher beaufsichtigen die nur national tätigen Institute und sind bei den transnational tätigen Gruppen in ihrem nationalen Bereich für Fact-Finding zuständig. Das heißt: Die Entscheidung der Aufsicht hat so zentral wie nötig zu erfolgen, das Fact-Finding muss so national wie möglich, also nahe am relevanten Markt, erfolgen. Das Aufsichtsmodell von Jacques De Larosière, das jetzt in der EU umgesetzt wird, ist ein Schritt in die richtige Richtung. Er reicht aber nicht aus. Für weitere Schritte wird es einer Änderung der Europäischen Verträge bedürfen."

Genau das ist die Schwachseite Europas: Die Änderung der Europäischen Verträge ist, weit über die Finanzmarktaufsicht hinaus, ein jahrzehntealter Konfliktfall, der den Zusammenhalt der Europäischen Union mehrfach grundlegend erschüttert hat und weiter erschüttern dürfte.

DDr. Manfred Moschner, Eigentümer des Finanzberatungsunternehmens ACS in Wien, bezweifelte im WIRTSCHAFTSBLATT vom 8. Juni 2009 die Wirksamkeit der von der Finanzmarktaufsicht in Aussicht gestellten umfassenderen Regulierung der Geldwirtschaft: „Bei genauer Betrachtung erscheinen die Absichten der Regulierer grenzenlos naiv. Wie soll eine Handvoll mittelmäßig bezahlter Beamter all das kontrollieren können, was Legionen hochbezahlter Absolventen von Elite-Universitäten aushecken? […] Produkte und Konzepte, die im Kern Neuerungen und Erleichterungen brachten, werden früher oder später von Leuten, die mehr vom Marketing als von den hinter den Produkten stehenden Mechanismen verstehen, neu verpackt und wortgewaltig unter Investoren gebracht, die davon noch weniger verstehen, sich aber von den tollen Aussichten der Innovationen blenden lassen." Moschner legt damit den Finger auf die verwundbarsten Stellen der Finanzmarktaufsicht.

Herbe Enttäuschung für Konsumenten und Finanzindustrie

Eine für private Anleger ausschlaggebende Frage ist: Wer wird künftig darüber entscheiden, welche Anlageprodukte zugelassen und welche als zu riskant ausgeschlossen werden?

Das sei keine Aufgabe der FMA, erklärt deren Vorstandsdirektor Ettl: „Das Schaffen und Beurteilen neuer Produkte ist und bleibt die Aufgabe des Marktes. Was die Aufsicht aber sehr wohl leisten kann und muss, ist, für größtmögliche Transparenz auf dem Markt zu sorgen. Das heißt sicherzustellen, dass der Verbraucher alle Informationen erhält, um als mündiger Konsument eine rationale Finanzentscheidung treffen zu können."

Weiters bestreitet Ettl, dass das Verhältnis zwischen dem Preis der Finanzmarktaufsicht und ihrer Leistung schlecht sei, und greift die Banken frontal an: „Das Preis-Leistungs-Verhältnis war für österreichische Konsumenten immer äußerst günstig. Die Kosten der Aufsicht bewegen sich für Kunden von Finanzprodukten unterhalb des Promille-Bereichs und sind daher vernachlässigbar. ‚Überregulierung' oder angeblich ‚horrende Kosten der Aufsicht' waren nur Schlachtrufe der Finanzindustrie, um sich der Aufsicht entziehen zu können."

Mit dieser Aussage kündigt sich ein beinharter Konflikt zwischen österreichischer Finanzmarktaufsicht und den beaufsichtigten Unternehmen der Finanzindustrie an. Schon bisher sind diese Beziehungen keineswegs harmonisch. Bemühen sich Banken und Finanzfirmen doch sehr erfolgreich als Abwerber der in der FMA mühsam herangezogenen, im Durchschnitt eher schlecht entlohnten beaufsichtigenden Experten.

Die österreichische Finanzmarktaufsicht räumt mit einigen weiteren Missverständnissen der Konsumenten über die Ziele ihrer Arbeit auf: Sie sei keine Konsumentenschutzorganisation, sondern nur zur Überwachung der Finanzindustrie da. Geldkunden, die durch Anlagen in falsche Finanzprodukte Nachteile oder Vermögensverluste erleiden, erhalten von der FMA keine Hilfe, sondern werden auf den Zivilrechtsweg verwiesen. Ettl betont, dass seine Behörde Äquidistanz (gleichen Abstand) zu den Beaufsichtigten und deren Kunden wahren müsse. „Wir dürfen nicht Partei ergreifen. Wir können daher auch nicht bei der Durchsetzung etwaiger Schadenersatzansprüche behilflich sein. Wir gehen aber jeder Verbraucherbeschwerde penibel nach und prüfen, ob es zu Gesetzesverletzungen oder systemischen Fehlern gekommen ist. Dementsprechend ahnden wir Verstöße, stellen das Fehlverhalten ab und sorgen dafür, dass systemische Mängel behoben werden. Der Gesetzgeber hat Beschwerdeführern in unseren behördlichen Verfahren keine Parteienstellung eingeräumt. Wir dürfen ihnen aufgrund unserer Verpflichtung zur Amtsverschwiegenheit weder über Stand, Fortschritt noch Ergebnis unserer Untersuchungen informieren. Allerdings kann das Gericht bei zivilrechtlichen Schadenersatzverfahren im Wege der Amtshilfe Akteneinsicht in der FMA nehmen. Da unsere Bescheide oft wichtige Informationen für Verbraucher darstellen, wollen wir eine gesetzliche Verpflichtung, dass wir Strafbescheide künftig veröffentlichen dürfen."

Die FMA meint, dass es für Konsumenten von Finanzdienstleistungen eine wichtige Information bei der Entscheidung über ein ihnen angebotenes Finanzprodukt wäre zu wissen, ob ein bestimmter Anbieter fortwährend mit dem Gesetz in Konflikt kommt und die Anlegerschutzbestimmungen missachtet.

Damit könnten die jüngste Finanzkrise und die in ihrem Gefolge erwartete Reform der Finanzmarktaufsicht zumindest bei Schutz und Hilfe für Konsumenten deutliche Fortschritte zur Folge haben.

Vermögenseinbußen aus der Krise

Der österreichische Industrielle Dr. Hannes Androsch beziffert die Kosten der gegenwärtigen Finanzkrise aufgrund der geplatzten US-Hypothekenblase mit rund drei Prozent der Welt-Wertschöpfung (des World-GDP). 2007 hat sie 65,61 (amerikanische) trillions US-Dollar betragen; das entspricht rund 46.000 Milliarden Euro. Drei Prozent davon sind knapp 1.400 Milliarden Euro. Diese Summe sei, so Androsch, erforderlich, nicht nur um die jüngste Krise zu meistern, sondern auch um das verlorengegangene Vertrauen zwischen Banken und Menschen wiederherzustellen. Das sei der wahre Grund für das enorme Ausmaß und die lange Dauer der Krise.

Die Börsenwerte haben in aller Welt die dramatischsten Abstürze seit je hinter sich. In den Vereinigten Staaten haben sie 2008 insgesamt 7,3 Billionen US-Dollar (5.212 Milliarden Euro) verloren, eine bisher nie erreichte Rekordsumme. Die Medien sprachen angesichts der Panikverkäufe geängstigter Anleger im Oktober und November 2008 völlig übertrieben von einer „Kernschmelze der Börsen". Eine solche hat es allerdings nicht gegeben, sonst wäre der neuerliche Kursaufschwung vom Frühjahr 2009 an nicht möglich gewesen.

Der Dow-Jones-Index der 30 großen US-Industriewerte hatte Ende 2008 im Gefolge der Börsenkrise einen Jahresverlust von 37 Prozent erlitten. Damit war er im Vergleich zu anderen großen Aktienindices noch gut bedient. Der MSCI World, der weltweite Aktienindex, ist 2008 um 41 Prozent eingebrochen, der britische MSCI um 48 Prozent, die chinesischen Börsen sind um 52 Prozent, die indischen um 64 Prozent eingebrochen. Der ATX, der Leitindex der Wiener Börse, hat 2008 sogar rund 60 Prozent verloren; die Marktkapitalisierung an der Wiener Börse, das ist der summierte Wert aller am Markt angebotenen Aktien, hat 2008 mehr als 100 Milliarden Euro eingebüßt. Die globale Börsenbaisse war die Folge einer von Ausfällen auf dem amerikanischen Hypothekenmarkt ausgelösten Kredit- und Finanzkrise, die schließlich in eine schon lange vorher sich abzeichnende Rezession der Realwirtschaft mündete.

Der stärkste Verlierer innerhalb des Dow Jones war der Autohersteller General Motors mit einem Kursverlust von 87 Prozent, der gemeinsam mit seinen Konkurrenten Ford Motor Company und Chrysler den nahe liegenden Konkurs nur mit staatlicher Hilfe von 34 Milliarden US-Dollar vermeiden konnte. Der technologielastige NASDAQ-Börseindex hat 2008 rund 41 Prozent verloren, der S&P 500 insgesamt 38,5 Prozent. Hauptverlierer innerhalb des S&P 500 war der größte US-Versicherer American International Group (AIG), ein Finanzwert, der nur mit einem staatlichen

Hilfspaket von 150 Milliarden US-Dollar vor dem totalen Kollaps bewahrt werden konnte. Bis Ende 2008 hat das US-Finanzministerium 350 Milliarden US-Dollar allein in die Stützung der notleidenden amerikanischen Finanzbranche investiert. Dank dieser Staatsintervention hat der S&P 500 von seinem Tiefpunkt im November 2008 an bis Ende dieses Jahres wieder 20 Prozent zugelegt.
Die Staatsinterventionen, die auch US-Präsident Barack Obama unterstützt, werden zumeist unter der Bezeichnung Neo-Keynesianismus geführt. Der britische Nationalökonom John Maynard Keynes hatte nämlich geraten, schwächelnde Konjunkturen durch öffentliche Ausgaben zu beleben. In der Krise 2007/2009 erinnerte man sich wieder dieser Politik, die zuletzt in den Siebzigerjahren des 20. Jahrhunderts praktiziert worden war.
Ulrich Schäfer kommentierte diese „Globalsteuerung" in der Süddeutschen Zeitung vom 12. Jänner 2009: „Wenn sich überall Angst breit macht, wenn Unternehmen, Banken und Verbraucher ihr Geld horten, muss der letzte verbliebene Spieler in der Wirtschaft einspringen: der Staat. Doch anders als in den Sechziger- und Siebzigerjahren folgen die Regierungen den Lehren von Keynes nicht aus Überzeugung, sondern aus der Not heraus. Sie haben keine Wahl, weil alle anderen Versuche, die Wirtschaft wieder in Gang zu bringen, gescheitert sind. Die gigantischen Rettungspakete für die Banken haben wenig bewirkt. Die historischen Zinssenkungen der Notenbanken sind verpufft. Also sind die Billionen für die Konjunktur der letzte Schuss."
Es gab neben vielen Verlierern jedoch auch manche Krisenprofiteure, darunter US-Einzelhandelsketten: Die Aktie von Family Dollar Stores gewann 2008 nicht weniger als 36 und jene von Wal-Mart Stores 18 Prozent.
Prof. Dr. Helmut Kramer, österreichischer Wirtschaftsforscher und Universitätslehrer, beschrieb die Wurzeln der jüngsten Weltwirtschaftskrise Ende 2008 so: „Können wir uns darauf einigen, dass diese nur durch unverantwortliche, teils kriminelle Gier oder Lässigkeit in Teilen der Privatwirtschaft und durch Pflichtverletzung und Bedenkenlosigkeit staatlicher Organe, verschärft durch das fatale Zusammenwirken des Fehlverhaltens beider Bereiche, zustande kommen konnte?"

Finanz-Innovationen als Krisenursache

Aus Sicht der Europäischen Gewerkschaftsunion ETUI und damit aus Arbeitnehmersicht analysierte Andre Watt die Ursachen der Mehrfachkrise. Im European Economic and Employment Policy Brief Ende 2008 erklärte er: „Ohne Zweifel stimmt, dass ihr Epizentrum in den USA gelegen ist, von wo sie direkt nach Europa und indirekt in die Entwicklungsländer übergesprungen ist. Dahinter lag eine lange Serie wirtschaftlicher Ungleichgewichte auf unterschiedlichen Ebenen und Sphären, die mit Neuentwicklungen von Finanzinstrumenten in den kapitalistischen Wirtschaften gekoppelt waren."
Watt spricht von sieben „Schlüssel-Innovationen", die für die Krise verantwortlich waren:

1. *Anhaltend hohe Budgetdefizite*, besonders in den USA, aber auch in Großbritannien und Spanien, bei gleichzeitigen Budgetüberschüssen etwa in der VR China, Japan und Deutschland. Der gesamte private Konsum und die Investitionen sind in den USA lange um fünf bis sechs Prozentpunkte über der gesamten Wirtschaftsleistung gelegen. Die Kluft dazwischen wurde durch Kredite geschlossen. Überschussländer haben hohe Vermögen aufgebaut, was die Zinsen für langfristige Kredite niedrig und die Ungleichgewichte aufrechterhalten hat. In Deutschland waren die Außenhandelsüberschüsse eine wichtige Ursache dafür, dass die Banken hohe Anteile an prekären Finanzprodukten aus den USA gehalten haben.
2. Die rasche Internationalisierung, sprich *Globalisierung von Produktion, Investitionen und Finanzverbindungen, ohne entsprechende Weiterentwicklung von Aufsichtsbehörden* und anderen Formen der Regulierung auf supranationaler Ebene. Die internationalen Institutionen entsprechen noch immer den geopolitischen Gegebenheiten der Periode nach dem Zweiten Weltkrieg und ihre Politik entspricht, wenn überhaupt, den Bedürfnissen isolierter Entwicklungsländer. Dieser Mangel hat zur dauernden Konkurrenz zwischen der Steuer-, Gesellschaftsrechts- und Finanzmarkt-Rechtsprechung geführt. Das Fehlen eines globalen Corporate Government Codex hat das Problem der Ungleichgewichte begünstigt.
3. Das alles hat zu einem *breiten Rückzug des Staates aus der Wirtschaft* geführt; der Anteil der öffentlichen Hände an Unternehmen und Finanzkörperschaften hat den Arbeitsmarkt und die Einrichtungen des Wohlfahrtsstaates geschwächt, kommerzialisiert und privatisiert. So ist auch der Einfluss der Gewerkschaften geschwunden und der Bereich der Selbstregulierung ausgeweitet worden. Der Finanzdienstleistungssektor ist, unterstützt von politischen Geschenken, aktiv re-reguliert worden, jetzt halten dieselben Finanzdienstleister ihre Hände auf, um Staatshilfe zu erhalten. Viele der vom Staat aufgegebenen Regulierungen stammen aus der Zeit der großen Depression 1929/1933.
4. Die Re-Regulierung hat in den meisten fortschrittlichen kapitalistischen Ländern zu einem markanten *Auseinanderklaffen der funktionellen Einkommensverteilung* geführt, etwa von Arbeits- zu Gewinneinkommen, daneben auch zu einem Auseinanderklaffen der Einkommensunterschiede zwischen Reichen und Armen. Das hat dazu geführt, dass jene, die vorwiegend reale Güter und Dienstleistungen konsumieren, weniger Geld in der Tasche haben, und jene, die auf den Finanzmärkten spekulieren, mehr Geld zur Verfügung haben. Am untersten Ende der Einkommensskala sind viele gezwungen, mehr Kredite in Anspruch zu nehmen, um ihre Lebenshaltung finanzieren zu können, weil in vielen Ländern die Realeinkommen stagnieren.
5. Wenig untersucht und daher kaum verstanden wird der Weg, wie diese *Verarmung mit der „Finanzialisierung der Wirtschaft" verbunden* ist. Dieser Oberbegriff beschreibt Phänomene wie das Größenwachstum des Finanzsektors, das

gemessen am BIP zunehmende Volumen von Finanz-Transaktionen und -Produkten, Veränderungen bei der Unternehmenssteuerung Richtung Shareholder-Value, den wachsenden Gebrauch von Stock Options und anderen Arten der kurzfristigen Incentives für Top-Manager, die wachsende Bedeutung von Finanzvorständen (CFOs) in den Unternehmensleitungen sowie Struktur- und Produktänderungen innerhalb der Finanzindustrie. Die Folgen davon sind, dass dem Einkommenswachstum kein ebenbürtiges Wachstum der Investitionen gegenübersteht; die Aktivitäten von Konzernmanagern werden eher von kurzfristigen Interessen bezüglich der Aktienkurse geleitet, was gemessen an den Gewinnen das träge Investieren erklärt.
6. Ein Aspekt dieser „Finanzialisierung" der Wirtschaft ist die *Securitisation*, das großflächige Verbriefen von Forderungen und anderen Aktiva, das Übertragen von vorher nicht handelbaren Vertragsverhältnissen, wie Hypotheken und anderen Krediten, in handelbare und damit die Streuung und Verbreitung von Risikopositionen. Dadurch sind falsche Marktakzente gesetzt und uninformierte Konsumenten über die wahre Natur der Risiken getäuscht worden. Denn die Käufer haben den Ratingagenturen vertraut, die in einer Art Oligopol die Risikopapiere bewertet haben, aber von deren Emittenten dafür bezahlt worden sind, so dass faule Kredite hohe Qualitätsnoten erhalten haben. Ergebnis davon waren hohe Hebelungen und eine höhere Verschuldung der Haushalte.
7. Schließlich war es die lange *Zeitspanne historisch niedriger Zinsen*, die die Krise beflügelt hat. Niedrige Zinsen steigern erfahrungsgemäß den Risikoappetit und sie waren schuld an der Verteuerung von Vermögenswerten und an der viel zu hohen Hebelung spekulativer Veranlagungen. Gleichzeitig wird den Notenbanken der Vorwurf gemacht, sie hätten der Zinspolitik mehr vertraut, als es ratsam gewesen wäre, anstatt andere Nachfrage steuernde Instrumente, wie etwa Geldpolitik, Mindestreserve-Verpflichtungen der Banken oder eine strengere Finanzaufsicht, einzusetzen.

Langfristfolgen der Weltwirtschaftskrise

Angesichts der unerwartet schnellen globalen Ausbreitung der Mehrfachkrise 2007/2009 rechnen Wirtschaftsforscher mit einer extrem langsamen Erholung der Weltwirtschaft, die 2010 zögerlich einsetzen werde. Das wäre eine Parallele zur Weltwirtschaftskrise 1929/1933.
Das Österreichische Institut für Wirtschaftsforschung (WiFo) sagte Anfang 2009 voraus: „Über den gesamten Prognosezeitraum wird die Wirtschaft in den Industrieländern der Erde um nur 1,5 Prozent pro Jahr expandieren. Dies wäre das schwächste mittelfristige Wirtschaftswachstum seit dem Zweiten Weltkrieg." Die Grundannahmen dafür sind:
• Die Sparquote der privaten Haushalte steigt in den USA infolge der Entwertung ihres Finanz- und Immobilienvermögens von zwei Prozent im Jahr 2008 auf sechs Prozent im Jahr 2013.

- Die Leitzinssätze von Euro und US-Dollar werden mit annähernd einem Prozent außerordentlich niedrig gehalten.
- Der Wechselkurs des Euro wird gegenüber dem US-Dollar weiter nachgeben und bis 2013 auf 1,18 US-Dollar sinken.
- Die Erdölpreise erholen sich infolge anhaltender Förderkürzungen und steigen bis 2013 auf 73 US-Dollar pro Fass.
- Der Verfall der Aktienkurse und Immobilienpreise kommt im Laufe des Jahres 2009 zum Stillstand.
- Der Welthandel wird sich zwischen 2008 und 2013 um durchschnittlich 5,4 Prozent jährlich ausweiten, das ist deutlich langsamer als in den 5-Jahres-Perioden seit Mitte der Achtzigerjahre.
- Die Weltproduktion wird sich erst von 2010 an merklich erholen und zwischen 2008 und 2013 nur um 3,2 Prozent pro Jahr zunehmen; von 2002 bis 2008 hatte sie um 4,3 Prozent zugenommen.
- Für die von der Finanzkrise stärker betroffenen Industrieländer wird ein mittelfristiges Wirtschaftswachstum von nur noch 1,5 Prozent pro Jahr erwartet; besonders schwach wird es in den USA (+0,8 %), Japan und Deutschland (+1 %), Frankreich und Großbritannien (+1,1 %) und Italien (+0,4 %).
- In den neuen EU-Ländern Osteuropas wird das mittelfristige Wirtschaftswachstum dagegen mit +3,4 % jährlich weiterhin höher ausfallen. Auch in China und Indien wird das Wachstum schwächer, aber in geringerem Maß als in den Industrieländern.

Österreichs Vizekanzler und Finanzminister DI Josef Pröll fügte dieser Vorausschau seine düstere Sicht der Entwicklung des Budgetdefizits hinzu: Die Schulden der Republik Österreich werden von derzeit 58 Prozent, gemessen am Bruttoinlandsprodukt, auf 78 Prozent steigen. „Diese horrende Schuldenquote muss nach der Krise durch Ausgabenverminderungen, insbesondere durch konkrete Umsetzung der lang diskutierten Verwaltungsreform, zurückgeschraubt werden, um das Budget zu sanieren. Ausnahmen von den Kürzungen werden lediglich die Bereiche Bildung und Wissenschaft, Forschung und Entwicklung sowie innere Sicherheit sein. Österreich wird sich parallel dazu bemühen müssen, seinen Anteil am Welthandel von derzeit 1,9 auf 2,5 Prozent zu erhöhen." Auf Steuer- und Abgabenerhöhungen will Pröll aber ausdrücklich verzichten.

Prof. DDr. Franz Josef Radermacher, Mitglied des Clubs of Rome, zog aus der wachsenden Schuldenlast der öffentlichen Hände drastische Schlüsse: „Eingriffe des Staates in die privaten Vermögensverhältnisse der Bürger im Interesse der Entschuldung der öffentlichen Budgets werden überaus wahrscheinlich sein!"

Wo blieb das schöne Geld, das die Krise vernichtete?

Josef Ackermann, schillernder, zeitweilig ruppig-arroganter oder auch leicht angerührter Chef der Deutschen Bank, einer der bestbezahlten Top-Manager Europas, saß nach glaubwürdigen Berichten am 19. November 2008 abends im Saal der Katholi-

schen Akademie am Rande des Berliner Regierungsviertels, vor ihm rund 300 gespannt lauschende Zuhörer. Ackermann lieferte ihnen eine kleine Sensation. Er erklärte: „Das ist die erste globale Krise überhaupt, und wir stecken noch mitten in der Krisenbewältigung."
Der Banker hatte Recht. Die Meldungen über Milliardenverluste von Banken und Versicherungen häuften sich in der Folge rund um den Globus. Auch seine Deutsche Bank machte keine Ausnahme: Per Ende 2008 musste sie unerwartet 3,9 Milliarden Euro Verlust zugeben. Nach der vorzeitigen Verkündung dieses Ergebnisses Mitte Jänner 2009 erlitt Ackermann einen leichten gesundheitlichen Zusammenbruch und wurde ins Krankenhaus eingeliefert, aus dem er aber bald wieder entlassen wurde. Seither gilt er als nicht mehr als so unantastbar wie früher. Das obwohl der summierte Schaden aller Finanzinstitute der Erde bis Ende 2008 rund 2,8 Billionen US-Dollar (2.800 Milliarden!) erreicht hatte.
Wo ist dieses schöne Geld geblieben? Es wurde nicht etwa „verbrannt", wie viele Medien immer wieder sachlich unrichtig melden, sondern es ist aus alten Taschen in neue geflossen, und kaum einer hat es bemerkt.
„Wenn Sie wissen wollen, wohin das Geld geflossen ist, müssen Sie in die USA fahren und sich die Vororte der großen Städte und dort die Unzahl neu gebauter Häuser ansehen", rät Max Otte, Wirtschaftsprofessor an der Fachhochschule in Worms, Börsenguru und Vermögensberater sowie Autor des Buches DER CRASH KOMMT.
Er berichtet von Zehntausenden fertigen, unbewohnten Häusern, Tausenden Rohbauten, die heute als sofort verkäuflich und vor sich hin modernd umherstehen und trotz drastisch reduzierter Preise keine Interessenten finden. „Das schöne Geld steckt fest in unverkäuflichen Immobilien, es liegt in den Taschen der Immobilienmakler und der früheren Eigentümer, die ihre Häuser gerade noch mit Gewinn weiterverkauft haben. Es liegt in den Händen von Zementerzeugern, Baggerfahrern, Maurern und Zimmerleuten, die es zum Kauf japanischer Autos, deutscher Kühlschränke oder chinesischer Spielsachen für ihre Kinder verwendet haben."

Ist Alan Greenspans Biografie zu korrigieren?
Die in der Mont Pelerin Society versammelten prominentesten Ökonomen der Erde haben sich im März 2009 folgendermaßen geäußert: „Hauptverursacher der Krise ist offensichtlich die US-Notenbank, die mit niedrigen Zinsen zwischen 2003 und 2005 den Hypothekenboom angeheizt hat. Noch gravierender hat sich der auf die Banken ausgeübte Druck ausgewirkt, auch an schlechte Schuldner Hypotheken zu vergeben. Populistische Politik wollte so möglichst viele Amerikaner zu Hauseigentümern machen." Das richtet sich eindeutig gegen Alan Greenspan.
Er ist der Vater der Ära des billigen Geldes in den USA, die zur gegenwärtigen globalen Mehrfachkrise geführt hat. Er war langjähriger Vorsitzender der US-Notenbank „Federal Reserve Bank" (Fed), geboren 1926 in New York. Greenspan ist kein von der Pike auf gelernter Banker mit umfangreicher Praxis im Geldhandel, sondern ein Theoretiker des Geldes, ein Zahlen- und Mathematikgenie mit speziellem Hang zur Statistik.

Der US-amerikanische Hedge-Fonds-Manager Jim Rogers, der zusammen mit Georg Soros – dem berühmt-berüchtigten US-amerikanischen Investmentbanker ungarischer Herkunft – in den Siebzigerjahren des 20. Jahrhunderts den Quantum Fund Hedge-Fonds gegründet hatte (dieser warf eine Rendite von 4.200 Prozent ab, während der Standard-&-Poors-500-Index nicht einmal 50 Prozent Rendite schaffte), lastet Greenspan und der verfehlten US-Notenbankpolitik die Finanz-, Konjunktur- und US-Dollar-Krise des Jahres 2008 an. Greenspans Nachfolger Ben Bernanke bezeichnet Rogers als den „schlechtesten Notenbanker aller Zeiten".
Alan Greenspan hat 1948 an der New Yorker Universität als Volkswirtschafter promoviert. Zu Beginn seines Studiums habe er „die theoretische Eleganz der freien Marktwirtschaft schätzen gelernt", bekannte er später. Seine private Leidenschaft aber war mehrere Jahre lang der praktizierte Jazz. Greenspan bewunderte Benny Goodman und Glenn Miller, spielte in verschiedenen Bands professionell Klarinette und Tenorsaxophon und finanzierte so sein Studium. Das Tenorsaxophon war in Greenspans jugendlichen Ohren „das befriedigendste und jazzigste Element des Big-Band-Sounds".
In seiner Jugend war Greenspan lange zwischen Jazz und Nationalökonomie hin- und hergerissen. An der George Washington High School lernte er dann das Prinzip des Konkurrenzdenkens kennen und lieben, arbeitete in mehreren Jobs an der Erstellung komplizierter wirtschaftsstatistischer Vergleiche und wurde bald Berater einflussreicher Gremien. Schließlich wurde er von US-Präsident Richard Milhous Nixon (Amtszeit 1977–1981) als Wirtschaftsberater engagiert. 1987 bis 2006 war er Vorsitzender des Board der Fed, damit oberster Währungshüter der stärksten Wirtschaftsmacht der Erde. Nachfolger Paul Bernanke setzte Greenspans Währungspolitik fort und musste sich von 2008 an auch mit deren unerwarteten Folgen herumschlagen.
In THE AGE OF TURBULENCE untersucht Greenspan – symptomatisch für seine persönliche Einstellung – den „Konflikt zwischen der sich rasch verändernden globalen Wirtschaft und der sehr stabilen menschlichen Natur. Der wirtschaftliche Erfolg des vergangenen Vierteljahrhunderts ist genauso das Ergebnis dieses Konflikts wie die Sorge, die diese schnellen Veränderungen hervorrufen".
Im offiziellen Bericht über die US-Wirtschaftslage knapp vor den Terroranschlägen 9/11 hatte Greenspan noch ein wesentlich zuversichtlicheres Bild gezeichnet: „Seit März 2001 hat die US-Wirtschaft eine kleinere Rezession durchgemacht und stand noch ganz unter dem Eindruck des Platzens der Dotcom-Blase im Jahr 2000. Doch allmählich zeichnete sich eine Wende ab. Wir haben in rascher Folge die Leitzinsen gesenkt und die Märkte haben sich stabilisiert […] Die Diskussionen im Direktorium der Notenbank drehten sich vor allem um die Frage, wie weit wir die Leitzinsen senken wollen."
Dann kommt Greenspan auf die Folgen von 9/11 zu sprechen: „Danach zeigten die Berichte und Statistiken, die uns aus den [12] Filialen der Notenbank erreichten, ein völlig verändertes Bild. […] Diesen Daten konnten wir entnehmen, dass die Men-

schen im gesamten Land den Konsum fast vollständig eingestellt hatten und nur noch Produkte kauften, um sich auf mögliche weitere Anschläge vorzubereiten."
Die USA waren nach 9/11 vorübergehend gelähmt wie das Kaninchen beim Anblick der Schlange. Greenspan wollte diese Betäubung rasch durch währungspolitische Maßnahmen lösen. Den epochalen politischen und wirtschaftlichen Schock, den die USA im Gefolge der Terroranschläge im Herbst 2001 erlitten hatten und der seine künftige Politik des billigen Geldes ausgelöst hat, schildert er so: „Ich wusste nach dem 11. September mit Gewissheit, dass wir in einer neuen Welt leben: jener einer globalen kapitalistischen Wirtschaft, die flexibler, widerstandsfähiger, offener, selbstorganisierter und wandlungsfähiger ist als noch vor einem Vierteljahrhundert. Es ist eine Welt, die vielfältigste neue Möglichkeiten genauso bereithält wie immense neue Herausforderungen."
Unter dem Eindruck der Terroranschläge und deren unmittelbaren Folgen auf die USA baute sich in Greenspans Kopf allmählich ein Horrorszenario auf: „Wenn Menschen sich vom Markt zurückziehen, wenn Investoren ihre Aktien abstoßen, Unternehmer sich nicht an Verträge halten oder Bürger aus Angst vor Selbstmordattentätern Einkaufszentren meiden, entsteht rasch ein Schneeballeffekt. Es ist die Psychologie, die für Panik und Wirtschaftskrisen verantwortlich ist. Ein Schock wie der, den wir gerade erlebt haben, konnte einen breiten Rückzug aus den Märkten und damit eine massive Schrumpfung der Wirtschaft zur Folge haben. Der Schaden konnte sich auf diese Weise vervielfachen."
Diese Schreckensvision ist zwar nie Wirklichkeit geworden, dennoch stand Greenspan wie alle Amerikaner vor einem in den USA bislang unbekannten Phänomen: „Gute anderthalb Jahre lang befanden wir uns nach dem 11. September 2001 im Schwebezustand. Die Wirtschaft expandierte zwar, doch das Wachstum blieb unsicher und schwach. Unternehmen und Investoren fühlten sich wie im Belagerungszustand."
Daher zögerte der Fed-Chef lange, die Politik des billigen Geldes stufenweise wieder zurückzuschrauben und zur Normalität zurückzukehren. Nicht zuletzt, weil die schlechten Nachrichten für US-Bürger kein Ende zu nehmen schienen. Greenspan schildert angesichts dieser Kette von Negativereignissen sein Beharren auf niedrigen Leitzinsen so: „Auf die Auseinandersetzungen um Wahlkampfspenden folgten die Heckenschützenattentate von Washington D. C. und das Bombenattentat auf Touristen in Bali. Im Sommer 2002 brach der Telekomriese WorldCom nach massiven Bilanzfälschungen zusammen; mit einer Konkursmasse von 107 Milliarden US-Dollar war es der größte Bankrott der US-Geschichte. Im November 2002 folgte SARS [Schweres Akutes Respriratorisches Syndrom], eine tödliche Infektionskrankheit, die in China ausbrach und wochenlang Flugverkehr sowie Welthandel behinderte. Gleichzeitig erhöhte die US-Regierung den Druck auf den Irak, und im März und April bestimmten die Invasion im Irak und der Sturz von Saddam Hussein die Schlagzeilen. Dahinter lauerte die Furcht vor weiteren Terroranschlägen in den USA."

Die US-Notenbank reagierte auf diese Unsicherheiten, indem sie ihre aggressiven Zinssenkungen beibehielt. Sie erweiterte die Serie der sieben Zinssenkungen, die sie schon Anfang 2001 durchgeführt hatte, um die Auswirkungen des Dotcom-Crashs und des allgemeinen Einbruchs auf dem Aktienmarkt aufzufangen. Nach den Anschlägen des 11. September senkte die Fed die Zinsen noch vier Mal und ein weiteres Mal auf dem Höhepunkt der Unternehmensskandale im Jahr 2002. Im Oktober 2002 stand der Tagesgeldsatz in den USA bei unfassbar niedrigen 1,25 Prozent. Seit US-Präsident Dwight D. Eisenhower (Amtszeit 1953–1961) waren die US-Leitzinsen nicht mehr so niedrig gewesen! Auch die Zinsen für langfristige Anleihen sind in den USA zwischen 2000 und 2003 gesunken; für 10-jährige Staatsanleihen gingen sie von fast sieben auf weniger als 3,5 Prozent zurück.

Greenspan sagte zu den Folgen dieser Entwicklung: „Im Jahr 2003 waren Wirtschaftsflaute und Disinflation so weit fortgeschritten, dass die US-Notenbank eine noch exotischere Gefahr in Erwägung ziehen musste: die Deflation. Es bestand die Möglichkeit, dass die USA in einen ähnlichen Teufelskreis gerieten wie den, der Japan schon seit 13 Jahren lähmte. Diese Aussicht beunruhigte mich."

Greenspan schildert dann den Anfang vom Ende des US-Hypothekenbooms und der ihm folgenden Subprimekrise: „Die Verbrauchernachfrage zog die Wirtschaft schließlich aus ihrer Schwächephase heraus, und diese Nachfrage betraf vor allem das Wohneigentum. In vielen Teilen der USA bewirkte der Rückgang der Hypothekenzinsen eine gewaltige Wertsteigerung bei den privaten Immobilien. Die Preise für bestehende Wohnhäuser und Eigentumswohnungen stiegen in den Jahren 2000, 2001 und 2002 um jeweils 7,5 Prozent pro Jahr und damit doppelt so schnell wie nur wenige Jahre zuvor. Die Bauaktivität erreichte einen historischen Höchststand ebenso wie der Verkauf von Altbauten. Dieser Boom hob die Stimmung. Selbst wenn sie ihr Haus nicht verkauften, konnten die Menschen zusehen, wie die Nachbarn ihre Häuser zu erstaunlichen Preisen verkauften, was bedeutete, dass auch ihr Haus mehr wert geworden war."

US-Analysten schätzen, dass drei bis fünf Prozent vom Wertanstieg des privaten Wohnraums die Nachfrage nach Konsumwaren und Dienstleistungen, vom Auto über Kühlschränke bis zu Urlaubsreisen und Vergnügungen, angeheizt haben. Was Greenspan und die Fed initiiert hatten, nämlich den US-Konsum mit billigem Geld anzukurbeln, war voll aufgegangen.

Die Ära des billigen Geldes in den USA wurde aber nicht nur als Ausweg aus der drohenden Wirtschaftsflaute angesehen, sondern viel mehr als sozialpolitische Großtat zugunsten der Minderbemittelten und Underdogs des Landes: 2006 haben dank Bereitstellung übergünstiger Hypothekarkredite 69 Prozent aller US-Haushalte in ihren eigenen vier Wänden gewohnt; das waren um fünf Prozentpunkte mehr als 1994 und um ein Viertel mehr als 1940! Schwarze, Hispanos und andere gesellschaftliche US-Minderheiten waren, wie am Beginn dieses Kapitels beschrieben, die besonders Begünstigten dieser Regierungspolitik, weil sie erstmals im Leben eigenen Wohnraum erwerben konnten.

Ende 2002 hat der Wirtschaftskommentator von NEWSWEEK, Robert Samuelson, die Folgen dieser Politik beschrieben: „Der Boom auf dem privaten Immobilienmarkt hat die US-Wirtschaft gerettet. Enttäuscht vom Aktienmarkt haben die Amerikaner eine Immobilienorgie gefeiert. Wir haben verkauft, abgerissen und angebaut."

Die gesamte Weltwirtschaft hat wenige Jahre später für diese US-Strategie teuer bezahlt, ist Samuelson im Lichte der jüngsten Ereignisse auf den Kapital- und Immobilienmärkten zu ergänzen.

Ist Greenspan nun der gescheite Gute, der die Weltwirtschaft vor dem Absturz gerettet hat, oder ist er der infernalisch Böse, weil er die Krise angezettelt hat?

Umstrittene Politik des billigen Geldes

Der österreichische Wirtschaftsforscher Dr. Markus Marterbauer ist skeptisch gegenüber der These, dass die US-Politik des billigen Geldes allein schuld an der weltweiten Krise seit 2007 sei. Im Gespräch mit dem Autor sagte er: „Die Niedrigzinspolitik der Fed hatte einen gewissen Einfluss auf den Immobilienboom in den USA, indem sie diesen gefördert hat. Aber viel wichtiger für den Immobilienboom und die Spekulation auf den Immobilienmärkten ist die Deregulierung der Kreditmärkte gewesen, indem man in den USA Hypothekarkredite bekommen hat, ohne einen Einkommens- oder Vermögensnachweis vorzulegen, und das auf fünf Jahre Dauer mit geringer Zinszahlung und null Rückzahlung. Das war auf den Kreditmärkten keine Politik des ordentlichen Kaufmanns mehr. Diese Gründe sind viel wichtiger für die Hypothekenkrise gewesen als das billige Geld. Dafür, dass wir jetzt eine weltweite Wirtschaftskrise haben, ist Herr Greenspan sicher nicht verantwortlich. Sondern dafür ist die Übertragung der Kredite über die Deregulierung der Finanzmärkte entscheidend gewesen. Im Moment bleibt uns selbst nichts anderes übrig, als die Zinsen auf null zu senken. Wir brauchen jetzt viel mehr aktive Fiskalpolitik, um die Krise zu mildern."

Wie Greenspans Politik des billigen Geldes zur Überwindung des Terrorschocks von 9/11 in den USA selbst angekommen ist, schildert der deutsch-amerikanische Börsenguru Heiko Thieme, der seit fast einem Vierteljahrhundert in den USA lebt und dort professionell viel Geld anlegt: „Als zweitlängst dienender Notenbankchef in der US-Geschichte – die US-Notenbank gibt es seit 1913 – hat Greenspan gewiss Verdienste. Er hat z. B. beim Börsencrash von 1987 – er war erst im August dieses Jahres ins Amt gekommen – durch die Lockerung der Geldmenge einen tieferen Einschnitt des Crash nach dem 19. Oktober 1987 verhindert. Knapp zwei Jahre später hatten wir neue Höchststände an der Börse. Statistisch gesehen hat er 2001 richtig gehandelt, praktisch gesehen hat er einen Fehler gemacht, weil er vergaß, das locker und billig gemachte Geld zeitgerecht wieder zurückzunehmen. Er hätte das Geld absorbieren müssen, nachdem die befürchtete 2000er-Krise keine war. Die Computerumstellung des Jahres 2000 hatte überhaupt keine Probleme verursacht. Was wir 2000 hatten, war der Gipfelpunkt der sogenannten Dotcom-Blase, der Internet-Krise; jeder wollte sich durch einen Punkt und dahinter ein com zum Millionär machen lassen, und das ging selbstverständlich nicht. Das hat man später erkannt. Greenspan hat im Zuge dieser

Zeit dem Markt immer wieder neue Gelder hineingepumpt, ob das mit dem Krieg im Irak etwas zu tun hatte oder ob es andere Ereignisse waren. Es war auch die US-Regierung, die die Notenbank indirekt animierte, indem sie sagte: Wir sollten Geld locker machen, wir wollen dem unteren Mittelstand im Eigenheimsektor Hypotheken geben, die ihn zu Hauseigentümern machen; zumal damals jeder glaubte, die Hauspreise könnten nur in eine Richtung gehen, nämlich nach oben. Das ist in einem bevölkerungsstarken Land wie den USA, das durch Einwanderung und viele Kinder stetig wächst, durchaus denkbar gewesen – im Gegensatz zu Europa, wo die Bevölkerung stagniert oder sogar schrumpft." Thieme arbeitet damit die gravierenden demographischen Unterschiede zwischen den USA und Europa, aber auch die divergierenden Mentalitäten beider Gesellschaftssysteme heraus.

„In einem Wirtschaftssystem wie den USA hat der Bausektor eine gute Rendite, sprich rund vier Prozent im Jahr. Wenn diese Rendite plötzlich für mehrere Jahre im doppelstelligen Bereich ist, muss man später Rückschläge in Kauf nehmen. Man hat demnach übertrieben, hat von der Zukunft etwas geborgt. So wie übrigens auch der Maxi-Markt, der von 1995 bis 1999 im Standard-&-Poors-500-Index jedes Jahr mindestens 25 Prozent eingebracht hat; das verglich sich mit knapp sieben Prozent Aktienindex-Anstieg exklusive Dividende in normalen Zeiten. Das heißt, der Aktienmarkt ist in den fünf Jahren von 1995 bis 1999 um fast das Dreifache des Normalen gestiegen. Da musste man wissen, dass früher oder später eine Ernüchterungsphase kommen wird, und diese ist jetzt im ersten Jahrzehnt in diesem neuen Jahrtausend eingetreten. Genauso muss man wissen, dass wenn die Hauspreise im doppelstelligen Bereich ansteigen, das nicht auf Dauer so sein kann. Aber wenn jemand ein Haus kauft und hofft, dass die zehnprozentige Steigerung normal ist, und er zahlt eine Hypothek, die nicht einmal fünf Prozent ausmacht, weiß er, dass er damit fünf Prozent verdienen kann.

Ich nehme ein praktisches Beispiel: Sie haben ein Haus von 100.000 US-Dollar und Sie leihen sich diese Summe, weil Sie kein Geld haben, von der Bank und zahlen dafür fünf Prozent Zinsen, also 5.000 Dollar im Jahr. Der Wert des Hauses steigt innerhalb dieses Jahrs auf 110.000 Dollar, dann haben Sie, wenn Sie das Haus verkaufen, unterm Strich 5.000 Dollar Eigenkapital. Das ist eine Geldproduktionsmaschine par excellance. Das leuchtete in den USA jedem ein. Jeder wollte reich werden, ohne etwas zu tun. Dass das einen Haken hat, nämlich dass die erwartete Preissteigerung weitaus höher war als normal, war niemand klar. Normal ist, dass man ein Haus um 100000 kauft; man muss dazu ein Eigenkapital von 20 bis 30 Prozent haben; wenn der Hauswert um vier Prozent steigt und der Hypothekenzinssatz zwischen fünf und 5,5 Prozent liegt, gleicht sich das in etwa aus. Laut US-Steuergesetz sind die Zinsen abzugsfähig, so dass das Ganze durchaus attraktiv ist. Aber so, wie es in den USA bis 2007 gemacht worden ist, dass man kein Bargeld haben musste, sich alles ausborgen konnte und man noch einen künstlich niedrigen Zinssatz von ein bis zwei Prozent bekam und an zehn Prozent Wertsteigerung beim Objekt glaubte, das war eine Fata Morgana. Aber genauso ist es in den USA gewesen", erklärt Thieme.

Von den zinsgünstigen US-Hypotheken im Wert von 3.000 Milliarden US-Dollar, die 2006 neu vergeben worden sind, galt schon vom Start weg ein Fünftel der Begünstigten als eingeschränkt kreditwürdig und ein weiteres Fünftel als belastet. 40 Prozent der Hypothekenkredite waren also schon vom Zeitpunkt ihrer Vergabe an prekär oder, wie US-Fachleute sagen, „subprime". Diese Kredite wurden von Hausbesitzern aufgenommen, die zwar in der Vergangenheit eine gute Zahlungsmoral gehabt hatten, deren laufendes Einkommen aber höchstens zur Tilgung der Zinsen, nicht aber zur Rückzahlung des Kredites ausreichten.

Jene US-Hypohekenbanken, die derartige Kredite vergaben, haben im europäischen Sinn nicht wie ordentliche Geschäftsleute gehandelt. Und europäische Banker haben nicht wie ordentliche Geschäftsleute gehandelt, als sie diese prekären Kredite in Milliardentranchen verpackt und mit hohen Renditeaufschlägen versüßt ungeprüft als Geldanlage benutzten. Man kann also die Schuld an der Subprimekrise nicht allein den USA oder Greenspan in die Schuhe schieben.

Greenspan verteidigt sich gegen den Vorwurf, er habe sehenden Auges eine Katastrophe geschürt, merkwürdig naiv: „Ich war mir darüber im Klaren, dass eine Lockerung der Kreditvergabe das finanzielle Risiko erhöhte und dass subventioniertes Wohneigentum den Markt verzerrt. Doch ich war damals wie heute davon überzeugt, dass der Nutzen einer weiteren Verbreitung des Wohneigentums dieses Risiko aufwiegt."

Das bedeutet: Jene Hunderte von Banken der Erde, die die angefaulten Kredite der US-Hypothekenbanken aufgekauft haben, um ihre Performance hochzujagen, haben das Geld ihrer Kunden unwissend in die windschiefe Sozialpolitik der USA investiert und verspielt.

Das bestätigt Michael Spiss, Vorstandsdirektor der Raiffeisen Centrobank, des Kapitalmarkthauses der österreichischen Raiffeisen-Organisation. Er erklärt, die Finanzkrise 2007/2009 sei von den USA mutwillig ausgelöst bzw. zugelassen worden. „Man hätte die Pleite von Lehman Brothers selbstverständlich verhindern können und müssen. Ziel ist es aber gewesen, Lehman als kleineres Unternehmen zu opfern und die größere Merryl-Lynch-Bank zu retten, um so ein Signal für den Markt zu setzen. Grund dafür ist, dass sich Lehman vorwiegend in Europa und Asien und weniger in den USA refinanziert hat. Das heißt, die USA wollten die anderen zahlen lassen."

Alan Greenspan verteidigt hingegen eisern und von den enormen Ausmaßen der auch von ihm mit losgetretenen Grundlawine an Geld unbeeindruckt den Immobilienboom in den USA als Teil eines einmaligen internationalen Trends zur Hebung der allgemeinen Wohlfahrt: „In Reaktion auf die sinkenden Zinsen für langfristige Anleihen stiegen die Preise für Wohnungseigentum in aller Welt von Großbritannien und Australien bis zu den Niederlanden und China."

Greenspan verweist diesbezüglich auf die Zeitschrift ECONOMIST und meint: „ Sie verfolgt den Preis von Einfamilienhäusern und Eigentumswohnungen in 20 Ländern und schätzt, dass in den entwickelten Nationen der Marktwert des Wohneigentums zwischen 2000 und 2005 von 40 auf mehr als 70 Billionen US-Dollar gestiegen ist. Der größte Teil dieser Zunahme entfällt auf Eigentumshäuser in den USA. Doch die

Erfahrungen anderer Volkswirtschaften waren sehr lehrreich; denn dort begann und endete der Boom etwa ein oder zwei Jahre vor dem in den USA […] Wohneigentum wurde für Erstkäufer unerschwinglich, und Spekulanten zogen sich aus dem Markt zurück. Mit dem Ende des Booms blieben die Preise konstant oder sanken geringfügig, doch es kam nirgends zu einem Zusammenbruch des Marktes."

Greenspan gibt also zu, dass die USA aus dem Ende des Immobilienbooms außerhalb ihrer Sphäre nichts gelernt hatten und fröhlich weitermachten, als hätten sie die Weisheit allein gepachtet. Das kann dumm, unverfroren oder beides zugleich sein.

US-Hypothekenbanken auf den Leim gegangen

Der deutsch-amerikanische Börsenguru Heiko Thieme spricht von einer „Finanzkrise à la Christo", denn die US-Banken seien zu Verpackungskünstlern geworden; sie hätten alle schlechten Kredite säuberlich verpackt, und keiner habe sich mehr um das Produkt im Sack gekümmert; alle hätten daran verdient und sich gefreut, Gewinn zu machen, ohne genau hinschauen zu müssen. Plötzlich habe man aber, wie das Kind im bekannten Märchen von Andersen, gemerkt, dass der Kaiser keine Kleider anhatte. Thieme schildert den Aufbau des falschen Systems in den USA, den er selbst hautnah miterlebte: „Früher wurden Hypotheken in den USA von Hypothekenbanken vertrieben. Diese waren strikt getrennt von Kommerzbanken, die aber dann allmählich das Brokergeschäft, den Vertrieb übernommen haben, und zum Schluss konnte jede Bank alles machen. So wurde die gegenseitige Abgrenzung der US-Banken, die 1933 wegen der damaligen Weltwirtschaftskrise aufgebaut worden ist, Ende der Neunzigerjahre wieder aufgehoben. Jeder wollte an dem gemeinsamen Kuchen teilhaben. Das war im Grunde genommen keine falsche Überlegung; nur die Verantwortung der einzelnen Banken wurde gleichzeitig aufgehoben. Denn die Banken konnten Hypotheken kreieren, die sie dann als Paket gebündelt an Dritte verkauften, ohne einen Teil des von ihnen geschaffenen Produkts selbst in ihren Büchern behalten zu müssen. Wenn ich ein Produkt kreiere, das ich hinterher einem Dritten verkaufe, dann interessiert mich die Garantie für dieses Produkt und seine Bewertung wenig, weil ich nicht dafür einstehen und mich daher auch nicht darum kümmern muss. Die Ratingagenturen wieder verdienten Geld an der Bewertung und waren damit direkt abhängig von den Banken. Jeder hat sich schöngeredet, keiner wollte den Kaiser im Andersen-Märchen bloßstellen und sagen: ‚Du hast ja keine Kleider an.' Jeder hat daran verdient, dem Kaiser, also dem Bankensystem, etwas zu verkaufen. Das ist vom Bankenvertrieb ausgegangen, von der Produktkreation, und dann haben wir eine Bankenwelt erlebt, die plötzlich vom Tageshandel beherrscht wurde. Es hat keine langfristige Strategie mehr gegeben, jeder wurde nur noch auf Quartalsbasis bemessen. Wer zu viel Geld hatte, wurde entmachtet, indem man sein Unternehmen einfach aufkaufte und dessen Bargeld für sich verbrauchte. Eine gute Buddenbrook'sche kaufmännische Struktur hat es nicht mehr gegeben. Jeder wurde zum Eintagshändler. Langfristiger Anleger war der, der am Freitag kaufte und am Montag noch diese Position hielt, also etwas sehr Ungewöhnliches. Fondsmanagern gegenüber traute man nicht mehr eine Jahresdisposition zu, sondern man wurde auf Tagesbasis bemessen, weil jeder Fonds jeden Tag bewertet wurde. Es gab sogar Fonds, die sogar stündlich bewertet wurden. Das alles hat zu einer Händlermentalität geführt, die im Endeffekt nur auf die unmittelbare Selbsterfüllung hinausging. Das Verantwortungsbewusstsein für die Haftung der einzelnen Produkte, ist total verlorengegangen. Das ist die Rechnung, die wir heute global bezahlen."

Globales Wegschauen rächte sich

Der österreichische Wirtschaftsforscher Dr. Markus Marterbauer erklärte im Gespräch mit dem Autor, wieso sich aus dem regionalen und für Außenstehende unscheinbaren Problem einer verfehlten Finanzierungsstruktur des US-Wohnbaumarktes die weltweit lähmende Mehrfachkrise von 2007/2009 entwickeln konnte und bestätigt die Darstellung Thiemes: „Ein Grund dafür ist der, dass niemand die US-Wertpapiere genau angeschaut hat. Die Rolle der Ratingagenturen dabei ist sicher sehr problematisch, weil diese zum Teil an der Erstellung dieser Finanzprodukte und an den Geschäften damit beteiligt waren. Es ist ein sehr problematischer Aspekt, wenn man Finanzpakete mitschnürt und dann selbst bewertet. Da gibt es erhebliche Anreizprobleme. Auch die Risikobewertung durch die Banken, die ihr Geld dort veranlagt haben, ist problematisch gewesen.

Das Problem hat auch viel mit der früheren Euphorie auf den Finanzmärkten zu tun, die mit den Finanzinnovationen verbunden gewesen sind. Wenn man mit solchen Produkten 10, 15, vielleicht sogar 20 Prozent Rendite im Jahr verdienen konnte, hat man eben nicht mehr so genau darauf geschaut, was da wirklich drinnen ist. Auch der Druck auf die Banken ist größer geworden, sich dort zu engagieren, weil die, die das nicht gemacht haben, unter Renditedruck gekommen sind. Ihre Eigentümer haben gefragt: Wenn die Konkurrenz so tolle Gewinne macht, warum tun wir das nicht auch? Damit hat sich eine Kultur entwickelt, dass es als völlig normal angenommen wurde, in Finanzinnovationen zu investieren. Man hat ja auch viele Jahre daran gut verdient.

Für einen Ökonomen ist es jedoch offensichtlich: Wenn man mit einzelnen Finanzprodukten 15 Prozent verdient, dann ist das entweder gesamtwirtschaftlich nicht möglich oder es ist ein Verteilungsproblem. Denn wenn die Gesamtwirtschaft um fünf Prozent wächst, kann nicht das Einkommen einer Gruppe um 15 Prozent wachsen, ohne dass bei den anderen null oder ein Minus herauskommt. Zum anderen ist die mittelfristige Tragfähigkeit einer solchen Entwicklung in Frage zu stellen. Der Absturz ist gekommen, und wir erleben ihn nun ganz schlimm."

Marterbauer muss sich jedoch die Frage gefallen lassen, wieso er und seine Forscherkollegen nicht rechtzeitig vor den Folgen dieser Entwicklung gewarnt und zur Umkehr auf den rechten Weg gedrängt haben. Seine Verteidigung: „Wir kümmern uns primär um die Entwicklung der Realwirtschaft; z. B. wie entwickeln sich Produktion, BIP, Beschäftigung und ähnliche Dinge? Wirtschaftsforscher haben zwar festgestellt, es gebe eine Überhitzung der Konjunktur in den USA, und da sei auf dem amerikanischen Hypothekenmarkt etwas faul. In der Realwirtschaft war primär die enorme Verschuldung der privaten Haushalte festzustellen. Darauf haben Wirtschaftsforscher immer wieder hingewiesen, dass das nicht auf lange Zeit tragfähig ist; aber was sich auf den Finanzmärkten abspielt, das zu analysieren fehlt uns die Detailkenntnis. Die realwirtschaftlichen Auswirkungen dieser Entwicklung haben über den Konsumboom viele Jahre hindurch das Wirtschaftswachstum in den USA gefördert, jetzt erleben wir den tiefen Einbruch als Folge davon."

Was also steckt hinter der Krise?

Weithin unbekannt sind die eigentlichen Ursachen für die Mehrfachkrise 2007/2009, ihre innere Verkettung und tiefgreifenden Folgen. Fachleute erblicken sie in den vielen Schwachpunkten der globalen Finanzwirtschaft, die bislang niemand wahrhaben bzw. ausmerzen konnte und wollte.

Die wesentlichen Schwächen der globalen Finanzwirtschaft waren und sind noch immer:
- die unzureichende Transparenz der Vorgänge auf den Kapitalmärkten,
- die mangelnde gegenseitige Informationspflicht der financial community,
- das grobe Fehlverhalten der Ratingagenturen,
- die explosionsartige Vermehrung von komplizierten Finanzprodukten,
- die fahrlässige bzw. unkritische Geschäftspolitik der Banken und ihre Gier nach überdurchschnittlichen Gewinnen.

Das Europäische Parlament hat Ende 2008 die Hintergründe und Entwicklungsgänge der Mehrfachkrise 2007/2009 in einer inoffiziellen Darstellung skizziert. Sie fasst alle bisher diskutierten Argumente präzis und allgemeinverständlich zusammen und ist Grundlage für weitere politische Maßnahmen zur Vorbeugung gegen künftige Krisen. Die wesentlichsten Passagen in dieser Darstellung sind:

Hochkomplizierte Finanzprodukte wie Collateralized Debt Obligations (CDO), Mortgage-Backed Securities (MBS) und Credit Default Swaps (CDS) wurden von den Finanzinstitutionen teilweise aus Hypothekenkrediten zusammengebündelt. An und für sich nichts Schlechtes. Eigentlich galten Hypotheken jahrelang als gute Kreditsicherheit, da der Immobilienmarkt in den USA und Großbritannien stark wuchs; daher konnten Banken problemlos Geld an Hausbesitzer verleihen, weil man sich darauf verlassen konnte, dass die Sicherheit, das Haus, in ein paar Jahren einen höheren Wert haben würde, falls es für den Kunden nicht möglich wäre, die Hypothek zurückzuzahlen. In den USA stieg dieses Vertrauen in den Immobilienmarkt derart an, dass sich ein „Subprime-Markt" entwickelte, indem es eine extrem hohe Kreditgewährung an Kreditnehmer mit geringer Bonität gab. Obwohl solche Hypotheken doch recht riskant sind, konnten sie mit weniger riskanten Hypotheken in diesen sehr komplizierten Finanzinstrumenten zusammengebündelt werden und mit guten Bewertungen von Kreditagenturen an andere Finanzinstitutionen übertragen und verkauft werden. Ratingagenturen boten sogar Beratungsdienstleistungen an, die die Banken nützten, um sicherzustellen, wie man diese Kredite zusammenbündeln konnte, um die beste Bewertung zu erzielen. Es entstand so ein Interessenkonflikt, denn beide Seiten verdienten enorm viel Geld aus dieser Dienstleistung; dies hat die Entwicklung gefördert und zu einer riesigen Spekulationsblase werden lassen. Mit dem Abschwung des Immobilienmarktes in den USA wurden vor allem die Subprime-Hypotheken praktisch wertlos. Die Blase platzte und schickte eine Schockwelle durch die globale Finanzwelt.

Greenspan hingegen bezeichnet Credit Default Swaps (CDS) als „Segen für Banken und andere Finanzdienstleister, die zur Erzielung einer entsprechenden Eigenkapitalrendite einen starken Hebeleffekt für ihre Bilanzen schaffen müssen, indem sie entweder Obligationen akzeptieren oder Fremdkapital aufnehmen. Es handelt sich dabei um eine der neuen Erfindungen des globalen Finanzmarktes, ein Kreditderivat, das das Kreditrisiko, typischerweise ein Schuldpapier, zu einem bestimmten Preis an einen Dritten überträgt. Damit wird es möglich, aus dem vergebenen Darlehen zu profitieren und dabei das Risiko des Kredits an einen anderen zu transferieren."

Die Wahrheit liegt wie bei den meisten Sinnfragen in der Mitte: CDS sind nützliche und wertsteigernde Finanzinstrumente, solange sie von ehrlichen, professionellen und überlegten Fachleuten gebraucht werden. Von überehrgeizigen, profitgierigen Leuten allein zum eigenen Vorteil eingesetzt, werden sie zur gefährlichen Bedrohung des Systems.

Die inoffizielle Krisendokumentation des Europäischen Parlaments bestätigte Ende 2008 emotionslos die praktischen Folgen der vorher zitierten harmlos klingenden These Greenspans: „Dass diese Turbulenz weltweit alle so stark betrifft, obwohl sie eigentlich durch den Abschwung des US-Immobilienmarktes bewirkt worden ist, hängt mit der weltweiten Verbreitung des ‚Originate-and-distribute'-Modells zusammen."

Mit diesem Ausdruck aus dem Banker-Latein sprach das Europaparlament die frühere Schaffung eines neuen Finanzinstruments durch die Banken an, indem sie verschiedene Forderungen an Schuldner unterschiedlicher Zahlungsfähigkeit in einem Paket vereinigen und davon Bruchteile an Kollegen in aller Welt weiterverkaufen, ohne sie über die darin verpackten Risiken zu informieren. Diese verfehlte Praxis von Banken müsse umgehend beendet werden, um weitere Krisenherde auszuschalten.

Weiter im Text des Krisendokuments des Europaparlaments: „Banken versuchten mit diesem Modell, ihre Einnahmen aus der Neukreditvergabe zu maximieren, indem sie Darlehen in Tochtergesellschaften verwalteten oder durch Verbriefungstechniken an den weltweiten Finanzmärkten verkauften. Diese gingen nicht nur an andere Banken, sondern auch an unregulierte Finanzakteure wie Hedge-Fonds. Als Konsequenz davon sitzen heute weltweit Finanzinstitutionen auf faulen Krediten. Das größte Problem dabei ist, dass zwischen den verschiedenen Finanzinstitutionen keine Transparenz und deshalb kein Vertrauen herrscht. Die Banken leihen einander deshalb überhaupt kein Geld, da ein Kreditgeber nicht weiß, ob der Kreditnehmer selbst über faule Papiere verfügt. Dies hat zur Folge, dass es einen massiven Mangel an der Verfügbarkeit von Krediten gibt. Deshalb der Begriff ‚credit crunch' (Kreditbremse). Nicht nur Banken leiden darunter, weil sie nicht mehr genug Geld für Investitionen haben oder kein

Geld aus der Verzinsung einer Kreditvergaben verdienen; die Unternehmer selbst können kaum mehr Geld ausborgen.
Die Finanzkrise hat damit später auch die Realwirtschaft mit in den Strudel hineingezogen."
Das Europäische Parlament forderte Ende 2008 folgerichtig die Umsetzung eines Maßnahmenpakets als Konsequenz aus seinen obigen Feststellungen:

- eine universelle Gesetzgebung, die alle Finanzinstitute der Erde erfasst und die Aufsicht über die globalen Finanzmärkte stärkt;
- volle Transparenz und Offenlegung aller Finanzströme, Bilanzziffern und Schulden;
- Mindest-Eigenkapital-Anforderungen an alle Finanzinstitute;
- Maßnahmen gegen Überschuldung;
- Grenzen bei Gehältern und Abfindungen für Top-Manager von Banken und Einführung von Maßnahmen, die sicherstellen, dass die Bezahlung der Manager mit ihren Leistungen übereinstimmt;
- neue Regelungen zur Vermeidung von Interessenkonflikten, etwa bei Ratingagenturen;
- zur Wahrung der Interessen der Arbeitnehmer von Finanzinstituten sollen diese bei jeder Übernahme, etwa bei Leveraged Buy-Outs, ein Mitspracherecht haben. (Leveraged Buy-Out ist der Kauf eines Unternehmens durch ein anderes, wobei dieser zu mehr als der Hälfte mit geborgtem Geld finanziert wird.)

Konkurrenz der Rettungspakete

Den unterschiedlichen Hilfs- und Rettungspaketen, die Politiker und Wirtschaftsfachleute weltweit als Auswege aus der Mehrfachkrise vorlegen, ist einiges gemeinsam: Kaum jemand kam mehr auf die früher verbreitet gewesene Idee, dem Laissez faire, der automatischen Selbstheilung durch Nichtstun, zu huldigen. Fast alle rieten zu gezielten Maßnahmen, die in internationaler Zusammenarbeit über nationale Grenzen hinweg festgelegt, umgesetzt, in ihren Wirkungen beobachtet und dementsprechend laufend feinabgestimmt werden. Keine Rede ist mehr vom gegenseitigen Abschotten durch hohe Zollmauern, wie es im Lauf der Weltwirtschaftskrise 1929/1933 der Fall gewesen ist.
Einzig Jim Rogers, der berühmte US-amerikanische Hedge-Fonds-Manager und Rohstoff-Guru, dessen Vorname eigentlich James ist, hat besondere Gründe für Kritik an den Rettungsversuchen der Fed. Er sagt dem US-Dollar eine kräftige Entwertung und schließlich den Verlust seines Status als Welt-Reservewährung voraus. BOERSE.ARD gegenüber sagte Rogers: „Es ist schlimmer gekommen, als ich befürchtet habe. Die US-Notenbank hat einen schweren Fehler gemacht, die Leitzinsen drastisch zu senken. Das wird zu einer noch höheren Inflation führen, den US-Dollar noch stärker nach unten treiben und die Rezession verschlimmern. Es wäre besser, die Rezession geschehen zu lassen, als sie mit allen Mitteln zu bekämpfen. Ich glaube, die Fed hat die Kontrolle über die Lage verloren. Sie macht die gleichen Fehler wie einst die japani-

sche Notenbank. Sie wirft die Druckerpresse an und erhöht die Geldmenge. Das kann nicht gut gehen. Wir werden wahrscheinlich eine der schlimmsten Rezessionen seit dem Ende des Zweiten Weltkriegs erleben! […] Die Notenbanken haben es versäumt, einzelne Banken zum Marktaustritt zu zwingen. So werden die Probleme nur aufgeschoben. Es wäre besser gewesen, dass zwei oder drei Banken Konkurs anmelden, bevor noch mehr pleite gehen."

Bereits Anfang Dezember 2008 waren weltweit dicke nationale Rettungspakete geschnürt. Man stellte Vergleiche an, wer dabei tiefer in die Taschen der Steuerzahler gegriffen hat: Die USA rangierten mit fünf Prozent ihres Bruttoinlandsprodukts (BIP) am untersten Ende der Liste. Spanien mit seiner geplatzten Immobilienblase kam auf 14 Prozent, Großbritannien auf 18, Frankreich auf 19, das unter Bundeskanzlerin Angela Merkel zögernde Deutschland immerhin schon auf 20,6 Prozent und Österreich schoss mit 36 Prozent Staatshilfe, jeweils bezogen auf das nationale Bruttoinlandsprodukt, den Vogel ab. „Ein absoluter Wahnsinn, ein völlig falsches Signal mit internationaler Wirkung", schimpften die einen. Der US-Börsenguru Heiko Thieme hingegen meinte: „Lieber über das Ziel hinausgeschossen, als allzu sparsam herumgekleckert!"

Was bislang fehlt, ist ein klares, international abgestimmtes Konzept, wann und wie alle beschlossenen und umgesetzten Maßnahmen nach Ende der Krise auslaufen sollen und wie man zur Normalität zurückkehrt. Diese Unterlassung könnte die Ursache für das Entstehen der nächsten globalen Finanzkrise sein. Gretchenfrage: Geht das fatale Auf und Ab der Weltkonjunktur seinen gewohnten Gang weiter, ohne dass wir aus der Krise gelernt haben.

Das aktuelle Krisenmanagement sollte jedenfalls nicht dazu führen, dass wir uns in wenigen Jahren genau dort wieder finden, wo wir 2007/2009 gedankenlos an die Wand gefahren sind.

Sind wir nun besser oder schlechter dran als 1929/1933?

„Natürlich ist die Krise 2007/2009 schlimmer als alle vorherigen Krisen", sagt Marc Faber, Börsenguru aus Hong Kong mit schweizerischen Wurzeln. „Es sieht so aus, als hätte man der Weltwirtschaft das Licht ausgelöscht", beschrieb er die Lage im Frühjahr 2009. „Normalerweise haben wir auf der Erde kein synchronisiertes Wachstum und auch keine synchronen Krisen. Als z. B. die Krise in Mexiko stattgefunden hat, gab es keine Krise in den USA oder in Asien. Auch die Asienkrise 1997/1998 war auf eine einzige Region konzentriert, während der Rest der Erde weiter rapid gewachsen ist. 1989 hatten wir einen Wirtschafts- und Börseneinbruch in Japan, aber damals gab es keine überhitzten Märkte in den USA, und die Rohstoffpreise waren auch nicht überzogen. Zuletzt jedoch hatten wir einen synchronisierten Boom 2001 bis 2007, und jetzt haben wir eine synchronisierte Krise."

Faber kritisiert allerdings die rund um die Erdkugel geschnürten massiven Rettungspakete. Helfen werde das viele Geld letztendlich nicht; die Regierungen würden die Krise dadurch nur verlängern. „Da die meisten Banken ohnehin pleite sind,

sollte man sie kollabieren lassen. Die Staaten sollten nur die Gelder von Sparern und Anlegern garantieren."
Gegenteiliger Ansicht ist Mag. Alfred Reisenberger, Chefanalyst und Geschäftsführer von CA Cheuvreux in Wien. Er arbeitet die gravierenden Unterschiede zwischen den wirtschaftspolitischen Maßnahmen in der Krise 1929/1933 und jener von 2007/2009 heraus:
- Die US-Notenbank hat nicht wie während der ersten Weltwirtschaftskrise zugewartet, bis die amerikanischen Banken wie Dominosteine umgefallen sind. Das Fallenlassen von Lehman Brothers bestätigt als Ausnahme diese Regel.
- Die Notenbanken der Erde haben sofort konzertierte, miteinander abgestimmte Aktionen in Form von Bereitstellung von zusätzlicher Liquidität für das Finanzsystem und ausgiebigen Zinssenkungen getroffen. Es wurde geklotzt und nicht gekleckert.
- Die Leitzinsen sind in der Folge auf ein „historisches" Tief gefallen, wie es seit einem halben Jahrhundert nicht mehr der Fall gewesen ist.
- Die Banken haben ihre faul gewordenen Kredite in großem Stil abzuschreiben begonnen. Staatliche Garantien und Beteiligungen haben das unterstützt.
- Politik und Finanzsysteme haben demnach aus der Weltwirtschaftskrise 1929/1933 gelernt.

Ungleichgewichte nehmen weiter überhand

Eine Analyse der Krisenursachen, gleichzeitig der Auswege aus der gegenwärtigen Wirtschaftslage sowie Vorschläge für eine nachhaltige Konjunkturpolitik, eine Art Dicksaft aller heutigen wirtschaftspolitischen Erkenntnisse als rettender Ausweg aus der Krise in fünf Thesen und einer visionären Handlungsanleitung, liefert Andrew Watt, Autor des EUROPEAN ECONOMIC AND EMPLOYMENT POLICY BRIEF von Ende 2008 des Europäischen Gewerkschaftsinstituts (European Trade Union Institute). Seine Tipps zur Krisenabwehr:
- expansive Geldpolitik;
- international koordinierte fiskalpolitische Expansion;
- anti-inflationistische Lohnpolitik;
- fortgesetzte Anstrengungen zur Stabilisierung des Finanzsektors;
- nationale Ad-hoc-Maßnahmen, um negative Rückschläge zu verhindern.

Um in Hinkunft ähnliche Krisen zu vermeiden und um Europas Fähigkeit, seine eigene Wirtschaft aus globalen Finanzkrisen möglichst herauszuhalten, zu erhöhen, sollte ein Mittelfrist-Programm zur Ausmerzung von Schwächen und Fehlern in den internen Systemen entwickelt werden. Es sei zu hinterfragen, ob sich Europa weiterhin den derzeitigen institutionellen Strukturen der globalen Finanzordnung unterwerfen soll, deren Schwächen in der gegenwärtigen Krise so augenfällig geworden sind.

Zwischenbilanz der jüngsten Krise

Obwohl bereits im Frühjahr 2009, also rund eineinhalb Jahre nach Einsetzen der Krise, erste Zeichen für eine Erholung der Börsenkurse, eine Normalisierung des Interbanken-Geldmarkts und eine langsame Rückkehr des Vertrauens der Investoren zu bemerken waren, kulminierte gleichzeitig die konjunkturelle Talfahrt der Realwirtschaft und stiegen die Insolvenz- und Arbeitslosenzahlen weiter an. Eine echte Erholung wird frühestens für 2010 erwartet, aber sie wird zögerlicher sein als die bisher bekannten Konjunkturaufschwünge. Ein Wiederanstieg der Beschäftigung wird noch später, vermutlich erst 2011 oder 2012, zustande kommen. Eine schnelle Erholung aus der Krise ist vorderhand nicht in Sicht.

Für wahrscheinlich halten Fachleute am ehesten eine längere Rezession, der erst später eine nachhaltige Erholung folgen wird. Möglich sei auch eine schwere Rezession mit anschließenden heftigen wirtschaftlichen Auf- und Abwärtsbewegungen, einem „stotternden Aufschwung", dem erst in mehreren Jahren eine endgültige Konjunkturerholung folgen wird.

Wirtschaftsforscher rechnen allerdings auch mit der Möglichkeit, dass ein künftiger Aufschwung nach überstandener Krise völlig unkonventionell erfolgen könnte: Fernost-Asien mit den Konjunkturlokomotiven China und Indien würden nach Überwindung der Krise eine baldige solide Erholung der Weltwirtschaft auslösen, gefolgt von den USA und mehreren Emerging Markets, die den Impuls aus Asien geschickt zum eigenen Wachstum nutzen, wogegen ein mit neuen Regeln und wirtschaftlichen Barrieren überfordertes Europa diesen Aufschwung verfehlen, in konjunkturelle und gesellschaftliche Sklerose verfallen und allmählich auf die Stufe einer Entwicklungsregion zurückfallen würde. Diesem hypothetischen Schicksal könnte Europa nur entgehen, wenn es sich umgehend ein neues wirtschaftspolitisches Ziel wie Lissabon III setze und erreiche.

Österreich ist bisher, verglichen mit anderen Staaten Europas, von den Krisenauswirkungen wirtschaftlich weniger stark belastet worden; seine Unternehmen sind verhältnismäßig gut aufgestellt, und dank ihres starken Engagements in den Wachstumsregionen Mittelost- und Südosteuropa haben österreichische Firmen eine bessere Startposition in den nächsten Aufschwung als ihre ausländischen Konkurrenten. Das künftige Wachstum in Österreich könnte jenes der Gesamt-EU leicht übertreffen.

Die Maßnahmen der öffentlichen Hände zur Rettung der angeschlagenen Banken, zur Garantie der Sparvermögen von privaten Haushalten sowie kleiner und mittlerer Betriebe, zur Ankurbelung der Konjunktur durch höhere Investitionen, Steuererleichterungen (Lohn- und Einkommensteuerreform 2009 in Österreich) und damit Konsum-Unterstützung belasten die öffentlichen Budgets ungeheuer stark. Die Finanzierung aller dieser Maßnahmen erhöht die Verschuldung der Republik Österreich von 60 Prozent im Jahr 2007 auf knapp 80 Prozent im Jahr 2012. Die Abzahlung dieser Schulden samt Zinsen verringert den künftigen Spielraum des Finanzministers zur Fortsetzung der Sanierungsprogramme drastisch.

Dennoch werden in Österreich vorderhand Steuer- und Abgabenerhöhungen bzw. neue Belastungen vermieden. Die Budgetkonsolidierung soll durch Ausgabeneinsparungen, besonders durch Umsetzung der lang aufgeschobenen Verwaltungs- und Bundesstaatsreform, erfolgen.

Nach einer kurzen Phase der Deflation, dem Stagnieren oder Sinken des Preisniveaus im Laufe 2009, ist in den Jahren danach mit einem spürbaren Anstieg der Inflation zu rechnen. Viele fürchten eine Hyperinflation, die zu einer Verminderung der Staatsschulden, aber auch zu herben Wertverlusten bei privaten Vermögen führen würde.

5. Finanzkrisen morgen
Die Mehrfachkrise 2007/2009 wird trotz mancher Änderungen nicht die letzte ihrer Art sein

Im Sprichwort heißt es: „Die Zukunft beginnt mit dem heutigen Tag". Wir sollten also nicht unnötige Zeit vergehen lassen, um uns mit jenen Problemen auseinanderzusetzen, die zur nächsten Krise führen könnten, und Schritte zu setzen, um ihnen zuvorzukommen. Im folgenden Kapitel werden die brenzligsten Entwicklungen aufgezeigt, die zur nächsten Krise führen könnten.

Unbelohnte Kassandrarufe

In der griechischen Mythologie war Kassandra mit einem Fluch belegt: Sie konnte zwar schreckliche Ereignisse wie die Zerstörung Trojas vorhersehen, doch niemand schenkte ihrer Gabe je Glauben. Machtlos musste die Königstochter die Vernichtung ihrer Familie und Heimat mitansehen und starb als versklavte Kriegsbeute.
Dem Risiko, ähnlich „wirkungsvoll" zu prophezeien, setzt sich jeder aus, der versucht, aus den Ereignissen der Vergangenheit auf die Zukunft zu schließen und vor aufziehenden Bedrohungen zu warnen. Besonders nach finanziellen und wirtschaftlichen Katastrophen ist die Ursachenforschung spärlich, wogegen die Maßnahmen zur Überwindung der Krise breite Aufmerksamkeit finden, auch wenn sie den Samen für die nächste Krisen legen.
„Nach jedem Flugzeugabsturz werden rasch und meist mit hohem Aufwand die Ursachen des Unglücks gesucht. Doch nach Abstürzen der Finanzwirtschaft oder der Konjunktur sucht niemand nach den Ursachen." Dies hat in Österreich der Föhrenbergkreis, eine unabhängige, private Vereinigung von Wirtschaftsexperten und Wissenschaftern, festgestellt.
Die Schlussfolgerungen des Föhrenbergkreises aus der gegenwärtigen Krise: Das globale Finanzsystem ist überkritisch geworden, sowohl sozial als auch ökologisch und wirtschaftlich. Die Sicherung der sozialen Kohärenz nach dieser Krise müsste Vorrang haben; doch es werden lediglich Symptomkuren verordnet und durchgezogen, ohne den wahren Ursachen auf den Grund zu gehen und sie zu bekämpfen. Die Ursachen aller Finanz- und Wirtschaftskrisen sind zunehmende Ungleichheiten im nationalen und internationalen Bereich. Sie wurden durch die Rettungs- und Sanierungsmaßnahmen nicht beseitigt, sondern verstärkt. Die zusätzlich in die Wirtschaft gepumpten Geldmittel gehen schwerpunktmäßig in die Finanzwirtschaft, während sie in der Realwirtschaft fehlen. Damit wird das, was die letzten Krisen verursacht hat, sogar noch angekurbelt: Die Finanzwirtschaft wächst weiterhin wesentlich schneller als die Realwirtschaft. Das wird die nächste Krise auslösen. Sie wird um das Jahr 2013 platzen. Dann wird sich herausstellen, dass die jetzigen Rettungs- und Sanierungsmaßnahmen nur vorübergehende Scheinbooms ausgelöst, aber die Krisenursachen nicht beseitigt haben. Wörtliches Zitat aus einer öffentlichen Veranstaltung des Föhrenbergkreises Mitte 2009:
Die Brandstifter sitzen am Steuer jenes Feuerwehrwagens, der uns, aber nur scheinbar, aus der jetzigen Krise herausführen soll.

Der wirklich große Absturz liegt noch vor uns

Der weltbekannte Spekulant und Börsenguru Warren Buffett sprach bezüglich der Mehrfachkrise von einem „wirtschaftlichen Pearl Harbour", das die USA im Zuge ihrer Subprimekrise erlitten hätten. Er erinnert damit an die peinliche Schlappe der US-Streitkräfte im Überraschungsangriff der Japaner auf die amerikanische Pazifikflotte am 7. Dezember 1941 im bis dahin friedlichen Hawaii, der den Eintritt der USA in den Zweiten Weltkrieg zur Folge hatte. Buffett deutet mit seinem Vergleich auch die Hoffnung an, dass die USA, so wie 1941, strategische Schlüsse aus ihrer unerwarteten Niederlage gezogen hätten und sich auf künftige Krisen intensiver und intelligenter vorbereiten werden, als sie das vor Ausbruch der Krise 2007/2009 getan haben.
Diese Hoffnung wird von europäischen Finanzmarktexperten ins Reich der schönen Träume verwiesen. Sie vermissen in den USA zielgerichtete Maßnahmen, künftigen Krisen wirksam Vorschub zu leisten. Der große finanzielle und wirtschaftliche Absturz liege nicht hinter, sondern noch vor uns. Dem „Crash der Abzocker" 2007/2009 werde in zwei bis drei Jahren der „Crash der Korruptionisten", der Investmentbanker, des Adels der Geldanleger, folgen. Das 2008 aufgedeckte abzockerische Pyramidenspiel Bernard L. Madoffs sei nur die Spitze eines gigantischen Eisbergs gewesen, an dem das globale Finanzsystem bald endgültig scheitern werde.
Wie beurteilen prominente Finanzmarktexperten solche düstere Voraussagen? Überwiegend zustimmend.
Der Schweizer Börsenexperte und Fondsmanager Dr. Marc Faber, „Dr. Doom", ist diesbezüglich ausgesprochen pessimistisch: „Die Analysten haben nicht nur die jetzige Finanzkrise nicht vorausgesehen, sie haben auch keine Ahnung von der Zukunft. Sie schließen bloß aus der Vergangenheit auf die Zukunft. Das ist unverantwortlich, weil die derzeitige Krise alles, was einmal gewesen ist, toppt. Das Problem ist: Die freien Märkte sind imperfekt und sie werden durch die Geldpolitik der Staaten manipuliert. Alle Notenbanken drucken massenhaft neues Geld, das wird den Konsum und die Börsen wieder hinauftreiben, aber es beflügelt auch die Inflation und führt zu enormen Volatilitäten [darunter versteht man ein nervöses, kurzfristiges Auf und Ab von Kursen oder Zinsen]. Alle Währungen verlieren allmählich an Wert, und nirgends werden Maßnahmen dagegen ergriffen. Im Gegenteil: Das US-Staatsdefizit ist höher, als offiziell ausgewiesen wird. 2008 ist es bei 1,4 Billionen US-Dollar gelegen. 2009 wird es auf 2,5 Billionen steigen, und jedes Jahr kommt ungefähr eine weitere Billion US-Dollar dazu. Ich sehe keine Chance auf eine Verringerung. Denn zu den Rettungsmaßnahmen für Banken und Konjunktur kommen die steigenden Abzahlungen für die Staatsschuld, die steigenden Belastungen des Staates durch die Alters- und Gesundheitsvorsorge für die immer älter werdende Bevölkerung sowie die wachsenden Ausbildungskosten. Das gilt nicht nur für die USA, sondern auch für Europa."
Faber rät deshalb den Notenbanken, die Zinsen anzuheben, um die voraussehbare Inflation zu verhindern. „Aber sie werden das aus politischen Gründen nicht oder in zu geringem Maß tun. Die Notenbanken sind nämlich keineswegs unabhängig, wie

sie nicht müde werden zu betonen, sondern sie müssen mit den Staaten und deren Regierungen kooperieren. Ich fürchte, US-Notenbankpräsident Ben Bernanke wird auf Sicht keine Zinsanhebung vornehmen, und das wird die Inflation weiter antreiben." Eine Deflationsgefahr sieht Faber hingegen nicht voraus.

Zukunftspessimismus hegt auch der Träger des Wirtschafts-Nobelpreises von 2007, Eric S. Maskin. Er hält wenig von den weltweiten Ankündigungen umfangreicher Vorbereitungen zur Vermeidung künftiger Wirtschafts-, Finanz- und Konjunkturkrisen. Maskin befürchtet sogar, dass die Welt in einigen Jahren die Finanzkrise 2007/2009 nur noch als vorübergehende, fast harmlose Situation bezeichnen wird, weil sie bald wieder in Vergessenheit geraten würde, sobald sich der wirtschaftliche Aufschwung zurückmeldet und sich die Kapitalmärkte zum Besseren wenden. „Die wirkliche Megakrise liegt demnach noch vor uns. Die Schlussfolgerung daraus lautet: Was die Erde 2007/2009 erlebt hat, war statistisch zwar der größte Wirtschaftseinbruch nach dem Zweiten Weltkrieg, aber nur ein Vorgeschmack auf den künftigen Totalabsturz."

Mögliche Ursachen künftiger Krisen

Für den befürchteten Mega-Totalabsturz des globalen Finanzsystems gibt es nach Meinung von Fachleuten viele mögliche Ursachen bzw. Kombinationen von einzelnen Ursachen. Welche stehen im Vordergrund?

Der österreichische Investmentbanker Dr. Ulrich Kallausch, stellvertretender Vorstands-Vorsitzender der Bank Sal. Oppenheim, sieht bereits für die nächsten Jahre ein drohendes Krisenpotential voraus. Er begründet seine Sorge, dass es in einigen Jahren eine neue Finanzkrise geben könnte, so: Die Industriestaaten der Erde hätten zuletzt viel Geld in den Markt gepumpt, um die Wirkungen der Finanzkrise abzupuffern. Das neue Geld sei jedoch bei den Falschen gelandet, nämlich bei den Banken und nicht in der Realwirtschaft sowie geografisch vor allem in Asien und in den Emerging Markets, also in Regionen, die von der Krise am wenigsten erfasst worden sind. Dadurch würden neue globale Ungleichgewichte aufgebaut, die früher oder später den Ausgleich in Form einer neuen Krise suchen werden. Kallausch rät: „Man sollte jetzt weniger die Schuldigen der jüngsten Weltwirtschaftskrise suchen, sondern besser neue Wege suchen, die uns aus dem Schlamassel herausführen. Wir müssen verhindern, dass nach Abheilen der ärgsten Krisenwunden demnächst das alte Spiel neuerlich beginnt."

Auch Marc Faber befürchtet: „Die Stützungspakete und die Geldpolitik, die gegen die Krise 2007/2009 eingesetzt werden, indem die Zinsen künstlich tief gehalten werden und viel Geld physisch neu durch das sogenannte Constitutive Easing, den Aufkauf von Pfandbriefen und anderer langlaufender Wertpapiere, gedruckt wird, dürfte die Krise eher verlängern als beheben. Ich nehme an, dass die Kreditkrise noch lange nicht vorbei ist. Denn ihr Ursprung war, dass die Verschuldung der Haushalte zu groß war, insbesondere die Hypothekarverschuldung in den USA. Als Nächstes kommt, dass die Gesellschaftskredite und Kreditkarten-Kredite sowie Kredite, die für gewerbliche Immobilien aufgenommen worden sind, uneinbringlich werden."

Eines scheint sicher, nämlich dass sich die US-Subprimekrise nicht wiederholen wird, weil das die erwogenen und umgesetzten Krisenbewältigungsmaßnahmen sowie die Schärfung des Fokus der Finanzmarktaufsichten auf diesen riskanten Bereich verhindern werden.

Selbst diese Schlussfolgerung ist fragwürdig. Denn der OCC-Bericht des Comptroller of the Currency, Administrator of National Banks in Washington D.C., über das erste Vierteljahr 2009 zeigt: Der Gesamtwert der derivativen Finanzprodukte, des Hybridkapitals ohne reale Deckung durch Sachwerte, die zum jüngsten Crash geführt haben, sind 2008 weiter gewachsen und haben auch 2009, wenn auch deutlich langsamer als früher, zugenommen. Das Volumen des virtuellen Geldes ist demnach nicht, wie viele annehmen, in Folge der Krise weltweit geschmolzen, sondern liegt mit rund 202 Billionen US-Dollar beim Zehnfachen des Ausgangswertes von 1996.

Das heißt: Die für unser globales Finanzsystem latent zerstörerische Bombe ist zwar geortet, aber noch lange nicht entschärft. Sie fungiert weiterhin als explosiver Blindgänger, der die Realwirtschaft bedroht. Ähnliches gilt für manche andere Bereiche des globalen Finanzsystems.

Offen bleibt die Frage: Kann das missbrauchte und dadurch verunglückte Finanzsystem durch die immer enger vernetzte Weltwirtschaft saniert werden oder fungiert es weiterhin als akute Bedrohung der globalen Geld- und Wirtschaftsordnung?

Zurzeit bilden sich bereits neue spekulative Blasen heraus, zum Teil aufgrund überzogener staatlicher Förderungen zur Umsetzung politischer Ziele, z. B. zur Konsumankurbelung, um die Konjunktur zu stützen. Das zeigt fatale Parallelen zur US-Subprimekrise. Dazu gibt es mehrere Beispiele:

- Die krampfhafte Forcierung des Ausbaus sämtlicher alternativen Energieproduktionen ungeachtet ihrer technischen Reife, sozialen Verträglichkeit und Markttauglichkeit.
- Die akuten Probleme globaler Finanzierungssysteme, die bisher noch wenig Transparenz bieten und deren innere Zusammenhänge sowie Stabilität für Außenstehende schwer nachzuvollziehen sind: internationale Kreditkarten-, Studenten-, Kundenkarten und Immobilien-Finanzierungen vor allem im gewerblichen Bereich, die nicht mehr bedient werden können.

Plastikgeld als Schuldenfalle

Um die Gier nach Geld und Besitz zu befriedigen, braucht man heutzutage kein Vermögen oder einen Bankkredit, sondern lediglich Plastikkarten mit Magnetstreifen, die man in einen scheinbar harmlosen Schlitz am Point of Sale hineinsteckt. Bei dieser Vorgangsweise bleibt der informative Blick des Käufers in die leere Börse oder aufs blanke Konto aus, man hat trotzdem volle Konsumpower, und viele nutzen das schamlos aus und gehen so in die Schuldenfalle. Ähnlich wie jene US-Bürger, die ohne Kreditprüfung hohe Hypothekarkredite erhalten haben.

Eine einschlägige Meldung ist in der PRESSE vom 23. Oktober 2008 erschienen, wonach dem angeschlagenen Welt-Finanzsystem auf diese Art bereits der nächste Schock drohe: „Nach der Immobilienblase wird befürchtet, dass nun die Kreditkartenfirmen in die Bredouille geraten. Jeder Amerikaner besitzt im Schnitt vier Kreditkarten. Einer der großen Anbieter, American Express, hat im dritten Quartal 2008 einen Ergebniseinbruch erlitten. Durch unbezahlte Kreditkartenschulden fiel der Gewinn um fast ein Viertel auf 815 Millionen Euro. ‚Wir mussten die Vorsorgen für faule Kredite stark aufstocken', erklärte Konzernchef Kenneth Chenault. Drohende Zahlungsausfälle bei Kreditkartenfirmen gelten in den USA als das nächste große Risiko für die Finanzmärkte nach den unbesicherten Immobiliendarlehen, die der Auslöser der letzten Finanzkrise waren; denn immer mehr Amerikaner sitzen in der Schuldenfalle und schichten ihre Zahlungsrückstände oft nur noch von einer Kreditkartenfirma auf die nächste um, weil sie die teilweise enormen Zinsen nicht mehr bezahlen können."

Die US-Kreditkartenblase ist nur halb so groß wie befürchtet, entwarnte die FINANCIAL TIMES am 27. November 2008, und berichtete: Statt zwei Billionen US-Dollar hätten sich die Kreditkartenschulden „nur" auf knapp ein Billion summiert. Der Chef der Bank of America hatte allerdings gewarnt, die Bankbranche könne vor den höchsten Verlusten im Kreditkartengeschäft stehen, die wir jemals erlebt haben. Zur selben Zeit tröstete der Analyst der Deutschen Bank, Bernhard Gräf: Die Hypothekenschulden der US-Verbraucher hätten 10,6 Billionen US-Dollar betragen, dagegen sei eine Billion an Kreditkartenschulden ein winziges Bläschen. Was er nicht dazu sagte, ist, dass die Kreditkartenblase von den mühsam durch den Staat geretteten Banken zusätzlich zum Börsen- und Konjunkturabschwung verdaut werden muss. Die Ratingagentur Standard and Poor's erwartet für 2009 „nur" eine Ausfallsquote bei Kreditkartenschulden von 8,5 Prozent. Das wäre immerhin eine Verdoppelung gegenüber 2008 und der zweithöchste Stand seit 60 Jahren!

Die PRESSE vom 23. Oktober 2008 hat das Problem sichtlich untertrieben: In den USA entfallen auf jeden Einwohner im Durchschnitt bereits acht Kreditkarten. Auch in anderen hoch entwickelten Industrieländern droht die Schuldenfalle via Plastikgeld. Dazu zählen nicht nur sogenannte „echte" Kreditkarten – bei welchen einmal monatlich der volle Betrag der zuvor getätigten Einkäufe abgebucht wird –, sondern auch „Revolving Credit Cards" – bei welchen der Kunde seine Rechnungsbeträge in Raten abstottern kann, allerdings mit gut 20 Prozent Zinsen –, sowie Einkaufskarten von Warenhäusern oder Tankstellenketten, mit welchen ebenfalls auf Kredit gekauft werden kann.

US-Präsident Barack Obama hat bald nach seiner Amtsübernahme erkannt, dass hier neues Krisenpotenzial lauert. Im April 2009 hat er die Kartenunternehmen – Visa, MasterCard, Capital One, American Express, Citigroup und Bank of America – zum Rapport gerufen. Diese mussten sich vor US-Finanzminister Tim Geithner rechtfertigen, warum sie auf die wachsenden Ausfallsraten ihrer Kunden mit erhöhten Gebühren reagieren.

REUTERS berichtete darüber am 21. April 2009: „Die steigenden Ausfälle von Kreditkartenschulden sind das Resultat anhaltend wachsender Arbeitslosigkeit in den USA. Den Finanzinstituten droht deshalb nach einer leichten Erholungsphase eine erneute

Krise. Um sich vor weiteren Schulden zu schützen, bitten die Banken jetzt ihre Kunden zur Kasse. Präsident Obama will nicht noch mehr Bürger in die Bredouille bringen und möchte verhindern, dass die Kreditkartenanbieter zunächst ihre Gebühren verheimlichen und dann mit überhöhten Zinsen die Kunden in die Zahlungsunfähigkeit treiben."

Die NEW YORK TIMES vom 11. Mai 2009 befürchtete, das Platzen der Kreditkartenblase dürfte kaum mehr zu verhindern sein. Sie schrieb: Während sich die Bankinstitute noch vom Zusammenbruch des Immobilienmarktes zu erholen versuchen, reiße in den USA das übliche Leben auf Pump ein neues Loch in ihre Bilanzen. „Wie im Zuge der Banken-Stresstests erhoben wurde, dürften sich in den kommenden Jahren mehr als 20 Prozent der Schuldenbestände auf Kreditkarten als faul erweisen […] Den Tests zufolge müssten die 19 größten US-Finanzinstitute bis Ende 2010 aufgrund von Kreditkarten-Zahlungsausfällen mit einer Summe von 82,4 Milliarden US-Dollar an Verlusten rechnen. Sollte sich die wirtschaftliche Situation weiter verschärfen und die Arbeitslosenrate die Marke von zehn Prozent durchbrechen, könnten die uneinbringlichen Schuldenbestände diese Summe übertreffen […] Bei American Express oder Capital One Financial beträgt der Anteil fauler Kreditkartenschulden rund 20 Prozent der Bestände, Bank of America, Citigroup oder JP Morgan Chase seien mit 23 Prozent noch stärker betroffen."

Eine Kreditkartenblase droht nicht nur in den USA, sondern auch in Deutschland oder Großbritannien, wo das Kreditkartensystem der USA eifrig nachgeahmt worden ist. „Deutsche Banken pumpen Kreditkartenblase auf", schrieb am 10. März 2009 die SÜDDEUTSCHE ZEITUNG; „Die Institute ermöglichen das Leben auf Pump nach US-Vorbild." Die bayerische Verbraucherschutzministerin Beate Merk habe eindringlich vor dem System der „Revolving Credit Cards" gewarnt. In den USA und Großbritannien habe sich in Folge des Lebens auf Pump eine Schuldenblase aufgebaut, die zu platzen drohe. Dennoch wolle die deutsche Bundesregierung den weiteren Vorstoß der umstrittenen Karten per Gesetzentwurf ermöglichen.

Beunruhigend ist, dass Kreditkartenunternehmen Journalistenfragen über Zahlungsausfälle nicht bzw. ausweichend beantworten.

Staaten in der Schuldenfalle

Zu den künftigen Krisenrisiken zählt auch die rasch steigende Überschuldung vieler Staaten. Sie schwächt in besorgniserregendem Ausmaß deren Interventionsfähigkeit im Falle neu auftretender Krisen. Die Gründe dafür sind einerseits die enormen Garantielasten und Ausfallsfinanzierungen für die seit 2007/2009 angeschlagenen nationalen und internationalen Finanzdienstleister, andererseits die extrem hohen laufenden staatlichen Ausgaben für kriegerische Interventionen zur Sicherung des Weltfriedens, zur Beilegung von Bürgerkriegen und Abwehr terroristischer Aktionen. Weitere Probleme der öffentlichen Budgets sind die eingegangenen hohen Vorsorgepflichten für die Mitarbeiter von Behörden und öffentlichen Institutionen, die schon jetzt die impliziten – nicht offiziell ausgewiesenen – Schulden von Gebietskörperschaften in unabsehbare Höhen katapultieren. Dieses Problem betrifft auch die österreichischen Gebietskörperschaften (Bundesländer und Gemeinden).

Dazu kommen weitere finanzielle Herausforderungen an die Völkergemeinschaft aufgrund ihrer schon jetzt deutlich absehbaren zahlenmäßigen, demografischen, gesellschaftlichen und umweltbedingten Veränderungen:

- Die Sicherung der Versorgung mit ausreichenden Energiemengen bei gleichzeitiger Senkung der Treibhausgas-Emissionen, sprich Umstellung der globalen Wirtschaft von fossilen auf erneuerbare Energiequellen.
- Die Sicherung der Versorgung mit ausreichender Nahrung und Frischwasser sowie Entsorgung/Recycling von Müll und Abwasser.
- Der Schutz vor den wachsenden materiellen Schäden aufgrund der zunehmenden Zahl und Schwere von Naturkatastrophen.
- Die steigenden Ansprüche an die Vorsorge für die biometrischen Risiken des Menschen wie Alter, Krankheit, Invalidität oder Pflegebedürftigkeit angesichts weiter sinkender Geburtenzahlen und steigender Lebenserwartung.

Diese Herausforderungen stehen in engem innerem Zusammenhang. Ihr Zusammenwirken ist so komplex, dass keine einfachen, linear ablaufenden Strategien mehr greifen werden. Daher können weder finanzielle Abschätzungen ihrer Kosten vorgenommen noch Zeitangaben für ihre Bewältigung gemacht werden.

Die miteinander eng verflochtenen politischen, sozialen und finanziellen Probleme, die auf die Menschheit zukommen, bestehen nämlich aus mehreren selbständig agierenden, miteinander vernetzten Subsystemen. Daraus ergibt sich eine Vielzahl parallel ablaufender Prozesse, die einander gegenseitig beeinflussen, rückkoppeln, potenzieren oder mildern. Zur Bewältigung dieses Bündels an Herausforderungen braucht es weltweit mehr als guten Willen, mehr als viel gutes Geld und weit mehr als simple personelle Aufstockung der Mitarbeiterzahlen von Finanzaufsichten bzw. Intensivierung von Kontrollen und Regulativen. Es geht vielmehr um einen Paradigmenwechsel im weltweiten Geld-, Finanz- und Währungssystem. Das bisherige System scheint den kommenden enormen Ansprüchen nicht mehr gewachsen zu sein. Das bisherige Motto „Intransparenz ist das eigentliche Geschäft der Finanzwirtschaft" darf nicht weiter gepflegt werden.

Änderung des globalen Finanz- und Geldsystems

US-Krisenforscher Prof. Roberto Rigobon meinte in einem Exklusivinterview mit dem Autor weniger pessimistisch als Marc Faber: „Wir analysieren derzeit die Erholung aus der Krise 2007/2009. Manche Länder werden weiterhin unter ihr leiden, aber andere werden sich erholen. In drei bis fünf Jahren von jetzt an gerechnet werden wir jedoch neuerlich ein Krisenszenario haben."

Angesichts solcher Perspektiven verstärken sich die Zweifel an der Funktionsfähigkeit des gegenwärtigen Welt-Finanz- und -Geldsystems. Eine der Folgen der Krise 2007/2009 sind grundsätzliche ideologische Kontroversen zwischen den Anhängern öffentlicher Interventionen und Rückgewinnung der staatlichen Macht gegenüber der

Privatwirtschaft einerseits und den Anhängern einer freien Konkurrenzwirtschaft ohne störende Einmischung der Politik andererseits. Ein anderer Streitfall ist, ob die Erde mit dem überkommenen Finanz- und Geldsystem ihr Auslangen finden wird oder ob ein neues System nötig ist, um künftigen Krisen vorzubeugen.

Der Autor vieler einschlägiger Zeitschriftenbeiträge, Fachbücher und Funktionär des Österreichischen Akademikerbundes, Mag. Christian Zeitz, sagte in einem Exklusivinterview mit dem Autor: „Das Weltfinanzsystem als Summe der Hunderten unterschiedlichen nationalen Finanzsysteme hat versagt. Daher brauchen wir eine neue Qualität von Geld und objektivere Geldsysteme. Denn die Staaten haben beim Hervorbringen von Geld schlicht und einfach versagt."

Zeitz verweist auf die weltweite Explosion der Geldmengen, die in keinem sinnvollen Verhältnis mehr zum Wachstum der Realwirtschaft stünden: „Empirisch ist festzustellen, dass wir in den letzten Jahren im Euroraum eine Expansion der Geldmenge M3 von 11 bis 12 Prozent gehabt haben. Das zeigt, dass die Dimensionen völlig aus den Fugen geraten sind, weil die Geldmengenexpansion ein Mehrfaches des Wirtschaftswachstums betragen hat. Sie hat sowohl im angloamerikanischen Raum als auch im Euroraum stattgefunden. Meine These ist, dass in dem Ausmaß, in dem die Währungsräume größer werden, z. B. auch durch die Einführung des Euro, und in dem sich die Volatilität vergrößert, die Expansion der Geldmenge überproportional zunimmt. Die US-Notenbank Fed hat aus der Tatsache heraus, dass sie die Geldmengenexpansion nicht mehr kontrollieren kann, im November 2005 die skurrile Konsequenz gezogen und angekündigt, dass sie vom April 2006 an die Veröffentlichung der Geldmenge M3 einstellen wird, vermutlich, um über das daraus entstehende Unglück nicht mehr reden zu müssen. Offenkundig ist den Verantwortlichen die unbotmäßige Geldmengenexpansion bewusst geworden. Es ist für mich politisch unbegreiflich, dass die zuständigen Notenbankchefs bzw. die Finanzminister der westlichen Welt aus diesem Phänomen, das sich seit Jahrzehnten in wachsendem Ausmaß zeigt, keine strukturpolitischen Konsequenzen gezogen haben. Stattdessen spricht man davon, dass die sogenannte Spekulation mit allen ihren Konsequenzen daran schuld wäre. Damit verlagert man das Problem auf die moralische Ebene, weil die Bankdirektoren sich zu hohe Gehälter und Tantiemen herausgeschlagen haben. Weil sich manche Leute sehr bereichert und bestimmte Investmentfonds-Manager davon profitiert haben, sind sie alle noch lange nicht die wirkliche Ursache des Geschehens, sondern dessen Profiteure."

Eine Lanze für die Spekulation

Die viel gelästerte Spekulation ist laut Zeitz eine notwendige Folge der Expansion der Geldmenge, nicht deren Ursache. Sie sei aber der Grund, dass der wirtschaftliche Zusammenbruch eine Zeit lang hinausgeschoben worden sei: „Die Spekulation hat dazu geführt, dass die überschüssige Geldmenge längere Zeit hindurch aufgesogen worden ist. Wäre das nicht der Fall gewesen, wäre der Crash wesentlich früher eingetreten. Spekulation an sich ist etwas Gutes und Normales; in jeder Marktwirtschaft gibt es sie. Hedging heißt absichern; das bedeutet, dass von professionellen Risiko-Absicherern die Risiken von einer Ebene auf eine andere verlagert werden. Spekulation ist nichts anderes als Arbitragen [das Ausnutzen von Preisunterschieden für gleiche Waren auf verschiedenen Märkten] zu minimieren oder abzubauen, um Ungleichgewichte zu reduzieren. Das hat es immer gegeben; das ist ein wesentliches Element der Marktwirtschaft und sicher nicht schuld an der riesenhaften Krisensituation der Gegenwart."

Was kann der Neoliberalismus für die Krise? Zeitz antwortet: „Aus einer soziologischen Betrachtung der gegenwärtigen Situation entsteht der Eindruck, als würde das, was man irrigerweise Neoliberalismus nennt – eine Ideologie, die einem unkontrollierbaren und nicht kontrollierten Markt sowie einer hedonistischen Grundhaltung von Anlegern und Fondsmanagern das Wort redet –, Ursache des gegenwärtigen Geschehens sein. Das ist eine Missinterpretation. Sie beginnt damit, dass der Ausdruck Neoliberalismus verfehlt verwendet wird. Er war ursprünglich eine politische oder wirtschaftswissenschaftliche Konzeption der Nachkriegszeit, die darauf hinausgelaufen ist, den klassischen Liberalismus durch Elemente der Absicherung von Risikogruppen zu ergänzen und dem Markt jene Schärfe zu nehmen, die er möglicherweise unter den Bedingungen des ausgehenden 19. Jahrhunderts gehabt hat. Was gegenwärtig passiert als Neoliberalismus zu bezeichnen, ist insofern eine Perversion, als die Probleme, mit welchen wir konfrontiert sind, vom Staat gemacht oder Produkte superstaatlicher und metastaatlicher Einrichtungen sind. Einerseits ist weder das Geld, mit dem wir konfrontiert sind, ein Produkt des Marktes oder von privaten Einrichtungen, noch sind die Einrichtungen, die von Geldmengen-Agglomerationen profitieren, im eigentlichen Sinn Privateinrichtungen. Auch die transnational operierenden Unternehmungen sind in Wahrheit Syndikate, die mit hohem Staatseinfluss und teilweise staatlichen Beteiligungen operieren; sie sind zwar formalrechtlich nach Aktienrecht Privatgesellschaften, aber im eigentlichen Sinn nicht. Die Phase, in der wir gegenwärtig sind, ist kein Liberalismus oder Neoliberalismus, sondern ein Neosyndikalismus. Er ist Ergebnis einer Politik, in der drei Elemente miteinander verknüpft werden: jenes der Privatisierung, jenes der Deregulierung und ein grundsätzlich nicht-liberales Element, jenes der suprastaatlichen Harmonisierung von Wirtschaftsnormen. Durch diese drei Elemente konnte ein Geflecht von supranational agierenden Wirtschaftseinrichtungen in die kausale Dimension des internationalen Wirtschaftsgeschehens treten, das heute davon profitiert, dass sie in dieser Form grenzüberschreitend agieren. Sie sind zweifellos die Profiteure, da sie vielfach in der Nähe der Geldemission operieren. Sie sind meist mit Bankenstrukturen verbunden, die ihnen eine Rendite ermöglichen, die aus der Geldemission resultiert und nicht aus der Spekulation. Das Grundübel ist nicht eine Frage der Spekulation, nicht, wie Neolinke behaupten, eine Frage der Zinseszinsmechanik, sondern es ist ein Problem der unbegrenzten, unkontrollierbaren und unkontrollierten Ausdehnung der Geldmenge."

Demnach herrscht zurzeit eine globale, demokratisch nicht gestützte Kampfbewegung, eine staatlich geduldete, ja sogar geförderte gegenseitige Selbststützung von Politik, Macht und

Geld. Es wäre eine politische Täuschung zu erwarten, dass Friede, Sicherheit und Wohlstand auf Dauer zu schaffen sind, ohne dass das herrschende Geld- und Finanzsystem geändert wird.

Den Teufel mit Beelzebub austreiben?

Notenbanken, Finanzminister und Regierungschefs der Erde samt Finanzmarktaufsichten und Regulatoren hätten aus der Krise 2007/2009 nichts gelernt, behauptet Zeitz und schließt sich dem Pessimismus von Marc Faber an. Was im Interesse der Krisenbewältigung als diverse Hilfs- und Rettungspakete geschnürt und in die Tat umgesetzt werde, sei das Gegenteil dessen, was zur Bekämpfung der Krise erforderlich sei: eine keynesianisch ausgerichtete Geldpolitik, der Versuch, durch Niedrighalten der Zinsen realwirtschaftliche Investitionen anzukurbeln. Wenn der Geldzins jedoch unter den natürlichen Kapitalzins gedrückt werde – was derzeit mit aller Anstrengung versucht wird – werde man das Entstehen neuer Krisen erleichtern, statt der gegenwärtigen gegenzusteuern.

Zeitz kritisiert: „Die Reduzierung von Aktienindices und die Vernichtung von Spekulationskapital im Gefolge der Krise 2007/2009 hat zur Senkung der Geldmenge beigetragen. Statt dass man das vor sich gehen lässt, trägt man zusätzlich dazu bei, die Geldmenge wieder auszuweiten. Die jetzt getroffenen Maßnahmen sind eine perverse Reaktion auf die Krise, weil noch niemand von den Handlungsträgern einen Mechanismus vorgelegt hat, wie er sich das Herausnehmen des überflüssigen Geldes aus dem Markt vorstellt. Das Geld, das jetzt hineingepumpt wird, versickert in den Bankenapparaten. Sowohl in den USA als auch in Europa zeigt sich, dass sich die Wunschvorstellung, dass mit den hineingeblasenen Geldmengen z. B. Kredite für den Mittelstand gegeben und damit weitere Investitionen induziert werden, als Unsinn erwiesen hat. Die Folge ist ein nächster Schritt in den Interventionismus und damit in die verkehrte Richtung; nämlich daraus die Konsequenz abzuleiten, dass staatliche Auflagen oder staatliche Investitionskontrollen oder staatliches Partizipationskapital geschaffen und vermehrt wird, so dass die Krise noch den perversen Nebeneffekt hat, dass mit ihr der Einfluss des Staates oder eine beträchtliche Verstaatlichung von wichtigen Teilsektoren der Finanzintermediäre und des Bankensektors stattfindet. Das ist in Österreich, Deutschland sowie in den USA schon erkennbar. Wir werden am Ende dieser Phase der symptomatischen Maßnahmen der öffentlichen Hand eine Situation vorfinden, wo eine rückwärtsgerichtete, in eine falsche Ideologie des 20. Jahrhunderts hineinreichende Verstaatlichung bzw. Teilverstaatlichung wesentlicher Wirtschaftsbereiche Platz greift, ohne das Krisenproblem gelöst zu haben, das in einigen Jahren mit umso größerer Wucht auf uns zukommen wird."

Vizekanzler und Finanzminister DI Josef Pröll bestreitet diese Konsequenz, zumindest was Österreich betrifft. Bei der Überreichung der Wiener Börsepreise sagte er Anfang Juni 2009: „Es besteht ein politischer Grundkonsens darüber, dass die staatlichen Hilfen für Banken und Unternehmen, die die Krise an den Rand der Existenz getrieben hat, keine Wiederauferstehung der verstaatlichten Industrie bedeuten, sondern ausschließlich der Stärkung des Kapitalmarktes dienen. Wir werden die neue Macht der Politik keineswegs gegen die Wirtschaft ausspielen."

Was geschieht mit dem zugeschossenen Geld?
Ähnlich argumentiert MIT-Professor Rigobon: „Sie müssen erkennen, dass die Zentralbanken derzeit ihr Geld nicht für die sonst üblichen Zwecke ausgeben, sondern um einen Unglücksfall zu finanzieren. Das ist der Grund, für den Notenbanken da sind, nämlich in der Krise ihren Job schnell und gezielt zu tun. Es hat einen Finanzunfall auf der Erde gegeben, das ist die Rezession in den USA, und die Zentralbanken kaufen die faulen Kredite auf, um aus der Krise herauszuhelfen. Sie kaufen Wertpapiere auf, die keine anderen Käufer finden. Das Geld dafür wird nicht öffentlich verteilt, so dass es keine Hyperinflation auslösen kann. Ich erkenne daher keinen Grund, dass es zu einer Hyperinflation kommen könnte. Ich bin auch voll davon überzeugt, dass – wenn es wirklich dazu kommen sollte, dass das zugeführte Geld in den normalen Umlauf kommt –, die Zentralbanken sofort in die Gegenrichtung gehen werden. Wir werden in den nächsten Jahren vermutlich auf höhere Inflationsraten kommen. Das wird für die Weltwirtschaft sogar ideal sein. Wir brauchen nämlich etwas Inflation, um die realen Werte der faulen Kredite in den europäischen und US-Banken aufzusaugen. Ich glaube, die Zentralbanken werden diese drei bis vier Prozent Inflation hinnehmen; danach werden sie die Gegenrichtung einschlagen."
Der Einwand dagegen ist, dass es bislang keine konkreten politischen Beschlüsse gibt, das zur Krisenbewältigung zusätzlich ausgegebene Geld wieder aus dem Umlauf zu nehmen, um einer Hyperinflation vorzubeugen.
Rigobon ist anderer Meinung: „Es wird bereits jetzt darüber diskutiert, mit welchen Instrumenten man das bewirken kann, wenn das Erfordernis dazu aktuell wird. Wenn Sie mit Zentralbanken sprechen, werden Sie erfahren, dass sie genau überlegen, mit welchen Instrumenten und Maßnahmen sie das überflüssige Geld beginnend von der ersten Hälfte 2010 an wieder einziehen werden. Sie machen es nicht öffentlich, wie und wann sie das tun werden, aber das spielt keine Rolle. Es ist nur wichtig, dass sie es tun; das ist für uns entscheidend. Die Europäische Zentralbank hat bereits einen Mechanismus dafür entwickelt, daher ist sie bereits in der Lage, das überschüssige Geld wieder einzuziehen, wenn es nötig sein wird. Dasselbe ist bei der englischen Zentralbank der Fall. Sie hat bereits alle Instrumente zur Verfügung, das zu tun, wenn es nötig sein wird. Das US-Finanzministerium wird dabei empfindliche Verluste einfahren, denn die Zinsen sind derzeit niedrig und die Ankaufspreise für faule Kredite ziemlich hoch. Das Finanzministerium wird sie abstoßen, wenn die Zinsen höher sein werden als jetzt. Das wird markante Einbußen verursachen. Die wichtigen Finanzinstitute bereiten sich darauf vor. Das beweist, dass sie sich ihrer Verantwortung bewusst sind. Sie wissen, dass sie Verluste haben werden, sie wissen, dass das eine schwierige Aufgabe sein wird, weil sie dabei Kapital verlieren werden, aber sie wissen, dass sie das aus Verantwortung für die Stabilisierung der

Krise tun müssen. Ich habe volles Vertrauen in die drei großen Zentralbanken, dass sie uns aus der Krise retten werden", erklärt Rigobon.
Auch Dr. Klaus Liebscher, ehemaliger Gouverneur der Oesterreichischen Nationalbank, vertraut voll der Autorität der Zentralbanken. Im Exklusivgespräch mit dem Autor bekräftigte er: „Es stimmt, dass der Geldumlauf im Sinne der Krisenbekämpfung erhöht wurde. Aber es ist nicht ausschließlich neues physisches Geld, das über die Notenpresse in Bewegung gesetzt wurde, sondern es ist in vielen Fällen nur Giralgeld, das zum Teil bereits zurückgeholt worden ist. Die Europäische Zentralbank etwa hat 2007 begonnen, massive Liquiditätsstützen für den Markt zu geben. Für eine Woche wurden z. B. 400 Milliarden Euro in den Markt geschossen, weil es entsprechende Nachfrage gab; die EZB hat aber in der folgenden Periode davon wieder 300 Milliarden zurückgeholt, so dass netto nicht 400, sondern 100 mehr im Umlauf waren. Dennoch hat sich die Bilanzsumme der EZB, auch die der Fed in Washington, dramatisch erhöht, weil man wesentlich mehr Aktivitäten realer Natur gesetzt hat. Noch sind wir nicht so weit, dass wir von einer Hyperinflationsgefahr sprechen können, aber es gibt selbstverständlich Maßnahmen, wie man im Vorfeld einer solchen Entwicklung eingreifen kann. Im Augenblick ist zweifellos das Bereitstellen von zusätzlicher Liquidität die einzig richtige Maßnahme."
Dennoch stellt sich die Frage: Wird die globale Politik den Zentralbanken der Erde gestatten, das überschüssige Geld rechtzeitig aus dem Umlauf zu ziehen, um eine Hyperinflation zu vermeiden?
Die Politik neigt erfahrungsgemäß dazu, jede Inflation geldgierigen Unternehmen in die Schuhe zu schieben und sich selbst von jeder Schuld reinzuwaschen. Die Politik hätte bei solchem Verhalten den Vorteil, dass die künftige Inflation die gigantischen Staatsschulden, die infolge der teuren Krisen-Rettungspakete weiter steigen, wertmäßig verringert. Auch um den Preis einer weiteren Krise wegen eines Überschusses von billigem Geld.
Johannes Benigni, Chef des internationalen Energieberatungsunternehmens JCB in Wien, teilt diese Ansicht und setzt noch eins drauf. In einer Spezial-Analyse über die Hintergründe von Finanz- und Wirtschaftskrisen warnte er am 25. Mai 2009: „Irgendjemand wird einmal für alle die Hilfs- und Unterstützungsmaßnahmen zahlen müssen, und die Staatslenkungen werden sich veranlasst sehen, ihre Budgeteinnahmen zu steigern, entweder durch Steuererhöhungen oder Kürzung ihrer Ausgaben. Darüber hinaus erscheint es logisch, dass die Regierungen alles unternehmen werden, um auf ihre Zentralbanken Druck auszuüben, damit sie die Währung inflationieren und so den realen Wert der Staatsschulden vermindern. In den USA ist die Notenbank (Fed) nicht so stark vor politischen Einflussnahmen geschützt wie die Europäische Zentralbank (EZB) in Europa; das könnte die USA zum Opfer einer höheren Inflation werden lassen. Das wieder würde mehr Druck auf den US-Dollar herbeiführen, was einen Anstieg der Rohstoff- und Erdölpreise bewirken könnte, um deren Marktwert zu stabilisieren. In Europa ist die EZB durch den Maastricht-Vertrag vor einzelstaatlichen Interventionen geschützt, und die EZB-Banker legen hohen Wert

auf die Erhaltung der Preisstabilität. Daher halten wir höhere Steuern und Ausgabenkürzungen in Europa für viel wahrscheinlicher als in den USA."

Klaus Liebscher hingegen bestreitet das Risiko einer gezielten Inflationspolitik: „Man kann Krisen in der Zukunft nicht ausschließen. Aber ich glaube, dass man aus der letzten Krise die Lehren ziehen muss, so dass sich nach Möglichkeit derartige Vorkommnisse nicht wiederholen. Auslöser der letzten großen Krise von 2007 an war unbestritten die Niedrigzinspolitik vor allem der USA, die damals nach dem Platzen der New-Economy-Blase ein gutes Argument hatten, damit die Wirtschaft des Landes wieder auf Kurs gebracht werden konnte. Ich denke, dass die US-Niedrigzinspolitik nicht die einzig Verantwortliche für die Krise war, sondern dass dazu kam, dass sich eine sehr gute wirtschaftliche Entwicklung eingestellt hat mit niedrigen Ausfallsraten für den Kreditsektor, dass es dadurch auch zu einer Vernachlässigung der Grundvoraussetzung eines soliden Risiko- und Liquiditätsmanagements gekommen ist. Weiters, weil in einer Niedrigzinsphase für Banken wenig zu verdienen ist – auch wenn das Entscheidende die Marge ist und nicht das absolute Zinsniveau –, wurden zusätzlich sehr kreativ neue Finanzprodukte entwickelt, und man hat neue komplexe Strukturen geschaffen, bis hin zu aus den Bilanzen ausgelagerten Gesellschaften, was dazu führte, dass der Überblick verlorenging. Die Überliquidität ist ein Teil des Ganzen, aber nicht der ausschließliche Krisengrund. Es gilt jetzt zu sanieren und zu heilen, dazu ist die hohe Liquidität absolut nötig. Aber der nächste Schritt muss und wird es sein, Lehren aus diesen Unfällen, die zu den riesigen Finanzmarktturbulenzen und deren Auswirkungen geführt haben, zu ziehen."

Rettung durch ein neues Welt-Geld- und -Währungssystem?

Manche Beobachter zweifeln jedoch daran, dass die Politik die richtigen Lehren aus der jüngsten Krise ziehen wird, sondern dass sie weiter populistisches Window Dressing betreiben wird. Einer davon ist Zeitz. Als einzig durchgreifende Lösung der letzten Krise und als Rezept zur Vermeidung künftiger fordert er die Schaffung eines neuen globalen Geldschöpfungssystems, das weniger krisenanfällig sein werde als das gegenwärtige.

Seine Grundüberlegung: Die gegenwärtige Art von Geld sei nicht geeignet, einen dauerhaft prosperierenden Wirtschaftsablauf und einen gerechten Zusammenhang zwischen den Leistungen der Wirtschaftsträger einerseits und den Einkommenskonstellationen dieser Wirtschaftsträger andererseits sicherzustellen. Es müsse eine völlig neue Art und Qualität von Geld geschaffen werden; es müsse auf eine Neukonstruktion des gesamten Geld- und Finanzsektors der Welt hinauslaufen.

Zeitz begründet die Notwendigkeit eines neuen Welt-Geld- und -Währungssystems im Exklusivinterview: Wenn es nicht gelinge, dafür zu sorgen, dass die Erzeuger, der gesamte produktive Sektor nicht durch den gegenwärtig oktroyierten Geldschöpfungsmechanismus ausgebeutet werden, müssten wir bald zur Kenntnis nehmen, dass die produktiven Aktivitäten weitgehend eingestellt werden. Das Problem sei nicht der Kapitalismus, sondern die unstatthafte Art und Weise des Staates, sich in die Geldproduktion einzumischen, dafür aber keine Verantwortung zu übernehmen. Grundproblem sei, dass offiziell in einer Geldsorte denominiert werde, z. B. im Euro, dieser aber nicht, wie die offizielle Ideologie laute, von einer zentralen Stelle, der EZB, emittiert oder kontrolliert werde, sondern von vielen verschiedenen Stellen, auch vom Kommerzbankensektor, und dass für die emittierten Geldmengenbestandteile niemand die Verantwortung übernehme. Daraus folge, dass diese Geldmenge von niemand knapp gehalten werde, weil es in niemandes Interesse sei, das zu tun.

Zeitz' Vision eines neuen Weltgeld- und -Währungssystems: „Wir müssen ein System schaffen, in dem die Geldemittenten eigenes wirtschaftliches Interesse haben, das Geld knapp, handlungsfähig und in seinen Funktionen aufrecht zu erhalten. Nur das stellt sicher, dass das Geld die Aufgabe übernehmen kann, die es in der Theorie hat. Wenn uns das nicht gelingt, werden wir den gegenwärtigen Zivilisations- und Kulturstand nicht halten können."

Wer hängt der Katze die Schelle um?

Gegen diese Vision spricht jedoch, dass dieses neue globale Geldsystem kaum von den Mitspielern des gegenwärtigen Systems, den heutigen Noten- und Kommerzbanken, errichtet werden kann. Das müsste von führenden Politikern des Euroraums oder der EU in Brüssel aus erfolgen. Wer hätte die Autorität und die Courage zu einem solchen Schritt?

Zeitz: „Man muss befürchten, dass die Implementierung eines solchen Systems mit hoher Wahrscheinlichkeit erst dann erfolgen wird, wenn es einen Totalzusammenbruch des Systems geben wird. Es sei denn, es gibt eine Möglichkeit, das System auf evolutive Weise parallel zu den gegenwärtig bestehenden Strukturen zu implementieren. Wenn eine solche Möglichkeit bestehen sollte, wird sie realistischerweise nur dann umgesetzt werden, wenn es gelingt, die Handlungsträger des gegenwärtigen Finanzsystems in diese Strategie mit einzubeziehen. Es müsste gelingen, das System nicht nur auf dem Papier oder im Rahmen einer theoretischen Überlegung funktionstüchtig zu gestalten, sondern es auch strategisch so zu entwerfen, dass die institutionellen Elemente des gegenwärtigen Finanz- und geldschöpfenden Sektors darin eine tragende Rolle haben, bei der sie funktionell befriedigt werden und die Gelegenheit haben, ihre Personalkapazitäten und sonstigen Möglichkeiten umzusetzen. Gelingt das nicht, ist das revolutionäre Potential des Projektes so groß, dass es realpolitisch scheitern wird."

Die letzte Hoffnung zur Krisenbewältigung wäre demnach, dass es zu einem totalen Chaos im globalen Geldsystem kommt, um daraus die Chance zu einer zukunftsträchtigen Neuordnung zu generieren. Das wäre die konkrete Umsetzung der Schumpeter'schen Chaostheorie.

Zeitz hält das für ein wahrscheinliches Worst-Case-Szenario. „Denn es gibt parallele Prozesse der Aufzehrung von Zivilisationsqualitäten, die befürchten lassen, dass eine geordnete Form eines Überganges gar nicht mehr möglich ist. Wenn man an konkreten Fällen betrachtet, wie dünn das Häutchen der Zivilisation im Augenblick einer krisenhaften Konstellation ist – z. B. im Fall der Überschwemmung von New Orleans in den USA oder die vor einigen Jahren in Amsterdam vorgenommenen Stromabschaltungen über einige Stunden –, erkennt man, dass die Zivilisation rasch einbrechen kann, dass es zu Bandenbildungen oder Geschäftsplünderungen kommt und die Restbestände der Zivilisation schnell weggeschwemmt werden. Man muss befürchten, dass das Sinken des moralischen und kulturellen Niveaus auch in Mitteleuropa und Österreich in den nächsten Jahren möglicherweise Anlass geben wird, dass man mit den Folgen der Finanzkrise keineswegs in so geordneter und zivilisierter Form umgehen wird, wie es 1929/1933 in Mitteleuropa der Fall gewesen ist. Wenn diese Befürchtung wahr wird, dürfte es sehr schwer werden, in der Talsohle der Krise auch die konstruktiven Kräfte zur Reorganisation der Geldwirtschaft und der Prinzipien eines konstruktiven und friedlichen Zusammenlebens zu finden."

Die Konsequenz aus der letzten Krise und als Schutz vor der nächsten müsse, so Zeitz,

- die Schaffung eines neuen Weltgeldsystems,
- eine neue Art der Wertaufbewahrung und
- ein neues Geldtransaktionssystem sein.

Gelinge das nicht, sei die nächste, noch weitaus schlimmere Krise vorprogrammiert. Diese erschreckende Aussicht teilt „Dr. Doom", Dr. Marc Faber: „Ein neues Geld- und Währungssystem wird sicher kommen, aber nicht jetzt, weil die Notenbanken noch immer einen großen Einfluss haben. Sie werden alle Krisen mit einer expansiven Geldpolitik zu lösen versuchen. Das ist jene Medizin, die den Patienten bereits umgebracht hat, weil sie zu einer sprunghaften Erhöhung der Gesamtverschuldung aller Wirtschaften führt. Sie werden immer mehr Geld drucken, um das Kreditwachstum wieder zu beleben. Wenn sie genügend Geld drucken, werden sie neue Vermögen, aber auch neue Blasen bilden."

Faber rechnet mit dem Schlimmsten. „Irgendwann werden sich die Bürger fragen, wem der Staat mit seinen Geldspritzen hilft, den Banken oder den Menschen? Dann sind Ausschreitungen und Unruhen nicht mehr zu verhindern. Das Resultat wird ein Krieg sein, und der wird mit steigenden Rüstungsausgaben die Wirtschaft wieder in Schwung bringen."

Rückkehr zum Goldstandard

US-Krisenguru Prof. Rigobon bestritt im Exklusivgespräch die Notwendigkeit einer Totalreform des Weltwährungssystem bzw. Rückbesinnung auf den Goldstandard: „Ich sehe keinen Anlass, zum Goldstandard zurückzukehren. Täte man das, gäbe es keine Möglichkeit mehr, eine Währung abzuwerten. Außerdem hat es bisher mit und ohne Goldstandard Finanzkrisen gegeben. Es ist also völlig ungewiss, dass eine Rückkehr zum Goldstandard das Vermeiden künftiger Krisen zur Folge haben wird. Möglicherweise würde eine Rückkehr zum Goldstandard die Dinge sogar verschlechtern, denn es würde die Möglichkeit von Auf- und Abwertungen bei wirtschaftlichen Störungen in einzelnen Ländern beseitigen. Wir brauchen aber Auf- und Abwertungen, um auf regionale wirtschaftliche Ungleichheiten oder auf veränderte Einstellungen von Investoren oder Konsumenten zu reagieren. Auf- und Abwertungen sind ein ausgezeichnetes Ventil, das den einzelnen Ländern gegeben ist, um größere Fluktuationen zu managen. Ein System mit der Möglichkeit zu Auf- und Abwertungen der Währungen ist wichtig, um das Entstehen größerer Krisen zu vermeiden. Eine Rückkehr zum Goldstandard ist für mich daher eher eine Schreckensvision. Ich halte das derzeitige System für wesentlich besser, weil es Hunderte von Krisen gar nicht erst entstehen lässt. Daher sollte man es nicht ändern."

Gold, das jahrtausendelang als wertgesichertes Zahlungsmittel und Sicherheit von Währungen gegolten hat, ist heute ein reiner Rohstoff geworden, ähnlich wie Silber, Rohöl, Erze oder Vieh. Deren Wert unterliegt dem ständigen Auf und Ab von Angebot und Nachfrage bzw. der Spekulationsaktivitäten auf den Weltmärkten. Dennoch gilt Gold noch immer als eine Möglichkeit des Vermögensbesitzes: 20 Prozent der heutigen Gold-Nachfrage sind Investments, 17 Prozent des Goldes werden in der Industrie, 63 Prozent für Schmuck verwendet. Je schlechter die wirtschaftliche Lage wird, umso stärker ist die Nachfrage nach Investmentgold, umso rascher steigt der Marktpreis für Gold.

Misstrauische Investoren bevorzugen den anonymen Erwerb von physischem Gold in Form von Münzen oder Barren im Gewicht von 250 Gramm und darunter. Warum? Weil noch immer in Erinnerung ist, dass die USA in der Wirtschaftskrise per 1. Mai 1933 ihre Bürger gezwungen hatten, unter Strafandrohung ihren privaten Goldbesitz zu einem niedrigen Schandpreis an den Staat abzuliefern. Derartiges könnte sich, so fürchten viele, bei jeder kommenden Finanz- oder Wirtschaftskrise wiederholen.

Rigobon ist ebenso überzeugter Optimist wie typischer Amerikaner, wenn er erklärt: „Ich habe Vertrauen in die Zukunftsfähigkeit des Weltwährungssystems. Ich bin sicher, dass das derzeitige System dabei helfen wird, aus der Rezession herauszukommen und neue Instrumente für eine bessere Zukunft zu finden. Europa muss sich allerdings die Frage stellen, wie es mit dem Euro weitergehen wird. Denn es gibt mehrere Länder, die aufgrund der Ungleichheiten mehr leiden als andere. Die EZB sollte diskutieren, wie gut sich der Euro für bestimmte Länder in dieser Krise ausgewirkt hat. Europa braucht vermutlich bessere Finanzregeln und eine bessere Risikoverteilung über die Landesgrenzen hinweg. Es müssen noch viele Mechanismen angepasst werden, damit der Euro für jeden Bürger in der Eurozone Nutzen bringt."

Der intellektuelle Theorienstreit der Geld- und Krisenexperten über Auswege aus den Finanzproblemen wird durchschnittliche Bürger und Steuerzahler eher beunruhigen als trösten. Sie können keine brauchbare Antwort auf ihre Gretchenfrage heraushören: Hat es noch Sinn, Geld auf die hohe Kante zu legen, um den Risiken des Lebens und den Unbillen des Schicksals vorzubeugen? Wenn ja, wie sichert man sein Vermögen vor Wertverlusten ab? Wenn nein, kann man der sozialen Fürsorge der von steigenden Schulden gepeinigten öffentlichen Hände wirklich trauen?

Eine alte Weisheit sagt, Geld muss Geld verdienen, um seinen Kaufwert zu erhalten. Der österreichische Nobelpreisträger Konrad Lorenz warnte jedoch vor übertriebener Vermögensvermehrung: „Goldene Nockerln kann keiner essen!"

Eine andere Weisheit ist: „Geld rettet die Welt vor dem Untergang." Bisherige Finanzkrisen haben allerdings gezeigt, dass Geld eher ihren Untergang herbeiführt.

Tatsache ist, dass nicht alle Dinge des Lebens monetisierbar sind; manche hohen Werte können mit noch so viel Geld nicht dauerhaft gesichert werden: die nachhaltige Versorgung mit frischem Wasser und reiner Luft, die Erhaltung der natürlichen Artenvielfalt, Liebe, Gesundheit und Zufriedenheit.

Tatsache ist allerdings auch, dass dem unbegrenzten Ausleben vieler menschlicher Triebe biologische Grenzen gesetzt sind: dem Hunger, dem Durst, der Sexualität. Einem einzigen menschlichen Trieb sind keine biologischen Grenzen gesetzt: der Raffgier.

Daraus folgt, dass die Ursachen von Finanz- und Wirtschaftskrisen nicht ausrottbar sind und das Krisenrisiko im Hintergrund weiterhin aufs Zuschlagen lauert.

Ohne Risiko keine Zukunft

Künftige Krisen entstehen in der Gegenwart. Das wird im chinesischen Symbol des Yin und Yang optisch signalisiert. Der Übergang von einem zum anderen Zustand ist fließend und wird immer mit einer schlangenartig gewundenen Grenzlinie dargestellt. Während der geschwungene Teil des einen Prinzips an Breite zunimmt, beginnt das andere Prinzip bereits hauchdünn, bis es schließlich zu voller Breite wächst, während das Gegenprinzip hauchdünn seinen Anfang nimmt.

Yin und Yang sind Begriffe aus der chinesischen Philosophie. Yang ist das Prinzip der Sonne, Yin das Prinzip des Schattens. Yin bezeichnet die kältere Nordseite eines Berges und das beschattete Südufer eines Flusses bzw. die dunklere, kühlere Seite eines Tales, Yang die wärmere Südseite des Berges und ein besonntes nördliches Flussufer, das sich für eine Stadtgründung eignet bzw. die hellere Nordseite eines Tales.

Yin und Yang wirken komplementär, ergänzen und bedingen einander und lösen sich in rhythmischem Wandel ab, so wie einander das Entstehen von Spekulationsblasen während scheinbar normalen Zeiten, ihr allmähliches Aufblähen und Platzen, die folgende Finanz- und Wirtschaftskrise und deren allmähliche Lösung und Normalisierung folgen.

Die Infamie jeder künftigen Krise wird darin liegen, dass der unaufhaltbare technologische Fortschritt alle Lebensräume des Menschen weiterhin verändert und damit neue, bisher nicht wahrgenommene oder vorstellbare Risiken mit sich bringt. Waren Krisen früher lokal oder regional begrenzt, so erfassen sie aufgrund der weiter fortschreitenden Globalisierung bereits heute weite Teile der Erde und werden in Zukunft mit erschreckender globaler Gleichzeitigkeit auftreten, was ihre Wirkung vervielfachen wird.

Welche Krisenrisiken künftig besonders schlagend werden könnten, untersuchen jene Institutionen, die professionell die Folgewirkungen aller negativen Ereignisse abschätzen und dagegen Vorkehrungen treffen, weil das ihr Geschäft ist: die großen Rückversicherungen. Sie haben den weiten Vorausblick und profunde Erfahrung in der Krisenvorkehrung.

Eine davon ist die Schweizer Rückversicherungsgesellschaft Swiss Re. Sie beschäftigt sich seit Jahrzehnten mit Zukunftsrisiken und kommt dem scheinbar blinden Zufall mit versicherungsmathematischen Berechnungen auf die Schliche.

Hier kommt vermutlich der Einwand, niemand könne berechnen, wann, wie, wo und mit welchen Konsequenzen z. B. das nächste Flugzeugunglück passieren wird. Richtig. Das kann niemand. Aber es ist möglich, beispielsweise das Risiko zu berechnen, wie viele Unfälle sich in der Weltluftfahrt in den nächsten zehn Jahren ereignen und welche durchschnittlichen Schäden sie verursachen werden. Solche Risikoabschätzungen basieren primär auf Schadenserfahrungen in der Vergangenheit, also auf einer systematischen Auswertung z. B. des bisherigen Schadensgeschehens in der Weltluftfahrt. Daraus lassen sich recht zuverlässig Voraussagen über künftiges Schadengeschehen in diesem Verkehrssektor ableiten.

Swiss Re beschreibt in ihrer jüngsten Analyse mit der Überschrift „Risikolandschaft der Zukunft" die auf uns zukommenden Krisen und schätzt die Bewältigbarkeit ihres Auftretens ein. Sie ist fest davon überzeugt, dass die Zukunft – trotz aller gut gemeinten Vorkehrungen, Sicherungsmethoden und strengeren Regelungen unseres Lebens von oben herab – noch viele böse Überraschungen bereit hält. Denn die Zukunft habe die unangenehme Eigenschaft, immer schneller heranzukommen. Es gibt demnach keine Zukunft ohne Risiko, betont Swiss Re: „Die Schwierigkeit der Risikoabschätzung besteht im beschleunigten Wandel komplexer Systeme. Je schneller sich die Risikolandschaft verändert, desto mehr Risiken bleiben zunächst gänzlich verborgen oder werden unkalkulierbar, weil sie nicht mehr nur einzelne Parameter, sondern die Systeme als Ganzes immer schneller verändern. Damit wird das Potenzial böser Überraschungen immer größer."

Der Mensch verändert seine Welt zurzeit so schnell, er verknüpft die einzelnen früher voneinander getrennten Systeme immer enger miteinander, so dass er alle daraus entstehenden Gefahren weder absehen noch berechnen kann. Mit sämtlichen neuen Vorschriften, zusätzlichen Überwachungsorganen, Aufsichtsämtern, Gesetzen und Verordnungen kann immer nur ein kleiner Teil der möglichen Risiken erkannt und ausgeschaltet werden. Der Löwenanteil neuer Risiken bricht demnach unvorbereitet über uns herein.

In dieser Lage wäre es wünschenswert, die uns drohenden negativen Ereignisse durch intelligente, selbststeuernde Systeme zu eliminieren. Das sei eine illusionäre Hoffnung, erklärt Swiss Re, denn die klügsten Systeme seien immer nur so gescheit wie ihre Designer bzw. Konstrukteure. Da es heutzutage niemand gebe, der alles Wissen der Welt in sich vereinigt, werde es auch keine Systeme geben, die klüger sind als die Menschheit. Swiss Re schlägt deshalb als Trost vor, Bedrohungen, die der Mensch nicht eliminieren kann, wenigstens so früh zu erkennen, dass er ausreichend Zeit hat, sich auf sie einzustellen: „Nur wenn wir neue Technologien bereits in ihrem Frühstadium unter die Risikolupe nehmen, haben wir eine reelle Chance, Fehlentwicklungen, wenn sie eintreten, sofort als solche zu erkennen."

Die Theorien der Rückversicherungsgurus werden durch die raue Wirklichkeit bestätigt: Auch die Anzeichen der Finanz- und Konjunkturkrise 2007/2009 sind mehrere

Jahre vor ihrem Auftreten von Fachleuten erkannt worden, und es gab Vorschläge, wie das Risiko unter Kontrolle zu nehmen sei. Aber die Masse der Politiker, Unternehmer, Wissenschafter und Konsumenten hat alle Warnungen in den Wind geschlagen, als würde nichts Böses lauern.

Fehlentwicklungen müssten demnach nicht nur frühzeitig identifiziert, sondern auch allen Betroffenen allgemeinverständlich mitgeteilt und in ihren Folgewirkungen klar dargestellt werden. Jede Krise ist auch ein Kommunikationsproblem!

Letzteres ist der weitaus schwierigere Teil, weil er weniger hohes Wissen als hohe Überzeugungskraft erfordert. Auch die Opferzahl der „Titanic" wäre geringer gewesen, hätte die Schiffsbesatzung den Passagieren die letale Kollision mit einem riesigen Eisberg sofort und in vollem Umfang mitgeteilt. Tatsächlich wurde im Ballsaal des Luxusliners noch munter nach den Klängen der Bordkapelle getanzt, als die Maschinisten im Schiffsbauch bereits bis zum Hals im Wasser standen. Es gibt keine Sicherheit, dass sich Ähnliches angesichts der nächsten Finanzkrisen nicht wiederholt.

Swiss Re zieht daraus den folgenden Schluss: „Von leistungsfähigen Frühwarnsystemen wird erwartet, schwache Signale aus der Risikolandschaft zu konkreten Entscheidungsgrundlagen und Handlungsoptionen zu verstärken. Oft geschieht dies in unverantwortlicher Weise, indem erste Hinweise auf neue und veränderte Risiken von den Medien zu Weltuntergangsszenarien umgedeutet werden. Die finden für einen Moment große Aufmerksamkeit, schaden aber eher, als dass sie nützen. Denn die bald nachgereichten Entwarnungen suggerieren dann im ebenso falschen Umkehrschluss Gefahrlosigkeit […] Verlässliche Frühwarnsysteme verstärken Signale nicht durch Extrapolation einzelner Informationen, sondern durch die Verdichtung vieler ähnlicher Informationen, die isoliert betrachtet irrelevant erscheinen, in der Summe jedoch Regelmäßigkeiten oder gar Gesetzmäßigkeiten erkennen lassen, aus denen dann zuverlässige Prognosen abgeleitet werden können."

Das ist trockenes Fachchinesisch. Für Normalsterbliche übersetzt lautet die Botschaft: Überlassen wir die Beurteilung, was eine Krise ist und was keine, nicht sensationsgeilen Medien oder profilierungssüchtigen Politikern. Jeder von uns ist gefordert, in seinem Umfeld Krisenanzeichen zu orten, sensibel darauf zu registrieren, ihre Wirkung auf mehrere Jahre im Voraus abzuschätzen sich Gedanken über Gegenstrategien zu machen und anderen mitzuteilen. Nur so ist eine scheinbar unheilbare Welt zu heilen.

Der übliche Optimismus, dass uns ein gütiges Geschick das Ärgste bezüglich Finanz- und Wirtschaftskrisen ersparen würde, sollte angesichts von Murphy's Gesetz gebremst werden. Dieses Gesetz lautet: „Alles, was schiefgehen kann, wird auch schiefgehen", im Original: „Whatever can go wrong, will go wrong." Murphy's Gesetz wird dem US-amerikanischen Ingenieur Edward A. Murphy jr. zugeschrieben und wurde 2003 mit dem Alternativen Nobelpreis ausgezeichnet.

6. Lernen aus Wirtschaftskrisen für bevorstehende Krisen

Bisherige Analysen haben eines klar gemacht: Keine Wirtschaftskrise fällt einfach so vom Himmel. Jede hat ihre Ursachen und ihren Anlass. Und nicht alle Menschen bzw. Unternehmen bzw. Länder sind von ein und derselben Krise gleich schwer betroffen. Das zeigt die jüngste Krise 2007/2009 besonders deutlich.

Finanz- und Wirtschaftskrisen sind offensichtlich nicht zu verhindern. Wenn das so ist, sollte man das Beste aus ihnen machen. Das bedeutet: aus Ursprüngen und Anlässen bereits durchgestandener Krisen für kommende Krisen lernen und daraus persönlichen Nutzen ziehen.

„Zum Lernen ist niemand zu alt", sagt ein Sprichwort. Das hat jahrhundertelange Tradition. Denn schon vor rund 300 Jahren hat der englische Schriftsteller Daniel Defoe (1660–1731), ein Zeitzeuge der Südseeblase, berühmt geworden durch seinen satirischen Abenteuerroman ROBINSON CRUSOE, viele satirische und soziale Schriften verfasst. In diesen hat er auch seine Lehre über das Entstehen von wirtschaftlichen Krisen veröffentlicht.

Defoe im Originaltext: „Some in clandestine companies combine, erect new stocks to trade beyond the line, with air and empty names beguile the town, and raise new credits first, then cry 'em down, divide the empty nothing into shares and set the crowd together by the ears." („In geheim gehaltenen Unternehmen tun sich einige zusammen, stellen Wertpapiere aus, die sie außerhalb der üblichen Richtlinien in den Handel bringen; mit viel Wind und inhaltsleeren Floskeln täuschen sie die Stadt, erwecken damit Irrglauben und machen diesen dann wieder verächtlich; sie teilen das inhaltsleere Nichts in Aktien und machen damit die Massen kopfscheu.")

Analysiert man die Ursachen der jüngsten Finanzkrise 2007/2009, die mit dem Verkauf höchst riskanter Hypothekarkredite in den USA und deren gebündeltem Weiterverkauf an Hunderte ertragshungrige Banken in aller Welt begonnen hat, erhält man den Eindruck, Daniel Defoe habe sie bereits klar vorhergesehen.

Auch der amerikanische Schriftsteller Mark Twain (1835–1910) hat zu seiner Zeit schelmisch und augenzwinkernd Ratschläge erteilt, wie sich Aktionäre am besten vor Krisen schützen. Twain schrieb: „Oktober. Das ist einer der besonders gefährlichen Monate, um in Aktien zu spekulieren. Die anderen sind Juli, Jänner, September, April, November, Mai, März, Juni, Dezember, August und Februar."

Eine ähnliche Warnung vor spekulativem Einstieg in eine nur scheinbar Ertrag bringende Vermögensanlage-Rally enthält ein modernes Sprichwort: „Wenn bereits Taxifahrer über die tolle Börseentwicklung zu sprechen beginnen, sollte der kluge Aktionär aussteigen."

Mit etwas Spaß kann man ernsthafte Lebensweisheiten leichter an die Menschen heranbringen. Das gilt auch für die Anregung, Lehren aus Krisen zu ziehen.

Der Ablauf von Finanzkrisen

Jetzt aber ganz im Ernst zum schematischen Ablauf von Finanzkrisen: Hyman P. Minsky hat 1972 im Buch Financial Stability Revisited: The Economics of Desaster ein überzeugendes Entwicklungsschema für Finanzkrisen aufgestellt. Er unterscheidet dabei vier Phasen:
1. die Entstehung einer destabilisierenden Spekulation,
2. deren Verstärkung durch eine Manie,
3. das plötzliche Umschlagen in eine Panik und
4. die dadurch ausgelösten massenhaften Bewegungen aufgrund des geänderten Verhaltens der Marktteilnehmer.

Minsky: „Es hat sich gezeigt, dass dieses Schema zur Analyse unterschiedlichster Finanzkrisen verwendet werden kann, wobei die Ausprägungen der einzelnen Phasen verschieden sein kann." Minsky ist bereits 1972 zur Schlussfolgerung gekommen, dass auch die modernsten Methoden des Risikomanagements und der Finanztheorie „die Gier nach mehr und die daraus folgende Instabilität der Märkte nicht ausschalten können".

Minskys Darstellung der Merkmale und Entwicklungsstufen von Finanzkrisen ist zeitgemäß, klar strukturiert und praktisch nachvollziehbar. Seine Lehren, von vielen, weil alt, längst vergessen, haben im Zug der Mehrfachkrise 2007/2009 neue Aufmerksamkeit erregt. Denn das Ablaufszenario ist immer gleich:
1. Eine finanzielle Krise kann nur entstehen, wenn ein exogener Schock (= von außen kommender unerwarteter Einfluss) auf das makroökonomische System einwirkt. Der exogene Schock kann verschiedene Formen annehmen; diese können z. B. der Beginn oder das Ende eines Krieges, technologische Neuerungen, Veränderung der Präferenzen (von Kunden), politische Veränderungen oder wirtschaftspolitische Maßnahmen sein.
2. Ist der exogene Schock genügend groß, können ökonomische Verluste und neue Gewinnmöglichkeiten auftreten. Übersteigen die damit verbundenen Gewinne die Verluste, entsteht ein Anreiz zur Investitions- und Produktionssteigerung. Es bildet sich eine Boomphase.
3. Der Boom wird durch eine Ausdehnung der Bankkredite (= Erhöhung der Geldmenge) verstärkt. Die Entwicklung neuer Kreditinstrumente und die Zunahme der Kreditgewährung außerhalb der Banken (= Erhöhung der Umlaufgeschwindigkeit des Geldes) tragen zur Verstärkung der Spekulation bei.
4. Die durch den Boom ausgelöste Spekulation erhöht die Nachfrage nach Gütern und finanziellen Anlageformen (z. B. Aktien). Die steigende Nachfrage führt bei kurzfristig gegebenen Angebotskapazitäten zu Preissteigerungen, wodurch neue Gewinnmöglichkeiten signalisiert werden, welche die Investitionstätigkeit stimulieren.
5. Die Spekulation wird durch die erwarteten Preiserhöhungen verstärkt. Die Spekulation erfasst immer weitere Bevölkerungskreise (= Mitläuferspekulanten), welche durch die erzielten Gewinne der Berufsspekulanten angelockt werden.

6. Die Spekulation führt vom normalen, rationalen Verhalten weg zu einer irrational geprägten Euphorie bzw. Manie, wodurch sich die Preise zunehmend von ihren Fundamentalwerten entfernen. Die Mitläuferspekulanten erhoffen sich kurzfristige Gewinne, ohne jedoch die darunter liegenden Prozesse zu verstehen; sie sind leicht zu manipulieren und fallen dem Schwindel anheim. Es besteht ferner die Tendenz, dass sich die Spekulation in einem fortgeschrittenen Stadium von wertvollen auf minderwertige Objekte verlagert, z. B. von physischem Edelmetall auf Aktien von zweifelhaften Minengesellschaften, die nur so tun, als wären sie nahe daran, eine üppige Lagerstätte zu entdecken.

7. Bei fortgesetztem Boom steigen die Zinssätze, die Umlaufgeschwindigkeit des Geldes und die Preise weiter an, bis einige Insider (Fundamentalisten = Investoren, die nur den dokumentierten realen Fakten vertrauen) verkaufen und ihre Gewinne realisieren. Die Preissteigerungen flachen daraufhin ab. In dieser Phase können die Erwartungen von Investoren (z. B. aus Furcht vor Zahlungsunfähigkeit) umkippen, was zu einem Ansturm auf liquide Mittel führt, wobei das Spekulationsgut verkauft wird. Dies hat einen Zusammenbruch der Preise zur Folge, so dass einige Spekulanten ihre Kredite nicht mehr zurückzahlen können. Bei zunehmender Zahlungsunfähigkeit setzt eine panikartige Flucht aus dem Spekulationsgut ein.

8. Das Signal, welches zum Umkippen der Erwartungen und damit zur Krise führt, kann z. B. die Aufdeckung eines Betruges bzw. der fallende Preis des Spekulationsobjekts sein. Die Panik verstärkt sich analog zur vorangehenden Spekulation, außer wenn eine der folgenden Bedingungen erfüllt ist: a) die Preise sind so stark gefallen, dass wieder ein Anreiz besteht, in weniger liquide Anlageformen zu investieren; b) der Handel mit Anlageobjekten wird durch das Setzen von Preislimiten oder die Schließung von Börsen ausgesetzt; c) die Zentralbank als lender of last resort (= letztverfügbarer Kreditgeber) kann die Anleger davon überzeugen, dass genügend Geld bereitgestellt wird, um den gestiegenen Liquiditätsbedürfnissen zu entsprechen.

Der österreichische Wirtschaftsforscher Dr. Stephan Schulmeister bietet eine aktuelle Theorie zur Entstehung des Phänomens Finanzkrise an: „Je größer der Reichtum wird, umso größer der Wunsch, ihn rasch zu vergrößern, oft mit unsauberen, ja illegalen Mitteln."

Das würde bedeuten, dass je reicher jemand wird, sein Bestreben nach überproportionalem Ertrag unbezähmbar zu werden droht. Nach dieser Theorie Schulmeisters wären wohlhabende Menschen eher der Gier des Spekulierens ausgeliefert als Normalbürger oder gar Arme.

Das kann allerdings nicht ganz den Realitäten entsprechen. Denn in aller Regel verzeichnen Glücksspielunternehmen, egal ob Casinos, einarmige Banditen oder Elektronik-Games, in allen Krisenperioden einen lawinenartigen Anstieg ihrer Kundschaft und der Spielumsätze; und das in einer enormen sozialen Breite, die weit über die überschaubare Gesellschaftsschicht der Reichen und Superreichen hinausgeht.

Stolze Berichte über die markante Zunahme von Glückspiel-Umsätzen z. B. der global agierenden Österreichischen Casino AG oder der Bwin AG im Verlauf der Finanzkrise 2007/2009 belegen dieses Phänomen.

Daraus ist zu schließen, dass es keinen Sinn hätte, von Staats wegen größere Vermögen einzuziehen, um so die Spekulation, die Gier nach Geldvermehrung und damit künftige Krisenfälle zu verhindern. Eher scheint es so zu sein: Wer reich ist, kann *spekulieren, wer arm ist,* muss *spekulieren, um reich zu werden. Am besten ist, nicht zu spekulieren, nicht krampfhaft dem Geld hinterher zu laufen, sondern zu warten, bis es einem von selbst entgegenkommt.*

Das einzige, was wirklich helfen kann, ist das Lernen aus Wirtschaftskrisen, das Analysieren ihrer Wurzeln sowie das Beobachten ihrer Verläufe und Wirkungen, um bevorstehenden Krisen vorzubeugen.

Zahl und Verlauf bisheriger Wirtschaftskrisen

Roberto Rigobon, Professor an der renommierten US-Hochschule Massachusetts Institute of Technology (MIT), ist ein weltweit anerkannter Fachmann der Krisenforschung. Er beschäftigt sich seit Jahren mit der Erforschung und Hinterfragung von Wirtschaftskrisen und hat bisher 73 einschlägige Ereignisse festgestellt, deren Entstehungsursachen und Abläufe genau analysiert und miteinander verglichen.

Rigobon sagte im Exklusivgespräch mit dem Autor, der Mensch werde Wirtschaftskrisen nie im Vorhinein verhindern können. Er könne lediglich lernen, wie man mit Wirtschaftskrisen lebt und wie man sie schneller und gründlicher überwindet, als das früher der Fall gewesen ist: „Ich habe viel Zeit aufgewendet, um zu verstehen, was die sozialen, politischen und wirtschaftlichen Rahmenbedingungen vor dem Ausbruch von Krisen gewesen sind, wie sie abgelaufen sind und geendet haben.

Alle Krisen haben drei Entwicklungsstadien: Am Anfang jeder Krise gibt es das allgemeine Gefühl, dass es keine Möglichkeit einer Fehlentwicklung gibt. Dabei handelt es sich um eine implizite Garantie der Sicherheit in der Gesellschaft, aber sie ist überaus täuschend. So wie Sie in Europa das Gefühl haben, niemand würde je den Euro als Gemeinschaftswährung aufgeben; das ist eine implizite Garantie. Diese nährt aber eine trügerische Sicherheit, sie führt zu schlechtem Verhalten; die Menschen konsumieren zu viel, sie nehmen zu viele und zu hohe Kredite auf, die Banken vergeben leichtfertiger ihre Kredite, und alles das kurbelt das Entstehen der Krise an.

Das haben wir bei der derzeitigen Krise beobachten können und das wird auch bei der nächsten so sein. Darüber bin ich mir ganz sicher. Das ist nicht zu verhindern. Denn wir Menschen lieben Sicherheit. Und daher versuchen wir in unserem realen Leben dauernd Aspekte zu finden, die uns das Gefühl der Sicherheit vermitteln. Manchmal jedoch sind es falsche Sicherheitsgefühle, die uns bewegen, aber wir wissen das nicht. Wir Einzelmenschen sind immer auf der Jagd nach Sicherheit und Verlässlichkeit und dauernd auf der Suche nach Instanzen, die uns im falschen Sicherheitsgefühl bestärken. Im Eifer unserer Sicherheitsgefühle geben wir mehr aus als wir sollten, und das passiert uns immer und immer wieder. Die Finanzmärkte bestehen aus nichts anderem als einer großen Menge individueller Einzelmenschen wie wir beide, die stets auf der Suche nach Sicherheit sind. Daher werden sich Finanzkrisen ganz gewiss immer und immer wiederholen."

Anzeichen für die Erholung aus Wirtschaftskrisen

Was Menschen in Krisen am sehnlichsten erwarten, sind Signale, dass die Notzeit zu Ende geht. Sie hoffen gespannt, ein winziges Licht am Ende des Krisentunnels zu erblicken. Auch dafür gibt es Erfahrungswerte.

Rigobon hat für die Erholung aus Wirtschaftskrisen typische Anzeichen parat: „Bei den Erholungsanzeichen gibt es in allen Krisen große Ähnlichkeiten. Es gibt drei davon: Eines der ersten ist, dass der Interbankenhandel [der interne Geldhandel zwischen den Kommerzbanken] wieder beginnt. Ein anderes Erholungszeichen sind Mergers and Acquisitions [das Zusammengehen von Unternehmen durch Kauf oder Aktientausch]. In Krisenzeiten sind die Kaufpreise für Firmen niedrig, weil sie unter dem Konjunkturabschwung leiden. Ein drittes Zeichen sind die Cashreserven bei den Banken. Denn in einer Finanzkrise haben Banken große Ängste und neigen dazu, Cash anzuhäufen, meist unglaubliche Mengen davon.

Die US-Banken z. B. haben in der Krise 2007/2009 ihre Cash-Bestände auf fast das Siebzigfache des Standes von vor der Krise angehoben. Ich bin der Ansicht, dass die Sanierungsmaßnahmen der US-Regierung im Laufe der Wirtschaftskrise 2007/2009, nämlich der Aufkauf von faulen Wertpapieren aus dem Bankenbereich, sehr positiv waren und es den Banken ermöglichten, sich schnell zu erholen und zu restrukturieren. Sie beginnen dank der Regierungsmaßnahmen, ihre Cash-Reserven zu verwenden, um ihren Kunden wieder Kredite zu geben und dann auch untereinander zu verleihen."

Licht am Ende eines langen Tunnels bedeutet aber noch nicht, dass die Krise endgültig überwunden ist. Die Krise 2007/2009 zeigt das deutlich: Während sich die Aktienpreise im Frühjahr 2009 bereits erholten und die Banken wieder Kredite vergaben, wenn auch mit deutlich erhöhten Risikoaufschlägen, sind der Umfang von Kurzarbeit oder von Kündigungen in vielen Produktions- und Dienstleistungsbetrieben sowie die Zahl zahlungsunfähig gewordener Unternehmen weiter gestiegen.

Hoffnungsvolle Signale einer zarten wirtschaftlichen Erholung sollten also nicht voreilig als Ende der Krise missdeutet werden, sondern nur Mut zum Durchstehen der erst nach und nach eintretenden Krisenfolgen geben.

Wirtschafts-Darwinismus

Finanz- und Wirtschaftskrisen sind zyklische, immer wiederkehrende Erscheinungen mit sowohl positiven als auch negativen Folgewirkungen. Sie belasten das Leben der Menschen, ihre Beschäftigung und ihr Vermögen, sie verändern die Gesellschaft und leiten neue Denkweisen ein. Sie haben also auch Marktbereinigungen zur Folge, sie beschleunigen das Ausscheiden schwacher, überalterter und verkrusteter Marktteilnehmer, so wie es der englische Naturforscher Charles Robert Darwin (1809–1882) in seiner Selektionstheorie als Phänomen des irdischen Lebens dargestellt hat. Es ist kein Zufall, dass gerade in Krisenzeiten die Werke Darwins eine Renaissance erleben.

Alle Krisen sind Ausleseprozesse, denn sie verdrängen Überlebtes, sie fördern das Entstehen besserer wirtschaftlicher Strukturen und sie verhelfen guten Ideen und Impulsen zum Durchbruch. Finanz- und Wirtschaftskrisen sind demnach Chance und Bedrängnis zugleich; sie sind offenbar notwendige Phänomene, die die menschliche Gemeinschaft voranbringen. Vorausgesetzt, diese nutzt die neuen Chancen klug und verzweifelt nicht an der Bedrängnis.

Ex-Fed-Präsident Alan Greenspan gibt in THE AGE OF TURBULENCE zu bedenken: „Vielleicht werden die Anleger eines Tages erkennen können, wann ein Markt ins Irrationale umschlägt. Doch ich habe meine Zweifel. Es scheint zutiefst menschlich, zwischen Begeisterung und Angst hin und her zu pendeln: Die Erfahrung von Generationen hat diesem Verhalten nichts anhaben können."

Der österreichische Investmentbanker Dr. Ulrich Kallausch fügt hinzu: „Der Mensch ist ein Herdentier. Er ist immer geneigt, anderen gedankenlos hinterher zu laufen. Solange das so ist, wird es immer wieder Finanzkrisen geben."

Das Strickmuster von Weltwirtschaftskrisen

Der rote Faden, der sich durch so gut wie alle bisher bekannt gewordenen Wirtschaftskrisen zieht, kommt unübersehbar zum Vorschein, wenn man sie miteinander vergleicht. Durch die Analyse von Entstehungsgründen, Folgewirkungen und Maßnahmen zu ihrer Überwindung wird rasch das Strickmuster globaler Konjunktur- und Finanzkrisen deutlich. Dieses ist trotz aller neuzeitlichen Wirtschaftstheorien, Konjunktursteuerungsinstrumente, Gipfelkonferenzen und supranationalen Regulierungsinitiativen nach wie vor gültig:

- Zunehmender Wohlstand führt allmählich zu wachsender Gier der Wirtschaftssubjekte, sowohl von Einzelmenschen als auch von Unternehmen und öffentlichen Institutionen, nach immer höheren Profiten, die jene der anderen übersteigen.
- Das führt über höhere Risikobereitschaft zu einer übersteigerten Spekulationslust; diese wieder zu weniger Vorsicht, zu Leichtfertigkeit bis hin zur Fahrlässigkeit beim Ausgeben von eigenem und fremdem Geld.
- Zu viel Geld in einem Markt, der nicht gleichzeitig entsprechend viele Waren und Leistungen anbietet, führt zu steigenden Preisen und kurbelt die Inflation an.
- Diese wieder kurbelt die Spekulation an, die sich im Irrglauben, die Wertsteigerung werde ungebrochen anhalten, immer mehr mit Krediten finanziert. Das Leveraging (Hebeln) von Finanzanlagen steigt nach und nach ins Unverantwortliche.
- Nicht nur wirtschaftliche Laien, sondern auch vorgebliche Experten, Bankmanager, Politiker, Unternehmer, werden vom Strudel der Überschätzung der Zukunftsaussichten mitgerissen und erhoffen aufgrund unrealistischer Renditevorstellungen rasch steigende materielle Gewinne.

- Diese „Blasenbildung", eine sich aufgrund von unkontrollierten psychischen Masseneffekten künstlich aufbauende Scheinwelt, nimmt immer nervösere Formen an, bis ein verhältnismäßig geringer Anlass, etwa ein Kreditausfall, eine Gewinnwarnung oder das Auffliegen eines Betrugsfalles, das plötzliche Umschwenken des allgemeinen Sentiments in Pessimismus, zum Abstoßen anscheinend nicht mehr vertrauenswürdiger Wertpapiere, schließlich zur Verkaufspanik nach dem Muster „rette sich, wer kann" führt.
- Verschärft werden die Folgen dieser Abwärtsspirale durch unkoordiniertes, autonomes Vorgehen von Finanzinstituten, Notenbanken und Politikern und durch das unabgesprochene Starten von wirtschaftspolitischen Hilfs- und Rettungsmaßnahmen.
- Die Folge davon ist ein breiter Vertrauensverlust in die Finanz- und Wirtschaftspolitik, ein irreparabler Imageschaden für die freie Marktwirtschaft und der Ruf nach rigoroseren Regeln und intensiverem Dirigismus von oben.
- Dabei wird übersehen, dass auch die Kontrollore bzw. die Kontrollore der Kontrollore nicht vor Unter- oder Überschätzungen gefeit sind. Mehr Kontrollore oder mehr Kontrollen bedeuten nicht höhere Einsicht in zunehmend komplexe Systeme und schon gar nicht Wiedergewinn von verlorengegangenem Vertrauen, sondern nur mehr Lenkung von oben her. Es gibt keinen Beweis für die These, dass Dirigismus die Welt besser, klüger oder wohlhabender macht.

Kurzes Investoren-Gedächtnis

Die Krisenbeispiele in diesem Buch zeigen: Im Durchschnitt kommt es in unserer entwickelten Industriewelt alle 10 bis 15 Jahre zu einem mehr oder minder ausgeprägten Finanzcrash. Das hat auch damit zu tun, dass das Gedächtnis eines durchschnittlichen Investors nicht länger als rund eineinhalb Jahrzehnte zurückreicht. Liegt eine Anlageenttäuschung aufgrund einer zu wenig durchdachten Spekulation mehr als 15 Jahre zurück, ist sie bei den meisten Menschen bereits in Vergessenheit geraten. Dann beginnen die Menschen neuerlich, mit ihren Geldanlageentscheidungen unvorsichtig zu werden, mehr Risiko einzugehen, als ihrer Vermögenssicherung gut tut, nur um mehr Ertrag zu lukrieren als ihre Freunde und Nachbarn.

Diese Wellen sind sowohl der Finanzindustrie als auch der Rechtspflege sowie den Konsumentenschützern bekannt. Erstere nutzt diese Erfahrung dazu, in einigem zeitlichem Abstand zur letzten Krise mit neuen riskanten Anlageinstrumenten auf den Markt zu gehen; letztere merken das an einer Welle von Schadenersatzklagen von Anlegern, die auf nicht erfüllte Versprechen von Banken, Anlageberatern und Finanzvermittlern hineingefallen sind.

Gute Ratschläge für Investoren

Um derartigen Fehlspekulationen zeitgerecht auf die Schliche zu kommen, ihnen nicht wieder auf den Leim zu gehen und so schwer erworbenes Geld einzubüßen, haben sich eine Handvoll wichtige Regeln für vorsichtige Anleger herausgebildet.

Hier einige Ratschläge von Experten, die trotz unterschiedlicher Herkunft und Interessenlagen der Autoren einander erstaunlich ergänzen und damit Gewicht haben.
Das Befolgen dieser Regeln ist ratsam, wenn man sein Vermögen auf längere Sicht halten und es werthaltig vermehren möchte, so wie es Profis tun:

- Nicht alle Eier in einen Korb legen, sprich sein Geld nicht nur auf ein einziges Anlageinstrument, auch wenn es noch so sicher, werthaltig und renditeträchtig erscheint, konzentrieren. Besser ist es, nebeneinander verschiedene Anlageinstrumente mit unterschiedlichen Erfolgsstrukturen zu nutzen. Beim Geldanlegen in verschiedene Instrumente sollte man darauf achten, dass deren Marktentwicklungen nicht korrelieren; das heißt, man sollte Anlageinstrumente so wählen, dass sie unterschiedlichen Erfolgsverläufen folgen. Nie sein gesamtes Vermögen in Anlagen binden, immer eine rasch verfügbare Reserve für Notfälle vorhalten.
- Die eigene Einstellung zu Risiko und Ertrag selbstkritisch erforschen. Wer eher ängstlich und Experimenten gegenüber abgeneigt ist, sollte riskante Anlageformen wie Aktien oder Aktienfonds sowie derivative Anlageinstrumente meiden, sondern festverzinsliche Wertpapiere (Anleihen/Bonds) bevorzugen.
- Unbekanntes meiden wie der Teufel das Weihwasser. Anlageinstrumente, die man in ihrer Funktionsweise nicht voll durchschaut, über die man von mehreren Seiten keine deckungsgleichen Informationen erhält, deren gesamte Außen-, Innen-, Rücklösungs- oder Kündigungs-Kosten nicht offengelegt und in ihrer Wirkung überzeugend erklärt werden, sollte man meiden.
- Garantien sind nicht immer das Gelbe vom Ei. Bei den aufgrund der Finanzkrise sehr populär gewordenen Kapital- oder Zinsgarantien sollte man deren ansehnliche Kosten einer alternativen Anlage ohne Garantie entgegenhalten. So kann man einen klaren Kosten-Nutzen-Vergleich beider Anlageformen anstellen und sich persönlich für die finanziell bessere Variante entscheiden. Bei Kapitalgarantien, vor allem wenn sie auf lange Frist gegeben werden, ist zu bedenken, dass mit ihnen nur das eingezahlte Geld zum Zeitpunkt der Auszahlung bzw. Verrentung betragsmäßig gesichert ist. Nicht gesichert durch eine Kapitalgarantie ist die Wirkung der inzwischen eingetretenen Preiserhöhungen, sprich der Kaufwert der garantierten Summe nach 10, 15 oder 20 Jahren. Der Geldwert verdünnt sich aufgrund der stetig wirksamen Inflation und vermindert die Kaufkraft jeder Währung.
- Veranlagungen sollte man nur mit vorhandenem Eigenkapital tätigen, nie mit geborgtem Kapital, sprich mit Hilfe einer Hebelung (Leveraging) durch aufgenommene Kredite. Jede Hebelung wirkt immer in zwei Richtungen: Bei steigenden Märkten wird der Weg nach oben beschleunigt, bei fallenden Märkten wird der Absturz nach unten forciert. Je höher die Hebelung einer Anlage ist, desto härter schlagen geringfügige Marktverluste auf sie durch, umso schneller ist das in eine Anlage investierte Eigenkapital aufgezehrt.
- Achtung bei strukturierten Finanzprodukten! An ihrem Aufbau sind in der Regel mehrere Banken, Emittenten, Versicherungen und Vermittler beteiligt;

es kommt daher im Vertrieb zu einer Summierung verschiedener Provisionen, Fees, Gebühren und Kosten, die zusammen zu Lasten des Kontos des Anlegers gehen. In derartigen Fällen wird nur ein Teil des eingezahlten Kapitals angelegt, der andere Teil kommt Maklern, Beratern, Emissionshäusern, Banken und Versicherungen zugute. Vor Abschluss solcher Finanzprodukte sollte der Anleger immer erkunden: Wie viel von meinem Geld arbeitet wirklich für mich, wie viel davon arbeitet für andere?

- Einfachheit lohnt sich. Bei vielen simplen, äußerlich scheinbar wenig rentablen Anlageprodukten – z. B. Staats- oder Wohnbauanleihen, Spareinlagen, rollierendes Festgeld – gibt es keine oder nur geringe Provisionen, Fees und Kosten. Daher können diese Anlageinstrumente netto, unter dem Strich ebenso viel oder kaum weniger Ertrag bringen wie scheinbar ertragreiche, aber komplizierte und während ihrer gesamten Laufzeit Kosten verursachende Anlageprodukte.
- Beim Fallen der Kurse nicht in Verkaufspanik geraten. Es gibt keine Kapitalmärkte ohne Auf und Ab, daher wird es immer Phasen mit steigenden und fallenden Kursen geben. Es ist ein Zeichen von Unerfahrenheit, bei fallenden Kursen panisch zu verkaufen und bei steigenden gierig zu kaufen. Anlageprofis halten es umgekehrt: Sie kaufen, wenn die Kurse tief sind, und verkaufen, wenn sie hoch sind.
- Hin und her macht Taschen leer. Betrachten Sie Geldanlagen immer als mittel- und langfristige Investition und wechseln Sie nicht Ihre Anlagen wie die Unterwäsche. Bedenken Sie: Jede einzelne Transaktion verursacht Gebühren. Je öfter Sie wechseln, desto mehr Kosten fallen an, desto weniger Ertrag bleibt übrig.

Der gewiefte Schweizer Börseguru und Fondsmanager Dr. Faber empfiehlt seinen Kunden:

- Es ist immer besser, in produktive Projekte zu investieren als in unproduktive.
- Nichts ist absolut sicher. Wenn man einmal begriffen hat, dass man immer mit großer Unsicherheit konfrontiert ist, wird man seine Anlagen diversifizieren, also auf mehrere unterschiedliche Instrumente und Märkte verteilen.
- Man sollte nicht große Hebelungen seines eigenen Kapitals durch Aufnahme von Fremdkapital eingehen, das heißt keine hohen leveraged positions halten, sich keinen großen Schuldenberg auflasten. Ein solcher ist natürlich günstig, wenn es Inflation gibt und wenn alle Vermögenswerte steigen. Aber wenn der Schuldenberg groß ist und die Vermögenswerte fallen, hat man ein Problem. Dank der Finanzkrise haben das inzwischen nicht nur die Banker, sondern schon einfache Anleger begriffen.

Unabhängige selbständige Finanzdienstleister – die in ständigem hartem Wettbewerb mit Bankberatern stehen – haben unter dem Eindruck der Folgen der jüngsten Finanzkrise Tipps für einfache Privatanleger formuliert:

- Auch bei einschneidenden Finanzmarktkrisen keine unüberlegten Panikverkäufe tätigen, die weitere Entwicklung der Märkte abwarten und die Nerven behalten.

- Der rasche Wechsel von Anlagen und der Ersatz laufender (Versicherungs-) Verträge durch neue kostet in der Regel mehr Geld als eine neue Anlage bzw. ein neuer Versicherungsvertrag netto einbringt. Neuabschlüsse kosten Geld, Gebühren und Provisionen und werden durch höhere Renditen in der Zukunft meist nicht wettgemacht.
- Veranlagungen in Aktien und anderen Wertpapieren sind immer langfristig zu betrachten. Jede Investition an der Börse ist risikoreich und sollte nur dann getätigt werden, wenn das dort investierte Kapital für den Anleger auch im Falle des totalen Verlustes keine Existenzbedrohung ist. Auch Fonds bergen immer ein Risiko, da es sich dabei um eine Veranlagung in einer Kombination von Wertpapieren handelt. Renten- oder Anleihenfonds bergen ein geringeres Risiko als Aktienfonds.
- Sowohl Aktien- als auch Fonds-Veranlagungen sollten nur einen kleinen Teil des Vermögens ausmachen. Je jünger der Anleger ist, je wohlhabender er ist und je weniger Sorgeverpflichtungen auf ihm lasten, desto höher kann sein Anteil an riskanteren Aktien- oder Fondsveranlagungen sein.
- Vermögensanlagen über unverlangte Internetangebote sollten gemieden werden, auch wenn sie noch so verlockend sind. In der Regel kommen solche Angebote von Scheinfirmen, die im Schadenfall unerreichbar und rechtlich nicht verfolgbar sind.
- Für Laien ratsam ist die Inanspruchnahme von bank- und produktgeber-unabhängigen Finanzberatern. Diese müssen, bevor sie Anlageratschläge geben und dafür konkrete Produkte vorschlagen, die gesamte Finanzlage ihrer Kunden, deren Risikoeinstellung und Anlageziele erheben und schriftlich dokumentieren. Gewerbliche Finanzberater sind überdies verpflichtet, eine der Kundencharakteristik voll entsprechende Auswahl an Anlageprodukten vorzuschlagen. Ratsam ist, nicht einzelne Anlageprodukte bei verschiedenen Beratern zu kaufen, sondern eine regelmäßige Anlageberatung durch einen bestimmten Finanzberater zu vereinbaren mit dem Ziel, dass er das Portfolio regelmäßig den aktuellen Marktveränderungen anpasst.

Schlüsselstrategien von Anlagebetrügern

Wie schaffen es die vielen Anlagebetrüger, sich in das Vertrauen von Menschen einzuschleichen, die oft gar nicht besonders vertrauensselig sind, ihnen zweifelhafte Gewinnstrategien einzureden, hinter denen nur betrügerische Machenschaften stecken, und sie um ihr wohlverdientes Geld zu bringen?

Zwei Kommunikations- und Wirtschaftsethik-Professoren, Maurice E. Schweitzer und G. Richard Shell, haben dem Online-Journal KNOWLEDGE@WHARTON der US-Universität Pennsylvania im Jänner 2009 verraten, wieso es dem US-Spekulanten Bernhard L. Madoff verhältnismäßig leicht gelungen ist, sein betrügerisches Pyramidenspiel so lange so erfolgreich durchzuziehen und damit selbst ausgepichte Finanzfüchse aufs Kreuz zu legen.

Die beiden Professoren erklären: „Der Madoff-Skandal ist die Story des übermächtigen Einflusses eines Betrügers aufgrund der konzertierten Anwendung von vier Schlüsselstrategien.

- Die erste dieser Schlüsselstrategien ist das *Marketing durch Verknappung.* Dem Investor wird z. B. gesagt: „Der Fonds ist bereits geschlossen, aber vielleicht ist es in letzter Sekunde möglich, Sie noch einzuschleusen." Man macht so die Anlage zu einer exklusiven Angelegenheit; manche Möchtegern-Investoren wurden von Madoff sogar abgewiesen, weil sie zu viele Fragen stellten.
- Die zweite Schlüsselstrategie ist der *Einsatz überlegener Autorität.* Madoff war lang im Vorstand des US-Technik-Börsenindex NASDAQ und Pionier des elektronischen Börsenhandels. Damit war er mit einer Aura von Autorität umgeben. Dank dieser übte er einen alle Zweifel überwindenden Einfluss auf Anleger aus.
- Die dritte Schlüsselstrategie ist der *soziale Druck.* Was alle anderen tun, vor allem wenn sie prominent und wichtig scheinen wie Stephen Spielberg oder der Scheich von Abu Dhabi, sollte auch der einfache Anleger machen. Das hat viele durchschnittliche Anleger verführt, es den „Großen" nachzumachen, und viele von ihnen wurden so ruiniert.
- Die vierte Schlüsselstrategie ist die *Aktivierung der persönlichen Beziehungsebene.* Die meisten Menschen werden stark von Leuten beeinflusst, die mit ihnen in derselben sozialen Verbindung sind, wie Sportklubs, kulturellen oder karitativen Vereinigungen. Wer tut, was andere im selben sozialen Netzwerk tun, ist in und wird scheinbar geachtet. Am Ende aber sind viele auf diese Weise ihr Geld los geworden.

Madoff nutzte diese vier Schlüsselstrategien geschickt in Kombination, um sein System unter die Leute zu bringen, und hatte damit jahrelangen Erfolg.

Wenn Sie die in diesem Kapitel aufgeführten Strickmuster von Krisen verinnerlichen, die Ratschläge für nachhaltige Geldanlagen beherzigen und sich nicht von den Tricks ausgepichter Anlagebetrüger einwickeln lassen, können Sie Finanzkrisen getrost ins Auge blicken.

Glossar

Baisse kommt aus dem Französischen und bedeutet wörtlich „sinken" oder „fallen". In der Finanzwirtschaft versteht man unter Baisse eine ausgeprägte Schwächeperiode der Kapitalmärkte, besonders der Aktienmärkte, demnach sinkende oder langfristig niedrige Börsenkurse. Baissen werden durch unsichere bzw. pessimistische Voraussagen für die künftige Entwicklung der Wirtschaft bzw. durch länger anhaltende Verkaufsneigung der Aktionäre hervorgerufen. Fachleute sprechen dann auch von einem „Bärenmarkt".

Credit Default Swaps (CDS) ist eine relativ neue Erfindung der internationalen Finanzmärkte. Es handelt sich um ein Kreditderivat, das das Kreditrisiko, eines Schuldpapiers, zu einem bestimmten Preis an einen Dritten überträgt, der es in der Absicht erwirbt, damit hohen Ertrag zu erzielen. Dieses Finanzinstrument hat in den USA die Hypothekenschulden von Haus- und Grundeigentümern zweifelhafter Zahlungsfähigkeit gebündelt und wurde von US-Investmentbanken an Hunderte Banken in aller Welt weiterverkauft. Damit ist die US-Subprimekrise in alle Teile der Erde weitergereicht worden. Die Möglichkeit, aus einem zweifelhaften Darlehen Gewinn zu schlagen und dabei das meist wenig transparente Kreditrisiko an einen anderen zu übertragen, ist von den Banken weit überschätzt worden; allerdings haben die mit den CDS-anbietenden US-Banken kooperierenden Ratingagenturen das Risiko dieser Wertpapiere (sträflich) unterschätzt. Ihren guten Ratings für CDS sind weltweit Hunderte Banken auf den Leim gegangen.

Derivat kommt vom Lateinischen „derivo" oder vom Englischen „derive" (= ab- oder wegleiten) und bezeichnet die Weiterentwicklung von Finanzprodukten. Das sind Finanzinstrumente, die von den ihnen zugrundeliegenden bilanzierten direkten Instrumenten wie Aktien, Anleihen, Devisen, Indices abgeleitet werden, aber keine Aktiva im Sinne des Bilanzrechts sind. Man unterscheidet zwischen Zinsderivaten (Swaps, Zinstermingeschäfte), Wechselkursderivaten (Cross Currency Swaps) und wertpapierbezogenen Derivaten (Optionen). Weiters kommen zur Diversifizierung von definierten Kreditportfolien auch Kreditderivate zum Einsatz (Credit Default Swaps). Die Bewertung von Derivaten leitet sich vom Preis, Preisschwankungen oder Preiserwartungen der ihnen zugrundeliegenden Finanzinstrumente ab. Nach der Bilanzregel IAS 39.9 sind Derivate immer mit dem Fair Value zu bewerten. Derivate werden besonders für Sicherungszwecke (Hedging), Spekulationen (Eigenhandel der Banken) und Arbitragegeschäfte (Nutzen von Kursunterschieden an verschiedenen Märkten) verwendet.

Futures sind hinsichtlich Menge, Qualität und Liefertermin standardisierte, börsenotierte Terminkontrakte, bei welchen zu einem bestimmten künftigen Zeitpunkt ein dem Geld-, Kapital-, Edelmetall-, Devisen- oder Produktenmarkt zugehöriges Handelsobjekt zum festgesetzten Kurs zu liefern oder abzunehmen ist. Bei Futures-Kontrakten, die zwei Partner verpflichten, kann zur Erfüllung bestehender Verpflichtungen häufig anstelle der körperlichen Lieferung oder Abnahme eine Ausgleichszahlung geleistet werden.

Hausse kommt aus dem Französischen und bedeutet „anschwellen" oder „Teuerung". In der Finanzwirtschaft versteht man unter Hausse eine ausgeprägt positive Stimmung der Kapitalmärkte, insbesondere der Aktienmärkte aufgrund optimistischer Voraussagen über die Entwicklung der Wirtschaft, die Anleger dazu motivieren, Aktien zu kaufen und so die Kurse nachhaltig in die Höhe zu treiben. Fachleute sprechen dann auch von einem „Bullenmarkt".

Hedge-Fonds sind spezielle, durch globale Regulierungsbehörden weitgehend ungeregelte, höchst spekulative sogenannte alternative Investment-Instrumente, die im Gegensatz zu regulierten Investmentfonds auch Wertpapiere, Währungen oder Waren verkaufen, die sie gar nicht besitzen (= Leerverkäufe). Im Fachjargon heißt das „shortgehen". Dabei wartet der Verkäufer darauf, dass der Preis der leerverkauften Finanzprodukte später sinkt, um sich dann billiger mit ihnen einzudecken. Diese Praxis habe, erklären Kritiker, zur jüngsten Mehrfachkrise der Finanzmärkte geführt, und fordern eine striktere Regulierung von Hedge-Fonds, die oft auch als „Heuschrecken" bezeichnet werden. Ihnen entgegnen Anhänger von Hedge-Fonds, dass die Bewältigung der jüngsten Krise vor allem Hedge-Fonds zu verdanken waren, die riskante Papiere erworben und so von Konkurs bedrohte Banken und andere Finanzinstitute gerettet haben. Die Ein- und Verkaufspolitik bei Hedge-Fonds wird wesentlich von Managern bestimmt, die für Anlageerfolge mit hohen Vergütungen belohnt werden, die aus den oft ansehnlichen Management Fees erlöst werden; auch dies ist ein wesentlicher Kritikpunkt. Es gibt viele unterschiedlich riskante Hedge-Fonds-Strategien, etwa long-short, merger arbitrage, global makro, managed futures oder multi strategy. Hedge-Fonds sind für nichtprofessionelle Anleger ungeeignet, weil sie deren Risiko nicht überblicken können. Durch Leveraging (= Kreditfinanzierung) können Hedge-Fonds bei guter Entwicklung der Kapitalmärkte hohe Erträge erzielen, bei schlechter Entwicklung auch zum Totalverlust des eingesetzten Kapitals führen. Andererseits sind Hedge-Fonds weitgehend unabhängig (= unkorreliert) von den Aktien- oder Anleihemärkten; sie können demnach auch in schlechten Marktphasen Erträge erzielen, wenn der Anleger auf die richtige Strategie setzt. Ende 2005 haben rund 7.000 Hedge-Fonds gut 700 Milliarden US-Dollar Vermögen verwaltet. Nach weiten Anstiegen bis 2007 sind Hedge-Fonds inzwischen deutlich rückläufig.

Indexarbitrage kann nur mit Hilfe eines computergestützten Programmhandels umgesetzt werden, der Käufe und Verkäufe von Aktien des Index in großem Umfang ohne nennenswerte Zeitverzögerung und mit geringen Kosten gestattet. Index-arbitrage ermöglicht unter normalen Bedingungen eine gute Koordination der Preisentwicklung auf den Termin- und Kassamärkten, so dass die Preisunterschiede zwischen einem SIF-Kontrakt und seinem Index in engen Grenzen gehalten werden. SIF-Kontrakte werden von institutionellen Anlegern zur Absicherung ihrer Aktienportefeuilles durch Portfolio-Insurance verwendet. Indexarbitrage schafft eine direkte Verbindung zwischen den Aktienkassa- und den Aktienindexterminmärkten.

Leveraging kommt vom englischen Ausdruck für „Hebelkraft" und bedeutet die Fremdfinanzierung von Investments, wobei dem Eigenkapital mehr oder minder hohe Kredite hinzugefügt werden, um die Ertragsfähigkeit einer Anlagestrategie zu vervielfachen. Das kann einerseits zur Multiplikation des eingesetzten Eigenkapitals führen, wenn der Anleger Glück hat, kann aber auch schnell zum Totalverlust seines Investments führen, wenn er eine ungeeignete Strategie verfolgt. Unter „Glück" ist zu verstehen, dass die Rendite der Anlage höher ist als die Kosten der Kreditaufnahme; ist der Kredit teurer als die Rendite der Anlage, rentiert sich das Leveraging (= Hebeln) nicht. Im Gefolge der Mehrfachkrise 2007/2009 fand ein De-Leveraging, eine starke Verminderung des Verschuldungsgrades, statt.

Portfolio Insurance ist eine kostengünstige Wertsicherungsstrategie, die Kapitalanleger, egal ob private oder institutionelle, gegen für sie ungünstige Entwicklungen auf den Wertpapiermärkten schützen soll. Dazu werden spezielle Finanzinstrumente wie Stop-Loss, Protective Put, Calls oder synthetische Puts eingesetzt. Ziel ist es dabei, den Anleger, der ohne Absicherung voll an allen Marktbewegungen nach oben und unten teilnehmen würde, bei negativ performenden Märkten vor allzu hohen Verlusten zu schützen, wogegen er bei steigenden Märkten auf einen Teil seiner potentiellen Gewinne verzichtet. Portfolio Insurance funktioniert dank computergesteuerter Anlegerentscheidungen vollautomatisch und elektronisch. Nachteil ist, dass sie beim Überschreiten vorgegebener Limits bei allen betroffenen Anlegerdepots wirksam wird und so eine Massenbewegung auslöst, die die Märkte in der Regel überfordert. Portfolio Insurance wird so zum Gegenteil ihrer Zielsetzung, ohne dass man von außen eingreifen kann.

Short-Selling (oder Leerverkauf) heißt das spekulative Anbieten und Verkaufen von Aktien, anderen Wertpapieren oder Produkten, die man nicht besitzt, sondern die man hofft, nach Abschluss des Geschäfts aufgrund fallender Kurse billig aufkaufen zu können. Short-Selling löst in unruhigen Kapitalmarktzeiten temporären Verkaufsdruck aus und verstärkt so Baisse- oder Bärenperioden. Gegen ein generelles Verbot von Leerverkäufen spricht, dass dadurch in Überhitzungsphasen eines Bullenmarktes ein massives Überschießen der Kurse droht, woraus eine neue Finanzmarktkrise entstehen kann.

SIF-Kontrakte sind Aktientermingeschäfte. SIF ist die Abkürzung für „Stock Index Futures"; sie wurden 1982 in den USA eingeführt und entfalten eine große Hebelwirkung. SIF weisen gegenüber direkten Aktien-Kassageschäften nur geringe Margenzahlungen auf, nämlich statt 50 Prozent Anzahlung des Kontraktwerts bei direkten Aktienkäufen nur 7 Prozent. So wurde das spekulative Potential in den Finanzmärkten sehr verstärkt. SIF-Kontrakte werden von institutionellen Anlegern (Banken, Versicherungen) zur Absicherung ihrer Aktienportfolios im Rahmen der Portfolio Insurance eingesetzt. Diese waren Hauptauslöser des New Yorker Börsekrachs vom 19. Oktober 1987.

VaR (Value at Risk) ist ein statistisches Risikomaß, das zur Beurteilung des jeweiligen Marktrisikos von Wertpapierportfolios verwendet wird. Es gibt an, welchen Wert der Verlust einer bestimmten Risikoposition, z. B. eines Portfolios von verschiedenen Wertpapieren, mit einer vorgegebenen Wahrscheinlichkeit und bei einem gegebenen Zeithorizont nicht überschreitet. Der Verlust wird in absoluten Geldeinheiten gemessen. Die Wahrscheinlichkeit wird durch das Konfidenzintervall und der Zeitraum durch die Haltedauer angegeben.

Literaturverzeichnis

Allen, Franklin/Gale, Douglas: UNDERSTANDING FINANCIAL CRISES. Oxford 2007.

Allen, Roy E.: FINANCIAL CRISES AND RECESSIONS IN THE GLOBAL ECONOMY. Cheltenham 2000.

Bankl, Hans: DIE KRANKEN HABSBURGER. BEFUNDE UND BEFINDLICHKEITEN EINER HERRSCHERDYNASTIE. Wien 2005.

Barro, Robert J./Ursúa, José F.: MACROECONOMIC CRISES SINCE 1870. National Bureau of Economic Research. Cambridge 2008.

Belgin, Tayfun: TÜRKEI. EIN LAND AUF DER SUCHE NACH DER GEGENWART. Wien 2006.

Bowle, John: GESCHICHTE EUROPAS. VON DER VORGESCHICHTE BIS INS 20. JAHRHUNDERT. München 1985.

Butschek, Felix: DIE ÖSTERREICHISCHE WIRTSCHAFT IM 20. JAHRHUNDERT. Österreichisches Institut für Wirtschaftsforschung. Wien 1985.

CREDIT CRISIS AND THE INSURANCE, A COMMENT ON THE ROLE OF THE INDUSTRY; 10 FREQUENTLY ASKED QUESTIONS; AN INVESTMENT PRACTITIONER'S POINT OF VIEW; SC 1, 2, 3 in: INSURANCE AND FINANCE, hrsg. von The Geneva Association. Genf 2009.

Dash, Mike: TULPENWAHN. DIE VERRÜCKTESTE SPEKULATION DER GESCHICHTE. Berlin 2008.

Dornbusch, Rudi/Fischer, Stanley: INTERNATIONAL FINANCIAL CRISES. CESifo Working Paper No. 926, Category 6: Monetary Policy and International Finance, März 2003.

Faber, Dr. Marc: WERE YOU BORN BEFORE OR AFTER 2007? Presentation for KPMG. Wien 2009.

Greenspan, Alan: MEIN LEBEN FÜR DIE WIRTSCHAFT. DIE AUTOBIOGRAPHIE. [Engl. THE AGE OF TURBULENCE] Frankfurt/New York 2007.

Helmenstein, Dr. Christian: DIE INTERNATIONALE FINANZMARKTKRISE 2008 – IHRE URSACHEN UND FOLGEN, Österreichische Industriellenvereinigung, 15. Oktober 2008.

Hochreiter, Gregor: DIE HINTERGRÜNDE DER AKTUELLEN BANKENKRISE. Institut für Wertewirtschaft. 2008.

Körner, Wieland: DIE GRÖSSTE INTERNATIONALE FINANZKRISE SEIT 1931. EINE MOMENTAUFNAHME. Bremen 2007.

Laeven, Luc und Fabian Valencia: SYSTEMIC BANKING CRISES: A NEW DATABASE. International Monetary Fund. 2008.

März, Eduard: ÖSTERREICHISCHE INDUSTRIE- UND BANKPOLITIK IN DER ZEIT FRANZ JOSEPHS I, AM BEISPIEL DER K. K. PRIV. ÖSTERREICHISCHEN CREDIT-ANSTALT FÜR HANDEL UND GEWERBE. Wien 1968.

Mauhart, Beppo: Ein Stück des Weges gemeinsam. Die Ära Kreisky-Androsch in Texten und Bildern. Wien 2006.

Mauhart, Beppo: Hannes Androsch. Im Wendekreis der Weltwirtschaft. Ein Kaleidoskop rund um denn 70. Geburtstag von Hannes Androsch. Wien 2008.

Mercier, Francois: Explosive Internationale Finanzkrisen, Analysen und Lösungen im Dienst der Armutsbekämpfung. Bern 2003.

Mitteilungen des Direktoriums der Oesterreichischen Nationalbank 1946–1989.

Muij-Fleurke, Hélène de: Von der Personalunion zur Europäischen Union. Niederländisch-österreichische Beziehungen unter besonderer Berücksichtigung der Zeit nach 1945. Horn 1998.

OCC's Quarterly Report on Bank Trading and Derivatives Activities. First Quarter 2009. Hrsg. v. Office of the Comptroller of the Currency – Administrator of National Banks. Washington D.C. 2009.

Otte, Prof. Dr. Max: Der Crash kommt. Die neue Weltwirtschaftskrise und wie sich darauf vorbereiten. Berlin 2006.

Predöhl, Andreas: Das Ende der Weltwirtschaftskrise. Eine Einführung in die Probleme der Weltwirtschaft. Rowohlts Deutsche Enzyklopädie. Reinbek bei Hamburg 1962.

Reinhart, Carmen M./Rogoff, Kenneth. S.: This Time is Different. a Panoramic View of Eight Centuries of Financial Crises. National Bureau of Economic Research, Cambridge 2008.

Roland Berger Strategy Consultants (Hrsg.): The financial crisis. Consequences for Austria and CEE. Wien 2008

Roubini, Nouriel/Uzan, Marc (Hrsg.): New International Financial Architecture. Vol. I. Cheltenham/Camberley/Northhampton 2006.

Schmit, Johann: Die Geschichte der Wiener Börse. Ein Vierteljahrtausend Wertpapierhandel. Wien 2003.

Szenarioanalysen in der Versicherungswirtschaft. In: Sigma Nr. 1/2009, hrsg. von der Schweizerischen Rückversicherungs-Gesellschaft AG, Economic Research & Consulting.

The Transition from War to Peace Economy. Report of the Delegation on Economic Depressions. Part I. League of Nations, Geneva 1943.

Watt, Andrew: The economic and financial crisis in Europe: addressing the causes and the repercussions. In: European Economic and Employment Policy Brief No. 3/2008, hrsg. v. European Trade Union Institute.

Wolf, Martin: Fixing Global Finance. Baltimore 2008.